W0188956

Anne-Catherine Simon
und Thomas Simon

Ausgespäht und abgespeichert

Anne-Catherine Simon
und Thomas Simon

Ausgespäht und abgespeichert

Warum uns die totale Kontrolle droht
und was wir dagegen tun können

Mit 9 Abbildungen

Herbig

Emmanuel Goldstein gewidmet

Besuchen Sie uns im Internet unter:
www.herbig-verlag.de

© 2008 by F. A. Herbig
Verlagsbuchhandlung GmbH, München
Alle Rechte vorbehalten
Umschlaggestaltung: Wolfgang Heinzel
Umschlagbild: mauritius, Mittenwald
Lektorat: Dagmar von Keller
Herstellung und Satz: VerlagsService Dr. Helmut Neuberger
& Karl Schaumann GmbH, Heimstetten
Gesetzt aus der 11/13,7 Punkt Minion
Druck und Binden: GGP Media GmbH, Pößneck
Printed in Germany
ISBN 978-3-7766-2572-1

Inhalt

3
Gesellschaft am Scheideweg

Zu diesem Buch

»Einem vernünftigen, gesetzestreuen Bürger war es möglich, durchs Leben zu gehen und dabei, abgesehen vom Postamt und dem Schutzmann, die Existenz des Staates kaum wahrzunehmen. Er konnte leben, wo er wollte und wie er wollte. Er hatte keine offizielle Nummer und keinen Ausweis. Er konnte ohne Pass oder irgendeine Form von offizieller Erlaubnis ins Ausland reisen oder das Land für immer verlassen.«   »English History 1914–1945«

So schildert der Historiker Alan J. P. Taylor Großbritannien zu Beginn des 20. Jahrhunderts. Zu Beginn des 21. Jahrhunderts werden die Briten rund um die Uhr von fünf Millionen Kameras beobachtet, ihre E-Mails werden überwacht, Lügendetektoren beurteilen ihre Aussagen am Telefon. Kriminelle wie Verdächtige müssen DNA-Proben abgeben, die unbegrenzt lange gespeichert werden. Alle Bürger werden mit Fingerabdrücken und Bild im nationalen Register erfasst. Multinationale Konzerne protokollieren ihre Einkäufe, Reisen und Internetbewegungen und reichen diese Daten weiter. Bürger observieren andere Bürger über spezielle Fernsehkanäle, Eltern filmen Babysitter mit versteckten Minikameras und überwachen am Computer ihre Kinder auf dem Schulweg. Die Hunde, Gefangenen und Mülltonnen der Briten werden mit Funkchips kontrolliert, ihr Abwasser auf Drogenrückstände untersucht. Und bei der Ausreise am Flughafen werden sie von Spezialgeräten praktisch ausgezogen. Binnen eines Jahrhunderts hat das Mutterland der modernen Demokratie mehr und mehr die Züge eines Orwell'schen Überwachungsstaates angenommen. Die Hauptakteure in diesem Drama, das in Shakespeares Heimat nur Premiere hatte, nun aber in den meisten »entwickelten« Staaten gespielt wird, sind: erstens der technische Fortschritt, ein flinker und unberechenbarer Geselle; zweitens der Staat, behäbig, aber bestrebt, den Fortschritt vor seinen Karren zu spannen; drittens die Bürger, die langsam unter die Räder kommen und sich dabei denken, das müsse wohl so sein.

Viele Menschen nehmen die schleichenden Veränderungen kaum wahr beziehungsweise fühlen sich selbst nicht davon betroffen. Spricht man mit ihnen über Überwachung, kommen häufig Aussagen wie: »Ist mir egal, ich habe ja nichts angestellt« oder »Das kann sich eh kein Mensch alles anschauen!«

Wir haben dieses Buch geschrieben, um zu zeigen, dass zwar kein Mensch, dafür aber die Maschinen heute alles sichten, speichern und auswerten können, und dass auch jemand, der nichts angestellt hat, viel zu befürchten hat. Denn durch die Technik droht zum ersten Mal in der Geschichte der Menschheit die totale Kontrolle des Individuums – bis hin zur Überwachung seiner Gedanken.

Sir Francis Walsingham, der Begründer des britischen Geheimdienstes, meinte: »Es ist weniger gefährlich, zu viel zu fürchten, als zu wenig.« Wir hätten dieses Buch daher so schreiben können, dass es Angst macht. Wir haben es nicht getan, auch wenn manche Fakten vielleicht schockieren werden. Wir zeigen, was heute bereits möglich ist, und – vielleicht noch wichtiger – was morgen möglich sein wird. Dabei werfen wir immer wieder einen Seitenblick auf Johannes K., offensichtlich ein entfernter Verwandter von Franz Kafkas »Josef K.«, der in der nahen Zukunft die Sicherheit und Bequemlichkeit eines nicht näher genannten perfekten Überwachungsstaates genießt.

Noch vor wenigen Jahren beschäftigte das Thema Überwachung nur ein paar wackere Datenschutz-Desperados, doch seit den im Anschluss an den 11. September 2001 erlassenen mannigfaltigen »Anti-Terror-Maßnahmen« und den sich unkontrolliert ausbreitenden neuen Technologien überschlagen sich die Ereignisse. Täglich kommen neue Meldungen; das Buch gibt den Stand der Dinge zur Endredaktion im Juni 2008 wieder, spätere Ergänzungen waren nur noch in Einzelfällen möglich.

Das Phänomen Überwachung umfasst eine Vielzahl von Aspekten, unter anderem technologische, politische, soziale, kulturelle, kommerzielle, juristische, psychologische und philosophische. Über die politischen Entwicklungen der letzten Jahre haben im deutschen Sprachraum Autoren wie Peter Schaar, Heribert Prantl oder Gerhart Baum bereits empfehlenswerte Bücher geschrieben; wir legen den Schwerpunkt bewusst auf die technische Seite der neuen Überwachungsmethoden. Diese sind allesamt relativ kompliziert und nicht ohne Weiteres zu verstehen. Wer, wie manche US-Bürger in einer Umfrage, die Wirkungsweise von Funkchips staunend mit »Magie« erklären muss, kann in der Frage um ihren zunehmenden Einsatz nicht mitreden. Politik und Wirtschaft aber haben, wie einst bei der Einführung der Atomkraft, kein Interesse, eine Debatte über ihre neuen, für sie vorteilhaften Werkzeuge loszutreten. Unser Buch richtet sich daher an alle, die sich mit den Techniken der Überwachung bisher wenig auseinandergesetzt haben, diese aber begreifen möchten.

Das erste Hauptkapitel stellt mit seiner Schilderung der neuen Überwachungstechniken den Hauptteil des Buches dar, wobei auch entsprechende Gegenmaßnahmen empfohlen werden. Das zweite Kapitel beschäftigt sich mit den Überwachungsmachern Staat und Wirtschaft. Im dritten Kapitel rekapitulieren wir die Gefahren und zeigen Möglichkeiten des Widerstands auf.

Sobald man erkannt hat, dass die hässliche Kehrseite der Informationsgesellschaft die Überwachungsgesellschaft ist, klingt etwa die Mission des Google-Konzerns, das gesamte Wissen der Welt zu sammeln und allen zugänglich zu machen, wie eine Drohung. Wenn Sie nach der Lektüre besser verstehen, wie wir alle ausgespäht und abgespeichert werden, und sowohl im Alltag als auch als Staatsbürger darauf reagieren können, hat dieses Buch seinen Zweck erfüllt.

Die Autoren
Wien, im Juli 2008

Abb. 1: QR-Code (siehe
Seite 84) mit einer gehei-
men Botschaft an den
Leser

1
Die neuen Instrumente der Überwachung

1.1 Haben Sie Ihre Wanze auch selbst bezahlt?

Ein Gedankenexperiment

Was, denken Sie, würde geschehen, wenn die Regierung alle Bürger verpflichtete, ab 1. Januar nächsten Jahres ein kleines schwarzes Armband zu tragen, aus nickelfreiem Metall, mit hautfreundlichem Kunststoff ummantelt, das dem Staat vier Möglichkeiten gibt: erstens die ständige Lokalisierung des Bürgers auf einer Landkarte; zweitens die Option, von ihm verfasste Nachrichten zu lesen; drittens die Protokollierung, mit wem und wie lange er telefoniert; und viertens die Möglichkeit, jederzeit unbemerkt den Bürger, seine Gesprächspartner, ja selbst den Raum, in dem er sich befindet, abzuhören. Denken Sie, die Öffentlichkeit würde ein solches Armband akzeptieren? Wenn damit Vermisste gefunden werden könnten, Verbrechen aufgeklärt und Terroristen gefangen? Oder würden Hunderttausende auf die Straße gehen und dagegen rebellieren?

Wenn Sie auf Letzteres getippt haben, müssen wir Sie enttäuschen, Apparate mit diesen Funktionen sind bereits im Einsatz. Der größte Markt ist die Volksrepublik China. Es gibt die Geräte als Armband, meist sind sie aber als kleine Box ausgeführt und werden *Shǒu Jī*, »Handmaschine«, genannt. Über 500 Millionen Chinesen können damit bereits kontrolliert werden. »Wir wissen, wer ihr seid, aber auch, wo ihr seid«, sagte der Geschäftsführer jener Firma, die allein 300 Millionen Chinesen mit Handmaschinen ausgestattet hat.[1]

In Europa trägt, statistisch gesehen, jeder mindestens eines dieser Geräte, wahrscheinlich auch Sie. Mit großer Wahrscheinlichkeit tun

Sie dies freiwillig und zahlen auch noch Geld dafür. Die Rede ist natürlich von Ihrem Mobiltelefon.

Die Handys und das Mobilfunknetz bilden heute das Rückgrat eines potenziell allumfassenden Kontrollwerkzeugs und haben sämtliche Überwachungsfunktionen eingebaut, die unser »Armband« haben sollte. Nur, dass neben der Staatsmacht und (fremden) Geheimdiensten auch technisch versierte Privatpersonen Ihren Schritten folgen und Ihren Worten lauschen können.

Handymania

»Wenn wir unser Handy zu Hause vergessen, fühlen wir uns nackt und von der Welt abgeschnitten«, sagte die damals 17-jährige Landesschülersprecherin anlässlich der Einführung des Handyverbots an bayerischen Schulen. Einst Statussymbol von Yuppies, ist ein – möglichst modernes und teures – Handy ein Muss vor allem für die junge, bereits damit aufgewachsene Generation. Neun von zehn bei einer britischen Studie Befragten gaben an, ihr Handy mindestens einmal pro Stunde zu benutzen, 84 Prozent, es nie aus den Augen zu lassen, vier von fünf würden sich unwohl fühlen, wären sie länger davon getrennt. Ähnliche Aussagen liegen aus anderen Ländern vor. In Deutschland kommen auf 100 Einwohner 122 angemeldete Handys, im westeuropäischen Durchschnitt sind es 98. Die Schwellenländer und Entwicklungsregionen China, Indien, Afrika und Lateinamerika holen schnell auf: Jede Minute werden rund 1000 neue Handys angemeldet und in Indien werden inzwischen mehr Handys als Fahrräder verkauft.

Und wie halten Sie es mit dem Handy? Lassen Sie es auch mal allein zu Haus, oder lesen Sie sogar in der Kirche Ihre Mails, wie zwölf von hundert US-Bürgern? Nehmen Sie es mit in die Badewanne, wie 40 Prozent der Japaner, oder sogar ins Bett, wie immer mehr Kinder es tun, anstatt eines Stofftieres? Halten Sie das Handyverbot am Steuer ein oder halten Sie beim Steuern in jeder Hand ein Handy, während Sie mit den Ellbogen lenken, so wie jener Israeli, der in der Stadt

Abb. 2: Für 1,3 Millionen Dollar bietet der Wiener Juwelier Peter Aloisson das Ancort Diamond Crypto feil. Das Kryptohandy ist aus Gold, Platin und Makassar-Ebenholz gefertigt und mit weißen und blauen Diamanten besetzt.

Netanja der Polizei durch seine kurvenreiche Fahrlinie auffiel? Und schließlich die ultimative Frage: Würden Sie, wie jeder fünfte Brite, Ihr Handy gern mit ins Grab nehmen? Für Archäologen waren Grabbeigaben immer schon ein wertvoller Hinweis auf Kulturen; das Handy erobert sie heute alle. Beispielsweise in Japan, wo ganze »Handyromane« am Mobiltelefon eingetippt und gelesen werden. Im Handy-Pionierland Finnland sollten Sie es keinesfalls bei der traditionellen Handy-Weitwurf-Weltmeisterschaft von sich schleudern, sonst könnten Sie auf der Heimreise in Not kommen. Die Toilettenanlagen der Autobahnraststätten bei Turku öffnen sich nämlich nur mehr dem, der eine SMS mit der Parole *auki* (»aufmachen«) an die dort angebrachte Nummer sendet. Das finnische Verkehrsamt weiß dadurch, wer wann wo aufs Klo geht, kann etwaigen Vandalen die Rechnung präsentieren – und wir wissen, dass es Zeit ist, hinter der kunterbunten Welt des Handywahns nach Anzeichen eines schier unglaublichen Überwachungsapparates Ausschau zu halten.

Stille Post – Wie wir durch Handyortung permanent beschattet werden

Mobiltelefone sind im Prinzip nichts weiter als ausgeklügelte Funkgeräte, die die im sogenannten GSM-Standard festgelegten Frequenzen verwenden. Wenn Sie Ihr Handy einschalten, meldet es sich nach kurzer Suche bei seinem Gegenüber, der geeignetsten im Empfangsbereich befindlichen Basisstation (BTS) an. Basisstationen erkennt man an den dazugehörigen »Handymasten«, wenn diese nicht gerade in Kirchtürmen, Schornstein-Attrappen oder künstlichen Bäumen verborgen sind. Da ein solcher Mobilfunksender in freiem Gelände maximal 35 Kilometer weit senden kann, bedarf es vieler Antennen im Abstand einiger Kilometer, um ein ganzes Land abzudecken. Im verbauten Stadtgebiet sind sie sogar nur wenige Hundert Meter voneinander entfernt. Durch dieses Prinzip ist der gesamte besiedelte Raum in ungleich große, sich überlappende Funkzellen unterteilt, die, vereinfacht gesprochen, wie Bienenwaben angeordnet sind. Bewegt sich das Gerät mit seinem Besitzer aus einer Funkzelle hinaus, wird es automatisch an die nächste weitergereicht.
Selbstverständlich muss das Netz wissen, in welchem Gebiet sich jeder Mobilfunkteilnehmer befindet, andernfalls müsste ein ankommender Ruf auf allen Basisstationen im Land zugleich gesendet werden. Das wird durch eine weltweit einmalige 15-stellige Nummer erreicht, die *International Mobile Subscriber Identity* (IMSI). Die IMSI ist auf der im Telefon eingesteckten SIM-Karte gespeichert und ermöglicht die Vermittlung und Verrechnung der Gespräche. Solange das Telefon eingeschaltet ist, weiß der Netzbetreiber daher immer, in welcher Region man sich ungefähr befindet. Ist dagegen eine Verbindung aktiv, beispielsweise beim Telefonieren oder Versenden einer Kurznachricht, kann der Standort des Telefons auf die Funkzelle genau bestimmt werden, was im Stadtbereich eine Genauigkeit von 150 bis 300 Metern bedeutet. Wie ein Experte uns gegenüber betonte, können verfeinerte Verfahren die Genauigkeit auf bis zu fünf Meter steigern: einerseits durch Analyse der Signalstärke und des Empfangswinkels des Handysignals, andererseits durch den

Vergleich der Laufzeiten zu den verschiedenen Basisstationen der Umgebung.

Die permanente Ortung ermöglicht die sogenannten standortbezogenen Dienste (engl.: *Location-based Services,* LBS). Darunter versteht man Serviceleistungen wie Informationen über das nächstgelegene Restaurant oder Kino, Routenplanung oder die Auskunft, welche Freunde sich in der Nähe befinden. Kurz vor dem Durchbruch steht standortbezogene Werbung per Handy, von der sich die Wirtschaft viel verspricht. Für günstigere Verträge werden Kunden dann in Kauf nehmen müssen, dass sie mit auf ihren jeweiligen Standort bezogener SMS-Werbung beglückt werden.

Sie können die Ortungsfunktion Ihres Handys ganz einfach testen, indem Sie einen dieser meist kostenpflichtigen Dienste Ihres Netzbetreibers ausprobieren oder ein kleines Gratisprogramm wie Google Maps aus dem Internet auf dem Handy installieren. Dann lädt das Telefon flugs eine Landkarte über Internet herunter, in deren Zentrum Sie Ihren momentanen Standort sehen.

Da Mobilfunkfirmen ohnehin über die Standortdaten verfügen, versuchen sie, daraus Profit zu schlagen. So bieten sie direkt oder indirekt über Vertragspartner die Ortung von Firmentelefonen an, mittels derer jederzeit der Standort von Mitarbeitern oder Fahrzeugen auf einer Landkarte am PC möglich ist. Oder die Ortung von Kindern: Auf Websites wie TrackyourKid.de oder piCOSweb.de kann man bis zu fünf Handynummern angeben und verfolgen, am Computer oder unterwegs vom eigenen Handy aus.

»Treue und Vertrauen sind die Basis jeder Beziehung. Sorgen Sie dafür das [sic!] diese Basis erhalten bleibt! … Geben Sie sich mit Ehebruch24 den Liebesbeweis des neuen Jahrtausends, erteilen Sie sich gegenseitig eine Ortungsgenehmigung, dann hat Eifersucht keine Chance!«, verspricht die Website Ehebruch24.de. Man mag von so einem Liebesbeweis halten, was man will, bedenklich wird die Sache spätestens, wenn für die Aktivierung des Dienstes nicht mehr nötig ist, als eine SMS vom zu überwachenden Telefon aus an den Provider zu senden. Wer eine Person überwachen will, findet gewiss eine Gelegenheit, heimlich ihr Handy kurz an sich zu nehmen.

Ist der Dienst einmal aktiviert, merkt der Überwachte nichts davon. Der Provider verschickt nämlich eine unsichtbare »stille SMS« *(Stealth Ping)*, die nur dazu dient, die Position möglichst genau zu bestimmen. Mittlerweile finden sich auch Programme wie HushSMS im Netz, mit denen man privat stille Kurznachrichten verschicken kann, beispielsweise um zu kontrollieren, ob ein bestimmtes Handy eingeschaltet ist.

Was der Privatperson billig ist (etwa 50 Cent bis 1 Euro pro Ortung), ist den Behörden nur recht. So müssen in Deutschland bei jedem Notruf an 110 oder 112 Rufnummer und Position des Anrufers vom Netzbetreiber bereitgestellt werden, ohne die Möglichkeit der Unterdrückung durch den Nutzer. Auch die Polizei nutzt seit Längerem diese Methode, um Personen aufzufinden oder zu überwachen, was in der Vergangenheit nur vereinzelt kritisiert wurde. Die rechtliche Grundlage für die Ortung ist in Deutschland der §100a der Strafprozessordnung (StPO), der bei Verdacht auf schwere Verbrechen die Überwachung und Aufzeichnung der Telekommunikation auch ohne Wissen der Betroffenen erlaubt. Die Maßnahme kann auf Antrag der Staatsanwaltschaft durch das Gericht angeordnet werden. In akuten Fällen kann der Beamte aber eine unverzügliche Ortung ohne richterliche Genehmigung veranlassen. Bereits 2003 beklagten sich wachsame Richter, die Ortung werde auch in ungerechtfertigten Fällen eingesetzt. Der Generalstaatsanwalt Schleswig-Holsteins ließ nachträglich 3700 Personen ermitteln, die als potenzielle Zeugen für zwei Straftaten im Sommer 2005 umfangreiche Protokolle ausfüllen mussten.

Ähnlich die Situation in Österreich: Durch das im Dezember 2007 beschlossene neue Sicherheitspolizeigesetz (SPG) bedarf die Anforderung der Identität und Kommunikationsdaten von Bürgern keiner richterlichen Genehmigung mehr. Bei »Gefahr in Verzug« müssen Telekommunikationsunternehmen (und Internetprovider) jedem Polizisten umgehend Anschrift, Standort und Verbindungsdaten des Verdächtigten herausgeben.

Allein bei T-Mobile, dem zweitgrößten österreichischen Netzbetreiber, steigerte sich die Zahl der Ortungsanfragen in den ersten beiden

Monaten nach der Gesetzesänderung um 70 Prozent. Dabei gäben die Beamten erstaunlich oft »Suizidgefährdung« als Begründung an, so der Rechtsbeauftragte der Firma, der sich darüber wunderte, dass es seit Einführung des Gesetzes plötzlich so viele potenzielle Selbstmörder in Österreich gebe. Teilweise wurden auch Daten angefordert, die schon ein halbes Jahr zurücklagen – hier war die Gefahr wohl schon sehr im Verzug. Sprecher der Mobilfunkbetreiber und Datenschützer kündigten Verfassungsklagen an. Der Chef des Datenschutzrates (DSR) der Regierung verteidigte hingegen das Gesetz und beruhigte die Bürger auch mit der bemerkenswerten Formulierung: »Der Datenschutzrat hat die Interessen der Bevölkerung im Visier.«

Tatsächlich stellte sich heraus, dass das Formular, das die Polizei zur Anfrage beim Mobilfunkbetreiber oder Provider verwenden sollte, eine schlichte Faxvorlage ist, auf welcher der Beamte nur anzukreuzen braucht, welche Daten er wünscht. Bei einem Blick auf die dem Formular beigefügte Tabelle zum Eintrag der zu Überwachenden erscheint vor dem geistigen Auge ein nervöser Polizeibeamte, der versucht, 30 durchgeknallte Angehörige einer Sekte zu orten, um sie vor dem kollektiven Suizid zu retten. Warum sonst ist auf dem Formular Platz für ganze 30 Namen?

Ein Beispiel aus Österreich zeigt auch, wie reibungslos diese keiner richterlichen Kontrolle unterworfene Ortung mittlerweile in der Alltagspraxis der Exekutive abläuft: Im Juni 2007 war in Vorarlberg ein 22-Jähriger zu schnell unterwegs und wurde von einer Radarbox geblitzt. Um der Strafe zu entgehen, montierte er sie ab und versenkte sie im Rhein. Obwohl das Gerät komplett zerstört war, wurde er aufgrund der Autospuren ausgeforscht. Zuerst fanden sich keine Augenzeugen, doch das von der Polizei angeforderte Protokoll seines Mobilfunkbetreibers bewies, dass er in der fraglichen Nacht am Tatort gewesen war.

Schon die einmalige Ortung stellt einen deutlichen Eingriff in die Privatsphäre dar, bedenklicher noch ist die Erstellung von *Bewegungsprofilen* durch die längerfristige Speicherung der Daten. Sieht man, dass Sie sich oft am Dienstagabend etwa 130 Minuten in einer bestimmten Straße aufhalten, in der um diese Zeit alle Geschäfte geschlossen haben, könnte man mutmaßen, dass Sie gern ins Kino gehen, denn laut Stadtplan befindet sich dort ein Kino-Center. Nach einigen Wochen bekommen Sie Kurznachrichten mit Kinowerbung aufs Handy – eine Methode, die ähnlich bereits bei Internetwerbung realisiert ist.

Aus den Bewegungsprofilen lässt sich aber auch schließen, wann der Überwachte an einem bestimmten Ort auftauchen könnte, eine Methode, die Kriminologen schon seit einiger Zeit beim sogenannten *Crime-Mapping* einsetzen. Hinzu kommt die Information, mit wem und wie lange telefoniert wurde, ganze Beziehungsnetze werden ablesbar und durch die Analyse der einzelnen Kontakte ergeben sich weitere Hinweise. Einzeln scheinen die gesammelten Informationen vielleicht unwichtig, zusammen genommen können sie jedoch außerordentlich viel über ein Leben verraten.

Angriff von nebenan
Bluejacking und Bluesnarfing

Harald Blauzahn, Sohn Gorms des Großen, König von Dänemark und Norwegen, ahnte nicht, dass tausend Jahre nach seinem Tod Millionen seltsamer Gegenstände auf der ganzen Welt seine Initialen, die Runen ✳ß, tragen würden. Aus Patriotismus hat die Firma Ericsson, die in den 1990er-Jahren maßgeblich an der Schaffung eines neuen Funkstandards beteiligt war, diesen nach dem Wikingerkönig Bluetooth benannt. Das Ziel war, Geräte wie Computer, Drucker, Eingabegeräte oder Handys über kürzere Entfernung drahtlos zu vernetzen, um den Kabelsalat zu vermeiden. Anders als bei der alten Lösung, der Kommunikation über Infrarotsignale IrDA, muss dabei kein Sichtkontakt bestehen.

Heute verfügen die meisten Handys und Laptops über Bluetooth, Kinder und Jugendliche versenden damit regelmäßig Kurznachrichten, Bilder und Videoclips – oder tauschen damit bei Tests Antworten aus. Bluetooth versendet dabei die Daten auf dem international dafür freigegebenen ISM-Frequenzband. Da auf diesen Frequenzen auch andere Geräte wie Garagentorsteuerungen oder Mikrowellenherde arbeiten, wechselt das Bluetooth-Gerät bis zu 1600 Mal pro Sekunde die Frequenz innerhalb des Bandes. Die Reichweite beträgt bei offener Funkstrecke 10 bis 100 Meter. Eine Sicherheitseinrichtung soll unbefugte Mithörer verhindern. Geräte können nur miteinander »reden«, wenn bei beiden derselbe Code (PIN) eingegeben wurde, dieser Vorgang nennt sich *Pairing*. Eine asymmetrische Kommunikation ist aber auch ohne *Pairing* möglich.

Dem Sicherheitsunternehmen F-Secure gelang es bei einem Feldversuch in Mailand, mit einem Ortungsgerät an stark frequentierten Plätzen während einer Stunde durchschnittlich 154 Bluetooth-fähige Handys zu identifizieren, ohne dass die Besitzer etwas merkten. Der Grund ist, dass viele Benutzer diese Funktion ihrer Geräte weder deaktivieren noch auf unsichtbar stellen. Damit können sie zu Opfern des sogenannten *Bluejackings* werden. Die harmloseste Attacke ist das Versenden von mehr oder weniger lustigen Mitteilungen oder Bildern an alle, die sich gerade im Empfangsbereich aufhalten. Dazu benötigt man weder die Telefonnummer des Empfängers noch eine PIN, noch kostet es etwas – ein kleines Handyprogramm wie Easy Jack v2 reicht völlig aus. Spaßvögel funktionieren damit die Visitenkartenfunktion des Handys zu einer Botschaft um und aktivieren automatisches Senden, wenn sie sich durch die Stadt bewegen. Dutzende Wartende auf dem Bahnsteig, Mitreisende im Zug oder Passanten auf der Straße erhalten die Nachricht, ohne zu wissen, woher sie kommt.

Interessant ist die Methode auch für die Werbewirtschaft (siehe auch Kapitel 2.2, S. 273ff.).

Bluejacking ist zwar lästig, doch in der Regel harmlos. Anders sieht es mit folgender Attacke aus, sie zählt zum *Bluebugging*:

Als Johannes K. von der Toilette zurückkommt, läutet sein Handy. Er will den Anruf annehmen, aber es gibt keinen. K. schüttelt den Kopf und will das Telefon weglegen, da bemerkt er, dass die Menüsprache erst auf Französisch, dann auf irgendeine slawische Sprache wechselt. Und die Tasten reagieren nicht mehr! Plötzlich wählt das Telefon selbstständig eine Nummer, eine würdige Stimme begrüßt K. bei der Städtischen Bestattung. K. stammelt eine Entschuldigung, flucht. Gelächter aus dem Nebenraum – K.s Arbeitskollegen kommen herein, beruhigen ihn und zeigen ihm, wie sie von ihrem Handy aus seines fernsteuern, dass sie auch Zugriff auf alle seine Kontakte, Termine, Anrufprotokolle und Kurznachrichten haben und diese abspeichern könnten. Sie raten K., das Handy nicht mehr unbeaufsichtigt herumliegen zu lassen.

Genau das ist mit Programmen wie Bluetooth BT heute schon möglich, selbst durch Wände hindurch. Jeder, der Gelegenheit hat, bei seinem und dem Handy des Opfers rasch dieselbe PIN einzugeben, kann dieses dann wochen- oder monatelang unbemerkt ausspähen. Selbst wenn das Opfer die Spionage wider Erwarten bemerkt, kann es nicht feststellen, von welchem Handy aus der Angriff erfolgt ist. Ein Angriff via Bluetooth, um Daten zu stehlen, wird *Bluesnarfing* genannt. Mittlerweile wurden Methoden entwickelt, die es ermöglichen, auch ohne *Pairing* in fremde Mobiltelefone, PDAs oder Laptops einzudringen. Durch die Laptops, die sowohl die Reichweite als auch die Möglichkeiten der Software (meist auf Linux-Basis) drastisch erhöht haben, ist *Bluesnarfing* ein ernstes Problem geworden. 2004 gelang es, ein Handy aus einer Distanz von fast zwei Kilometern auszuspähen.

Wenn Systeme wie das der Firma Sorex Wireless Solution Verbreitung finden, könnten Bluetooth-Attacken künftig auch Haushaltsgeräte treffen. Sorex entwickelte Empfänger, die Türen öffnen, die Beleuchtung regulieren oder Elektrogeräte steuern – alles über die Bluetooth-Funktion des Handys.

Die Gegenmaßnahme gegen alle Angriffe dieser Art ist so einfach wie sicher: Deaktivieren Sie die Bluetooth-Funktion! Und lassen Sie Ihr Gerät nie unbeaufsichtigt herumliegen! Dann stellt *Bluesnarfing* keine Gefahr mehr da – im Gegensatz zur folgenden Attacke.

Großer Lauschangriff per Handy

Erforderte die akustische Wohnraumüberwachung in der Vergangenheit meist das Eindringen in die entsprechenden Räume, um die Abhörgeräte vor Ort anzubringen, bietet sich die Verwendung des Mobiltelefons für den staatlichen wie den privaten »Großen Lauschangriff« geradezu an. Einfach, schnell, billig und dennoch überaus effizient, ist sie heute nicht nur für Geheimdienste und Strafverfolgungsbehörden, sondern auch für Privatpersonen die Königsdisziplin der akustischen Überwachung.

»Ich Wußte Es. Dank FlexiSPY habe ich letztendlich entdeckt daß meine Frau mich mit meinem Bruder betrog. Ich hatte schon mehr als ein Jahr ein schlechtes Gefühl dabei. Seit der Scheidung ist mein Leben soviel besser. Danke FlexiSPY! Ich bin wieder Frei!« Mit exakt diesen Worten bewirbt die Firma Vervata aus Bangkok ihr Trojanerprogramm FlexiSPY. Um gegen eine jährliche Nutzungsgebühr von 100 Euro den Ehebruch Ihres Partners aufzudecken oder Ihr Kind »gegen SMS-Tyrannen zu schützen«, installieren Sie die Software in wenigen Minuten auf dem mit dem Symbian-Betriebssystem ausgestatteten Mobiltelefon der Person Ihrer Wahl. Das Programm tarnt sich als unverdächtiges »RBackupPRO« und beginnt augenblicklich mit der Arbeit. Mit dem von Vervata zugeschickten Passwort lesen Sie, wann immer es Ihnen beliebt, im Internet nach, wann die von Ihnen überwachte Person wie lange mit wem telefoniert hat. Sie können die Anruf- und Kontaktdaten in Form einer Excel-Liste speichern und selbstverständlich auch alle empfangenen und gesendeten SMS-Nachrichten lesen. Leisten Sie sich aber die um 50 Euro teurere Pro-Version, erhalten Sie eine bemerkenswerte Zusatzfunktion: Wenn Sie das Telefon von einer bestimmten, vorher eingespeicherten Nummer aus anrufen, wird das Klingeln unterdrückt, stattdessen das Mikrofon des Handys eingeschaltet, und Sie können die Umgebung des Geräts via Freisprecheinrichtung abhören – bis in einige Meter Entfernung. Falls Sie nun nervös geworden sind: Die Firma verkauft auch ein Programm, mit dem Sie herausfinden können, ob FlexiSPY auf Ihrem Handy installiert ist.

Warum ein derart gefährliches Programm überhaupt verkauft werden darf? Weil theoretisch – egal wie unwahrscheinlich das ist – ein legaler Einsatz denkbar wäre, etwa wenn die zu überwachende Person Ihnen freundlicherweise gestattet, das Programm zu installieren. Das vorgestellte Programm ist keineswegs das einzige seiner Art. Und wie bei der Handyortung nützen auch hier neben privaten Lauschern Behörden die Möglichkeit, das Handy einer observierten Person in eine Wanze zu verwandeln. Dazu müssen sie das Gerät nicht einmal in die Hände bekommen. Wie der »Spiegel« berichtete, setzt nicht nur das FBI diese *Roving Bug* genannte Technik ein, sondern auch mehrere Landeskriminalämter.

Seit einiger Zeit kursiert im Netz die Großstadtlegende, dass wissende Spitzenmanager ihre Mobiltelefone nicht nur abschalten, sondern stattdessen den Akku entfernen, wenn sie sichergehen wollen, nicht abgehört zu werden. Dass auch abgeschaltete Handys abgehört werden können, verneinen manche Techniker kategorisch, andere wollen Anzeichen dafür entdeckt haben. In jedem Fall aber ist es möglich, eine Software einzuschleusen, die beim Benutzer den Eindruck erweckt, er hätte sein Handy abgeschaltet. Es verabschiedet sich, das Display erlischt, die Nummer ist nicht mehr erreichbar – außer für eine geheime Aktivierungssequenz, auf die hin alle über die Freisprecheinrichtung empfangenen Geräusche gesendet werden.

Angesichts der Überwachungsmöglichkeiten und -begehrlichkeiten, die das Handy schon bisher eröffnet hat, ist es nicht paranoid zu überlegen, ob große Handyhersteller auf »Empfehlung« oder Druck von Regierungen hin eine solche Funktion von vornherein in den Geräten anlegen könnten, sodass die Einschleusung spezieller Software erst gar nicht mehr nötig wäre. Dass dieser Gedanke keineswegs unrealistisch ist, werden wir im Kapitel 1.4 noch sehen.

Um noch einmal auf die Spitzenmanager zurückzukommen: Auch diese sind eher realistisch als paranoid, wenn sie, ähnlich wie Militärs, hochrangige Politiker und das organisierte Verbrechen, einen großen Bogen um herkömmliche Mobiltelefone machen. Stattdessen setzen sie auf teure Geräte mit einem elektronischen Zerhacker, sogenannte *Krypto-Handys*. Ihr Rauschen kann nur ein Gesprächspartner mit einem gleichen Gerät entschlüsseln – versprechen die Hersteller. Aber die Funktionsweise der Verschlüsselungsmechanismen ist nicht offen einsehbar, theoretisch könnten Hintertüren zum Abhören eingebaut sein. Nichts tun die Geheimdienste bekanntlich lieber, als genau die abzuhören, die aufwendig versuchen, nicht abgehört zu werden. Konkret wurden in der Vergangenheit die amerikanischen Nachrichtendienste CIA und NSA (siehe S. 169ff.) sowie der deutsche BND verdächtigt, die Schlüssel verbreiteter *Krypto-Handy*-Systeme zu besitzen.

Anonym telefonieren?

Eine Möglichkeit, die Handyüberwachung zu erschweren, sind anonyme *Prepaidtelefone*, die mit Guthabenkarten aufgeladen werden. In Afrika, Südamerika und Osteuropa haben bis zu 90 Prozent der Kunden Prepaidverträge, in Westeuropa wird etwa jedes zweite Handy mit Wertkarten aufgeladen. Da anonyme Nummern für kriminelle und terroristische Aktivitäten verwendet werden, strengen sich die Behörden weltweit an, sie auszumerzen. Immer mehr Länder verpflichten die Mobilfunkanbieter, auch die Personaldaten von Kunden mit Prepaidhandys aufzunehmen.
In Malaysia mussten sich bis Ende des Jahres 2006 alle 14 Millionen Prepaidhandy-Besitzer identifizieren, um zu verhindern, dass das Handy gesperrt wurde. Zuvor hatten per SMS verbreitete Gerüchte immer wieder für Unruhe gesorgt, etwa als ein ganzes Dorf auf Borneo in Panik floh, nachdem in Kurznachrichten vor Kopfjägern gewarnt worden war; statt der Kopfjäger kamen Plünderer.[2] Zu den Ländern mit Registrierungspflicht zählen (ohne Anspruch auf Vollständigkeit) Australien, Bangladesch, China, Deutschland, Indonesien, Japan, Norwegen, Singapur, Südafrika, Südkorea, Taiwan, Thailand und die Schweiz, wobei die helvetischen Behörden mittlerweile erkennen mussten, dass die seit 2004 obligatorische Registrierung im Kampf gegen Drogenhandel und Terrorismus nur wenig bringt: Zehntausende falsch registrierte Telefone wurden entdeckt, wofür

weniger unehrliche Angaben bei der Registrierung als weiterver-
kaufte, verschenkte oder gestohlene Handys verantwortlich sein
dürften.

Auch die Europäische Union hat schon einmal einen Vorstoß für
eine gemeinsame Richtlinie zur Registrierung unternommen, als
Spanien 2002 bei einem Treffen der EU-Arbeitsgruppe über Drogenhandel das Thema zur Sprache brachte. Eine weitere Verschärfung
der »Anti-Terror-Maßnahmen«, vielleicht als Reaktion auf neue
Anschläge, könnte das Aus für anonyme Prepaidhandys in Europa
bedeuten.

Als die holländische Regierung allerdings versuchte, eine Registrierung für die Benutzer von Prepaidkarten einzuführen, scheiterte sie
am Widerstand der Telekom-Unternehmen, die als Alternative eine
Lösung vorschlugen, die ihnen wesentlich weniger Kosten verur-
sacht: die Einführung des IMSI-Catchers.

Abhören durch IMSI-Catcher und A5-Cracking

Beim klassischen CB-Funk der Funkamateure oder Trucker kann
jeder, der sein Funkgerät auf die entsprechende Frequenz einstellt,
die Kommunikation mithören und in sie eingreifen. Das trifft auch
für Frequenzbänder zu, die dem BOS-Funk (Funk der Behörden und
Organisationen mit Sicherheitsaufgaben) vorbehalten sind. Mit im
Elektronikfachhandel frei erhältlichen Scannern können so Polizei-,
Feuerwehr- oder Flugfunk abgehört werden. Dass dies illegal ist,
wenn es vorsätzlich geschieht, stört kriminelle Elemente wenig.

Dem Abhören von Handys jedoch haben die Designer des GSM-
Standards technische Riegel vorgeschoben, insbesondere durch eine
Verschlüsselung der Funksignale auf Basis des Algorithmus A5. In
der Basisstation und der gesamten weiteren Infrastruktur des Netzbetreibers ist die Kommunikation aber unverschlüsselt und kann
abgehört werden. Diese Tatsache macht sich der *IMSI-Catcher* zunutze, ein Gerät, das allen Mobiltelefonen in der Umgebung kurz-
fristig vorgaukelt, die nächste Basisstation zu sein, sich dem Netz

28

gegenüber aber als Handy ausgibt. Eine klassische *Man-in-the-Middle-Attacke*, bei der die Kommunikation über einen maskierten Spion läuft, der die Gespräche mitschneiden kann. Ermittler beispielsweise observieren eine Person nun an verschiedenen Orten und vergleichen die IMSI-Nummern und die IMEI-Gerätekennungen. Diejenige Nummer, die an allen Orten auftaucht, an denen sich das Opfer befindet, gehört zu dessen Telefon, das nun gezielt abgehört werden kann, denn der *IMSI-Catcher* bringt das Handy dazu, die Verschlüsselung abzuschalten. Auf diese Weise wird ein Abhören ohne justizbehördliche Kontrolle möglich, das im Nachhinein kaum nachzuweisen ist. Vom Netzbetreiber erfahren die Behörden, welche Telefonnummer und welche Identität zu der eingefangenen IMSI gehören. So können auch anonyme oder falsch registrierte Mobilfunkteilnehmer observiert und belauscht werden. Die Methode ist daher gefragt, in Deutschland darf die Polizei *IMSI-Catcher* seit 2004, in Österreich seit 2008 von Rechts wegen verwenden. Proteste von Datenschützern richten sich gegen die nicht kontrollierbare Abhörmethode, der alle Mobilfunkteilnehmer im Empfangsbereich ausgesetzt sind.

Der hohe Preis im sechsstelligen Eurobereich macht *IMSI-Catcher* abgesehen von den Behörden derzeit nur für das organisierte Verbrechen attraktiv. Aufgrund einer Sicherheitslücke können GSM-Mobilfunkgespräche jedoch bald von jedermann belauscht werden: Seit rund zehn Jahren ist eine Möglichkeit, die A5-Verschlüsselung des GSM-Netzes zu *cracken,* theoretisch bekannt. Die Umsetzung scheiterte bislang an mangelnder Rechenleistung. Durch die mittlerweile verbesserte Hardware, FPGA-Schaltkreise und den Einsatz sogenannter *Rainbow-Tabellen,* deren Datenmengen Dutzende Festplatten füllen, gelang es David Hulton und »Steve«, Mitgliedern der Gruppe THC, ein mitgeschnittenes Telefonat binnen zweier Stunden zu entschlüsseln und im Klartext anzuhören. Die Ausrüstung dafür kostet rund 900 US-Dollar. Künftig soll die Entschlüsselung noch deutlich schneller ablaufen. Nicht nur Geheimdienste und Behörden werden diese neue Methode des Abhörens begrüßen. Es ist nur eine Frage der Zeit, bis Hobbyspione und Kriminelle mit in einschlägigen Internetshops gekauften Fertiggeräten die Gespräche der gesamten Nachbarschaft abhören können.

Möglicherweise schafft dann der neue Mobilfunkstandard UMTS den Durchbruch. Bei ihm funktionieren *IMSI-Catcher* und *A5-Cracking* aus technischen Gründen nicht.

Jamsessions in der U-Bahn und gefährliche Scherze

K. ist auf dem Weg zur Arbeit. Da es regnet, hat er die U-Bahn genommen. Er versucht zu lesen, kann sich aber nicht konzentrieren. Die ihm gegenübersitzende Dame, für ihr Alter vielleicht etwas grell geschminkt, bespricht am Handy Beziehungsprobleme in einer Lautstärke, die alle Mitreisenden zu unfreiwilligem Publikum macht – ihre Gesichter verraten, dass sie auf diese Art der Unterhaltung verzichten könnten. K. fällt ein, dass die Taliban in Afghanistan so lange beharrlich Handymasten gesprengt hatten (um die Ortung der eigenen Milizen und die Kommunikation regierungsfreundlicher Kräfte zu unterbinden), bis die Telekombetreiber die Netze zeitweise ausschalteten. Das wäre auch eine Möglichkeit ... Da greift ein junger Mann, der bereits mehrmals von seinem Laptop aufgeblickt hat, in seine Jackentasche und drückt heimlich einen Knopf. Die Dame spricht noch einige Sätze weiter, bis sie bemerkt, dass ihr niemand mehr zuhört. Ihr Handy meldet »Kein Netzwerk«, und dabei wird es bleiben, bis der junge Mann aussteigt.

Außer in der Stadt Graz, wo seit 2008 Handys in öffentlichen Verkehrsmitteln auf lautlos geschaltet sein müssen, sorgen immer mehr Menschen mit einem sogenannten *Jammer* auf diese Weise für Ruhe. Darunter versteht man einen Störsender, oft nicht größer als eine Zigarettenschachtel, der durch ein starkes Signal die Kommunikation aller Handys im Umkreis weniger Meter unterbindet. Da die entsprechenden Frequenzen an die Mobilfunkbetreiber zur Nutzung vermietet sind, ist die Verwendung solcher Geräte durch Privatpersonen in den meisten Ländern verboten. Dennoch boomen Internethändler wie PhoneJammer.com oder GlobalGadgetUK.com, die ihre Produkte in die ganze Welt verkaufen. Kunden sind genervte Pendler, Restaurantbesitzer, Frisöre, Pastoren, Therapeuten – und Schulbusfahrer, wie ein gewisser Dan aus New York, der seinem Jammer-Händler im indischen Mumbai per Mail begeistert dafür dankte, dass in seinem Bus jetzt endlich Ruhe herrsche.

Im Kampf gegen eingeschmuggelte Handys erließ der baden-württembergische Landtag im Juni 2008 ein Gesetz, das den Einsatz von Jammern in Gefängnissen erlaubt; auch in Nordrhein-Westfalen sind ähnliche Maßnahmen geplant.

Das Militär und private Sicherheitsdienste verwenden Jammer häufig, um die heute übliche Fernzündung von Bomben durch umgebaute Handys zu unterbinden. Dass diese Technik für jedermann verfügbar ist, ist beunruhigend: Kriminelle könnten zunehmend Jammer einsetzen, um zu verhindern, dass ihre Opfer Hilfe rufen.

Welche Probleme sich aus der Foto- und Videofunktionalität moderner Mobiltelefone ergeben, wird im Kapitel 1.2 besprochen. Das Handy als universaler Schlüssel durch Near Field Communications wiederum beschäftigt uns im Kapitel 1.3.

Zum Schluss unseres Handy-Kapitels eine Warnung bezüglich der Zuverlässigkeit von SMS-Kurznachrichten: Dass man solche im Internet anonym verschicken kann, ist bekannt. Der britische Anbieter SharpMail.co.uk geht einen Schritt weiter. Auf dieser Website kann man, nachdem man sich (ohne Kontrolle von Personalien) registriert hat, weltweit Kurznachrichten verschicken und dabei jede beliebige Absendernummer eingeben. Der Empfänger erhält eine Nachricht in der festen Überzeugung, sie stamme von dem angeblichen »Absender«; perfekt für den nächsten Aprilscherz, aber keineswegs ungefährlich. Man kann also heute nicht mehr davon ausgehen, dass eine Nachricht wirklich von dem Kontakt stammt, der auf dem Display angezeigt ist.

1.2 Ich sehe was, was du nicht siehst

Vorbemerkung

Es ist ein sonniger Tag auf dem Obersalzberg. »Wie ich verstehe, hat dir unser Film gestern Nacht nicht gefallen«, meint Adolf Hitler in Bezug auf die Filmvorführung vom Vortag. »Ich weiß was du magst. Du magst ›Vom Winde verweht‹ nochmals sehen.«[1]
Viele Worte von Hitler wurden überliefert, diese nicht. Weder existiert davon eine Tonaufzeichnung noch eine Niederschrift. Dennoch können wir 60 Jahre später herausfinden, was Hitler an jenem Tag auf der Terrasse des Berghofs gesagt hat. Die Lösung des Rätsels liegt nicht in okkulten Kräften, sondern in der modernen Überwachungstechnik, deren Methoden, wie wir in diesem Kapitel sehen werden, mittlerweile nicht nur die Gegenwart, sondern auch die Vergangenheit und die Zukunft zu überwachen beginnen.
Nachdem wir im Kapitel 1.1 detailliert einen vermeintlich harmlosen Alltagsgegenstand als Beispiel für die versteckten Überwachungsmöglichkeiten der heutigen Zeit betrachtet haben, sollen in den folgenden Kapiteln einige Streiflichter auf Bereiche geworfen werden, die allesamt bedeutsame Bausteine für eine zukünftige totale Überwachung darstellen. Nicht von ungefähr beginnen wir mit dem Sehen und den Mitteln der optischen Überwachung. Dass die Kamera zum Symbol moderner Überwachung avancierte, liegt nicht nur daran, dass sie einfacher abzubilden ist als eine Rasterfahndung oder eine DNA-Analyse, sondern auch daran, dass der Mensch primär ein visuelles Wesen ist. Sehen ist Wissen und Wissen ist Macht, also strebt die Macht nach dem Sehen und wird Sehen mit Macht assoziiert. Es ist daher kein Zufall, dass in der Kunst gerade das allsehende Auge für Gott und damit die größte denkbare Macht steht. Insofern kommt der visuellen Überwachung, wenn sie auch nur ein Element der Überwachung unter vielen und vielleicht gar nicht das bedrohlichste ist, im Bewusstsein des Bürgers ein besonderer Stellenwert zu. Aus diesem Grund wurde seit den

1990er-Jahren über die Videoüberwachung bereits viel geforscht und publiziert. Wir wollen uns im Folgenden aber nicht nur der Kameraüberwachung widmen, sondern generell der visuellen Überwachung, bis hin zur Spionage aus dem Weltraum, und dabei auf jene Aspekte Augenmerk legen, die uns besonders wichtig erscheinen oder die neu sind – wobei man manchmal die Erfahrung macht, dass etwas »Neues« vor langer Zeit schon einmal gedacht worden ist.

Jeremy Bentham, ein »Jules Verne der Überwachung«

Wie Jules Verne hatte Jeremy Bentham, geboren 1748 in London, während seines langen Lebens eine Vielzahl fantastischer und wegweisender Ideen, die sich später als geradezu prophetisch herausstellen sollten. Er war Tory und aufklärerischer Philosoph und als einer der wichtigsten Vertreter des Utilitarismus forderte er das »größtmögliche Glück der größtmöglichen Zahl« und entwickelte sogar eine Methode, um das menschliche Glück in Zahlen zu berechnen. Als radikaler liberaler Reformer setzte er sich als einer der Ersten für die Entkriminalisierung von Homosexualität, für Frauen- und für Tierrechte ein. Seinen Juristen-Beruf gab er früh auf, fortan schrieb er als Privatgelehrter täglich zehn bis zwanzig Seiten mit immer neuen revolutionären Ideen voll. Unter seinen unzähligen Erfindungen findet sich vieles, was damals wie heute verrückt anmutet. So schlug er vor, die Toten nicht mehr zu begraben, sondern als »Autoikonen« zu mumifizieren, in dieser Form könnten sie als Standbilder den Lebenden zu Hause, im Park, in der Kirche oder in Klubs Gesellschaft leisten, ihre Organe aber sollten für Forschung und Studium verwendet werden.
Auch eine weitere Idee Benthams würde heute wohl nur als skurrile Kuriosität gelten, wäre sie nicht auf dem Weg ihrer Verwirklichung, und zwar in einer Dimension, die sich Bentham vermutlich nie hätte träumen lassen: das Panopticon. Auf die Idee gebracht hatte ihn sein Bruder Sam, dieser entwarf ein Gebäude in Form eines liegen-

den Rades, an der Stelle der Nabe in der Mitte hatte es eine Ansammlung von Büroräumen, von ihnen strahlten Korridore wie Speichen aus[2] und konnten damit von den Büros aus ständig eingesehen werden. Ein Gebäude, in dem möglichst viele von möglichst wenigen ständig beobachtet werden können, ideal für jedes Gefängnis: Bentham war begeistert, er perfektionierte den Entwurf. Sein Panopticon, wie er es nannte (von griechisch »alles sehen«), besteht aus einem schmalen ringförmigen Gebäude, in dem sich die Häftlingszellen aneinanderreihen. Im Zentrum des Innenhofs steht ein Beobachtungsturm mit breiten Fenstern. Von ihm aus kann alles, was im Ringbau geschieht, überwacht werden, weil jede Zelle durch Außen- und Innenfenster von Licht durchflutet wird. So kann ein einziger Aufseher im Turm alle Sträflinge sehen, aufgrund der Lichtverhältnisse aber selbst nicht gesehen werden. Mit dieser Struktur zur permanenten Überwachung, argumentierte Bentham, könnten sehr viele Personen durch sehr wenige kontrolliert werden. Das Panopticon sei beliebig ausweitbar, etwa auf Schulen, Fabriken, Spitäler, Irrenanstalten, und würde die Gesellschaft besser machen. Dabei müssten die Betroffenen gar nicht ständig beobachtet werden, es genüge, dass sie in jeder Sekunde damit rechnen müssten. Der Druck würde präventiv wirken, die Betroffenen den allgegenwärtigen Blick verinnerlichen, ihr Handeln anpassen, und viele Fehler oder Verbrechen würden völlig verschwinden. Das ideale Panopticon umfasste so für Bentham den ganzen Staat, als ein Machtinstrument von »bisher beispiellosem Ausmaß«[3], das als »lückenlos überwachendes und durchdringendes Netzwerk«[4] alle Menschen erfassen sollte. Bentham musste sich im Vergleich zu heute freilich noch bescheiden. Bei ihm war die Überwachung aufs Tageslicht angewiesen, auf einzelne Gebäude beschränkt – und auf den Sehsinn. In der ersten Version seiner Schrift »Panopticon« von 1787 hatte er auch eine Dauerbelauschung eingeplant – mittels schallleitender Röhren zwischen Zellen und Zentralturm. Offenbar aus technischen Gründen verzichtete er aber wieder darauf.[5] Mit der Realisierung seines Panopticons hatte Bentham wenig Glück. Das einzige Projekt zu seinen Lebzeiten wurde 1811 abgebrochen.

Benthams allgegenwärtigen Blick versucht man heute mit offener Videoüberwachung zu erreichen. Wie schon Bentham erkannte, ist es dabei gar nicht nötig, dass tatsächlich ständig jemand beobachtet, die Disziplinierung erfolgt durch den perfiden Überwachungsdruck, dass jederzeit jemand beobachten *könnte*. Deshalb hat es beispielsweise der Direktor der renommierten Sheffielder King-Ecgbert-School, in der alle Räume bis hin zum Toilettenvorraum videoüberwacht werden, gar nicht nötig, seine Schützlinge auf dem Monitor zu kontrollieren: »Ich bläue ihnen immer wieder ein, dass sie jede Sekunde unter Beobachtung stehen. Wir haben sechzig Kameras, aber ich mache ihnen vor, wir hätten über tausend Stück installiert.«

Videoüberwachung heute – Weit mehr als nur Kameras

Die erste Generation von Überwachungskameras leistete nicht mehr, als einen fest umrissenen Bereich wie eine Bankfiliale, ein Firmenportal oder einen Bahnsteig am Monitor wiederzugeben. Davon ist die landläufige Vorstellung von Videoüberwachung heute noch geprägt, obwohl die Weiterentwicklung der Kameratechnik und vor allem die digitale Signalverarbeitung durch Computer mit »denkenden Kameras« mittlerweile eine ganz neue Qualität der Überwachung ermöglichen.

Immer mehr Kameras zeigen nicht einen starren Ausschnitt der Szenerie, sondern erlauben es, sich durch ferngesteuerte Motoren umzuschauen, oder bilden, wie die an der Columbia University entwickelten Omnicams, von vornherein 360 Grad ab. Die Konstruktion des menschlichen Auges erlaubt es uns, Gesichter bis zu einer Entfernung von etwa 50 Metern gut zu erkennen. Da der Mensch ursprünglich mit Artgenossen nur innerhalb dieser Distanz, in der er sie erkennen und ihnen zurufen konnte, kommunizierte, empfinden wir weiter entfernte Beobachter als nicht unmittelbar bedrohlich. Aus diesem Grund ist es wichtig, sich zu vergegenwärtigen, was es bedeutet, dass moderne Videoüberwachungssysteme, die im öffentlichen Raum an Lichtmasten oder Hauswänden montiert sind, über ein bis zu 300-faches Zoom verfügen: Damit ist die Entzifferung von Buchtiteln aus einer Entfernung von 100 Metern oder mehr problemlos möglich. Zum Vergleich – eine moderne »Super-Zoom-Digitalkamera« für den Hobbyfotografen verfügt lediglich über 10- bis 12-faches Zoom. Eine vibrationsfreie Montierung und der gewaltige Zoomfaktor ermöglichen es, Menschen auf Plätzen oder hinter Fenstern zu observieren, die sich mangels Kameras in ihrer unmittelbaren Umgebung unbeobachtet fühlen. In wenigen Jahren werden Kameras noch weiter sehen können: DARPA, die Forschungsbehörde des Pentagon und Motor so vieler militärischer Innovationen, die auch für den Überwachungsbereich von Interesse sind, arbeitet an einer neuen Generation von Ferngläsern, die bei maximalem Zoom 1000 Meter entfernte Geschehnisse und bis zu 10 000 Meter entfernte Fahrzeuge beobachten lassen.[6]

Mittlerweile kann man nicht nur observieren, was in der direkten Sichtlinie liegt, sondern sogar praktisch um die Ecke sehen: Ein Forscherteam der Universität des Saarlandes um Prof. Michael Backes zeigte 2008 einen gänzlich neuen Weg der optischen Spionage auf. Den Informatikern gelang es mit einer einfachen Digitalkamera, einem billigen Teleskop und einem Bildbearbeitungsprogramm, den auf Teekannen, Löffeln oder Brillengläsern reflektierten Inhalt von Computerbildschirmen digital zu entzerren und zu rekonstruieren, bis hin zu kompletten Dokumenten, die in den Schriftgrößen zehn bis zwölf verfasst waren. Selbst wer alle reflektierenden Gegenstände vom Schreibtisch entfernt, kann ausgespäht werden – über die Spiegelungen auf seinem Auge (siehe Abbildung 9 auf S. 312). Besonders bemerkenswert ist, dass es den Forschern durch ausgeklügelte Algorithmen sogar gelang, aus der diffusen Reflexion des Monitorlichtes an einer weißen Wand einen auf dem Bildschirm dargestellten Buchstaben zu rekonstruieren.[7]

Das starke Zoom ist nicht die einzige Eigenschaft moderner Kameras, die es Menschen erschwert zu erkennen, dass sie beobachtet werden. »Gut' Abend, gut' Nacht, mit IR überwacht«, heißt es heute nicht nur bei Babykameras. Viele Überwachungskameras sind mit Infrarotscheinwerfern ausgestattet und machen damit die Nacht zum Tag. Der Schutz der Dunkelheit, den der Mensch jahrtausendelang gewohnt war, ist trügerisch geworden, zwar sieht der Bürger nichts, er kann aber selbst in der schwärzesten Nacht genau gesehen werden, notfalls auch vom Polizeihubschrauber aus.

Indessen werden die CCD-Chips, das Herzstück jeder digitalen Kamera, immer kleiner; seit einigen Jahren gibt es Videokapseln zum Schlucken, Minikameras, die diagnostische Bilder aus dem Dünndarm liefern. Mittlerweile sind die Kameras so klein, dass sie hinter einem stecknadelkopfgroßen Loch für das Objektiv verborgen werden können. Das Problem der mechanischen Fokussierung winziger Kamerahandylinsen wurde vom französischen Unternehmen Variotpic elegant gelöst, dessen winzige Flüssiglinse Arctic 320 durch eine elektrische Spannung scharfstellt. Zukünftige Kameras müssen aber vielleicht gar nicht mehr scharfstellen: An der Stanford-Universität wird derzeit eine Kamera entwickelt, die ähnlich wie ein Fliegenauge nicht über eine einzelne Linse verfügt, vielmehr bilden 12 616 Minilinsen das Motiv dreidimensional ab. Die Technologie kann klein und billig produziert werden, da die Abbildungsleistung statt von teuren Objektiven vom Computer durchgeführt wird.

Das von uns heute kaum noch bewusst wahrgenommene eigentümliche Erlebnis, durch Technik hören und sehen zu können, was zeitgleich an Orten passiert, die außerhalb des natürlichen Gesichtsfeldes liegen, machte vor einem halben Jahrhundert die Faszination des »Fernsehens« als neues Medium aus. Der Mensch hatte seine Sinnesorgane erweitert, die Beschränkung des Sehens auf den Raum überwunden. In Benthams Panopticon mussten die Menschen in einem geschlossenen Gebäude sein, um ständig überwacht werden zu können. Heute lassen sich Hunderte oder Tausende Kameras zu einem zentralen Netz zusammenschließen, um Menschen auf ihren Wegen durch die Stadt permanent zu observieren. Der Käfig hat sich quasi auf die Stadt ausgedehnt und ist unsichtbar geworden.

Die Kamerasysteme der Anfangszeit erlaubten nur die Betrachtung eines Livebildes. Daraus leitet sich der englische Name für Videoüberwachung ab: *Closed Circuit Television* (CCTV), also »Fernsehen in einem geschlossenen Kreislauf«. Mit der Möglichkeit, die Bilder

der Kameras auf Video aufzuzeichnen, wurde auch die zweite Beschränkung der natürlichen Beobachtung aufgehoben, die zeitliche. Nicht nur die Gegenwart, sondern auch die Vergangenheit ist damit überwachbar geworden. Zuerst nur theoretisch, denn die Aufzeichnung auf Bänder war teuer und unpraktisch. Heute aber erfolgt die Speicherung digital und damit billig und unkompliziert auf Computerfestplatten oder DVDs. Damit schafft man nichts weiter als eine Kopie der Wirklichkeit, die allen Personen mit Zugriff auf die Daten zur nachträglichen Auswertung oder Manipulation zur Verfügung steht. Obwohl die Länder verschiedene Vorgaben in Bezug auf die maximal erlaubte Aufbewahrung haben, ist deren Einhaltung im privaten Bereich schwer zu kontrollieren.

Ein Grund für die, wie wir noch sehen werden, bisher sehr bescheidenen Erfolge von Videoüberwachung ist der menschliche Faktor. Bis vor Kurzem war der Beobachter hinter den Bildschirmen der wesentliche Teil des Systems, aber auch der schwächste. Untersuchungen ergaben, dass bereits nach 15 bis 20 Minuten die Konzentration der Bildschirmüberwacher so stark abnahm, dass sie 95 Prozent der Vorfälle auf den Monitoren nicht mehr wahrnahmen.[8] Mit der höheren optischen Auflösung der Systeme und der Weiterentwicklung der Computertechnik kann allerdings der Mensch aus dem System eliminiert und die Kontrolle dem Rechner überlassen werden. Sehr gut gelingt dies bereits beim einfachen Gebäudeschutz mit Software, die automatisch Bewegungen erkennen kann und dann den Alarm auslöst. Zur Überwachung von Personen muss jedoch die Hürde der automatisierten Identifizierung per Gesichtserkennung genommen werden. Im Kapitel 1.8, S. 205f. werden wir zeigen, dass diese nur noch ein paar Kinderkrankheiten hat, die alle in den nächsten Jahren überwunden werden können.

Einstweilen bauen die Staaten schon die dazu erforderlichen Datenbanken auf, etwa mit den Bildern aus den neuen biometrischen EU-Pässen. Wenn es in Zukunft heißt, »Eine Stadt sucht einen Mörder«, sollen es keine menschlichen, sondern die tausend Augen des Zentralcomputers sein, die permanent und unerbittlich nach der gesuchten Person Ausschau halten.

Doch selbst bei einem technisch perfekten System bleibt ein Problem ungelöst: Wie erkennt man Ersttäter? Unmöglich? Keineswegs, meinen staatliche Behörden und teilweise von ihnen finanzierte Unternehmen. Diese entwickeln weltweit Computerprogramme, die alle Personen im Sichtbereich der Kameras auf »auffälliges« oder »verdächtiges« Verhalten analysieren und das von ihnen ausgehende Risiko automatisch bewerten:

Jemand muss Johannes K. analysiert haben, denn ohne dass jemand etwas Böses geahnt hätte, wird er eines Morgens verhaftet. Zwei Männer mit Taser-Handschuhen führen ihn vom Bahnsteig über Rolltreppen in einen Verhörraum der Aufsicht. K. identifiziert sich am Scanner. Der Beamte überfliegt seine Akte auf dem Schirm: »Warum haben Sie bereits zwei Metros vorbeifahren lassen, ohne einzusteigen? Soso, mit einem Freund verabredet. Sie wollen mir weismachen, es ist Ihre Art, sich ständig nervös umzublicken?« Als die Streckenaufsicht die zerknüllte Papiertasche bringt, die K. kurz zuvor in den Abfalltrichter geworfen hat, wird der Fall klar. Es handelt sich bloß um Lebensmittel, völlig verklebt durch den aus einem beschädigten Becher ausgetretenen Honig. Der Beamte entschuldigt sich für die Unannehmlichkeiten, doch würden in Zeiten wie diesen die Kunden von OmniTransport erwarten, dass man jedem Verdacht sofort nachgehe.

Im Kapitel 1.8 erfahren Sie mehr über solche bereits im Einsatz befindlichen Systeme, die den »denkenden Kameras«, wie oben erwähnt, heute nicht nur die Überwachung der Gegenwart und der Vergangenheit, sondern sogar die Kontrolle der Zukunft erlauben.
Auffälliges Verhalten lässt sich analysieren, aber wie erkennt man eindeutig Terroristen? Gar nicht. Die einzige Möglichkeit besteht darin, die Gesellschaft in mutmaßliche Risikogruppen zu unterteilen und beispielsweise alle männlichen muslimischen Jugendlichen als potenzielle Attentäter zu behandeln. Ein weiterer Schritt auf dem Weg zum Misstrauensstaat.

An dieser Stelle wollen wir eine weitere außergewöhnliche Erfindung vorstellen und damit allen, die die Lösung noch nicht kannten, verraten, woher wir von Hitlers privaten Aussagen wissen. Die gesprochene Sprache geht, außer bei geübten Bauchrednern, mit charakteristischen Bewegungen der Lippen einher. Das Ablesen dieser Lippenbewegungen beim Sprechen dient jedermann, besonders aber den Gehörlosen, zum Verständnis. Nur ein Bruchteil der Sprache lässt sich dabei eindeutig festmachen, viele Wörter haben identische Lippenbilder, wie etwa »Mutter« und »Butter«. Beim Ablesen der Lippen muss der Lippenleser daher aus dem Zusammenhang darauf schließen, welches Wort gemeint ist.

Ein ganz ähnliches Problem trat bei der Softwareentwicklung auf. Sogenannte OCR-Programme, die als Grafiken gescannte Seiten in weiterverarbeitbare Schrift umwandeln, müssen sich oft für eine von mehreren Varianten eines undeutlich gescannten Wortes entscheiden. Da die Programme aber inzwischen Wörter auch semantisch zuordnen können, liegt die Genauigkeit automatischer Texterkennungen heute bereits bei 99 Prozent. Mit fortschreitender Computertechnik stellte sich daher die Frage, ob es möglich sein könnte, abgefilmte Lippenbewegungen durch eine Software in Sprache rückzuübersetzen. Es ist möglich. Frank Hübner, Spezialist für Lippenlesen und Gebärdensprache, rekonstruierte mithilfe eines Computers, der die Lippenbewegungen zurück in Laute übersetzt, für eine britische Dokumentation, was Adolf Hitler und seine Gäste auf dem Berghof sprachen, als sie von Eva Braun mit ihrer privaten Filmkamera (ohne Ton) aufgenommen wurden. Während menschliche Lippenleser maximal in einem Winkel von 50 Grad zum Sprecher stehen dürfen, kann man mittels Computer bis zu einem Winkel von 160 Grad von den Lippen eines gefilmten Menschen ablesen.

Die Briten haben das Potenzial der Methode erkannt. An der Universität von East Anglia in Norwich arbeitet ein Team an einem Forschungsprojekt, um die an der Surrey University entwickelten Methoden zu verfeinern. Es ist kein Zufall, dass die Mitautoren der vorgestellten Studie aus dem Verteidigungsministerium kommen.

Ziel ist ein Programm, das wie der HAL 9000 Computer im Film
»2001: Odyssee im Weltraum« (GB, 1968) Menschen belauschen
kann, ohne sie zu hören. Die Überwachungssysteme der Zukunft
könnten dann nicht nur sehen, wo wir sind und wer wir sind, sondern auch, was wir sagen oder gesagt haben.

Im Königreich der Vereinigten Kameras

Bentham, der Erfinder des Panopticons, war Brite und so verwundert es kaum, dass das Vereinigte Königreich nicht nur die literari-
sche Heimat des Großen Bruders, sondern auch das Heimatland der
staatlichen Videoüberwachung wurde. Obwohl wir auf dem europäischen Festland noch weit von ähnlichen Zuständen entfernt sind,
lohnt der Blick auf die Geschichte dieses Landes, um zu verstehen,
wie die Briten so weit gekommen sind, und um zu überlegen, ob bei
uns ähnliche Entwicklungen drohen könnten.
Wie in vielen anderen Ländern startete die Videoüberwachung in
Großbritannien in den 1970er-Jahren punktuell an Orten mit er-
höhtem Sicherheitsbedarf wie Botschaften, Banken und U-Bahn-
Stationen sowie zur Überwachung verkehrsreicher Straßen. 1985
wurde jedoch im Seebad Bournemouth erstmals ein Videoüberwa-
chungssystem, in England wie bereits erwähnt CCTV genannt, zum
Schutz vor Vandalismus errichtet. In den 1980er-Jahren stand die
»Eiserne Lady« Margaret Thatcher für eine rigorose Politik der
Marktwirtschaft, in der sich der Staat immer mehr zurücknahm. Als
Folge der sehr hohen Arbeitslosigkeit und zahlreicher Kürzungen im
Sozialbereich wuchsen Armut, Obdachlosigkeit und gesellschaftliche Ungleichheit. Dadurch verdoppelte sich in jenem Jahrzehnt in
England die Kriminalität. Die Innenstädte verödeten wirtschaftlich
durch die Entstehung großer Einkaufszentren an den Stadträndern
und wurden von den Menschen als unsicher wahrgenommen. Die
konservative Regierung geriet unter Druck durch die Opposition
und sah im Aufbau der Videoüberwachung eine Maßnahme, die das
Volk beruhigen sollte.

Ein zweiter Grund für die Hinwendung zu CCTV war die Angst vor dem Terror. Zu Beginn der 1990er-Jahre verübte die für die Unabhängigkeit Nordirlands kämpfende IRA mehrere schwere Bombenanschläge in der »City of London«, dem historischen Kern der Stadt London, zugleich seit Jahrhunderten das Finanzzentrum des Empires. Als Reaktion darauf versah man die Zufahrtsstraßen mit Absperrmöglichkeiten und errichtete ein Netz von etwa 70 Kameras und Wachposten. Dieser Sicherheitskordon wurde unter dem Namen *Ring of Steel* bekannt. Kurz darauf wurde mit *Camerawatch* ein Programm geschaffen, das die Kameraüberwachung der Polizei, von Firmen und der Besitzerin der Innenstadt, der City of London Corporation, verband. Bald waren bereits 1000 Kameras in das System integriert.[9] In den 1990er-Jahren schließlich wuchs die Anzahl der Anlagen stark an; wurden zuerst nur Großstädte überwacht, folgten bis zur Jahrtausendwende die meisten mittleren und kleineren Städte.[10]

Drei Faktoren begünstigten diese Entwicklung: Erstens die Tatsache, dass das britische Recht nicht dezidiert den Schutz von Privatsphäre kennt.[11] Zweitens mangelnde gesetzliche Beschränkungen, so gab es bis zu dem im Jahr 2000 vom *Data Protection Commissioner* verfassten (und 2008 revidierten[12]) »Code of Practice« keine konkreten Richtlinien zur Videoüberwachung.[13] Drittens der Umstand, dass es, anders als in den USA, keine wirksamen Gegenkräfte in Form kritischer Parteien oder Bürgerrechtsgruppen gab.[14]

Die Errichtung der Systeme verschlang gewaltige Summen. Zwischen 1994 und 1997 wurden 78 Prozent des Budgets für Kriminalitätsprävention für CCTV ausgegeben.[15] Rund 670 Millionen Euro sollen pro Jahr in die Installation neuer und die Wartung der bestehenden Anlagen geflossen sein.[16] Die Medien trugen dazu bei, diese gewaltigen Ausgaben aus dem Steuertopf zu rechtfertigen, mit Fernsehsendungen wie »Street Law« oder »Crimewatch UK«, die nicht nur wie ihr Vorbild »Aktenzeichen XY ungelöst« nachgestellte Fälle, sondern auch reale Szenen aus den CCTV-Archiven der Polizei ausstrahlten. Diese Bilder schürten in der Bevölkerung die sogenannte *Kriminalitätsangst*, sodass die Videoüberwachung ausgebaut wurde, ohne hinterfragt zu werden.

Am 12. Februar 1993 schließlich entführten zwei zehnjährige Schüler den zweijährigen Jamie Bulger aus einem Liverpooler Kaufhaus und brachten ihn zu einem Bahndamm, wo sie ihn misshandelten und ermordeten. Der Fall löste gewaltige Reaktionen aus: Das »Liverpool Echo« veröffentlichte 1086 Todesanzeigen für Bulger, Tausende Blumensträuße, Karten und Teddybären wurden am Tatort abgelegt. Kinder schickten ihr Taschengeld an die trauernden Eltern. 300 000 Personen forderten in einer Petition ein höheres Strafmaß für die Täter. Ein Grund für diese Reaktionen waren die im Fernsehen verbreiteten Bilder von Überwachungskameras, die zeigten, wie der Zweijährige vertrauensvoll an der Hand seines zukünftigen Mörders aus dem Kaufhaus und in den Tod ging. Weder die Kameras noch 38 Augenzeugen, die die drei auf dem Weg sahen, hatten das verhindert. Obwohl die Mörder auf den Aufnahmen nicht zu erkennen waren und ein anonymer Anruf zur Verhaftung der Täter geführt hatte, besiegelten auf eine irrationale Weise die immer wieder abgespielten Bilder der Überwachungskamera den weiteren Ausbau von CCTV in England.

Im Jahr 2003 wurde jeder Brite am Tag durchschnittlich 300 Mal von verschiedenen Kameras aufgenommen. Ihre Gesamtzahl wird mittlerweile auf fünf Millionen geschätzt[17] – umstrittene Zahlen, die Interessensgemeinschaft der CCTV-Anwender veranschlagte die Anzahl öffentlicher Kameras 2008 auf lediglich 1,5 Millionen und warb in ihrem Organ »CCTV Image« für den weiteren Ausbau.[18]

Ein kostspieliges Unterfangen, denn allein die Sichtung der 10 000 Kameras in London, die jährlich 250 Millionen Euro kosten[19], würde die Personalkapazitäten der Behörden bei Weitem übersteigen, weshalb ein großer Teil von privaten Sicherheitsfirmen überwacht wird. CCTV ist daher Indikator für den Trend, die Sicherung der öffentlichen Ordnung zunehmend von der staatlichen Macht zu privat kontrollierten Kräften zu verschieben. Sowohl in Großbritannien als auch in den USA übersteigt die Zahl der privaten Sicherheitsleute bereits jene der Polizisten.[20]

Eine gute Idee, unbezahlte Mitarbeiter zu gewinnen, hatte ein Wohlfahrtsverband im Londoner East End. Gemeinsam mit einer

Fernsehgesellschaft startete er 2006 im Problemviertel Shoreditch ein Projekt, das es bei voller Ausbaustufe 20 000 Menschen rund um die Uhr ermöglichen sollte, über Kabelfernsehen auf elf in der Gegend angebrachte Überwachungskameras zuzugreifen und ihre Nachbarn zu beobachten. Auf dem Kanal werden auch Bewohner an den Pranger gestellt, die in der Vergangenheit auffällig waren und daher mit Verhaltensauflagen belegt wurden (*naming and shaming*, siehe Kapitel 1.4, S. 153). Die Fernsehgesellschaft ist überzeugt davon, dass es gut ist, wenn die Menschen aufeinander aufpassen, und meint, »dass sie das nicht zum Voyeurismus benutzen werden«. Wissenschaftler und Bürgerrechtler warnen allerdings davor, Aufgaben der Exekutive an die Bürger abzugeben, weil das letztlich zur Selbstjustiz ermuntern würde.[21]

Konsequent zu Ende gedacht hat man Videoüberwachung im Sinne George Orwells in Middlesborough. Im Roman »1984« werden die Bürger ja nicht nur allzeit beobachtet, sondern auch von einer Stimme zurechtgewiesen, etwa wenn sie die vorgeschriebenen Turnübungen am Morgen nicht ordentlich ausführen. Dies ist nun auch in der nordenglischen Hafenstadt möglich. »Ein neuer Ton schallt durch unsere Straßen«, hieß es vonseiten des Bürgermeisteramtes, das 2006 die Videoüberwachung der Stadt durch große Lautsprecher ergänzte, über welche die Beobachter seitdem zu den Bürgern sprechen können. »Hier CCTV! Dies ist eine Warnung! Sie befinden sich in einer alkoholfreien Zone! Bitte unterlassen Sie das Trinken! Sie werden aufgenommen!«, kann man beispielsweise hören. Leistet man der Aufforderung nicht Folge, kann man sein Bild wenige Tage später in der Lokalzeitung finden, mit der Bitte an die Bevölkerung, die Person zu identifizieren. Dies funktioniere so gut, dass die Innenstadt nun auch ganz bettlerfrei sei, sagt die Stadtverwaltung. Auch benötige sie nur noch zwei statt wie früher sechs Straßenreinigungsmaschinen.

Auch in London macht sich CCTV inzwischen bezahlt. Seit 2003 ist die Londoner Innenstadt unter der Woche tagsüber mautpflichtig. An den Grenzen der *Congestion Zone* überwachen Kameras den gesamten Verkehr. Infrarotkameras scannen die Nummernschilder, die vom Computer gespeichert werden. Wer keine Maut bezahlt hat, wird bestraft. Zusätzlich filmen herkömmliche Kameras Autos und Insassen, auch für polizeiliche Ermittlungen, wie Londons Bürgermeister zugab. Inzwischen wird angedacht, die Aufzeichnungen für weitere Geldbeschaffungsmaßnahmen zu nutzen. So schlug man vor, Autofahrer, die auf den Aufzeichnungen nicht angegurtet sind oder mit dem Handy telefonieren, zur Kasse zu bitten oder die Überwachung der Busspuren gegen Falschparker auch zur Bestrafung von Falschabbiegern auszuwerten[22]; Beispiele dafür, wie bestehende Instrumente zur Überwachung auf ursprünglich nicht angekündigte Ziele erweitert werden.

Aber auch private Überwacher versuchen zunehmend aus den mit den allgegenwärtigen Kameras gesammelten Daten Kapital zu schlagen: Seit einigen Monaten erhalten Hunderte Kunden von McDonald's-Filialen, Supermärkten oder Tankstellen überraschend Post. So auch der Geschäftsmann Jamie Thomson, der einige Wochen nach einem Besuch des McDrive in Gatwick einen Brief mit einer Geldforderung von 125 Pfund erhielt. Wie das? Absender des Schreibens war die private Sicherheitsfirma Civil Enforcement Limited, die McDonald's die Bürde der Verwaltung und Überwachung der zum Restaurant gehörenden Parkfläche abnimmt. Durch die Videoüberwachung der Ein- und Ausfahrt hatte man registriert, dass sich das Auto des Kunden länger als 45 Minuten auf dem Parkplatz aufgehalten hatte. Über die behördliche Driver and Vehicle Licensing Agency (DVLA) hatte die Firma in der Folge Thomsons Adresse erhalten und verlangte nun, da McDonald's in dieser wie in 40 anderen Filialen ein Zeitlimit von 45 Minuten Aufenthalt festgelegt hat, eine Bußgebühr von umgerechnet 175 Euro. Der Betroffene verstand nun wohl, wie wörtlich McDonald's den Begriff »Fastfood« nimmt, und versprach, künftig nicht mehr zu den Kunden der Kette zu zählen.

Britische Konsumentenschutzseiten im Internet sind voll mit ähnlichen Fällen aus allen Teilen des Landes; meist ärgern sich die Bestraften darüber, dass die Behörden bedenkenlos die Fahrzeughalterdaten herausgeben. Die Civil Enforcement Ltd., die über

700 Parkplätze betreibt, bestätigt, dass jedes Jahr eine »beträchtliche Anzahl« von Parkstrafen eingefordert werde.

In einem Land, in dem man die Videoüberwachung so ernst nimmt wie im Vereinigten Königreich, hört diese übrigens nicht einmal mit dem Tod auf. Für mittlerweile elf verschiedene Krematorien bietet die Firma Wesley Music Angehörigen und Freunden des Verstorbenen für umgerechnet 95 Euro die Zugangsdaten zu einer speziellen Website an. Eine diskret angebrachte Videokamera filmt die Zeremonie und die Trauergemeinde, und Hinterbliebene, die nicht persönlich an der Bestattung teilnehmen, können diese live im Internet mitverfolgen. Nach der Beisetzung aber kann man sicher sein, dass die ewige Ruhe ungestört verläuft – dank einer Friedhofs-Überwachungskamera.

Aufholjagd in den »Entwicklungsländern«

Großbritanniens Vorsprung auf dem Gebiet der Videoüberwachung ist unbestreitbar, aber rund um den Globus sind Regierungen und Private auf den Geschmack gekommen. Die Ausweitung der Videoüberwachung erfolgt dabei nach dem Schneeballprinzip: Sind einmal Kameras etwa in einer Wohnsiedlung installiert, weichen die Delinquenten in die Nachbarsiedlung aus und erhöhen die dortige Belastung, sodass dort ebenfalls Kameras nötig werden. Auf einen weiteren Grund hat die Politikwissenschaftlerin Heather Cameron hingewiesen: Die Beobachtung von ehemals Unbeobachtbarem durch moderne Überwachungsmittel ruft ein Gefühl von Macht hervor und macht Räume, die noch nicht kontrolliert werden können, als blinde Flecken spürbar. So wächst der Wunsch nach lückenloser Überwachung.[23] Die ständige Selbstdisziplinierung der Menschen greift eben nur dann, wenn diese wie in Benthams Gefängnis überall beobachtet werden.

Ehrgeizige Projekte werden etwa in den USA unternommen: Chicago kündigte im Herbst 2007 ein mit der Hilfe von IBM realisiertes verbessertes Videoüberwachungssystem an, das jenes aller anderen

US-Städte in den Schatten stellen soll. Schon in der Vergangenheit überwachten Tausende Kameras die »Windy City«, teilweise mit akustischen Sensoren, die bei Schussgeräuschen Alarm geben. Neben selbstverständlichen Funktionen wie Kfz-Nummern-Erkennung wird das neue System auch rund um die Uhr nach »verdächtigem Verhalten« Ausschau halten.

Auch New York versucht die Überwachung nach dem Vorbild Londons zu intensivieren. Beobachten 100 Kameras gegenwärtig den Verkehr, soll das Finanzzentrum um die Wallstreet im Süden von Manhattan bis Ende 2008 von 3000 weiteren Kameras beschützt werden. Sie erkennen automatisch verdächtiges Verhalten, nötigenfalls kann das System sogar automatische Straßensperren ausfahren, um Gebiete abzuriegeln oder Fahrzeuge zu stoppen.[24] Rechnet man aber die privaten Kameras dazu, soll es in Manhattan jetzt schon über 72 000 Kameras geben.[25]

Und wie ist die Situation in Europa? In Frankreich hat man unlängst beschlossen, die Zahl von etwa einer Million Überwachungskameras bis 2009 zu verdreifachen, und in den Niederlanden hat jede fünfte Stadtgemeinde Videoüberwachung. Das interdisziplinäre Projekt »Urban Eye« untersuchte vier Jahre lang die Entwicklung der Videoüberwachung in Europa und stellte in seinem Abschlussbericht fest, dass sich Videoüberwachung seit den 1990er-Jahren explosionsartig ausbreitet. Zwar dominierten im Moment noch abgeschlossene, technisch einfache Anlagen, doch gehe der Trend zu großen, vernetzten und digital ausgewerteten Systemen. Etwa zwei Drittel der europäischen Bevölkerung stünden der Videoüberwachung positiv gegenüber, in Deutschland und Österreich jedoch nur etwa jeder Zweite. Und tatsächlich waren diese beiden Länder bis vor Kurzem in punkto behördliche Videoüberwachung des öffentlichen Raumes völlig unbedarft. Zwar wurden in Deutschland bereits 1958 und 1959 Kameras aufgestellt, um den Verkehr in München und Hannover zu beobachten, und wurden 1964 erstmals zur Beobachtung von Menschenansammlungen in München verwendet; die erste stationäre Kamera zur polizeilichen Überwachung des öffentlichen Raums wurde jedoch erst 1996 am Bahnhof Leipzig installiert.[26]

Im Jahr 2004 waren 20 Städte teilweise überwacht, eine Schätzung für das Jahr 2006 gibt 108 Projekte von ständiger Videoüberwachung durch die Polizei an, sehr wenig im Vergleich zu den knapp 15000 Kameras auf Liegenschaften der Bundesregierung (2001) und einigen Hunderttausend privaten Kameras im öffentlich zugänglichen Raum (2000).[27]

Auch in Österreich waren die Biotope der Videoüberwachung bis über die Jahrtausendwende hinaus der Gebäudeschutz, U-Bahn-Bereiche, die Verkehrsbeobachtung und vor allem private Einrichtungen. 2004 sollen rund 160000 Kameras im Einsatz gewesen sein, davon 1200 behördliche.[28] Ein Jahr später startete in Österreich an mehreren Orten die polizeiliche Videoüberwachung, unter anderem am Wiener Schwedenplatz. Dort erhielten Adrian Dabrowski und Martin Slunksy vom Datenschutzverein Quintessenz einen seltenen Einblick in die Praxis polizeilicher Videoüberwachung, als es ihnen gelang, die per Funk übertragenen Bilder aufzufangen. Dabei stellten sie fest, dass die Beamten keineswegs nur den Platz beobachteten, sondern auch in Fenster der umliegenden Häuser hineinzoomten.

Die Beobachtung von Personen geschieht ohnehin nicht nach dem Zufallsprinzip, vielmehr zeigten Studienergebnisse, dass in Großbritannien 90 Prozent der grundlos gezielt Observierten männlich sind, 40 Prozent Jugendliche (bei einem Anteil an der Gesamtbevölkerung von 15 Prozent) und überdurchschnittlich viele Farbige. Außerdem stellte sich heraus, dass jede zehnte Frau aus voyeuristischen Gründen per Kamera verfolgt wurde.[29] Die Öffentlichkeit erfährt nur in Ausnahmefällen, was Überwachungskameras so alles nebenbei beobachten, etwa als die Überwacher der Sicherheitskamera am Dach des Pergamonmuseums in Berlin-Mitte einem Reporter von »Bild am Sonntag« freimütig und »routiniert« zeigten, wie gut sie mit ihrer Kamera die Fenster der gegenüberliegenden Wohnung heranzoomen konnten. Der Fall wurde deswegen bekannt, weil es sich um die Wohnung von Bundeskanzlerin Angela Merkel handelte, in die man durch diese Kamera jahrelang Einsicht gehabt hatte.

In der unmittelbaren Vergangenheit hat sich auch im deutsch-sprachigen Raum der Trend zur Videoüberwachung allmählich zu einem Boom ausgewachsen, beispielsweise bei der Überwachung des öffentlichen Verkehrs. In der Wiener U-Bahn filmen 1100 Stationskameras das Geschehen, seit 2007 werden die Daten in verschlüsselter Form für 48 Stunden aufbewahrt, um im Fall von Sachbeschädigung, Vandalismus oder Übergriffen auf Fahrgäste ausgewertet zu werden. Auch die Fahrgarnituren von U-Bahn und Straßenbahn selbst werden zunehmend mit Videoüberwachung ausgestattet. Aufgerüstet wird auch bei den Österreichischen Bundesbahnen. Um den Fahrgästen ein Gefühl der Sicherheit zu vermitteln, sollen bis 2011 sämtliche Bahnhöfe mit Überwachungskameras ausgestattet werden. Schon jetzt gibt es 2000 Kameras, auch in den Zuggarnituren, deren Bilder im Jahr 2007 in 140 Fällen ausgewertet wurden. An deutschen Bahnhöfen sind rund 3000 Kameras installiert, die Bahn AG arbeitet aber mit Unterstützung der Bundespolizei an einem erweiterten Überwachungskonzept. Wie in Deutschland und Österreich kann oder will man auch bei den Schweizer Bundesbahnen keine Angaben zum praktischen Nutzen der Überwachung machen, verweist aber auf eine angebliche Präventivwirkung gegen Vandalismus. Die Schweiz überwacht seit 2001 immerhin größere Bahnhöfe und einen Großteil der Regionalzüge.

Auch in Wohnanlagen soll die Überwachung bald zum Alltag gehören. Seit April 2008 werden in acht Wohnanlagen der Stadt Wien Garagen, Müllräume und Aufzüge videoüberwacht, um Vandalismus vorzubeugen. Eingangsbereiche und Stiegen werden zum Schutz der Privatsphäre nicht gefilmt. Die Bilder müssen spätestens 72 Stunden nach der Aufzeichnung gelöscht werden.

Ebenfalls im April 2008 kam es in Österreich zu einer Debatte über Kameras in Schulen, da bekannt worden war, dass immer mehr Schulen Anträge auf Videoüberwachung stellten, darunter eine Schule für Hochbegabte. Deren Direktor hatte die Überwachung der Gänge gefordert, nachdem eine Toilette in die Luft gesprengt worden war. Andere Schulen filmen bereits ohne erforderliche Genehmigung und tragen damit zu den geschätzten 100 000 in Österreich illegal betriebenen Anlagen bei. Am Beispiel der Schulen zeigt sich im Kleinen, nach welchem Schema die Einführung von Videoüberwachung auch im Großen oft funktioniert: Die Schule, ein abgeschlossenes, hierarchisches System, hat ein Problem (Gewalt, Diebstahl, Vandalismus). Die Ursachen dafür liegen auch oder vor allem in Bereichen, auf die die Schule keinen Einfluss nehmen soll oder kann (soziale Verwahrlosung, Gewalt in der Familie, Perspektivlosigkeit). Die nicht mehr respektierte Gewalt (Lehrer, Direktor) holt sich die Macht in Form des »allsehenden Auges« wieder zurück und verkauft die Kameras gleichzeitig der Öffentlichkeit als Zeichen dafür, dass man reagiert hat. Letztlich drängen diese technischen Lösungen aber nur die Symptome zurück, die sich dann eventuell auf andere Bereiche verlagern (Straßengewalt, Vandalismus im öffentlichen Bereich.)

Auch in Deutschland wird die verstärkte Kameraüberwachung immer mehr von den Medien thematisiert. Zwei Beispiele aus der jüngeren Vergangenheit, von denen jedes auf seine Weise lehrreich ist:

Am 20. Dezember 2007 fuhr der 76-jährige Bruno M. in der Münchner U-Bahn, als sich neben ihm ein Jugendlicher eine Zigarette anzündete, ihn provozierend und hasserfüllt anblickte und ihm den Rauch ins Gesicht blies. Als der Rentner feststellte: »In der U-Bahn wird nicht geraucht«, beschimpften ihn der Jugendliche und dessen Freund und spuckten ihn an. Der Pensionist setzte sich auf einen anderen Platz. An der Endhaltestelle Arabellapark jedoch verfolgten ihn die beiden, schlugen ihn nieder und traten auf ihn ein. Eine Überwachungskamera zeichnete alles auf, auch wie einer der Täter Anlauf nahm und so hart gegen den Kopf des am Boden liegenden Rentners trat, dass dieser mehrere Schädelbrüche erlitt. Ein Passant rief die Polizei. Das Überwachungsvideo und die Bilder vom Tathergang lösten allgemein große Betroffenheit aus.

Obwohl die Täter nicht durch die Aufnahmen der Überwachungskamera, sondern durch ein gestohlenes Handy gefasst werden konnten, sprach sich Bayerns Innenminister Joachim Herrmann für eine verstärkte Überwachung öffentlicher Plätze und eine flächendeckende Überwachung aller U-Bahn-Abteile aus. Polizeipräsident

Wilhelm Schmidbauer meinte sogar: »Wer Videoüberwachung und die polizeiliche Erhebung von Telefonverbindungsdaten infrage stellt, macht unsere Gesellschaft ein Stück weit unmenschlicher. Denn er bereitet der Gewalt den Weg, indem er das Entdeckungsrisiko für Gewalttäter stark reduziert.«[30] Reminiszenzen an England, wo man die wenigen Skeptiker der ausufernden Überwachung mundtot machte, indem man ihnen vorwarf, »Freunde von Kriminellen« zu sein; hier scheint sich das Muster aus dem bereits beschriebenen Fall Bulger zu wiederholen: Ein Gewaltverbrechen wird gefilmt. Die Kameras können es nicht verhindern. Die Kameras tragen nicht wesentlich zur Aufklärung bei. Doch die Bilder erregen die Bevölkerung und machen sie empfänglich für die Behauptung, dass die Videoüberwachung ausgebaut werden müsse, um die Sicherheit zu erhöhen.

Wenn Kameras schon nicht dazu dienen, solche Vorfälle zu verhindern, sind sie immerhin effektiv, wenn es darum geht, kleine »Vergehen« des Durchschnittsbürgers aufzudecken, wie im Fall einer jungen Mutter aus Stuttgart-Degerloch, die von ihrer Bank eine Rechnung für Reinigungskosten zugeschickt erhielt. Während sie in der Filiale Geld abgehoben hatte, war ihre dreieinhalbjährige Tochter dabei gefilmt worden, wie sie den Raum (unabsichtlich) verschmutzte.

Diese und ähnliche Beispiele zeigen, dass die Videoüberwachung mittlerweile auch in unseren Breiten angekommen ist. Von weiten Teilen der Bevölkerung wird sie bereits als alltäglich und unabwendbar empfunden.

Die gesetzlichen Grenzen werden im EU-Raum durch die Charta der Grundrechte der Europäischen Union und die Europäische Datenschutzrichtlinie (EG-DSRL) abgesteckt. Die Regelungen sollen die Privatsphäre jedes Bürgers sowohl vor privaten wie auch staatlichen Nachstellungen schützen, jedoch nicht bei Maßnahmen, die der Landesverteidigung oder der Sicherheit des Staates dienen. Ein Bericht des Europarates von 2007 ermahnte die Staaten, überwachte Bereiche auszuweisen und unabhängige Kontrollorgane einzusetzen.[31]

In Deutschland wird die »Beobachtung öffentlich zugänglicher Räume mit optischelektronischen Einrichtungen« zusätzlich im Bundesdatenschutzgesetz §6b und in Bestimmungen der Länder geregelt, in Österreich vom Sicherheitspolizeigesetz und vom Datenschutzgesetz. Dort ist derzeit eine Novelle in der Begutachtung, die für die meisten Videoüberwachungsanlagen (jene ohne digitale Aufzeichnung) keine Genehmigung mehr erforderlich machen soll. In der Schweiz gibt es keine einheitliche Regelung für Videoüberwachung, das Eidgenössische Justiz- und Polizeidepartement empfahl allerdings 2007 den Kantonen und Gemeinden, entsprechende Gesetze zu schaffen oder zu überprüfen.

Während die gesetzliche Regelung privater Überwachung in vielen Staaten lückenhaft bleibt oder keine Auswirkungen auf die Praxis hat, versuchen die Behörden, ihre Befugnisse zur Videoüberwachung immer weiter auszudehnen. Wenn uns das Beispiel Großbritanniens nichts lehrt und wir uns dem Ansinnen nach immer mehr Kameras nicht massiv widersetzen, wird sich auch bei uns der öffentliche Raum sehr bald in ein Panopticon verwandelt haben.

Verhindern Kameras Verbrechen?

Das Schema Kriminalität – Videoüberwachung – Disziplinierungseffekt – gefühlte Sicherheit erscheint so logisch, dass die Behörden in der Vergangenheit gar nicht daran dachten, den tatsächlichen Effekt der Überwachung auf die Kriminalitätsrate oder die Kriminalitätsangst der Bevölkerung wissenschaftlich zu untersuchen und zu bewerten. Im CCTV-Vorzeigeland Großbritannien gab man enorme Summen für den Ausbau der Systeme aus, aber nur 0,02 Prozent des Budgets für die CCTV-Überwachung wurde in die Evaluation der Anlagen investiert.[32] Je nach Einsatzort soll Videoüberwachung eine Vielzahl von Aufgaben erfüllen: Repression und Prävention von kriminellen Delikten, Bekämpfung des internationalen Terrorismus, Eindämmung der Gewalt an Schulen, Lenkung der Verkehrsströme, Mautberechnung, Verbesserung des Sicherheitsgefühls im städtischen Raum, Schutz vor Verschmutzung von Straßen und Plätzen, Schutz vor Vandalismus an privatem Eigentum. Die bisher vorliegenden Studien zeigen jedoch, dass die hohen Erwartungen in die Videoüberwachung bei Weitem nicht immer erfüllt werden. Eine Untersuchung im Auftrag des britischen Home Office zeigte, dass von 64 internationalen Evaluierungen von Videoüberwachung lediglich 22 wissenschaftlichen Ansprüchen genügten. Deren Auswertung wiederum ergab, dass die Videoüberwachung im öffentlichen Personennahverkehr und in Stadtzentren nur »eine geringe oder gar keine Auswirkung« auf die Kriminalitätsraten hat.[33] Zum selben Ergebnis kam eine weitere große britische Studie aus dem Jahr 2005. Eigentumsdelikte würden zwar tendenziell abnehmen, besonders auf großen Parkplätzen, nicht aber Drogendelikte oder Affekttaten wie Körperverletzung.[34]

Anders, als man vielleicht vermuten könnte, hatte die Kameraüberwachung – von einigen Ausnahmen abgesehen – auch keinen großen Einfluss auf die Polizeiarbeit. Eine Studie, die von 1997 bis 2000 in sechs videoüberwachten Städten im Süden Englands durchgeführt wurde, zeigte, dass sich fünf Jahre nach Einführung von CCTV nur wenig oder gar nichts in der Praxis des polizeilichen Alltags geändert hatte. Einer der Gründe dafür ist, dass die Beobachtung der Kameras in der Regel nicht der Polizei, sondern Angestellten der städtischen Verwaltung unterstellt ist, die sich in eigenen, von den Wachstuben getrennten Videoüberwachungszentren befinden. Benjamin Goold, der Herausgeber der Studie, fragte verblüfft: »Warum geben wir in England so viel Geld für die Kameras aus? [...] Könnte es sein, dass CCTV [...] nichts weiter ist als eine enorme Verschwendung von Zeit und Geld?«[35]

In Deutschland gibt es bislang nur wenige Studien über die Wirkung von Videoüberwachung. Eine Untersuchung zur Videoüberwachung in Berliner Einkaufszentren ergab jedoch, dass selbst in großen Zentren weniger als fünf Diebstähle im Jahr per Video beobachtet werden. Dagegen wurden während einer einzigen Achtstundenschicht neun Verwendungen des Systems aus »individuellen/zweckfremden, nichtbetrieblichen Gründen« beobachtet.[36]

Hans Zeger, der österreichische »Mr. Datenschutz« von der ARGE Daten, führt als besonders eindrucksvolles Beispiel für das Versagen von Videoüberwachung die österreichischen Banken an, bei denen es trotz hundertprozentiger Überwachung von 2001 bis 2006 zu einer Steigerung der Banküberfälle um 76 Prozent kam. Die Aufklärungsquote sank dagegen von 70,4 Prozent im Jahr 2001 auf 44 Prozent im Jahr 2004.

Ein »totales Fiasko« nannte Mike Neville, der Leiter des Visual Images, Identifications and Detections Office (Viido) von Scotland Yard, die Videoüberwachung in London, lediglich drei Prozent der aufgezeichneten Fälle würden durch CCTV gelöst, und da die Kriminellen das wüssten, sei die anfänglich abschreckende Wirkung längst verpufft.[37]

Die überaus ernüchternde Bilanz aller wissenschaftlich und von den Errichtern und Betreibern der Anlagen unabhängig durchgeführten Studien ist ebenfalls, dass Videoüberwachung nur einen marginalen Einfluss auf die Kriminalitätsbekämpfung hat. Die dafür aufgewendeten Mittel könnten für andere, vielleicht wirkungsvollere Maßnahmen der Prävention verwendet werden. Die Frage ist, warum ihr Ausbau im öffentlichen Bereich dennoch so forciert wird. In England waren weder verunsicherte Bürger noch eine überlastete Polizei die treibende Kraft hinter dem Aufbau der Systeme, sondern ein komplexes Geflecht aus Politik, Firmen aus dem Bereich der Sicherheitstechnik und privaten Sicherheitsdiensten, welche die Anlagen dann betreuen.[38] Die einen erwarten sich gute Geschäfte, wir kommen im Kapitel 2.2 noch auf sie zurück, die anderen verkaufen ihren Wählern »gefühlte Sicherheit«, wobei es vielleicht präziser wäre, von »eingebildeter Sicherheit« zu sprechen, denn auch bei lückenloser Überwachung werden sich Kapitalverbrechen nie völlig verhindern lassen. Zum einen sind nicht alle Straftaten wohlüberlegt. Wenn eine Tat im Affekt begangen wird, unter großer emotionaler Anspannung, unter Alkohol- oder Drogeneinfluss, wird die Präsenz einer Kamera sie nicht verhindern. Ebenso unrealistisch ist es zu erwarten, dass Kameraüberwachung in Zukunft Terroranschläge verhindern kann. Wohlüberlegte, langfristig geplante Verbrechen werden von

Tätern begangen, die die Überwachung in ihre Überlegungen miteinbeziehen und die gut organisiert und mit den modernsten technischen Gegenmaßnahmen ausgestattet sind. Trauriger Beweis dafür sind die Anschläge vom 7. Juli 2005 in London. Das dichteste Kameranetz der Welt konnte nicht verhindern, dass Terroristen vier Explosionen im öffentlichen Verkehr Londons auslösten, 52 Menschen töteten und über 700 teilweise schwer verletzten. Die Aufnahmen machten es lediglich möglich, den Weg der Attentäter im Nachhinein minutiös nachzuvollziehen.

Ein Jahr später war Deutschland der Schauplatz eines Sommermärchens, und wir meinen damit nicht die damalige Fußball-WM, sondern den mysteriösen Fall der »Kofferbomber« von Köln:

Es ist der 31. Juli 2006. Am frühen Nachmittag steigt der in Kiel studierende 21-jährige Libanese Youssef Mohamad El-H. aus dem Regionalzug RE 10121 Aachen–Hamm aus, zurück bleibt sein Koffertrolley, mit dem er gerade davor zum Kölner Hauptbahnhof gekommen ist. Dort hat er sich mit seinem Landsmann Jihad H. getroffen, der seinen Koffer in der Regionalbahn RE 12519 Mönchengladbach–Koblenz »vergessen« hat. In jedem Trolley befinden sich, sorgfältig zwischen Säcke mit Speisestärke gebettet, mit Benzin gefüllte Plastikflaschen und eine 11-Liter-Flüssiggasflasche. Deren Inhalt soll pünktlich um 14 Uhr 30 elektrisch gezündet werden und die Gasflasche in scharfkantige Splittergeschosse verwandeln, die Sitze und Reisende durchsieben, während das vaporisierte Benzin und das fein verteilte Stärkemehl explosionsartig mit dem Sauerstoff der Luft in einem gewaltigen Feuerball reagiert. Dutzende werden sterben, vielleicht sogar Hunderte, wenn die Züge entgleisen: zur Strafe für die Veröffentlichung von Karikaturen, die den Propheten verhöhnt haben. Doch auch wenn heute jeder Anleitungen für Bomben aus dem Internet laden kann – nicht jeder kann sie fehlerlos umsetzen. Die Zeit läuft ab, der Mechanismus zündet – aber die Ladungen gehen nicht hoch. Im Abstand etlicher Stunden werden die Koffer gefunden, die Fahndung läuft an.

In den folgenden Stunden und Tagen wurden die Daten von 225 Videokameras gesichtet, vor allem aus Köln, wo die beiden Züge parallel liefen. Ferner wurden 1,3 Millionen Verbindungsdaten von Mobiltelefonen ausgewertet. Doch erst am 18. August veröffentlichte das BKA Aufnahmen der Videoüberwachung des Bahnhofs Köln, auf denen undeutlich zwei verdächtige Männer zu sehen waren. Identifizieren konnte man sie mittels der unscharfen Bilder nicht. Am 19. August nahm die Polizei Youssef El-H. in Kiel fest, als er sich gerade absetzen wollte. Fünf Tage später stellt sich der mittlerweile geflohene Jihad H. im Libanon den Behörden, nachdem ein Anti-Terror-Kommando das Haus seiner Eltern gestürmt und seinen Vater unter Druck gesetzt hatte. Bundesinnenminister Wolfgang Schäuble räumte zwar ein, dass die Videoüberwachung nicht gegen Selbstmordattentäter helfe, meinte jedoch in Bezug auf die Kofferbombenattentäter, »… aber gegen solche hilft sie schon. … Ich bin froh, dass die Deutsche Bahn jetzt weitere Kameras einrichtet.« Tatsächlich hätten die Kameras die Attentate keineswegs verhindert, ohne Konstruktionsfehler wären die Bomben hochgegangen. Aber zumindest führte die Videoüberwachung hier zur schnellen Ergreifung der Attentäter, oder? Auch das nicht. Zwar heißt es in einer Erklärung der Generalbundesanwaltschaft: »Aufgrund der Videoaufzeichnungen hatten Bundesanwaltschaft und Bundeskriminalamt … die Öffentlichkeitsfahndung nach zwei Beschuldigten veranlasst. Die daraufhin eingehenden Hinweise auf den Beschuldigten haben letztlich zu dessen Festnahme … geführt.« Tatsächlich aber waren es nicht die Videoaufzeichnungen, die drei Wochen nach der Tat zur Identifikation des Täters führten, sondern ein Tipp, den das BKA vom militärischen Geheimdienst DRAL des Libanon erhalten hatte. »Der entscheidende Hinweis auf den festgenommenen Beschuldigten kam am Freitagabend vom militärischen Nachrichtendienst im Libanon«, musste die Sprecherin der Bundesanwaltschaft Frauke-Katrin Scheuten zugeben. Beide Attentäter wurden in der Folge zu langjährigen Haftstrafen verurteilt, und die Öffentlichkeit hatte wieder einmal gelernt, wie wichtig mehr Videoüberwachung ist und dass die lang diskutierte »Anti-Terror-Datei« ja doch eine gute Sache wäre.

Zusätzlich zu den behördlichen Videoüberwachungsmaßnahmen können Ermittler bei der Aufklärung von Straftaten inzwischen auf ein weiteres, erfolgversprechenderes, weil engmaschigeres Netz zurückgreifen: das der privaten Videoüberwachung, durch das inzwischen auch einer der spektakulärsten Kriminalfälle der jüngeren österreichischen Geschichte gelöst werden konnte:

Die Saliera, einzige erhaltene Goldschmiedearbeit von Benvenuto Cellini, war einer der bekanntesten Kunstschätze Österreichs und eines der Prunkstücke des Kunsthistorischen Museums Wien, von wo sie in der Nacht des 11. Mai 2003 entwendet wurde. Dabei war das Gebäude laut Aussage der zuständigen Ministerin ein »Bollwerk« und die Alarmanlage »state of the art«. Waren es Gentlemen-Diebe, denen es in bester Rififi-Manier, wie Peter O'Toole und Audrey Hepburn in »Wie klaut man eine Million?« (USA, 1966), gelungen war, ein Meisterwerk Cellinis zu stehlen? Erste Ermittlungen ergaben, dass die Täter einfach über ein Baugerüst und durch die ungesicherten Fenster eingestiegen waren und nicht viel Mühe hatten, das 4,7 Millimeter dicke Fensterglas der Vitrine zu zerschlagen. Die Kamera im Raum war im Dunkeln blind und außerdem nicht aktiviert. Der von den Bewegungsmeldern ausgelöste Alarm wurde als Fehlalarm gedeutet, der Diebstahl erst am nächsten Morgen vom Reinigungspersonal bemerkt. Die Statue war verschwunden – und von den Tätern keine Spur. Im Oktober 2005 erhielt die Versicherungsgesellschaft Uniqa eine Lösegeldforderung über fünf Millionen Euro mit dem Zusatz »Keine Polizei. Keine Medien«. Unterschrift: »Sara«. Die Versicherung leitete den Brief an die Polizei weiter, kurz darauf berichteten die Medien darüber. Seitdem blieb »Sara« stumm. In Tageszeitungen erschienen herzzerreißende Anzeigen wie »Sara, bitte komm zurück!«, aber die Saliera blieb drei Jahre verschollen.

Als der Dieb, der Alarmanlagentechniker Robert Mang, im Jahr 2006 ein Prepaidhandy kaufte, um mittels SMS Kontakt mit der Polizei aufzunehmen, machte er den entscheidenden Fehler. Die Kurznachricht konnte zu seinem Handy zurückverfolgt werden, das er anonym in einem Wiener Handyshop gekauft hatte. Dort lagerten noch die Aufzeichnungen einer im Geschäft angebrachten Kamera, auf denen der Kunde zu erkennen war. Als die Bilder in den Medien veröffentlicht wurden, stellte er sich den Behörden und die Zeitungskommentatoren fragten sich, wie weit die Überwachung schon unbemerkt in das Alltagsleben eingedrungen sei.

Doch nicht nur die Hauptstadt der Alpenrepublik steht unter den wachsamen Augen privater Kameras; wie in England zieht die Provinz nach, nicht nur zum Schutz der Skier in den Skigebieten: Im September 2007 zwängten sich zwei professionelle Einbrecher durch die Hundeklappe in den Pfarrhof einer kleinen burgenländischen Gemeinde, fanden dort einen Tresor und machten sich damit aus dem Staub. Sie fuhren tief in den Wald, um den Tresor dort in Ruhe aufbrechen zu können. Was sie nicht wussten: Sie wurden dabei von einer Infrarotkamera gefilmt, die ein Jäger bei einer nahe gelegenen Futterstelle angebracht hatte. Die Polizei konnte das Autokennzeichen feststellen und die Täter ausfindig machen.

Auf Videoaufnahmen zurückgreifen zu können, ohne für entsprechende Infrastruktur sorgen zu müssen, ist für die Behörden äußerst attraktiv. Daher sieht der im Frühjahr 2008 vorgestellte Entwurf zu einer Novelle des österreichischen Datenschutzgesetzes unter anderem eine zentrale Datenbank aller privaten Überwachungskameras mit digitaler Aufzeichnung vor. Zur Aufklärung von Delikten soll die Polizei dann die Daten von den privaten Betreibern einfordern können.

Private Eyes

In den letzten Jahren führte die Miniaturisierung der Digitalkameras dazu, dass heute jedermann jederzeit eine Foto- oder Filmkamera in Form eines Handys mit sich führen kann. Dass Fotohandys nicht nur praktisch sind, sondern auch völlige neue Probleme aufwerfen, zeigte sich in den ersten Jahren ihres Gebrauchs, zuerst im arabischen Raum, wo unverschleierte Frauen fotografiert wurden, dann auch im Westen, wo die unauffälligen Kameras aus den Umkleidekabinen und Duschen der Bäder verbannt werden mussten. Neben der Industrie, die zunehmende Probleme mit Werksspionage hat, beschäftigten Fotohandys vor allem auch Sozialarbeiter, Lehrer und Erzieher, denn die Geräte dienen Kindern und Jugendlichen nicht nur zum Austausch grausamer oder pornografischer Filme, sondern ermöglichen ihnen auch *Happy Slapping*. Bei diesem »fröhlichen Zuschlagen« filmen Banden von Jugendlichen ihre Attacken auf Mitschüler oder zufällige Passanten, die von Fahrrädern gestoßen, ins Gesicht getreten oder mit Knüppeln und Brettern bewusstlos geschlagen werden.

Zu denken, dass Handykameras die Ursache für die zunehmende Gewalt unter Jugendlichen sind, wäre einfältig, doch zeigen erste Ergebnisse einer an der Universität Trier durchgeführten Studie, dass die Anerkennung für die Tat ein wichtiges Motiv der Täter beim *Happy Slapping* darstellt. Ein anderes ist die Demütigung des Opfers durch die weltweite Verbreitung im Internet über Seiten wie YouTube. Beides wäre ohne die Kamerahandys nicht möglich.

Der Missbrauch der allgegenwärtigen Fotohandys ist aber nur ein Randphänomen der visuellen Überwachung im privaten Bereich. Seit Überwachungskameras mit und ohne Kabel, mit und ohne Nachtsichtfunktion, mit und ohne Skrupel bei einschlägigen Händlern wie Conrad Electronic oder Pearl für wenig Geld erhältlich sind, erleben wir eine beispiellose Liberalisierung der Überwachung. So klein, dass jeder Bastler sie problemlos in eine Sonnenbrille integrieren kann, kosten sie nicht mehr als einmal Volltanken. Die Firma Spymaster ist Englands größte Firma für den privaten Überwachungsbedarf, Produkte für Kamelrennen und Falknerei zeigen aber, dass sie auch international gute Geschäfte macht. Julia Adams von Spymaster über ihre Klientel: »Viele Kunden bringen uns einen Gegenstand aus ihrem Haus oder Büro mit. Unsere Techniker öffnen ihn dann und bringen eine Kamera darin unter.« Von der Kamera ist dann nur noch ein stecknadelkopfgroßes Loch zu sehen. Viele Kunden würden die Ausrüstung kaufen, um auf diese Weise ihren Partner zu überwachen.[39]

Es scheint, als ob das Misstrauen, das der Staat immer mehr in den Bürger setzt, in diesem die Idee verankert, dass Misstrauen der natürliche Zustand und gegenseitige Überwachung eine unverzichtbare Notwendigkeit sei.

Vor einiger Zeit trat ein Bekannter an uns heran und bat uns um ein Überwachungssystem, das er in seiner Wohnung installieren wolle, um zu überprüfen, ob die neue Babysitterin auch zuverlässig und ehrlich sei. Er verzichtete schließlich darauf. In den USA aber sind *Nanny Cams* weit verbreitet. Ihr versteckter Einsatz in der eigenen Wohnung, hinter der Topfpflanze oder in der Nase eines Teddybären, ist in allen US-Bundesstaaten erlaubt.

Besonders einfach in der Anwendung sind Funkkamerasysteme, da ihr Einsatz keine Verkabelung erfordert. Sie senden meist auf einer Frequenz von 2,4 GHz bis zu einigen Hundert Metern weit. Das Bild kann an einem eigenen Monitor oder am Fernseher betrachtet werden. Was viele nicht wissen: Für gewöhnlich sind diese Systeme unverschlüsselt und können – ähnlich wie Funkkopfhörer – mit einem sogenannten *Videoscanner* sehr leicht ausgespäht werden, etwa von der Straße vor dem Haus aus.

In Deutschland sind Herstellung, Einfuhr oder Besitz von getarnten Sendeanlagen wie »Kamerabären« allerdings durch §90 des Telekommunikationsgesetzes verboten. Dennoch: Gelegenheit macht Spione. Immer wieder kommt es durch die leicht zu tarnenden Geräte zur Verletzung der Privatsphäre. So filmte ein Hausbesitzer in der Nähe von Ingolstadt jahrelang seine Mieter in Bad und Schlafzimmer. In Gerolstein machte ein Fitnessstudiobesitzer monatelang mit versteckter Kamera Aufnahmen seiner Kundinnen auf der Sonnenbank, und im österreichischen Vorarlberg lud ein Lehrer Mädchen in seinen Pool ein, nachdem er zuvor eine Kamera in dem zum Umkleiden bestimmten Raum installiert hatte. Solche Fälle zeigen, dass das Unrechtsbewusstsein oder die Furcht, entdeckt zu werden, mitunter recht gering sind.

In den 1990er-Jahren trat ein neues Phänomen auf: Webcams, PC-Kameras, die ihre Bilder über das Internet senden. Die Webcams wurden in dieser Zeit zum Alltagsartikel. Sie kosten heute zwischen 20 und 200 Euro, sind teilweise mit Zoom oder Motoren zum

Drehen ausgestattet, manche folgen sogar automatisch den Bewegungen der Person im Blickfeld. 1995 gab es bereits Hunderte offizieller Webcams rund um die Erde, heute sind es Zehntausende, die Bilder von Spitzbergen bis zu den Eselspinguinen in der Antarktis live übertragen. Globocam.com listet 30 000 Kameras auf, davon 4891 aus Deutschland, 1922 aus Österreich und 1804 aus der Schweiz. Dies sind wohlgemerkt nur offizielle Kameras zur Wetter- oder Verkehrsbeobachtung, zur Präsentation von Sehenswürdigkeiten oder zur Tourismuswerbung. Die Anzahl der privaten Webcams ist schwer zu schätzen, sie dürfte mittlerweile aber über 100 Millionen weltweit betragen und wächst weiter rasant an.[40]

Die meisten Kameras werden nur zur Bildtelefonie über das Internet mit Programmen wie Skype oder Windows Live genutzt, manche liefern aber auch Livebilder, filmen Haus und Hof und – ohne viel Aufhebens, was den Datenschutz betrifft – öffentliche Plätze oder die Fenster der Nachbarin. Das Bemerkenswerte an den Webcams ist, dass man mit ihnen Bild und Ton von jedem Internetcomputer der Erde übermitteln kann, ohne eine eigene Leitung zu verlegen. Mittlerweile gibt es sogar Programme wie Whoosh-Cam, mit denen Sie Livebilder von Ihrer Webcam direkt auf Ihrem Handy empfangen können. Das Aufsetzen einer privaten Alarmanlage ist kinderleicht: Die Webcam wird angesteckt, eine Software wie CamAlert installiert, nach fünf Minuten ist der Raum gesichert. Jegliche Bewegung im Blickfeld der Kamera wird von der Software erkannt, die verschiedene Möglichkeiten hat, darauf zu reagieren: Sie kann einen lauten Alarm auslösen und den Eindringling verscheuchen oder aber still und heimlich mitfilmen und eine Mitteilung per SMS an eine vorher eingegebene Nummer senden. Moderne Kameras verfügen sogar über eine Netzwerkanbindung, benötigen keinen Computer mehr, sondern werden direkt per Kabel oder Funk mit dem Internetanschluss verbunden. Neben den geringen Anschaffungskosten und der Miniaturisierung, die das Verbergen der Kameras leicht macht, ist die Übertragungsmöglichkeit via Internet ein weiterer Grund, warum Videoüberwachung im privaten Raum zunehmend zum Problem wird. Ein Beispiel dafür sind US-Firmen wie WatchMeGrow, Kindercam oder Kinderview, die ihren Kunden über das Internet die Möglichkeit bieten, jederzeit ihr Kind (und die Betreuungspersonen) in der Krippe oder im Kindergarten zu beobachten. Auch in Europa gibt es schon einige Betreuungseinrichtungen, die diesen Service freiwillig anbieten.

X-rated X-Rays und andere schamlose Strahlen

Stellen Sie sich vor, Sie sitzen im Urlaubsflieger nach Usedom. Der Start steht bevor. Plötzlich beginnen alle Passagiere um Sie herum, sich auszuziehen. Nach kurzer Weile sind alle splitternackt, bis auf das Bordpersonal, und es herrscht eine Bombenstimmung. Was wie ein bizarrer Sketch von Loriot klingt, ist dank eines Erfurter Reiseunternehmers, der seit dem Sommer 2008 solche »FKK-Flüge« anbietet, Realität. Andere Menschen behalten ihre Kleider lieber an, wenn sie in den Urlaub fliegen – und werden trotzdem am Flughafen und bald auch anderswo durch moderne visuelle Überwachungsmethoden de facto ausgezogen.

Metalldetektoren, wie sie in US-Schulen oder britischen U-Bahn-Stationen zum Einsatz kommen, sind nicht in der Lage, keramische Messer oder Schusswaffen zu entdecken, und genügen daher nicht den Erfordernissen der modernen Flugsicherheit. Um solche Waffen zu entdecken, führten internationale Airports unter der Ägide der amerikanischen Flugaufsichtsbehörde Transportation Security Administration (TSA) seit 2005 eine neue Art von Röntgengeräten ein, die aufgrund ihrer Nutzung der sogenannten Compton-Streustrahlung »Backscatter-Röntgengeräte« heißen. Die ersten Geräte wurden von American Science and Engineering und Rapiscan Systems entwickelt. Die duschkabinengroßen Geräte kosten 100 000 bis 200 000 US-Dollar und vermögen durch ihre feine Auflösung kleinste Gegenstände wie etwa in der Unterwäsche verborgene Sprengstoffpakete, Keramikmesser etc. aufzuspüren. Das Gerät bombardiert die durchleuchtete Person mit harter Röntgenstrahlung, die einen hohen Streuanteil besitzt. Die Strahlen sollen den Körper nicht durchdringen, sondern von ihm zurückgeworfen werden, wodurch die Kleidung durchsichtig wird, auf dem Monitor erscheint die durchleuchtete Person nackt. Nackt bedeutet in diesem Fall, dass sämtliche Details klar sichtbar sind.

Um die Bedenken der Bürger hinsichtlich des Schutzes ihrer Privatsphäre zu zerstreuen, erklärte die TSA, die Bilder würden nur vom entsprechenden Personal gesichtet und nicht gespeichert. Prinzipiell ist jedoch die Möglichkeit zur Speicherung gegeben. Außerdem wurde eine Art »digitales Feigenblatt« nachgerüstet, das die intimsten Stellen des Körpers abdecken kann, bzw. wird durch eine Software der Körper in seinen Proportionen comichaft verzerrt. Beide Maßnahmen können vom Bediener jedoch jederzeit ausgeschaltet werden (siehe Abbildung auf S. 213).

Na gut, mag nun der eine oder andere sagen, wenn es die Flugsicherheit erhöht, nehme ich es halt einmal im Jahr auf mich, dass mich der Computer auszieht. Doch in Großbritannien ist man schon wieder einen Schritt weiter, und ein Bericht in der »Times« vom 8. Juli 2005 zeigt, wie die Zukunft aussehen könnte. Die Zeitung berichtet über Planspiele, Terahertz-Scanner in alle U-Bahn-Stationen der Londoner Tube einzubauen. Terahertz-Strahlen sind im elektromagnetischen Spektrum zwischen dem Infrarot und den Mikrowellen angesiedelt, erst in letzter Zeit wurde ihre Nutzung möglich. Obwohl ihre Wellenlängen wesentlich größer sind als bei Röntgenstrahlung, ist das Ergebnis dasselbe: Die Strahlen durchdringen dünne Schichten, werden aber an massiver Materie wie der menschlichen Körperoberfläche reflektiert und erzeugen so ein Bild. Bisher nur bei der Werkstoffprüfung oder in der Submillimeter-Astronomie eingesetzt, um beispielsweise durch kosmische Gas- und Staubwolken Sterne bei ihrer Entstehung zu beobachten, mauserten sich die THz-Strahlen in den letzten Monaten zum Liebkind der Sicherheitstechnik. Denn Terahertz-Scanner haben gegenüber Röntgen-Scannern den Vorteil, dass man unbemerkt ganze Menschenmengen aus der Ferne durchleuchten kann, ohne sie dafür stoppen zu müssen. Das System lässt sich mit CCTV verbinden, sodass Personen, bei welchen verdächtige Gegenstände entdeckt werden, automatisch von Kameras durch die Stadt verfolgt werden, bis die Sicherheitskräfte sie in Verwahrung nehmen.

Das kürzlich vorgestellte Modell T5000 des britischen Unternehmens ThruVision (»DurchSicht«) kann im Innen- oder Außeneinsatz bis zu einer Entfernung von 25 Metern durch die Kleidung der Passanten sehen, Waffen, Sprengstoffe und Drogen entdecken. Der Hersteller versichert, dass der menschliche Körper dabei nur als Silhouette wiedergegeben wird und die Software verhindert, dass die Privatsphäre verletzt wird. Die Sicherheitsfirma QinetiQ erklärte sich bereit, binnen 18 Monaten alle 250 U-Bahn-Stationen mit solchen Geräten auszustatten. Geschätzte Kosten: 150 000 bis 2 Millionen Englische Pfund pro Station. Dafür erhält der Steuerzahler aber auch etwas: die Sicherheit, dass er bei jeder U-Bahn-Fahrt von nicht kontrollierten Organen ausgezogen, gefilmt und gespeichert werden kann. Die Londoner Verkehrsbetriebe begnügten sich vorerst mit einem Testgerät, aber in vielen Flughäfen in den USA, in England, Spanien, Japan, Australien, Mexiko, Thailand und in den Niederlanden sind bereits Terahertz-Scanner im Einsatz.[41]

Der Geschäftsführer der Firma Tera View in Cambridge schätzt, dass mit der fortschreitenden Miniaturisierung 2011 die Konstruktion von Scannern in Brillenform möglich sein wird. Die THz-Brille wird statt Röntgenaugen »Teraaugen« verleihen und dem Träger ermöglichen, durch Kleidung und in geschlossene Taschen und Koffer zu sehen. Ein paar Jahre später soll die Durchleuchtung noch diskreter und gänzlich ohne Notiz durch das Opfer ablaufen können, durch Kontaktlinsen mit virtuellen Displays, wie sie an der University of Washington entwickelt werden. Der Träger sieht einerseits die Welt wie immer, andererseits ein überlagertes Computerbild, das etwaige verdächtige Stellen an der zu kontrollierenden Person farbig markiert. Mit Computersystemen mit entsprechenden Sensoren verbunden, ist der Kontaktlinsenträger dann wie Superman in der Lage, infrarotes oder ultraviolettes Licht oder durch Wände zu sehen.[42]

Kritiker meinen, dass Waffen und gefährliche Substanzen schon derzeit hinreichend gut erkannt werden können, 100-prozentige Sicherheit in der Luftfahrt aber nie zu erreichen sei. Überdies lässt die

Zuverlässigkeit der neuen Systeme mitunter noch zu wünschen übrig, wie Dan Gudmundson, Cheftechnologe einer kanadischen Firma feststellen musste. Auf dem Weg zu einem Vortrag auf einer Konferenz wurde er am Flughafen Ottawa festgehalten und versäumte seinen Flug, weil ein spezielles Röntgenanalysesystem nicht vorhandene Sprengstoffspuren auf seiner Kleidung erkannt hatte. Die Pointe: Das fehlerhafte System stammte von Optosecurity – der Firma, für die Gudmundson arbeitete.

Wir schlagen zurück: Burka, Laser und Tarnkappen

Gibt es Gegenstrategien, um der zunehmenden Überwachung zu entgehen, den neugierigen Augen des Staates und Fremder zu entrinnen? Zumindest haben einige findige Leute nach Ansätzen gesucht. Ein bewährtes Mittel gegen das Erkanntwerden ist Verkleidung. Doch könnten Kapuzen, Palästinensertücher oder Sturmhauben deshalb schon bald verboten werden, wie bereits im Londoner Bluewater, dem größten Shoppingcenter Europas, geschehen. Folgerichtig sprach sich Österreichs Wissenschaftsminister Johannes Hahn für ein Burka-Verbot in der Öffentlichkeit aus: »Wie soll zum Beispiel Videoüberwachung funktionieren, wenn die Leute verschleiert herumgehen?«
Einen anderen Weg verfolgen Gruppen, die versuchen, die Kameras ihrer Stadt in eine digitale Karte einzutragen, um dem Bürger zu vermitteln, welche Räume bereits überwacht sind und wo er sich noch unbeobachtet fühlen kann. So zeigt das Projekt i-See des »Institute for Applied Autonomy« Kameras in Manhattan, New York, an. Das Problem solcher Initiativen scheint generell zu sein, dass sie auf unbezahlter Mitarbeit in der Freizeit basieren und es kaum schaffen, mit den wie Pilze aus dem Boden schießenden Kameras Schritt zu halten.
Der Medienkünstler Michael Naimark entwickelte einfache *Camera-Zapper*, bestehend aus einem Laserpointer, einem Zielfernrohr und einem Stativ, mit denen sich Kameras blenden lassen. Der *Zapper*,

mit den von der UNO geächteten Laserblendwaffen verwandt, muss sehr vorsichtig ausgerichtet werden, und das Problem, dass viele Kameras gar nicht mehr zu entdecken sind, bleibt bestehen. Weniger gefährlich ist das von Bastlern entwickelte I-R A.S.C., ein Stirnband mit starken Infrarotdioden, das imstande ist, die in der Nacht operierenden Infrarotkameras zu blenden. Statt des Kopfes sieht man auf dem Monitor nur einen hellen Fleck.

Eine exotische Vorstellung ist, dass in wenigen Jahrzehnten der ganze Komplex der Videoüberwachung durch eine neue Technologie obsolet gemacht werden und aussterben könnte, von der der Mensch träumt, seit Perseus, Siegfried und Harry Potter sie nützen: die aktive Tarnung oder, wie man früher sagte, Tarnkappe, ein Schild oder ein Mantel, der den Träger unsichtbar macht. Diesem Requisit der Fantasy- und Science-Fiction-Literatur ist die Hochtechnologie mit zwei Methoden mittlerweile nahe gekommen. Die erste ist ein Schirm, der auf flexiblen Dünnschicht-Displays, wie sie für die Zeitung und Zeitschrift von morgen entwickelt wurden, das Bild zeigt, das eine Kamera vom Hintergrund hinter der Tarnkappe aufnimmt. Die andere, wesentlich aufwendigere Methode basiert auf der Verwendung von *Metamaterialien* mit besonderen optischen Eigenschaften: Licht wird um das Material herumgeleitet wie das Wasser eines Baches um einen Kieselstein. Noch kann man nicht einmal einen Stecknadelkopf darunter verbergen, aber der Ansatz ist vielversprechend.

Von Drohnen und Mächten – Überwachung von oben

Den Überblick haben über die eigenen und die fremden Truppen, mehr sehen als der Feind, mehr wissen, mehr registrieren: Das hieß in der Geschichte des Krieges immer schon, sich den taktischen Vorteil der höheren Lage zu verschaffen, ob auf dem Baum, einer Burg oder dem Feldherrnhügel. Vor tausend Jahren schon zogen Chinesen mit großen Flächendrachen Menschen in die Luft, um sich über den Feind zu informieren. 1794 stieg der französische Arzt und Kapitän Jean Marie Joseph Coutelle für die Schlacht bei Fleurus im Fesselballon »Entreprenant« zur ersten bekannten Luftfernaufklärung der Geschichte auf, konnte das Gesehene aber nicht festhalten. Doch kaum war die Fotografie erfunden, schwang sie sich auch schon in die Lüfte. Bereits 1858 machte der auch durch seine Aufnahmen von Künstlern wie Baudelaire, Rossini oder Sarah Bernhardt bekannte Pariser Fotograf Tournachon alias »Nadar« die ersten, aufgrund der langen Belichtungszeiten eher skurrilen Daguerrotypie-Luftaufnahmen. Die Dunkelkammer nahm er im Ballon mit. Auch im amerikanischen Bürgerkrieg sollen von Ballons aus Fotos gemacht worden sein, erhalten ist davon keines. Einen besonders originellen Einfall hatte der Frankfurter Julius Neubronner. Schon sein Vater, ein Apotheker, begeisterte sich für die Luftfahrt und gab gern einem befreundeten Arzt eine seiner Brieftauben mit, die nach den Krankenbesuchen die Rezepte zum Apotheker beförderte. Sohn Julius hängte 1904 den Brieftauben selbst gebaute, nur rund 50 Gramm schwere Kameras mit Selbstauslöser um und ließ sich diese Taubenkamera sogar patentieren. Auf der Internationalen Luftfahrtausstellung in Frankfurt erhielt er 1909 die »Silberne Brieftaube« – es war ihm gelungen, die Wäsche einer Hausfrau in Eschborn in zwei Kilometer Entfernung von seinem Haus per Brieftaube aufzunehmen.

Einen Höhepunkt im wahrsten Sinn des Wortes erlebte die Gefechtsfeldaufklärung und -beobachtung aus der Luft damals aber durch die mit Fesselballons ausgerüsteten Feld- bzw. Festungsluftschiffer. Am Ende des Ersten Weltkriegs verfügte allein das deutsche Heer über 186 Ballonzüge.

Das erste Foto von einem stabilen Motorflugzeug aus ließ Wilbur, einer der Gebrüder Wright, 1911 machen. Intensiv im Zweiten Weltkrieg genutzt, erlebte die Feindbeobachtung per Flieger im Kalten Krieg den nächsten Höhenflug. Die USA entwickelten hochfliegende Spionageflugzeuge, um der sowjetischen Luftabwehr auszuweichen. Die Lockheed U-2 konnte mehr als 25 000 Meter hoch fliegen. Schon in den 1920er-Jahren hatte man von unbemannten Flugzeugen für den militärischen Einsatz geträumt, möglich wurden sie erst Jahrzehnte später durch die Entwicklung der Computertechnik: die

Drohnen, auch *UAV (Unmanned Aerial Vehicle)* oder UCAS *(Unmanned Combat Air Systems)* genannt, die auf programmierten Flugrouten, von Menschen per Funk ferngesteuert oder autonom feindliches Gebiet erkunden und Waffen abwerfen. Im Februar 2002 setzten die USA zum ersten Mal eine bewaffnete Drohne vom Typ MQ-1 Predator gegen einen Fahrzeugkonvoi in Afghanistan ein und seitdem wurden rund 700 in den Irak geschickt. Mit einer Flügelspannweite von 14,8 Metern und einer Masse von rund 1000 Kilogramm ist die Predator für ein ferngesteuertes Flugzeug recht groß. 2007 entsandte das Pentagon eine neue Generation namens MQ-9 Reaper (»Sensenmann«) in den Kampf nach Afghanistan und in den Irak.

Die US Navy kündigte im März 2008 an, die Jagdbomber des Typs F/A-18 Hornet vollständig durch Kampfdrohnen zu ersetzen, diese sollen auf Flugzeugträgern starten und landen sowie länger und weiter fliegen können als die Hornet. 2025 soll das erste Geschwader einsatzbereit sein. An der Entwicklung autonomer, untereinander vernetzter UAV-Schwärme, die gemeinsam lückenlos ein großes Gebiet überwachen können, arbeitet derzeit unter anderem eine eigene Abteilung am Massachusetts Institute of Technology (MIT). Ähnlich wie Helikopter können die UAVs auch vertikal gestartet und über dem jeweiligen Areal fixiert werden.

Zum Einsatz kommen Drohnen aber längst nicht mehr nur in Kriegen. Das US-Heimatschutzministerium verwendet sie seit Jahren, um die Landesgrenzen zu überwachen. Nach einem EU-Kommissionsbeschluss vom März 2008 sollen auch die europäischen Außengrenzen künftig mit den unbemannten Fluggeräten gesichert werden. Unmittelbar folgenreicher für die Bürger ist, seit die Drohnen immer kleiner, handlicher und unauffälliger werden, eine weitere Entwicklung: der Einsatz von Drohnen zur Kontrolle des urbanen Raumes. UAVs oder ihre MAV *(Micro Aerial Vehicles)* genannten kleinen Schwestern werden überall dort zunehmend beliebt, wo man Personen observieren will, ohne per Kameras direkten Zugang am Boden zu ihnen zu haben, etwa in Menschenmengen. Im Sommer 2006 testete die Polizei von Los Angeles ein kaum mehr als zwei Kilo leichtes, vor allem in der Nacht praktisch unsichtbares Fluggerät namens SkySeers, das, angetrieben von einem Elektromotor, mit 50 Kilometern pro Stunde lautlos fliegen kann. Dank Infrarottechnik und Restlichtverstärkung kann der fliegende Spion mit seiner rundum schwenkbaren Kamera auch nachts »sehen«. Von Kritikern geäußerte Bedenken konterte der für die Tests zuständige Herr im Sheriff's Department mit dem Argument, dass die permanente Überwachung ohnehin schon Realität sei: »Sie sollten sich keine Sorgen darüber machen, von Ihrer Regierung ausspioniert zu werden. Heutzutage können Sie nirgendwo mehr hingehen, ohne dass eine Kamera darüber wacht, ob Sie sich in einem Geschäft aufhalten oder eine Straße entlangspazieren.«

Auch das französische Innenministerium kündigte nach den Unruhen in den Banlieues im Jahr 2005 an, »Problemzonen« künftig mit Drohnen auszukundschaften. Die ELSA-Drohnen sind über einen Meter groß, wiegen aber nicht mehr als eine Wasserflasche, einige könnten für das Pariser U-Bahn-Netz verwendet werden, der Rest von diversen Polizeistationen. Französische Politiker protestierten, vor allem als sie hörten, dass die Minidrohnen schon heimlich in verschiedenen Städten getestet wurden.

England ist schon weiter: Im Sommer 2007 wurde für den Bezirk Merseyside im Nordwesten des Landes die erste Polizeidrohne in Betrieb genommen. Das Gerät, das einen Meter Durchmesser hat und nicht einmal ein Kilo wiegt, solle gegen »antisoziales Verhalten« und »öffentliche Unordnung«, bei Großereignissen und Verkehrsstaus helfen, informierte die Homepage der Merseyside Police. In den Niederlanden wurde im Februar 2008 zum ersten Mal eine Drohne bei der Räumung eines besetzten Hauses eingesetzt. Im selben Monat hat das sächsische Innenministerium um 65 000 Euro eine Drohne der Type MD4-200 von Microdrones und Diehl BGT Defence gekauft, die in Zukunft Hooligans das Leben schwerer machen soll. Vor Kurzem stellte auch die Triester Raum- und Luftfahrtfirma UTRI ihren fliegenden Roboter namens Asio vor. Das Gerät ist mit mehreren Kameras ausgestattet und hat eine Reichweite von sieben Kilometern. Zusammen mit einer Startrampe kann der nur 40 Zentimeter große Roboter bequem in einem Rucksack transportiert werden.

Aber wie kann man fliegende Kameras auf Menschen ansetzen, ohne dass diese merken, dass sie gefilmt und beobachtet werden? Eine erste Antwort sind die sogenannten »bionischen MAVs«, sie sind als Vögel getarnt und ahmen auch deren Flug nach. Im März 2008 absolvierte eine davon, die RoboSwift Minidrohne, ihren erfolgreichen Jungfernflug. Das von niederländischen Zoologen und Luftfahrttechnikern mit Unterstützung des niederländischen Landespolizeikorps entwickelte Gerät ist 25 Zentimeter lang, wiegt 100 Gramm und sieht vom Boden aus einem Mauersegler zum Verwechseln ähnlich.

Für Private, Bürgerinitiativen oder Paparazzi sind die auf den internationalen Waffenmessen vermarkteten fliegenden Kameras jedoch zu teuer, um weite Verbreitung zu finden. Das wird sich allerdings in den nächsten Jahren ändern.

Fliegende Augen für jedermann

In dem Science-Fiction-Roman »Das Licht ferner Tage« von Arthur C. Clarke und Stephen Baxter gelingt es der Wissenschaft Mitte des 21. Jahrhunderts, ein Gerät zu bauen, das es jedermann mittels winziger, stabiler *Wurmlöcher* ermöglicht, jeden Punkt der Erde auszuspähen. Das bedeutet das Ende jeder Privatsphäre. Die Gesellschaft wandelt sich: Viele Menschen gewöhnen sich das Lügen ab, manche drehen auf dem WC immer das Licht ab oder resignieren und lieben einander auf der Straße, weil es ohnehin keinen Ort gibt, an dem sie unbeobachtet wären.

Von Wurmlöchern sind wir technisch noch weit entfernt, nicht aber von mobilen Augen. Der Autor hat mit Freunden vor einiger Zeit selbst eines gebaut: Wir sitzen vor einem Fernseher. Darauf erscheint ein farbiges Bild mit Ton. Wir erkennen Menschen, können ihre Unterhaltung mithören. Das Bild kommt von einer kirschgroßen Kamera, die Bild und Ton per Funk aus einem anderen Raum des Gebäudes überträgt. Das Bild verändert sich, die Kamera bewegt sich durch einen Gang, blickt nach links und rechts. Sie ist auf ein Elektroauto montiert, das nicht größer als eine Zündholzschachtel ist und vom Beobachtungsraum aus ferngesteuert wird. Daher die Froschperspektive … Die Kamera fährt weiter, wird nicht wahrgenommen, dringt durch eine spaltbreit offene Tür in den nächsten Raum ein. Es macht Spaß, die Kamera zu lenken – und vermittelt ein Gefühl von Macht: Die Wahrnehmung ist nicht mehr an den Körper, den Raum gebunden. Ich bin gleichzeitig hier und dort, ich sehe, was geschieht, aber niemand sieht mich oder weiß auch nur, dass ich alles beobachte.

Inzwischen sind solche Systeme bereits als Spielzeug für das Alter 8+ zu kaufen. Das Spy Video Car ist ein ferngesteuertes Auto mit eingebauter Kamera, die dank Infrarot auch im Dunkeln aufnehmen kann. Der Clou ist das Sichtgerät, nicht etwa ein Monitor, sondern ein Cyberdisplay 300M LV, ein winziger in eine Brille eingebauter LCD-Schirm, der dem Träger den Eindruck vermittelt, dass ein großer Monitor vor ihm schwebt. Als besonders wertvolles Spielzeug wurde es mit dem Großen Preis des »Family Fun Magazine« ausgezeichnet.

Sie fragen sich, warum solche Geräte nicht schon häufig eingesetzt werden? Die kleinen Fahrzeuge fallen zwar kaum auf, sind aber durch schwache Akkus nur relativ kurz einsetzbar. Auch müsste man bei den mitgelieferten Fernbedienungen die Sendeleistung verstärken. Große Geräte würden dagegen auffallen. Ein zweiter Grund sind die Barrieren: Gebäude, die für Menschen gebaut sind, bieten für einen bodengestützten Roboter viele unüberwindliche Hindernisse. Anders sieht das bei fliegenden Drohnen aus. Sogenannte *Quadrokopter*, weniger als einen Meter große Minihubschrauber mit vier Propellern, waren im Sommer 2008 bereits für einige Tausend Euro zu haben. Sie können auch bei Wind ruhig auf einer vorgegebenen GPS-Position schweben, bis zu 30 Minuten lang in der Luft bleiben und eine moderne Digitalkamera transportieren. Bastler, wie die Teilnehmer an der Hackerkonferenz »24C3«, schrauben sich die Geräte um ein paar Hundert Euro selbst zusammen. Für den Einsatz im Innenbereich sind die Geräte aber zu groß und zu auffällig. Doch es gibt bereits kleinere: Im November 2003 stellte der Seiko Epson

Konzern auf der Internationalen Roboterausstellung in Tokyo zum ersten Mal seinen Micro Flying Robot vor, ein sieben Zentimeter großes Fluggerät mit zwei Ultraschallmotoren, die durch 300 000 Schwingungen pro Sekunde den zehn Gramm leichten Winzling in der Luft halten.

Der Ingenieur Osamu Miyazawa über den Zweck eines solchen Gerätes: »Der Roboter wurde nicht in Hinsicht auf eine bestimmte Anwendung oder ein bestimmtes Produkt entworfen, wir wollten nur zeigen, wozu wir imstande sind. ... Viele Unternehmen werden ihn sehen und Ideen entwickeln, wie sie ihn einsetzen können.«[43] Ein Jahr später stellte der Konzern das Nachfolgemodell vor, als µFR-II bezeichnet, kabellos, leichter und leistungsfähiger, mit einer Kamera, deren Bilder per Bluetooth zum Empfänger geschickt werden, und einem Kontrollsystem für unabhängigen Flug.

Noch kleiner als der japanische Hubschrauber ist ein erstes Ergebnis des Robotic-Fly Project, das Wissenschaftler und Techniker der Universität Harvard, unterstützt von der Forschungsbehörde des US-Militärs DARPA, 2007 vorstellten: eine gerade einmal 60 Milligramm schwere Mikrodrohne, die ihre Flügel (Spannweite drei Zentimeter) wie Fliegen bewegt. Bis spätestens 2017 sollen die Roboter-Fliegen unseren Alltag erobern.

Die DARPA selbst ist schon einen Schritt weiter – und zwar in Richtung Insekten-Cyborgs. Die Forscher implantieren Chips in Insekten, solange sie noch im Raupen- und Verpuppungsstadium sind. Sobald sie ausgewachsen sind, können die Insekten per GPS, Radiowellen und Ultraschall ferngesteuert und mit Sensoren oder Mikrofonen versehen werden.

Wenn das vordringliche Problem der Energieversorgung gelöst ist, werden die Insekten-Drohnen beliebig lange operieren können. Spätestens dann hat die Wirklichkeit die Visionen von Science-Fiction-Autoren eingeholt. In 10 bis 20 Jahren wird es sogar möglich sein, Spionagedrohnen im Submillimeterbereich zu bauen, denn Mikro- und Nanotechnologie sind nicht mehr aufzuhalten.

Dass der Gesetzgeber auf die besorgniserregende Entwicklung der Mini-Flugdrohnen reagieren wird, indem er ihren privaten Einsatz verbietet, darf bezweifelt werden: einmal, weil mit solchen Systemen viel Geld zu machen ist, außerdem, weil heute in den meisten Staaten Wanzen, Keylogger, Minikameras, Funkscanner – alles Geräte, die in erster Linie für illegale Lauschangriffe verwendet werden – erstaunlicherweise frei zu erwerben sind. Eine Staatsmacht aber, die heute schon jedes mögliche Mittel einsetzt, um Informationen über die Bürger zu sammeln, wird die neue Technik wohl selbst bereitwillig einsetzen.

Wie wird man sich dann davor schützen können, selbst in den privatesten Räumen beobachtet zu werden? Moskitonetzfabrikanten sollten sich nicht zu früh die Hände reiben, denn mit so einfachen Methoden hat man keine Chance, die Gefahr auszusperren. Da Menschen einerseits das Bedürfnis haben, zu atmen, andererseits freiwillig ihr Leben nicht nur in *einem* Raum verbringen wollen, gibt es in jedem Raum Einrichtungen wie Lüftungssysteme, Fenster und Türen, durch die sich die neugierigen Maschinchen flatternd oder krabbelnd Einlass verschaffen können. Sind sie erst einmal drin, vermag man sie eventuell mit elektronischen Hilfsmitteln aufzuspüren, wenn sie versuchen, ihre Daten zu übertragen. Dann könnte es sein, dass der Stolz der Mikromechatronik ein rasches Ende nimmt – dank der altehrwürdigen Fliegenklatsche.

Doch spinnen wir den Gedanken weiter. Da die herkömmlichen Detektoren versuchen, funkende Wanzen zu finden, ist zu erwarten, dass die Geräte zwar beobachten, aber ein niedriges elektromagnetisches Profil halten und erst dann die Daten im Paket übermitteln, wenn kein Mensch aktiv danach sucht, etwa in der Nacht. Daraus ergibt sich eine große Nachfrage nach Detektoren, die einerseits permanent Räume kontrollieren, andererseits nach einem Vademecum, das etwa als Funktion zukünftiger Handys die Person begleitet und vor Wanzen warnt. Folgerichtig beschreibt Hermann Maurer in seinem Roman »XPerten. Kampf dem großen Bruder«, dass bei der aufsehenerregenden Massenvermarktung solcher fliegender Augen der große Profit nicht mit den billig als »Spielzeug« und »Freizeitspaß« verkauften Drohnen gemacht wird, sondern mit den Schutzvorrichtungen, die gleichzeitig angeboten werden.

Spione im All

In unserer großen Bewegung von den Spionen am Boden über jene in der Luft kommen wir nun in die höchsten Sphären der bildgebenden Fernsensorik an, bei der Spionage aus dem Weltraum durch die »künstlichen Monde« der Erde. Satelliten haben in den vergangenen 50 Jahren nicht nur die Kriegstechnik, Nachrichtenübertragung oder Wettervorhersage revolutioniert, sondern auch die flächendeckende Überwachung der gesamten Erdoberfläche eingeleitet. Rund 800 künstliche Trabanten kreisen derzeit um den Planeten, mehr als ein Viertel davon sind militärischer Natur und dienen dem Belauschen der Kommunikationsströme, der Signalübermittlung, dem Aufspüren von Interkontinentalraketen oder nuklearen Explosionen, vor allem aber der Beobachtung der Erdoberfläche. China, Frankreich, Israel, Japan, Indien, Südkorea und seit wenigen Jahren Deutschland haben schon solche Spionagesatelliten in den Orbit befördert, Russland um die 50, die meisten, etwa 120, gehören den USA. Generell ist jede Nation bestrebt, immer mehrere Satelliten zu besitzen, da es nur so möglich ist, ohne stundenlange Verzögerungen sofort zu beobachten und die Daten zu übermitteln. Heute ergänzen sich optische und Radarsatelliten. Letztere sehen auch durch die Wolkendecke und in der Nacht, sind jedoch in der Auflösung den optischen Satelliten unterlegen. Manche Systeme werden für möglichst genaue Ergebnisse in einen niederen Orbit abgesenkt und später wieder angehoben, ein treibstoffintensives und teures Verfahren. Traditionell sind die militärischen Satelliten den zivilen deutlich überlegen. 1967 konnten US-Spionagesatelliten bereits Objekte von nur 1,5 Metern Größe erkennen; die vom NASA Landsat-I 1972 für zivile Zwecke gelieferten Bilder hatten dagegen nur eine Auflösung von 79 Metern.[44] 1986 sorgte die französische Firma Spot Image mit ihren Zehn-Meter-Bildern für Furore, der zwei Jahre zuvor gestartete Landsat-5 konnte nur Objekte mit einem Durchmesser von 30 Metern auflösen. Über die heutige Sehschärfe der militärischen Späher kann man aufgrund der Geheimhaltung nur spekulieren. Unter den fotooptischen Satelliten dürfte Keyhole-12 Klassenbester sein, der letzte offiziell bestätigte Spross aus der Familie der leistungsfähigsten amerikanischen Spionagesatelliten, die ihren Namen vom englischen Wort für »Schlüsselloch« haben. Auf den von ihm aufgenommenen Bildern sind lineare Strukturen bis zu einer Länge von fünf Zentimetern erkennbar. Der 13 Tonnen schwere Satellit gleicht mit seinem großen Spiegel vermutlich dem Hubble Space Telescope, soll jedoch etwas größer sein als dieses.

Bei Radarsatelliten ist die Auflösung umso besser, je größer die Antenne ist. Moderne Systeme können dennoch relativ klein gebaut werden, denn sie nützen den Trick, durch hintereinander aufgenommene Bilder, die im Computer verarbeitet werden, eine wesentlich größere Antenne zu simulieren. Diese Technik wird *Synthetic Aperture Radar* (SAR) genannt und kommt auch bei der bundesdeutschen »SAR-Lupe« zum Einsatz, einem System aus fünf Kleinsatelliten, die ihre Daten aus 500 Kilometern Höhe zur Bodenstation in Gelsdorf bei Bonn senden. Nach dem fertigen Ausbau des Systems 2008 kann damit jeder Punkt der Erde zu jeder Zeit und unabhängig von den Wetterverhältnissen mit einer Auflösung von einem Meter oder weniger beobachtet werden. Neben den USA verfügt auch Russland über SAR-Technik, nutzt aber parallel dazu Satelliten der Kobalt-M-Serie, die (Digitalbildern überlegene) Fotos in Kapseln auf die Erde abwerfen.

Die Augen der militärischen Satellitenaufklärung waren einst ausschließlich auf feindliche Mächte im Ausland gerichtet, mittlerweile konzentrieren sie sich aber zumindest in den USA auf die eigenen Bürger. Im Sommer 2007 stimmte die Bush-Regierung einem Plan zu, die von den Spionagesatelliten produzierten Daten auch für die Exekutive und für Katastrophenhilfe-Behörden zu öffnen. Bisher standen die Daten nur für ausgewählte wissenschaftliche Projekte zur Verfügung, etwa um topografische Karten zu erarbeiten oder vulkanische Aktivitäten zu beobachten, nun sollen sie systematisch im Kampf gegen Hurrikans und Waldbrände, Terroristen und Schmuggler, Gesetzesbrecher und illegale Einwanderer eingesetzt werden. Der US-Gesetzesvorstoß ist, wie fast alle, die in den vergangenen Jahren sukzessive die Bürgerrechte ausgehöhlt haben, ein direktes Produkt der Anschläge von 9/11; kurz danach schon begannen Regierung und Geheimdienste über Mittel und Wege zu beraten, geheime militärische Daten verstärkt den Behörden zugänglich zu machen. Aufgrund der heftigen öffentlichen Proteste hat sich das Gesetz verzögert, gefordert wird es nach wie vor. »Big Brother im Himmel«, einen weiteren Schritt hin zum Polizeistaat, nannte Kate Martin, die Leiterin der amerikanischen Bürgerrechtsorganisation »Center for National Security Studies«, das Projekt.[45]

Bürger der EU werden seit Längerem aus dem All ausgespäht, etwa Fischer oder Bauern, um zu sehen, ob sie die Vorgaben für ihre Subventionen einhalten. GeoCAP heißt das entsprechende Programm. Hollywood-Filme wie »Der Staatsfeind Nr. 1« (USA, 1989) zeichnen allerdings ein übertriebenes Bild der Leistungsfähigkeit derzeitiger Satelliten. Weder stehen jederzeit bewegte Bilder zur Verfügung, noch reicht die optische Auflösung heute aus, um Autonummern oder Gesichter zu erkennen und bestimmte Menschen zu identifizieren. In Zukunft könnte dies, gute Sichtbedingungen vorausgesetzt, aber möglich sein.

Die eigentliche Gefahr, die im Moment von Satellitenbildern sowie Luftbildern ausgeht, ist ihre Kommerzialisierung und weite Verbreitung. Mit dem Ende des Kalten Krieges fielen die strengen Geheimhaltungsbestimmungen für militärisches Aufklärungsmaterial, und die russische Raumfahrtbehörde eröffnete eine neue Einnahmequelle mit dem Verkauf von Satellitenaufnahmen mit zwei Metern Auflösung. Mittlerweile ist die Firma GeoSys die weltweit wichtigste Quelle für frei erhältliche Satellitenbilder. Ihre Satelliten liefern Bilder bis zu einer Auflösung von 0,42 Metern.

Positiv ist das neue Mittel der Erdbeobachtung unter anderem für Menschenrechtsorganisationen, die aktuelle Satellitenbilder verwenden, um auf Unrecht hinzuweisen. So zeigte Amnesty International die Vertreibung armer Menschen in Simbabwe auf oder Zerstörungen in Darfur.

Durch die elektronische Datenverarbeitung konnten digitale Atlanten mit erstaunlich genauer Auflösung erstellt werden, die ganze

Städte oder Länder abdecken und um wenig Geld die Satelliten-spionage für jedermann möglich machten. In der Werbung zu dem Programm D-Sat 7, das auf insgesamt neun DVD-ROMs geliefert wird und Deutschland von Sylt bis in die Allgäuer Alpen von oben darstellt, heißt es: »Schauen Sie sich … Ihr Feriendomizil aus der Luft an oder erlauben Sie sich einen heimlichen Blick in den Garten Ihres Nachbarn.« Solche Programme, aufgrund der enormen Datenmengen und der dafür erforderlichen Anzahl von Datenträgern unpraktisch, bildeten die kaum beachtete Vorhut für eine weitere Entwicklung. An deren Ende steht im Zeitalter des Breitbandinternets eine Software, die beim Erstanwender für gewöhnlich Faszination und Staunen auslöst und die Art, wie wir die Erde wahrnehmen, für immer ändern könnte: der virtuelle Globus Google Earth.

Schöne neue Weltgoogle

Im Gegensatz zu Landkarten bildet der Globus die Erde in Längen, Flächen und Winkeln getreu ab, ein Vorzug, den 150 v. Chr. schon Krates von Mallos erkannt hatte. Was aber Maßstab und Genauigkeit betrifft, waren Globen den Kartenwerken in Form dicker Atlanten zwei Jahrtausende lang unterlegen. Dies sollte sich in unserer Zeit dank der Computertechnik ändern.

Ende der 1990er-Jahre brachte Microsoft mit Encarta Weltatlas einen digitalen Globus auf CD-ROM heraus, der Millionen Orte kannte und die ganze Erde so genau abbildete, dass ein aus Bildschirmausdrucken zusammengeklebter Globus einen Durchmesser von über 40 Metern gehabt hätte. Doch zeigte dieses Programm nur Vektordaten, also nur ein maßstabsgetreu gezeichnetes Abbild der Erde. Ganz anders Google Earth, eine Software, die unter dem Namen Keyhole entwickelt und 2004 vom Google-Konzern gekauft wurde. Sie bietet einen Blick auf die Erde, wie sie von Satelliten oder Flugzeugen aus fotografiert wurde.

Wer Google Earth zum ersten Mal benutzt, kann sich der Faszination dieses Programms nur schwer entziehen. Wie Superman kann man um die Erde fliegen, vom eigenen Haus nach Afrika starten, über den Reusch-Krater auf dem Kilimandscharo fliegen, dann über Eisberge vor Island, unbewohnte Atolle in der Südsee bis zu den Ruinen von Caral, der erst vor wenigen Jahren entdeckten ältesten Stadt Amerikas. Kein Wunder, dass Google Earth Millionen von Anwendern hat, die sich in zahlreichen Diskussionsforen austauschen. Manche von ihnen besuchen noch einmal die Bucht vom letzten Urlaub, andere sehen sich die Gegend an, in die sie vielleicht ziehen, wieder andere suchen nach Außergewöhnlichem, und finden dabei etwa eine bislang unentdeckte römische Villa unter den Feldern nahe Parma oder geheime Militärbasen in China.

Rechtliche Einschränkungen, die in vielen Ländern Luftaufnahmen beschränken oder die Aufnahme von Militäranlagen, Kraftwerken, Staumauern, Brücken, Bahnhöfen, Flughäfen usw. untersagen, verkommen durch Google Earth zu einem Anachronismus. Ausländisches Militär wie Terroristen können sich am heimischen Computer ein Bild von der Lage machen. Daher sah sich Google bald mit Forderungen verschiedener Regierungen konfrontiert, sensible Gebiete unkenntlich zu machen oder zu schwärzen. Im Januar 2007 hatte der britische »Daily Telegraph« berichtet, dass bei Hausdurchsuchungen Aufständischer im Irak Google-Earth-Aufnahmen britischer Truppenlager gefunden worden waren, die offensichtlich zur Vorbereitung von Anschlägen dienten. Google ersetzte daraufhin die Aufnahmen durch solche aus der Zeit vor dem Krieg. Eine Website, die ein Tool anbot, mit dem man aktuelle und alte Aufnahmen eines Ortes vergleichen kann, ist seitdem ebenfalls nicht mehr erreichbar. Zensiert wurden unter anderem Gebiete in den USA, Deutschland, Russland, Indien und Australien, wobei es sich aber nicht nur um militärische Ziele handelte. So wurden auch die Luftaufnahmen mit den desaströsen Zerstörungen durch den Hurrikan Katrina in New Orleans durch ältere Aufnahmen ersetzt, auf welcher Stadt und Umgebung unversehrt zu sehen waren. Als ein demokratischer Kongressabgeordneter diesen Umstand aufdeckte, meinte man bei Google, man habe die Geschichte nicht schönfärben wollen, die älteren Bilder wären eingebaut worden, weil sie eine bessere Auflösung als jene mit den Zerstörungen gehabt hätten.[46] Tatsächlich ist die Auflösung der Bilder, die von zivilen Satelliten und Luftbildagenturen stammen, der Hauptgrund, Google Earth zu benutzen, aber auch zu fürchten. Die Basisauflösung für sämtliche Landmassen beträgt 15 × 15 Meter pro Pixel, ein damit ausgedruckter Globus hätte einen Durchmesser von 225 Metern, in vielen Ländern oder Städten ist die Auflösung jedoch wesentlich genauer, etwa bis zu 10 × 10 Zentimeter pro Pixel. Zoomt man Google Earth auf diese Stufe, entspricht die Darstellung einem 34 Kilometer großen Globus, dessen Schatten ganz Berlin bedecken würde. Damit wäre wohl auch der römische Geograf Strabo zufrieden, der für einen Globus eine Mindestgröße von zehn Fuß Durchmesser gefordert hatte.[47] In den Bereichen mit höchster Auflösung sind nicht nur Häuser, Dachterrassen, Gärten genau zu erkennen, sondern auch Menschen, die sich dort unbekleidet sonnen. Während es Paparazzi in Deutschland verboten ist, die geschützte Privatsphäre einer prominenten Person mit technischen Hilfsmitteln wie Leitern oder Hubschraubern zu verletzen, kann in Google Earth jedermann die Häuser der Reichen und Schönen oder auch Nachbars Garten von oben ausspähen. Und mittlerweile nicht nur von oben. Im Jahr 2007 erweiterte Google seine Dienste um die Funktion Street View. Dazu fahren Google-Autos mit einer am Dach montierten Kamera Zehntausende Straßenzüge ab und nehmen alle paar Meter ein 360-Grad-Panoramabild auf, das im Internet betrachtet, gedreht und gezoomt werden kann, als stünde man selbst dort. Über 40 US-Großstädte wurden bereits erfasst, Städte in Kanada, Australien, Großbritannien, Japan, Italien und der Schweiz sollen in Kürze folgen. Nur Stunden nach Einführung des Dienstes begann die Internetgemeinde die Bilder zu durchforsten. Die Beute: Aufnahmen von Sonnenanbeterinnen, einem Mann, der unerlaubterweise raucht, einer Frau, die beim Aussteigen aus dem Auto den Slip entblößt, einem Herrn, der offensichtlich gerade aus einem Stripclub kommt, und dergleichen mehr. Obwohl es in den USA keinerlei Einschränkungen zum Fotografieren im öffentlichen Raum gibt, beschwerten sich

Menschen, die ihre Privatsphäre bedroht sahen. So war eine Amerikanerin über den Detailgrad der Aufnahmen schockiert, als sie zur Probe ihre Adresse eingab und ihr auf dem Bild ihr Kater aus dem Wohnzimmerfenster entgegensah. Google behauptete zwar, es hätte nur ein paar Dutzend Beschwerden gegeben, änderte die Praxis aber dahingehend, dass Personen nunmehr die Löschung von Bildern beantragen konnten, die sie oder ihre Fahrzeuge mit erkennbarer Nummerntafel zeigten. Kompromittierende Bilder konnten dann aber schon längst im Internet die Runde gemacht haben und auf Dutzenden Websites gespeichert worden sein.

Google versichert, dass alle Bilder von öffentlich zugänglichen Räumen aus gemacht werden. Dennoch bezweifelt Thilo Weichert, Datenschutzbeauftragter des Landes Schleswig-Holstein, dass ein Dienst wie Street View in Deutschland zulässig wäre. Da man gegen ein in den USA beheimatetes Unternehmen aber nicht direkt vorgehen könne, bliebe jedoch nur eine Beschwerde bei der US-Wirtschaftsaufsichtsbehörde, der Federal Trade Commission. Solche Beispiele würden zeigen, wie dringend es sei, internationale Datenschutzstandards zu finden. Umgehen könnte Google die nationalen Gesetze durch Unkenntlichmachung von Gesichtern, wie es seit Mai 2008 geschieht, die Häuser bleiben freilich identifizierbar. Was einerseits von Vorteil ist, etwa wenn man den geplanten Urlaubsort nicht nur im Hochglanzprospekt der Reisebüros, sondern auch in Google Earth besichtigen kann, kann sich rächen, wenn man nicht will, dass jedermann sehen kann, wo man arbeitet oder lebt, etwa auch Einbrecher, die sich nach lukrativen und einfachen Zielen umsehen.

Auch jene Aktivisten, die im Frühjahr 2008 mit Spruchbändern auf dem Dach des Londoner Parlamentsgebäudes gegen den Ausbau des Flughafens Heathrow protestierten, hatten sich mit Google Earth ortskundig gemacht. Schon heute sind viele bekannte Gebäude in Google Earth dreidimensional dargestellt, dafür mussten ihre Abmessungen eingegeben werden. In den letzten Monaten jedoch entwickelten verschiedene Teams Computerprogramme, die in der Lage sind, aus herkömmlichen, zweidimensionalen Fotos dreidimensionale Informationen zu gewinnen. Das erstaunliche Programm Make3D von der Stanford University beispielsweise lernte von seinen Schöpfern, ganz wie ein menschliches Gehirn die Elemente von Landschaftsfotografien oder sogar von Gemälden zu erkennen und ihnen typische 3-D-Daten zuzuweisen. Dadurch verwandelt sich das Bild in eine 3-D-Umgebung, in der man sich umschauen und im begrenzten Ausmaß herumwandern kann. Langfristig lassen sich damit als Weiterentwicklung des derzeit von der US-Armee genutzten *Tactical Ground Reporting System* (TIGR) realistische Abbilder der Städte erstellen, in denen die Armee und Sondereinsatzkommandos den Häuserkampf zunächst rein virtuell proben können.

Seinen ökonomischen Wert entfaltet Google Earth erst durch die Verknüpfung des digitalen Globus mit anderen Informationen jeglicher Art, die auf sogenannten *Overlays* dargestellt werden können, etwa, welche Restaurants oder Geschäfte in der Umgebung der betrachteten Adresse zu finden sind. Besonders Immobilien- und Marketingfirmen kaufen und nutzen Google Earth als Client-Software, als Grundlage für selbst gestrickte Geoinformationssysteme. Bei den privaten Nutzern beliebt sind Dienste wie die aktuellen Wetterdaten oder *geogetaggte* Fotos, d. h. auf der Karte erscheint ein Icon, das beim Anklicken ein Foto oder Video des Ortes anzeigt, das ein anderer Anwender auf einer Seite wie Flickr, Panoramio oder YouTube gespeichert hat. Über fünf Millionen Bilder sollen allein über Panoramio verknüpft sein, Tendenz stark steigend. Durch die Möglichkeit, georeferenzierte Daten aus beliebigen Quellen einzubinden, ermöglicht Google Earth dem »kleinen Mann« nicht nur die Satellitenspionage, sondern auch die geografische Überwachung in anderen Bereichen, etwa die Verfolgung eines Mobiltelefons.

Anders als bei den Wettersatelliten im Fernsehen sind die Bilder bei Google Earth allerdings nicht in (fast) Echtzeit, sondern sechs Monate bis fünf Jahre alt. Alle zwei Monate werden Teile des digitalen Globus durch aktuellere Satellitenbilder oder Luftaufnahmen ersetzt. Der Urlaubsgruß, den der Autor für seine Frau in den Boden der Sahara kerbte, und dessen Koordinaten er statt einer Postkarte versandte, wurde erst eineinhalb Jahre später in Google Earth sichtbar. Wird es eines Tages möglich sein, jeden Punkt der Erde in Echtzeit von oben zu betrachten? Für die unmittelbar nächsten Jahre ist dies nicht zu befürchten. Wie im vorausgehenden Abschnitt erwähnt, befinden sich Satelliten für hochauflösende Bilder in relativ niedrigen Umlaufbahnen, sodass sie bei jedem Überflug nur einen geringen Teil der Erdoberfläche abdecken können, als würde man einen Globus durch einen Strohhalm betrachten. Daher wäre eine enorme Zahl an herkömmlichen Satelliten nötig, um ein detailliertes Echtzeitbild der ganzen Erde zu erzeugen. Allerdings arbeiten das Aimes Center der NASA und das kalifornische Technologieunternehmen m2mi derzeit an Nano- und Picosatelliten mit einer Masse von nur einem Kilogramm, deren niedrige Produktions- und Startkosten zu regelrechten Satellitenschwärmen in niedrigen Umlaufbahnen führen könnten. Diese könnten sowohl Kommunikations- wie auch Überwachungsaufgaben wahrnehmen.[48]

Den Beinahe-Liveblick auf die Erde gibt es mit Google Earth aber schon heute: Die NASA stellt einen Layer namens DailyPlanet mit den MODIS-Daten des Terra-Satelliten zur Verfügung. Die Bilder mit einer Auflösung von 250 Metern pro Pixel sind sechs bis zwölf Stunden alt und stellen damit die aktuellsten optischen Satellitenbilder dar, die für Privatpersonen ohne großen finanziellen Aufwand greifbar sind. Darüber hinaus gibt es Layers, welche die aktuelle Bewölkung oder das Verkehrsaufkommen nahezu in Echtzeit in Google Earth einblenden können. Dazu kommen Sammlungen von Tausenden Webcams öffentlicher Szenen, die in den Google-Earth-Globus eingeblendet werden und es ermöglichen, die Zielorte live zu betrachten.

Google Earth ist nicht der einzige virtuelle Globus, daneben gibt es etwa das ambitionierte NASA World Wind. Hinter diesem Programm steht jedoch nicht der milliardenschwere Google-Konzern, auf den wir in Kapitel 1.4 noch zurückkommen werden und der – ohne dass wir viel dagegen tun können – den panoptischen Blick auf unsere Erde vehement vorantreibt.

82

1.3 Verräterische Chips

Die Striche, die die Welt bedeuten – Barcodes

Mit 19 Museen, acht Forschungseinrichtungen und einem Zoo, angesiedelt zum Großteil in Washington, D.C., ist die Smithsonian Institution der größte Museumskomplex der Welt. Unter ihren 142 Millionen Exponaten befinden sich ehrwürdige wie das Star-Spangled Banner von 1812, denkwürdige wie die erste Glühbirne von Thomas Alva Edison, fragwürdige wie die Enola Gay, das Bombenflugzeug von Hiroshima, und merkwürdige wie eine Zehnerpackung Kaugummi der Marke Wrigley's Juicy Fruit. Letztere ist ausgestellt, weil sie an die Einführung einer neuen Technologie erinnert, die unseren Alltag nachhaltig verändert hat. Genau so eine Packung Kaugummi, versehen mit einem Muster schwarzer und weißer Linien, wurde am 26. Juni 1974 in einem Geschäft der Stadt Troy in Ohio als erstes Produkt der Welt über einen Strichcodescanner gezogen. Die Supermarktketten hatten zu diesem Zeitpunkt erkannt, dass die digitale Erfassung von Produkten ihnen Preisetiketten, Personal und damit viel Geld ersparte. Als mit dem *Universal Product Code* (UPC) ein praktikabler Standard geschaffen war, breitete sich der Strichcode, auch *Barcode* genannt, weltweit rasant aus.

In Europa ist der EAN-13-Barcode allgegenwärtig – etwa hinten auf diesem Buch. Die Ziffern am unteren Rand entsprechen den schwarzen Linien und weißen Lücken des Barcodes. Sobald das Lesegerät diese gescannt hat, kann das Computersystem das Produkt identifizieren, verrechnen und den Lagerbestand verringern. Nachbestellt wird automatisch, damit verringern sich auch die Kosten für aufwendige Inventuren. Kein Wunder, dass Fertigungssysteme, der Einzelhandel, Lagerungs- und Transportlogistik die neue Technik nach zögerlichen Anfängen umso rascher durchpeitschten. Wenn der Paketdienst UPS heute 80 Prozent der Erde binnen 48 Stunden beliefern kann, verdankt er das seiner vollautomatisierten Logistik, die wiederum auf Strichcodes beruht. Die klassischen Einsatzbereiche wurden allmählich erweitert, heute sind Barcodes unter anderem im Bibliothekswesen oder Medizinbereich unentbehrlich. Experten schätzen, dass in drei Jahrzehnten Billionen Dollar dadurch eingespart wurden. Eine Million Produzenten in 141 Ländern versehen ihre Produkte mit den charakteristischen Linien, Milliarden Artikel werden weltweit an einem Tag gescannt.

Inzwischen haben neue Systeme, die weit mehr Informationen speichern können, den UPC-EAN-Standard mit seinen 13 Ziffern übertrumpft. Der Code GS1 128 etwa wird in der Transportlogistik genutzt. Gleichzeitig sind zweidimensionale Standards entstanden, die statt paralleler Striche ein mit schwarzen und weißen Pixeln gefülltes Rechteck verwenden: QR-Code, Aztec oder DataMatrix. Sicher haben Sie solche 2-D-Codes schon auf Bahnkarten, Medikamenten oder Postsendungen bemerkt. Das STAMPIT-System der Deutschen Post, mit dem man sich selbst Briefmarken ausdrucken kann, arbeitet mit DataMatrix. Es bildet unter anderem Daten zum Kunden (Absender) und die Empfängeradresse ab. Herkömmliche Briefmarken übten nicht nur jahrhundertelang einen ästhetischen Reiz aus, sie ermöglichten auch den anonymen Versand. Benutzt man jedoch ein System wie STAMPIT, bei dem die Portokosten über das Internet verrechnet werden, weiß die Post, zu welcher Zeit man an welche Leute Sendungen geschickt hat.

Viel verbreiteter als bei uns sind 2-D-Codes mittlerweile in Asien. Sie finden sich in Magazinen, auf Plakaten, Hauswänden, Visitenkarten, Lebensmittelverpackungen, T-Shirts und sogar auf Grabsteinen. Hält man ein hochauflösendes Fotohandy vor das Datenmuster, übersetzt es den Code in lesbare Sprache, speichert Adresse und Nummer ins Telefonbuch oder ruft direkt eine Website auf. Man spart damit das Eintippen über das »Mäuseklavier« des Handys. Deswegen spricht man auch von QR-Codes, was für *quick response* steht – schnelle Antwort. Mehr als 73 Prozent der Japaner nutzen bereits QR, in Europa finden sich die ersten Codes in Zeitungen wie »Welt Kompakt«.

Zugegeben, die Methode ist bequem und es macht Spaß herauszufinden, was hinter einem 2-D-Code steckt, andersseits ist die Entwicklung fragwürdig, dass wir 6000 Jahre nach Erfindung der Schrift freiwillig Alltagsgegenstände mit Informationen versehen, die der Mensch nur mehr über den Umweg der Maschine lesen kann.

Wenn Sie selbst Informationen als 2-D-Barcodes verschlüsseln wollen, finden Sie im Internet dazu kostenlose Programme wie BarShow oder SnapMaze sowie die Programme, um die Codes auf fotofähigen Handys zu entschlüsseln, wie SnapABar oder Kaywa (siehe S. 14).

So praktisch Strich- und 2-D-Codes auch sind, einen entscheidenden Nachteil haben sie: Da sie optisch ausgelesen werden müssen, muss zwischen Lesegerät und Artikel Sichtkontakt bestehen. Dadurch ist es auch nicht möglich, mehrere Muster gleichzeitig zu scannen. Die Anwender fragten daher die Techniker, ob es nicht möglich sei, Produkte aus der Ferne, blitzschnell und simultan zu registrieren. Die Antwort hatte vier Buchstaben: RFID.

RFID – Die stille Revolution

Das Leben von Leon Theremin, geboren 1896 im zaristischen Russland, zu Sowjetzeiten zwischenzeitlich inhaftiert, später jedoch hochdekoriert, gestorben in der Russischen Föderation Jelzins 1993, hätte einen guten Stoff für einen Monumentalfilm von David Lean abgegeben. Lew Sergejewitsch Termen, wie er eigentlich hieß, führte in diesem so bewegten 20. Jahrhundert ein derart bemerkenswertes Leben als Musiker und Physiker, dass sein Biograf zu dem Urteil kam, Termen sei »ein sowjetischer Faust« gewesen.[1] Der Welt bekannt ist er bis heute für sein Theremin, das erste elektronische Musikinstrument – und eines der wenigen, die ohne Berührung durch den Musiker gespielt werden. Wenige wissen dagegen, dass er später nicht nur an der Entwicklung des Fernsehens arbeitete, sondern auch an geheimen Projekten, für die man ihm den Stalinpreis Erster Klasse verlieh.

4. August 1945, Amerikanische Botschaft, Moskau. Als Geste der Freundschaft überreicht eine Delegation sowjetischer Schulkinder Botschafter Harriman ein Großes Siegel der Vereinigten Staaten. Das

Schnitzwerk zeigt den Wappenadler mit Olivenzweig und Pfeilbündel in den Fängen, ist höchst imposant ausgeführt und bekommt einen Ehrenplatz in der Botschaft. Sieben Jahre später erst entdeckt man durch Zufall einen Hohlraum im Siegel, in dem sich eine Abhörvorrichtung befindet. Die Empörung ist groß: Jahrelang hat das Ministerium für Staatssicherheit, die Vorgängerorganisation des KGB, die US-Botschaft abgehört.

Dass die Wanze so lange nicht gefunden wurde, verdankte sich der genialen Konstruktion ihres Erfinders Termen: Rein passiv, nahm die Lauschvorrichtung nur dann ihren Betrieb auf, wenn sie aus einem neben der Botschaft geparkten Auto mit Mikrowellen bestrahlt wurde.[2] Dasselbe Prinzip hatte man zum ersten Mal im Zweiten Weltkrieg genutzt, um mittels »Sekundärradar« eine Freund-Feind-Erkennung von Flugzeugen auf dem Radarschirm zu bewerkstelligen. Damals ahnte wohl nicht einmal Leo Termen, was einmal aus dieser Technik werden würde: dass sie einst unter dem Namen RFID »einen einschneidenden Einfluss auf jeden Bereich der Zivilisation haben [wird]«, wie Rick Duris, Präsident der Business Technology Group, es formulierte, »ungefähr so wie die Druckerpresse, die industrielle Revolution und das Internet und die Computer die Gesellschaft verändert haben«[3].

RFID ist die Abkürzung für *Radio Frequency Identification,* auf Deutsch »Identifizierung mithilfe von elektromagnetischen Wellen«. Diese geschieht über eine kleine, flache Vorrichtung, den Transponder. Klebt man diesen als »Tag« auf Gegenstände oder setzt ihn direkt in die Produkte beziehungsweise die Verpackung ein, dann lernen die Dinge zu »sprechen«. Wie, ist leicht erklärt: Das Herzstück jedes Transponders ist ein winziger Mikroprozessor. Chips mit einer integrierten Stromversorgung nennt man aktive Transponder, solche Geräte sind so groß wie ein Mobiltelefon und werden beispielsweise bei der elektronischen Mauteinhebung verwendet.

Der bei Weitem häufigere Typ sind jedoch passive Transponder. Diese sind die Urenkel von Termens Wanzen, jedoch nicht, weil sie lauschen würden, sondern weil sie – genau wie eine elektrische Zahnbürste, die sich auf ihrer Ladestation kabellos auflädt – das physikalische Prinzip der Induktion zur Stromerzeugung nützen: Ein Lesegerät sendet einen Funkruf aus, ein hochfrequentes elektromagnetisches Wechselfeld. Dieses erzeugt in der Antenne des Transponders Strom. Der Mikrochip erwacht, sendet seinerseits ein »Hallo, hier bin ich!« und übermittelt seine Identifikationsnummer und eventuell weitere Daten. Die dafür meist spiralförmig um den zentralen Chip angeordnete Antenne verleiht RFID-Transpondern ihr charakteristisches Erscheinungsbild. Da passive Transponder keine Batterie benötigen, sind sie wartungsfrei und funktionieren theoretisch jahrzehnte- oder jahrhundertelang. Die Größe der Antenne begrenzt die Energieaufnahme und damit die Funkreichweite. Weil die *Tags* ein handliches Format behalten müssen, ist bei herkömmlichen Chips nach maximal acht bis zehn Metern Schluss.

Die RFID-Technik drang durch die Medienberichte zu den Funkchip-Tickets für die Fußball WM 2006 ins Bewusstsein vieler Menschen. Die meisten von ihnen waren aber schon zuvor mit Funkchips in Kontakt gekommen. Etwa beim Skifahren, wenn der Skipass durch die Jacke hindurch den Liftzugang entriegelt. Oder bei der elektronischen Wegfahrsperre, die das Auto blockiert, wenn der Chip-Schlüssel nicht eingesteckt ist. Oder in der Parfümerie, wo der Chip auf der Verpackung den Alarm ausgelöst hätte, wenn der Artikel nicht an der Kasse bezahlt worden wäre. Oder in Form der neuen EU-Reisepässe, auf die wir in Kapitel 1.8, S. 213ff. noch zurückkommen.

Unauffällig haben die kleinen Chips in den letzten Jahren immer mehr Lebensbereiche erobert. In Plastikkarten integriert heißen sie Chipkarten oder Smartcards und dienen zur Zutrittskontrolle, zur Zeiterfassung oder als elektronisches Ticket für öffentliche Verkehrsmittel. Millionenfach wurden sie anstelle von Magnetstreifen oder der nur durch Kontakt auslesbaren Chips in Kreditkarten eingebaut. Wie bei den Barcodes waren auch bei RFID der Logistikbereich und die Bibliotheken unter den Ersten, die die Vorteile der neuen Technologie nützten. Die Fertigungs- und Transportlogistik kann nun nicht nur Einzelbestandteile oder Container aus der Ferne registrieren, sondern ganze Paletten voller Produkte auf einmal erfassen.

Befindet sich bei dieser sogenannten *Pulklesung* nur eine Einheit zu wenig im Gebinde, gibt das Lesegerät sofort Nachricht. Die oftmalige Kontrolle per Funk minimiert Irrtümer und Fehlsendungen, der Ablauf wird sicherer, schneller – und besser überprüfbar. Eine Studie am Flughafen von Las Vegas, wo man den Einsatz von RFID für die Gepäckabwicklung erprobte, ergab eine Quote von 99,7 Prozent korrekt angekommener Gepäckstücke, bei der herkömmlichen Barcode-Methode waren es nur 89 Prozent.

In den Leihbüchereien erlauben es die RFID-Tags in den Buchdeckeln und Lesegeräten dem Kunden, die Bücher selbst zu verbuchen. Er legt seinen Stapel auf das Lesegerät und erhält sofort einen Ausdruck mit allen Daten inklusive Rückgabetermin. Das RFID-Tor schlägt Alarm, wenn jemand versucht, mit einem nicht ausgebuchten Titel die Bibliothek zu verlassen. Und verstellte Bücher, die früher oft jahrelang nicht mehr gefunden wurden, sind auf Knopfdruck wieder da. Die großen Entlehnbibliotheken in München, Hamburg und Wien arbeiten bereits auf diese Weise. Auf RFID gründet sich die Zukunft des Bibliotheksmanagements – zumindest solange noch gedruckte Bücher Verwendung finden.

Der dritte Bereich, in dem große Mengen von Artikeln in möglichst kurzer Zeit abgewickelt werden müssen, ist der Handel. Hinter den Kulissen, bei der Anlieferung und Lagerhaltung, haben große Konzerne wie die Metro AG (Real, Galeria Kaufhof, Adler, Media Markt, Saturn) ihr Ziel, die Barcodes durch Funkchips zu ersetzen, schon erreicht. Langfristig, etwa innerhalb der nächsten zehn Jahre, soll jeder einzelne Artikel »gechippt« sein. Um das Einkaufserlebnis der Zukunft zu testen, begleiten wir unseren Freund Johannes K. in den Supermarkt der Zukunft:

Als K. sich dem Einkaufswagen nähert, erkennt das System ihn am Funkchip seiner Kundenkarte, die er in der Geldbörse hat, der Wagen aus Kunststoff entriegelt sich automatisch, ein Farbdisplay startet und eine hübsche Dame darauf begrüßt ihn: »Guten Tag, Johannes! Ich freue mich, dass Sie heute wieder bei uns einkaufen! Ich habe Sie in den letzten zwei Wochen ja gar nicht gesehen.« Sie weist K., der oft Fisch kauft, auf ein Sonderangebot hin: 400 g Polardorsch für sensationelle 99 Euro! K. möchte aber lieber ein neues Fertigmenü probieren und lässt sich von seiner digitalen Assistentin den Weg zeigen – dank der RFID-Lesegeräte des Marktes weiß sie ja jederzeit, wo K. sich befindet. K. nimmt die Plastikschachtel aus dem Regal, das die Entnahme erkennt und auf dem Display das dazugehörige Werbevideo anzeigt. Gleichzeitig berichtigt es den Lagerstand. K. bricht das Video ab, lässt sich stattdessen die Nährwerte anzeigen. In der Obstabteilung nimmt K. einige Äpfel, gibt sie in einen Sack und legt sie auf die Waage. Die Waage analysiert das Bild ihrer Kamera, erkennt die Äpfel und spuckt einen RFID-Tag mit dem Preis aus. K. wirft einen Blick auf die Einkaufsliste, die sein Kühlschrank zu Hause für ihn zusammengestellt hat und die über Internet auf das Display seines Einkaufswagens geladen wurde. Er sammelt die restlichen Dinge ein. Am Ausgang führt K. den Wagen durch das orange Portal, das sofort alle Artikel erkennt und summiert. Der Gesamtpreis wird am Display angezeigt und automatisch von K.s Konto abgezogen. Seine liebenswürdige Assistentin strahlt ihn ein letztes Mal an und bedankt sich herzlich. Zu Hause angekommen, schiebt K. das Menü in die Mikrowelle, welche die Garzeit gemäß dem RFID-Tag selbstständig einstellt. K. räumt den Rest in den Kühlschrank. Am Display leuchtet ein roter Posten auf: K. hat – trotz digitaler Einkaufsliste – die Butter vergessen.

»Das ist Einkaufen wie im Paradies«, verspricht eine Internetseite der RFID-Lobby. Viele dieser Innovationen werden bereits getestet, etwa im Future-Store der Metro Group in Rheinberg, die flächendeckende Umsetzung scheitert im Moment allerdings noch an den Preisen der Transponder. Aber sobald es gelingt, die heute aufwendig aus Silizium hergestellten Chips durch billige, mit Polymerdruck gefertigte zu ersetzen, ist auch diese Hürde überwunden.
Noch besser stehen die Chancen auf baldige lückenlose RFID-Erfassung in der Bekleidungsindustrie: Die Produktpreise rechtfertigen den Chipeinsatz, und durch den Hängeversand auf Kleiderbügeln ist der Ablauf besonders leicht automatisierbar. Pioniere auf diesem

Sektor sind Unternehmen wie Lemmi Fashion oder Marks & Spencer. Nimmt man in deren Filialen einen Artikel von der intelligenten Kleiderstange, verraten Displays, in welchen Größen und Farben er außerdem noch erhältlich ist oder welche anderen Stücke gut dazupassen würden.

Die Tags sind mittlerweile wasch- und bügelfest, und die Hersteller möchten sie am liebsten in die Kleidungsstücke integrieren, um Produktfälschern aus Fernost das Handwerk zu legen. So entwickelte die deutsche Firma Deister mit texTag einen Transponder, dessen Antenne aus Metallfäden besteht und industriell in den Stoff eines Labels eingestickt werden kann. Doch als Benetton 2003 RFID-Chips in Damenunterwäsche einarbeiten wollte – und damit kommen wir zur Kritik an RFID –, initiierte die US-Konsumentenvereinigung CASPIAN einen Boykott, Benetton stoppte den Versuch. Einen neuen Anlauf nahm drei Jahre später Levi Strauss & Co. mit RFID-getaggten Jeans – und scheiterte ebenfalls an den Protesten.

Das Gedächtnis der Dinge

Aber was ist eigentlich gegen den Chip auf der Weinflasche oder in der Bluse einzuwenden? Warum treten Gruppen wie CASPIAN in den USA oder der »Verein zur Förderung des öffentlichen bewegten und unbewegten Datenverkehrs« (FoeBuD e. V.) in Deutschland so vehement gegen diese Technologie auf?

Vor allem aus zwei Gründen: Anders als bei den UPC- oder EAN-Strichcodes, die nur Produktklassen kennzeichnen und für Millionen gleiche Artikel identisch sind, erhält jedes mit RFID gekennzeichnete Ding eine weltweit einmalige, nicht löschbare Nummer, den *Electronic Product Code* (EPC). Damit die Nummern nicht etwa ausgehen können, wurde für den EPC ein 96-Bit-Schlüssel vereinbart. Der damit eröffnete Zahlenraum würde nicht nur ausreichen, die rund 13 Billiarden jährlich auf der Welt produzierten Reiskörner zu nummerieren, sondern auch – gleichbleibende Produktion vorausgesetzt – die während der nächsten 20 Milliarden Jahren geernteten.[4] Selbst wenn keine andere Information als diese Identifikationsnummer auf dem Chip gespeichert wird, sind die Dinge unverwechselbar und werden im Verbund mit Datenbanken zum offenen Buch für den Nutzer. Sie erhalten gleichsam ein Gedächtnis, in Form elektronisch abrufbarer Lebensläufe mit allen interessanten Daten: Herstellerinformationen, Produkt- und Umwelteigenschaften, Zuordnung zu Transporteinheiten, derzeitiger und frühere Aufenthaltsorte sowie Informationen über Personen und Organisationen, die mit dem Produkt zu tun hatten. Wie ein Hyperlink im Internet neue Informationen preisgibt, wenn man ihn anklickt, geben die Dinge Informationen preis, wenn sie über ein Lesegerät identifiziert werden. Deshalb wird dieses im Entstehen begriffene Informationsnetzwerk auch das *Internet der Dinge* genannt.

Da die mit RFID gekennzeichneten Dinge nur zu dem »sprechen«, der Funk »hören« kann, wird wahrscheinlich eines Tages jedermann ein Lesegerät mit sich führen, eingebaut in das Mobiltelefon oder dessen Nachfolgegerät. Der dazu nötige Standard wurde mit *Near Field Communication* (NFC) von NXP Semiconductors und Sony geschaffen. Sowohl die kinderleichte Bedienung als auch die Möglichkeit, eine Tür mit einem Wink zu öffnen oder einen Snack am Automaten durch das Antippen mit dem Handy zu bezahlen, könnte das NFC-fähige Mobiltelefon schon bald zu einem beliebten Zauberstab machen.

Ähnlich wie heute bei den fortgeschrittenen Strichcodes (QR-Codes) wird es mit dem Handy als RFID-Lesegerät möglich sein, Daten von Alltagsgegenständen abzulesen. Führt man das Handy an ein Steak, kann man Daten über Produktion und Lagerung ablesen, hält man das Handy zu einer elektronischen Werbetafel für ein Konzert, kann man im Nu online Karten dafür buchen. Auch Datentausch oder Geldübergabe kann auf diese Weise erfolgen. Das Handy könnte als Universalschlüssel für Wohnung, Arbeitsstelle und Auto dienen und die praktische Zusatzfunktion eines »Finders« haben, der flugs Bücher und Ordner im Regal oder die verlegte Brille aufspürt. Heute kann man bereits in Hanau, Frankfurt am Main oder Wien Tickets für öffentliche Verkehrsmittel per NFC-Handy kaufen.

Die Einzigartigkeit ihrer jeweiligen Nummer prädestiniert die Funk-
chips unter anderem zur Bekämpfung von Produktfälschungen,
etwa in der Pharmaindustrie, aber auch im Unterhaltungsbereich.
So will die Ritek Corporation, die mit 500 Millionen produzierter
Datenträger im Monat Weltmarktführer ist, DVDs durch integrierte
RFID-Chips vor Raubkopierern schützen. Solche gekennzeichneten
DVDs würden es erlauben, die auf ihnen gespeicherten Daten
zurückzuverfolgen.

Anderseits erlauben die unverwechselbaren ID-Nummern der Produkte – wenn sie nicht deaktiviert wurden – auch die Identifikation
ihres Besitzers, wie in diesem Fall:

Johannes K. kauft ab und zu im Omni-Center ein, besitzt aber keine Kundenkarte. Als er sich dem Verkaufsschalter der Herrenabtei-
lung nähert, registriert das System, dass ein Unterhemd in den
Empfangsbereich geraten ist, das vor 18 Monaten hier gekauft worden ist und in drei weitere Einkäufe involviert war. Die Verkäuferin
liest diskret von ihrem Display ab, dass dieser Kunde eine Vorliebe
für Billigsocken und preisreduzierte Jacketts besitzt, und lässt ihn
vorerst allein herumirren, während sie mit ihrem charmantesten
Lächeln Herrn Müller-Lüdenscheid namentlich begrüßt, den das
System aufgrund seiner Kundenkarte und der vergangenen Umsätze als finanzstarken Premiumkunden ankündigt.

Das ist nur ein kleines Beispiel dafür, was es bedeuten kann, wenn in
einigen Jahren alle Dinge ein Gedächtnis besitzen. Die RFID-Lobby
beteuert, dass eine personenbezogene Analyse des Kaufverhaltens
nicht möglich sei, außer der Kunde identifiziere sich mittels Kunden-
oder Debitkarte (ec/Maestro-Karte). Das stimmt nicht, weil die Systeme – wie im Fall von K. – die Person nicht nur unter ihrem Namen
erfassen, sondern auch unter dem Code ihrer Schuhe, ihrer Jacke
oder ihres Handys wiedererkennen können. Die Durchleuchtung
durch Kundenkarten kann man vermeiden – die durch RFID kaum.
Hinzu kommt: Elektronische Preisetiketten, wie sie in RFID-
Geschäften angebracht werden, ermöglichen dem Handel Umsatz-

steigerung durch subtile Methoden wie die tageszeitabhängige Verteuerung von Produkten oder die Preisdiskriminierung: So könnte eine junge Mutter (sie kaufte in letzter Zeit Windeln und Babynahrung), die oft Aktionen nützt, höhere Preise für die Grundnahrungsmittel zahlen müssen, weil es unwahrscheinlich ist, dass sie mit dem Kinderwagen zum weiter entfernten Konkurrenzmarkt einkaufen geht. Die Loyalität von Kunden, die Umsatz und Profit bringen, indem sie Delikatessen oder »überflüssige« Artikel kaufen, versucht man dagegen mit niedrigen Preisen für gewisse Produktgruppen zu fördern. Gegen ein solches für den Handel sehr interessantes Modell gibt es in Deutschland seit dem Wegfall des Rabattgesetzes keine rechtliche Handhabe; wie auf viele andere Folgen der neuen Technologien ist der Gesetzgeber darauf nicht vorbereitet.

Der zweite Kritikpunkt der RFID-Gegner betrifft die Möglichkeit, die Chips, selbst wenn sie verschlüsselt sind, unbemerkt aus der Ferne auszulesen. Das Recht auf informationelle Selbstbestimmung wird dadurch unterminiert:

Eines Tages sieht Johannes K. seinen Neffen Michael in der U-Bahn-Station. Der Vierzehnjährige amüsiert sich gerade mit einem Freund über irgendetwas auf dem Notebook. Als K. näher tritt, zeigen sie ihm das Programm: ein illegaler RFID-Scanner, den sie aus dem Netz heruntergeladen haben. Geht ein Passant vorbei, erscheint eine Liste von Nummern, die auf einen Klick hin mit Produktbildern aus Internetshops versehen werden: Kleidungsstücke, Taschen, Handys, Kosmetikartikel. Besonders lang ist die Liste bei Leuten, die Einkaufstaschen tragen, aber am meisten scheinen sich Michael und sein Kumpan für junge Frauen und die Art ihrer Unterwäsche zu interessieren.

Die Wachsamkeit der Datenschützer hat bisher etliche Vorstöße vereitelt, RFID auf Artikelebene einzuführen. 2003 testete die britische Supermarktkette Tesco, Pionierin in der Erprobung von RFID-Technik, in Kooperation mit Gillette ein neues System gegen Rasierklingen-Ladendiebe, doch CASPIAN machte den Feldversuch publik und rief zu einem weltweiten Boykott von Gillette auf. Dort bemühte man sich zu versichern, der Versuch diene »lediglich einer möglichen Verbesserung der Logistikkette«. Allerdings verzichtete die US-Supermarktkette Wal-Mart aufgrund des Medienechos auf den bereits geplanten Einsatz des Systems in Boston. Eben dieser Konzern ist aber mittlerweile zu einer treibenden Kraft hinter RFID in den USA geworden und fordert von Zulieferern, deren Paletten nicht RFID-lesbar sind, Strafgebühren ein.[5]

Die immer wieder aufflammenden Proteste haben der RFID-Lobby bewusst gemacht, dass bei flächendeckender Einführung des Systems mit Widerstand gerechnet werden muss. Ein peinlicher Fehler in diesem Zusammenhang unterlief dem für die Schaffung des EPC-Standards zuständigen, mittlerweile aufgelösten Auto-ID Center. Auf seiner Homepage konnten eine Zeit lang vertrauliche Dokumente von jedermann abgerufen werden. In diesen wurden PR-Maßnahmen erörtert, um den Widerstand der Bevölkerung gegen RFID »zu neutralisieren«. Das Center hoffte, dass die Konsumenten mit der Zeit »apathisch« werden und »sich in die Unausweichlichkeit der Lage ergeben« würden.[6]

Im deutschen Sprachraum betreibt das Informationsforum RFID die Website rfid.abc.de, um »die Öffentlichkeit über die Radiofrequenz-Identifikation aufzuklären«. Das Impressum erwähnt nicht, welche Unternehmen unter anderem hinter dem eingetragenen Verein stehen: die Metro Group, die Henkel AG, Intermec, GS1 Germany, SAP, IBM und Siemens.

Mit »Selbstverpflichtungserklärungen« versuchen die Lobbyisten, die Politik von strengen Gesetzen zum RFID-Einsatz abzuhalten. Aber Politiker haben die Funkchips ohnehin schon selbst als eine Schlüsseltechnologie der Zukunft erkannt und lassen weltweit große Mittel in die Forschung fließen. »Wir wollen Weltmeister bei der RFID-Technik werden«, erklärte der deutsche Staatssekretär Peter Hintze; die Bundesregierung förderte die Entwicklung von RFID in den vergangenen Jahren mit Beträgen im zweistelligen Millionenbereich.

Funkchip-Betrug

Die Geschichte der Computerkriminalität zeigt, dass die Verbesserung von Sicherheit ein langer und schmerzhafter Prozess ist, in dem Hacker und Kriminelle immer wieder Sicherheitslücken entdecken, bis diese wiederum von Experten gestopft werden. Danach beginnt das Spiel von Neuem. Je komplexer die Systeme, desto schwieriger ist es, sie von Anfang an 100-prozentig sicher zu gestalten. RFID, das gerade erst massentauglich geworden ist, ist daher nicht nur aus Datenschutzgründen bedenklich, sondern eine Spielwiese für technisch versierte Kriminelle.

Die Diebstahlsicherung eines Artikels beispielsweise lässt sich umgehen, indem man den Chip vor dem Kontrollportal abschirmt oder zerstört. Eine weitere einfache Methode ist das *Sniffing* mit anschließendem *Klonen:* Ein RFID-Chip wird aus der Ferne ausgelesen, eventuell gecrackt und kopiert. Mit dieser heute schon praktizierbaren Methode dauert die Kopie einer Zugangskontrollkarte nicht länger, als es früher brauchte, einen Schlüsselabdruck in Wachs anzufertigen. RFID-Chipkarten können relativ einfach geklont werden, unverschlüsselte ID-Karten sind daher als Zugangskontrolle unzureichend. Aber auch codierte Karten werden heute schnell gecrackt, sogar hoheitliche Dokumente wie die erste Generation der mit Chip versehenen neuen EU-Pässe.

Prominentes Beispiel einer *Kloning*-Attacke war Fußballstar David Beckham, dem zwei gepanzerte BMW X5 gestohlen wurden, nachdem Hightech-Diebe in einem Restaurant unbemerkt (und aus der Ferne) seinen RFID-Autoschlüssel kopiert hatten. Wissenschaftler der Ruhr-Universität Bochum überwanden inzwischen das KeeLoq-System, die Wegfahrsperre von Autos der Hersteller Chrysler, Daewoo, Fiat, General Motors, Honda, Toyota (Lexus), Volvo, Volkswagen, Jaguar und anderer sowie Schlüssel für Garagen- und Haustore.[7] – Ein Lichtblick für jene Britin aus Surrey, die nur noch starten konnte, wenn ihr Hund auf dem Vordersitz saß, weil er den Funkschlüssel verschluckt hatte.[8]

Großes Aufsehen erregte das Hacken der niederländischen OV-Karte, einer RFID-Karte, welche ab 2009 das Reisen mit sämtlichen öffentlichen Verkehrsmitteln in den Niederlanden ermöglichen soll. Im Frühjahr 2008 konnte ein Informatikstudent gratis reisen, nachdem es ihm auf einfache Weise gelungen war, das System auszutricksen. Die Geschichte war tagelang auf den Titelseiten aller holländischen Zeitungen, die das ca. 1,3 Milliarden Euro schwere Projekt der Regierung etwas unfein als »OV-shitkaart« bezeichneten.[9] Auch in anderen Ländern basieren Nahverkehrssysteme wie jenes im Großraum London *(Oyster Card)* oder Boston *(Charlie Card)* auf Funkchips des weitverbreiteten *Mifare Classic*-Standards.

In den USA wiederum schockierte das Cracken der dort neuerdings mit RFID-Chips ausgestatteten Kreditkarten durch Kevin Fu und Tom Heydt-Benjamin von der University of Massachusetts die Bevölkerung. Die beiden konnten die Daten einer Karte, die frisch von der Bank eingetroffen war, mit einem RFID-Lesegerät für 150 US-Dollar durch den verschlossenen Originalumschlag hindurch auslesen und entschlüsseln.[10] Die Methode funktioniert bei Karten der Firmen Visa, MasterCard und American Express. Wer mit einer solchen Karte durch die Stadt spaziere, meinten die Wissenschaftler, der könne sich gleich Name, Nummer und Ablaufdatum der Karte auf das T-Shirt drucken lassen. Weit bedrohlicher wird es, wenn nicht mehr nur der Kontostand, sondern das Leben auf dem Spiel steht: Professor Fu veröffentlichte mit Kollegen auch eine Arbeit darüber, wie Hacker über Funk Einfluss auf implantierte Herzschrittmacher nehmen können.[11]

Gegenstrategien

Was kann man als Privatperson tun, will man nicht mit einer Vielzahl geschwätziger Chips durch die Gegend laufen, die von neugierigen oder kriminellen Schnüfflern oder von den Behörden ausgelesen werden können? Das Konzept des Metro Future Stores sieht vor, dass Kunden nach Wunsch die Funkchips mit einem Deaktivator am Ladenausgang ausschalten. Dazu muss jeder Artikel händisch an das

Gerät herangeführt werden – ein unzumutbarer Aufwand. Außerdem kann man dabei nicht wissen, ob der Chip wirklich endgültig zerstört oder nur vorläufig deaktiviert wurde.

Eigenhändig zerstören kann man die Chips durch kurzes Erhitzen in der Mikrowelle, wovon nicht nur im Fall von Speiseeis, Frischeiern oder Spraydosen dringend abzuraten ist. Der Gesundheit zuträglicher ist es, die Antenne mit der Schere zu durchtrennen. IBM entwickelte sogar einen besonderen Chip, dessen Antenne mit einer Münze weggerubbelt werden kann. Ab diesem Zeitpunkt ist er nur noch aus einer Entfernung bis fünf Zentimeter ablesbar; die Information bleibt erhalten, ist aber kaum auszuspähen.

Deaktivieren kann man den RFID-Chip auch durch Geräte, die einen elektromagnetischen Impuls produzieren, etwa durch einen Elektroschocker. Der Chaos Computer Club zeigte mit seinem *RFID-Zapper,* dass dazu nicht mehr nötig ist als eine geringfügig modifizierte Einweg-Fotokamera. Erschwert wird die Deaktivierung allerdings durch den Umstand, dass die Chips von den Herstellern gern versteckt werden – in der Pappe der Verpackung, hinter Etiketten, in die Sohle des Schuhs eingegossen. Um sie zu finden, muss man die Gegenstände zum Teil röntgen, oder man spürt sie elektronisch mit einem RFID-Scanner auf, der vor allem die typische Frequenz von 13,56 MHz abdeckt.

Das wäre freilich ein feiner Datenschutz, der von den Verantwortlichen auf den Konsumenten abgewälzt wird und ihm so viel Mühe abverlangt, dass er es letztlich doch bleiben lässt. So kann es nicht gehen. Es ist die Pflicht derjenigen, die das System einführen wollen, dafür zu sorgen, dass es nicht missbraucht werden kann. Ganz oben auf der Forderungsliste der RFID-Kritiker steht daher eine automatische Deaktivierung der Chips nach Geschäftsabschluss. Als die EU-Kommission entsprechende Maßnahmen diskutierte, warnte das Informationsforum RFID davor, die Deaktivierung von RFID-Chips gesetzlich vorzuschreiben. Die Wettbewerbsfähigkeit der europäischen Wirtschaft würde im Vergleich zu Asien und den USA leiden – und auch die Verbraucher, weil sie damit den Genuss belegloser Garantieabwicklung einbüßen würden. Dahinter steht die Befürchtung, dass durch aufwendigere Technik die Produktionskosten und Stückkosten der Chips steigen könnten. Als weitere Schutzmaßnahme werden derzeit diverse aktive und passive Störsender entwickelt, die Lesegeräte verwirren und das Auslesen von Tags verhindern sollen. *RFID-Jammer* oder *Blocker-Tags* simulieren eine Unzahl von Tags, die vom Lesegerät nicht mehr verarbeitet werden können. In der Entwicklung befinden sich auch Geräte, die dem Konsumenten die Kontrolle über seine Transponder geben sollen, wie der RFID Guardian. RFID-Experte und EDRi-Mitglied Andreas Krisch vermutet, dass derartige Funktionen einmal in unsere Handys integriert werden und uns erlauben könnten, die Chips je nach Bedarf ein- oder auszuschalten.[12] Schon heute existieren SD-Karten, die den Mobiltelefonen RFID-Lese-Funktionalität verleihen.

Will man einen Transponder nicht zerstören, beispielsweise in Chipkarten oder im Reisepass, sondern nur zum Schweigen bringen, lässt er sich mit einem Faraday'schen Käfig abschirmen, mit speziellen Taschen oder einfach durch Umwickeln mit Alufolie.

Sage mir deine Nummer, und ich sage dir, wer du bist – Chipimplantate

Schon seit den 1970er-Jahren werden RFID-Transponder verwendet, um Nutz-, Zoo- und Wildtiere zu kennzeichnen, seit einigen Jahren laufen auch Haustiere mit Funkchip herum. 2006 forderte der Tierschutzbeauftragte der CDU/CSU-Bundestagsfraktion eine EU-weite Kennzeichnung und Registrierung von Hunden mittels RFID. Das soll verhindern, dass jährlich geschätzte 50 000 Hunde und 100 000 Welpen aus osteuropäischen Ländern nach Deutschland geschmuggelt und dort über angebliche Tierschutzvereine verkauft werden. Erst ab 2011 müssen nämlich alle Hunde, Katzen oder Frettchen bei grenzüberschreitenden Reisen innerhalb der EU mit einem Transponder markiert sein, derzeit reicht eine Tätowierung. Die Schweiz hat indessen schon gehandelt. Seit 2007 muss allen Hunden

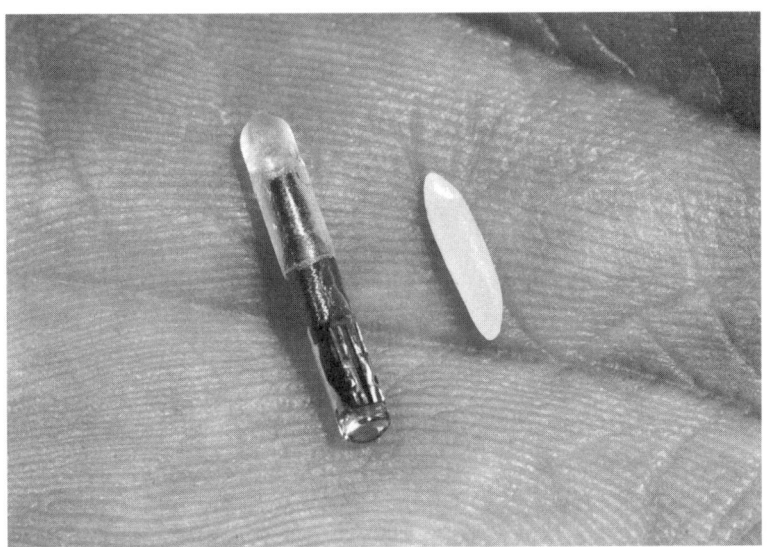

Abb. 3: Der VeriChip, im Größenvergleich mit einem Reiskorn

spätestens drei Monate nach Geburt ein Funkchip eingesetzt werden, der eine eindeutige Identifizierung im Rahmen des Animal Identity Service (ANIS) ermöglicht.

Eine unsichtbare, dauerhafte, eindeutige, nicht entfernbare Markierung – sehr praktisch, daher auch bei Schlachtvieh gerne eingesetzt. Und was der Ochse darf, soll auch Jupiter dürfen, dachte wohl das Unternehmen Applied Digital Solutions (mittlerweile in Digital Angel umbenannt) mit Sitz in Palm Beach im US-Bundesstaat Florida. Dort wird der VeriChip gebaut, ein 12 Millimeter langer und 2,1 Millimeter dicker Transponder, der Menschen implantiert werden kann. Gedacht ist er unter anderem für den Fall, dass nach einem Unfall im Krankenhaus sofort sämtliche relevanten Daten über den Chip-tragenden Verunglückten abgerufen werden können. Dazu müssten allerdings erst alle Spitäler über entsprechende Lesegeräte verfügen. Anfänglich verliefen die Geschäfte schleppend, doch immerhin verkaufte die Firma ihren Chip bis Spanien: Als erste Diskothek weltweit bietet der Baja Beach Club in Barcelona seinen Stammgästen seit 2004 einen Service an, der unter die Haut geht. Für rund 120 Euro können sie sich über dem Trizeps einen VeriChip implantieren lassen, dank lokaler Betäubung völlig schmerzfrei. Die Kunden empfanden es als cool, am Eingang keinen Ausweis mehr zu benötigen und sich den Mai Tai vom Oberarm abbuchen zu lassen – sie ließen sich zuhauf den Chip verpassen. Mittlerweile sind ähnliche Etablissements in Rotterdam und Glasgow diesem Beispiel gefolgt.

Während es den Salesmanagern der Firma gelang, die Behörden zum Einsatz des VeriChips zur Transportkennzeichnung der Todesopfer des Hurrikans Katrina zu überreden[13], wollte das Verteidigungsministerium ihrem Vorschlag, alle US-Soldaten mit dem Chip auszustatten, bislang nicht nachkommen, jedoch nicht, weil man gechippte Soldaten im Pentagon aus Datenschutzgründen generell ablehnt. Vielmehr schloss das Pentagon einen Vertrag in Höhe von 1,6 Millionen Dollar mit dem Biochip-Center der Clemson University ab. Die dort entworfenen Chips ermöglichen nicht nur die Identifikation, sondern auch rund um die Uhr die Überwachung von Vitalfunktionen wie Herzschlag oder Blutdruck.

Ausgelotet wurde in den USA auch der Einsatz im Gesundheitsbereich. In einem Feldversuch dürfen sich 200 Alzheimer-Patienten den VeriChip einsetzen lassen, um ihren Pflegern die Arbeit zu erleichtern, da beispielsweise die Medikamentengabe automatisch angezeigt wird.[14]

Eine weitere Chip-Bestellung traf aus Mexiko ein. Als dort 2004 das Centro Nacional de Información als neue Behörde zur Kriminalitätsbekämpfung eingerichtet wurde, mussten 168 Mitarbeiter bis hinauf zum Generalstabsanwalt sich einen VeriChip injizieren lassen, um das Gebäude betreten zu können. (Auch im privaten Sektor setzten Dienstgeber schon den Chip zur Überwachung von Arbeitnehmern ein, wie wir in Kapitel 2.2, S. 290, noch sehen werden.)

Mexiko ist, wie auch Kolumbien, aus einem anderen Grund ein Hoffnungsmarkt für implantierte Chips: In den lateinamerikanischen Kidnapping-Hochburgen sollen die Chips zur Kennzeichnung von möglichen Entführungsopfern dienen und in Zukunft sogar deren Aufenthaltsort verraten (siehe Kapitel 1.7, S. 196). Und auch Europa scheint viele potenzielle Kunden zu beherbergen. Nachdem in Großbritannien 2003 zwei zehnjährige Mädchen entführt und ermordet worden waren, wären einer Umfrage zufolge drei Viertel der Eltern bereit gewesen, ihre Kinder mit Chips auszustatten. Kinderrechtsorganisationen protestierten.

Insgesamt wurden bisher kaum mehr als 2000 Menschen weltweit vom Marktführer VeriChip gekennzeichnet. Diese Zahl könnte aber bald in die Höhe schnellen, da auch Strafvollzugsanstalten und Regierungen zunehmend Interesse bekunden, Häftlinge oder Sexualstraftäter elektronisch zu brandmarken.[15] Mehr als ein Jahrhundert nachdem das Brandzeichen für Kriminelle als inhuman angesehen und abgeschafft wurde, erlebt es heute eine digitale und schmerzfreie, dafür umso effizientere Renaissance. Wir kommen im Kapitel 1.7, S. 197, noch darauf zurück.

Über langfristige Auswirkungen auf die Gesundheit menschlicher Implantatträger ist bislang mangels Testpersonen noch nichts bekannt. Tierversuche lassen aber vermuten, dass die Implantate im umliegenden Gewebe Krebs verursachen.[16]

Hinzu kommt, dass sich die implantierten Chips als unsicher, weil ebenso leicht manipulierbar wie herkömmliche RFID-Tags herausgestellt haben. Der Sicherheitstechniker Jonathan Westhues konnte 2006 den VeriChip klonen. Wenigstens funktionierte das nur aus einer Entfernung bis zu fünf Zentimetern.[17]

Ob sich der VeriChip daher auf dem Markt durchsetzen kann, bleibt abzuwarten; auch weil es nur *eine* Möglichkeit der Identifikation ist, ein Ding wie einen Schlüssel, einen Pass oder einen Funkchip dabeizuhaben. Bei biometrischen Methoden jedoch, wie wir sie in Kapitel 1.8 besprechen, braucht man nichts weiter mitzuführen als seinen Körper.

Die kleinen Brüder beobachten dich – RFID-Ortung

Neben den bereits besprochenen Techniken der Funkortung von Handys und der Kameraüberwachung mit Gesichtserkennung bietet die RFID-Technologie eine dritte Möglichkeit, den Aufenthaltsort und die Bewegung von Menschen zu kontrollieren. Seit Jahren macht man bei der elektronischen Mauteinhebung Gebrauch davon, etwa in Singapur oder in Österreich.

Derzeit sind für den Einzelnen, wie bei vielen der neuen Überwachungsmethoden, vor allem die praktischen Seiten spürbar. So wird RFID zunehmend zur Lokalisierung im Inneren von Gebäuden genutzt. Bringt man in regelmäßigen Abständen RFID-Tags an den Wänden oder an der Decke an, erfährt ein Endgerät (PDA oder Mobiltelefon), wo es sich befindet, und kann dem Besucher mittels digitalem Lageplan Standort und Weg ansagen. Immer mehr Museen, wie das Geologisch-Paläontologische Museum Münster, verwenden das System, um funkgesteuert Erklärungen zu bestimmten Exponaten abzuspielen.

2004 führte der dänische Vergnügungspark Legoland Billund das System KidSpotter ein. Kinder können dabei mit einem gemieteten RFID-Armband versehen werden, das ihren Eltern die metergenaue Ortung auf einer Karte ermöglicht. Die Betreiber von Legoland erhalten ganz nebenbei wertvolle Daten darüber, welche Attraktionen die Kinder besonders ansprechen, und können beispielsweise einen Eiswagen zu sich bildenden Warteschlangen schicken. In anderen Parks wurden ähnliche Systeme eingeführt.

Doch nicht jeder, der ein Funkarmband trägt, tut dies freiwillig. Den 1600 Häftlingen im Pima County Jail in Tucson, Arizona, wurde mit tatkräftiger Unterstützung des Chipherstellers Texas Instruments ein diesbezügliches Angebot unterbreitet, das sie nicht ablehnen konnten.

Anders als Rektor Skinner aus der Fernsehserie »Die Simpsons« war die Direktorin der privaten Enterprise Charter School in Buffalo, New York, nicht in der Army. Dennoch werden an der von ihr geführten privaten Schule nicht nur Bücher und Laptops, sondern auch alle Schüler und Schulangestellten mit den gefängnis- und militärerprobten Chips ausgestattet. Die Söhne Nippons sind schon weiter, sie haben die RFID-Überwachung auf den Schulweg ausgedehnt. In mehreren japanischen Gemeinden wurden Schulkinder verpflichtet, RFID-Transponder zu tragen. Durchschreiten sie das Schultor zu spät oder halten sich auf Plätzen auf, die für sie als unpassend erachtet werden, erhalten die Eltern per E-Mail oder SMS eine Warnung. Beim System der Firma NextCom ist bereits eine Koppelung mit Videoüberwachung möglich.

Das Unternehmen Qinetiq, Ausrüster des britischen Geheimdienstes und der Armee, erhielt den Auftrag, die Infrastruktur für ein innerstädtisches Funknetz zu errichten, dessen Knoten in bestehenden Strukturen wie Ampeln, Verkehrsschildern und Werbetafeln versteckt werden können. Wäre eine Stadt auf diese Weise vernetzt, könnte der Bürger lokale Informationen abrufen – er wäre aber auch durch die von ihm mitgeführten Chips jederzeit verfolgbar.[18] Dem Arbeitgeber wiederum erlaubt der Einsatz von RFID eine punkt- und minutengenaue Überwachung der Arbeitnehmer. In den USA nähen Vermieter von Berufsbekleidung wie AmeriPride oder Cintas RFID-Tags in die Kleider ein,[19] aber schon ein Namensschild mit Funkchip reicht aus, um Mitarbeiter im Gebäude lokalisieren und ermahnen zu können, wenn sie zu lange beim Kaffeeautomaten herumlungern. Eine praktische Erweiterung ist das System iHygiene der Woodward Laboratories. In Seifenspendern versteckte Lesegeräte melden in Echtzeit, wer sich nach dem Gang auf die Toilette die Hände gewaschen hat und wer nicht.

Nach Meinung von Experten werden RFID-Tags im kommenden Jahrzehnt das Gepäck- und Passagierhandling an Flughäfen revolutionieren.[20] Hellhörig sollte ein Experiment machen, das man 2006 in Ungarn durchführte: Debrecen, zweitgrößte Stadt des Landes und Namensgeberin der beliebten Würstel, hat einen überschaubar kleinen ehemaligen Militärflughafen. Dieser wurde zum Standort des von der EU angeleiteten und geförderten OpTag-Programms. Dessen selbst erklärtes Ziel war die Verbesserung der Flughafeneffizienz, der Sicherheit und des Passagierflusses durch verbesserte Passagierüberwachung. Das dazu errichtete System bestand aus einem RFID-Positionierungssystem, gekoppelt mit einer Panorama-Videoüberwachung. Alle Passagiere erhielten eine Bordkarte mit einem RFID-Tag, konnten damit auf dem digitalen Plan des Flughafens auf den Meter genau georted und auf Schritt und Tritt verfolgt werden.

Sobald sich jemand auffällig benahm, wurde er mittels CCTV-Kameras unter die Lupe genommen. Bei dem Versuch wollte man auch erproben, wie man verhindern kann, dass die Passagiere die Tags zerstören oder tauschen. Die erste Testphase verlief den Verantwortlichen zufolge ohne Zwischenfälle und vielversprechend. Verkauft wurde dieser erste Vorstoß der Obrigkeit, sämtliche Menschen in einer Alltagssituation per Funkchips lückenlos zu überwachen, vor allem mit dem Argument, durch das System könne man fehlende oder verspätete Passagiere besser leiten und so unangenehme Wartezeiten bei verzögerten Abflügen verhindern.

Aufbauend auf diese Erfahrungen soll das im Auftrag der EU geschaffene Unternehmen SESAR bis 2014 ein »Flugverkehrsmanagement der neuen Generation« entwickeln. Unklar bleibt, ob und auf welche Weise die RFID-Pässe der EU für das System genutzt werden könnten. Bislang darf man auch mit einem EU-Pass verreisen, dessen Chip defekt ist, man bekommt damit höchstens bei der Einreise in die USA Probleme. Wird das aber verboten, könnten ohne zusätzliche Transponder alle Passagiere während ihres gesamten Aufenthalts auf einem Flughafengelände lückenlos überwacht werden: durch die RFID-Ortung und das Videosystem, das die gescannten Gesichter mit den in den Pässen gespeicherten Lichtbildern abgleichen und »verdächtiges Verhalten« erkennen kann.

Eine prinzipielle Einschränkung bei der RFID-Ortung ergibt sich für Überwacher jedoch aus der Tatsache, dass passive Transponder nicht weiter als acht bis zehn Meter registriert werden können. Das US-Heimatschutzministerium sucht aber schon in einer Ausschreibung nach technischen Lösungen, um bis zu 55 sich bewegende Chips gleichzeitig aus größerer Entfernung zu erfassen. Mit RFID-Chips in Ausweispapieren oder Führerscheinkarten und fest installierten Lesegeräten könnte man damit sowohl Fußgänger wie vorbeifahrende Autofahrer oder Benutzer öffentlicher Verkehrsmittel am Computer durch die Stadt verfolgen.[21]

Smart Dust
Die unsichtbaren Sensornetzwerke der Zukunft

Die gefährlichste Überwachung ist die unsichtbare. Menschen neigen dazu, sinnlich nicht wahrnehmbare Gefahren zu verharmlosen. Die fortschreitende Miniaturisierung der Überwachungsinstrumente ist deswegen der Schlüssel zu ihrer Akzeptanz durch die Massen. Doch die Auswirkungen der stetigen Verkleinerung reichen tiefer. Am Ende der Entwicklung stehen unsichtbare Netzwerke aus winzigen Computern und Maschinen, die unsere Lebenswelt überziehen werden. Nicht nur Mikrofone, Kameras und Schnüffelchips werden dann »verschwunden« sein, sondern auch die Trennung zwischen offline und online, zwischen realer Welt und Cyberspace.

Diese Entwicklung hat bereits eingesetzt: Gemeinsam mit dem japanischen Unternehmen Semiconductors Energy Laboratory hat der Elektronikkonzern TDK einen nur 0,195 Millimeter dünnen RFID-Chip gebaut. Der Transponder ist in gewissen Grenzen biegbar und kann in Papier integriert werden, um Dokumente fälschungssicher zu machen oder das Auffinden von Akten zu erleichtern. Postgesellschaften wie das US Postal Service untersuchen schon intensiv den Einsatz solcher Chips bei der Frankierung von Sendungen. Die Chip-Briefmarke würde die Abläufe wesentlich beschleunigen, zugleich zu einer Datenbank führen, die Auskunft über alle Postsendungen zwischen den Bürgern gibt. Hitachi miniaturisierte seine μ-Chips der neuesten Generation auf das aberwitzige Maß von $0,05 \times 0,05 \times 0,00005$ Millimeter. So klein wie Staubkörner, haben sie doch alle Funktionen eines RFID-Transponders. Welche Konsequenzen es hätte, wenn solche Kleinstchips gar in Banknoten integriert würden, was unter anderem bei der Europäischen Zentralbank (EZB) hinter verschlossenen Türen schon angedacht wurde, werden wir im Kapitel 1.6 überlegen.

Der RFID-Staub kann bei der Produktion auf Produkte aller Art geklebt oder in sie eingebettet werden. Gegenstände, von denen man es nie vermuten würde, können irgendwann bestäubt worden sein und dem Wissenden Aufenthaltsort, bisherigen Weg oder bisherige

Besitzer verraten, unbewusst abgestreifte Transponder können sogar Stellen markieren, an denen die Objekte aufbewahrt wurden – für Kriminalisten wie für Spione bricht eine schöne neue Welt an. Doch das ist erst der Anfang. »2010 werden mikroelektromechanische Sensoren überall sein und so gut wie alles abtasten. Indem sie ihre Energie aus Sonnenlicht, Vibrationen, Temperaturdifferenzen und Hintergrundstrahlung gewinnen, werden sie unsterbliche, völlig unabhängige Ein-Chip-Computer, mit eingebauter Sensorik, Kommunikation und Stromversorgung. Ohne ein einziges bewegliches Teil und keinem natürlichen Alterungsprozess unterworfen, haben sie gute Chancen, die menschliche Rasse zu überleben.«[22] Auch wenn es so klingen mag, Dr. Kristofer S. J. Pister, von dem dieses Zitat stammt, ist nicht der traditionell größenwahnsinnige Oberschurke eines James-Bond-Films, sondern Professor für Elektronik und Computerwissenschaft an der Universität Berkeley. Er setzte als Erster eine Idee um, die seit einiger Zeit durch die Science-Fiction-Gemeinde gegeistert war. Die Rede ist vom *Smart Dust*, dem »klugen Staub«.

Schon länger kann man Funkchips mit »Sinnesorganen«, Sensoren für Licht, Druck, Temperatur, Magnetfelder oder chemische Substanzen bauen. Pister kam nun auf die Idee, die Sensorelemente, auch MEMS oder *Micro Motes* genannt, auf den Submillimeterbereich zu verkleinern. Dem smarten Staub wird eine große Zukunft prophezeit, als Grundlage des *Ubiquitous Computing*: der unsichtbaren, aber allgegenwärtigen Datenverarbeitung, bei der alle Alltagsbereiche von fühlenden, hörenden und sehenden, intelligenten und miteinander kommunizierenden Systemen überwacht werden. Diese Netze müssen dann nicht einmal mehr installiert werden, man setzt den Hightech-Staub einfach frei. Durch einfache bionische Antriebsmechanismen und ein von Fischen oder Vögeln inspiriertes Schwarmverhalten verteilen sich die Mikromaschinen im Raum und füllen Lücken aus, falls ein Element ausfällt.

Irgendwie ist der Gedanke ja faszinierend, dass der intelligente Staub in der Wohnung dem Staubsaugerroboter befiehlt, den dummen Staub wegzusaugen. Wer allerdings jemals als Computeranwender unter der Gängelung diverser Programm-Assistenten und »Benutzerhilfen« gelitten hat, wird sich hüten, unter den Ersten zu sein, die wie in Pisters Wunschtraum ihre Wohnung durch *Smart Dust* managen lassen. Überdies sind die ersten erfolgreichen Versuche mit Sensornetzwerken – wenig überraschend – militärischer Natur. DARPA, die Forschungsbehörde des Pentagon, förderte unter dem Networked Embedded Systems Technology (NEST) Program verschiedene Projekte wie etwa ein an der Vanderbilt University in Nashville entwickeltes System zur Lokalisierung von Heckenschützen. In einer urbanen Testumgebung ermöglichte ein Netzwerk von 60 Sensoren, aus der Verzögerung des Schussgeräusches die Flugbahn und den Ursprung des Geschosses zu errechnen und dreidimensional auf dem Kontrollbildschirm anzuzeigen – keine zwei Sekunden, nachdem der Schuss abgegeben worden war. Ein ähnliches System namens Shot Spotter ist bereits in 29 US-Städten im Einsatz, etwa in Redwood City, Kalifornien, wo es immer wieder zu Verletzungen durch Projektile kam, wenn die Einwohner bei Geburtstagsfeiern oder Feiertagen mit ihren Waffen in die Luft schossen. Beispiele für höchst sinnvolle Projekte aus dem zivilen Bereich sind ein lichtempfindliches Netzwerk, das hilft, in Bürogebäuden Strom zu sparen, ein System zur Erkennung von Waldbränden, ein Netzwerk in Kenia, das die Überwachung von Zebras im Mpala-Nationalpark erlaubt, und eines zur Beobachtung der Seevögel auf Great Duck Island im Golf von Maine.

Von *Smart Dust* kann man genau genommen noch bei keinem der bereits erprobten Netzwerke sprechen, die einzelnen Sensorelemente sind noch zu groß, meist in der Größe eines Buches oder einer Faust, denn bislang begrenzte das Problem der Energieversorgung die Miniaturisierung: Es gibt keine Mikrobatterie, die wochen- oder jahrelang Strom liefern würde, ein Problem, das auch Wanzen, Kameras und Drohnen haben, die möglichst lange laufen sollen. Die Lösung dafür liegt in einem physikalischen Zusammenhang, den als Erster der Heilbronner Arzt Julius Robert von Mayer im Jahr 1842 erkannte und der heute jedem Schulkind als der Satz von der Erhaltung der Energie bekannt ist: In einem abgeschlossenen System geht

Energie nicht verloren, sondern wird nur von einer Form in die andere umgewandelt. Auf dieser Erkenntnis bauen alle Methoden des *Energy Harvestings* auf, des »Aberntens« von Energie aus der Umgebung zur Gewinnung von Strom. Viele Ansätze gibt es bereits dazu: Von einem kanadischen Kniedynamo, der 13 Watt aus der Bewegung des Trägers generiert, über neuartige Nanoröhrchen, die Strom erzeugende Kleidung möglich machen, bis zu fleischfressenden Robotern wie EcoBot II, der sich von Fliegen ernährt. Manche dieser Technologien stehen knapp vor der Marktreife und werden über kurz oder lang auch Ihr Handyladekabel in den Ruhestand schicken.

Zum Abschluss unseres Ausflugs in die RFID-Technologie eine versöhnliche Nachricht: Während die Masse der Bevölkerung es hinnimmt, zunehmend videoüberwacht und mittels RFID kontrolliert zu werden, sind beide Methoden offensichtlich nicht zuverlässig genug, um die sehr wichtige Frage zu entscheiden, ob ein Fußball ins Tor gegangen ist oder nicht. So entschieden die Regelhüter des internationalen Fußballs vom International Football Association Board (IFAB) im März 2008, dass alle technischen Versuche, den Schiedsrichter zu unterstützen, sowohl mit Torkameras als auch mit Chipbällen, unterlassen werden sollen. Oder, wie UEFA-Präsident Michel Platini es ausdrückte, wenigstens »der Fußball soll menschlich bleiben«.

1.4 Der gläserne User

Verdammt komplizierte Maschinen

»Wow, wie eine Stadt!«, staunen Schüler, wenn sie zum ersten Mal unter dem Mikroskop den Hauptprozessor eines Computers sehen. In der Tat wirken die in regelmäßigen Strukturen angeordneten Halbleiterelemente im »Herzen« eines Rechners wie eine ausgedehnte, futuristische Großstadt auf einer Satellitenaufnahme, mit Gebäudekomplexen, Straßenzügen, Avenuen und Gässchen, wie der Lebensraum von Millionen von Einwohnern.

In dem Maß, in dem Computer kleiner und unauffälliger wurden, haben wir aus den Augen verloren, welch komplexe Maschinen sie eigentlich sind. Ein Rundgang durch einen der Computerräume von SAGE, dem Ende der 1950er-Jahre von der US Air Force errichteten Warnsystem für anfliegende sowjetische Bomber, hätte noch eindrucksvoll klargemacht, wie unglaublich kompliziert Computer sind: Jeder der 52 von IBM gebauten AN/FSQ-7 Computer bestand aus 55 000 Elektronenröhren, hatte ein Gewicht von 275 Tonnen und benötigte 2000 Quadratmeter Standfläche. Die Rechner hießen auch Whirlwind II, wurden aber im Betrieb so heiß, dass sie sich bei Ausfall des Kühlsystems nach einer Minute selbst zerstört hätten.

Vor 60 Jahren wurden dann die ersten Transistoren gebaut. Sie ersetzten in der Folge die Elektronenröhren und ermöglichten die stetige Verkleinerung der Computer. Waren die ersten Transistoren noch mehrere Zentimeter groß (und kosteten rund 45 Dollar), befinden sich auf modernen Chips in der Größe einer Münze bereits bis zu zehn Milliarden dieser Schaltelemente. Zehn Trillionen Transistoren werden pro Jahr hergestellt, das sind hundertmal mehr als die Gesamtanzahl aller Ameisen auf der Welt.[1] Heute hat fast jedes Handy einen Prozessor, der Hunderte Male schneller rechnet und Tausende Male mehr Speicher hat als die SAGE-Rechner oder auch der Apollo Guidance Computer, mit dem die NASA die Mondlandungen durchführte.[2]

Auf der grundlegendsten Ebene kennen Computer nur zwei Zustände, »1« (Strom fließt) oder »0« (kein Strom). Die Milliarden von Speicherzellen sind mit Leitungen verknüpft und zerlegen blitzschnell jede Ausgabe in endlose Reihen aus Nullen und Einsen. Über dieser Schicht der sogenannten *Hardware* arbeitet in verschiedenen Schichten die *Software,* welche die Benutzereingaben interpretiert und die Stromimpulse des Computers wieder in Texte, Bilder und Musik umwandelt. Auch dieser Prozess ist so ungeheuer kompliziert, dass er sich einer kurzen Darstellung entzieht. Dazu kommt, dass selbst Fachleute nicht nachvollziehen können, wie urheberrechtlich geschützte Programme genau funktionieren, wenn für diese kein *Quelltext* in einer für den Menschen verstehbaren Programmiersprache vorliegt.

Um es kurz zu sagen: Computer sind verdammt komplizierte Maschinen! Das aber macht sie zu einer Achillesferse der Datensicherheit für die Anwender, denn diesen ist oft nicht bewusst, dass sie mannigfaltige Spuren hinterlassen. Sie gleichen damit Toni, einem Mitglied der Familie der Autoren, dem es verboten war, auf dem Tisch zu sitzen, in erster Linie, weil er ein Rauhaardackel war. Wenn er allein zu Hause bleiben musste, hielt er sich nicht an das Verbot, sprang auf Bank und Tisch, um von dort aus das Geschehen auf der Straße zu beobachten und nach den Seinen Ausschau zu halten. Kam man nach Hause, wartete er zwar brav an der Tür, das Tischtuch aber hatte Falten bekommen und verriet ihn dadurch, ohne dass er es begreifen konnte.

Im Folgenden wollen wir darstellen, welche häufig nicht beachteten Spuren und welche Analysemethoden den Computernutzer zum »gläsernen User« machen können. Neben allgemeingültigen Bemerkungen werden wir einige spezielle Verfahren und Programme nennen, die sich auf das weltweit mit rund 90 Prozent am weitesten verbreitete System beziehen, einen PC mit einem Betriebssystem der Microsoft-Windows-Reihe. Oft existiert eine Vielzahl von Programmen für die Lösung eines Sicherheitsproblems, in diesem Fall empfehlen wir stets, wenn vorhanden, *Freeware,* leistungsfähige Gratissoftware, die man aus dem Internet herunterladen kann.

Speichermedien und Datenschutz

Der venezianische Schriftsteller Marco Polo erhielt noch zu seinen Lebzeiten den Spitznamen »Marco Milione«, vielleicht weil er durch die hohen Auflagen seines Reiseberichts »Il Milione« reich geworden war, vielleicht, weil die unwahrscheinlich hohen Zahlen in seinen Erzählungen aus China den Zuhörern allzu unglaubwürdig vorkamen. Wir als Autoren hoffen nun, dass Sie als Leser uns nicht mit diesem Spitznamen versehen, wenn wir im Folgenden ein wenig in den schier unglaublichen Zahlenräumen der modernen Speichertechnik schwelgen. Unsere Absicht ist es, Ihnen zu verdeutlichen, dass, wer immer in Zukunft totale Überwachung anstrebt, sich um Speicherplatz nicht zu sorgen braucht, weil es mittlerweile möglich, billig und einfach ist, Daten im Umfang eines ganzen Menschenlebens zu speichern.

Heutige Computer verfügen wie der Mensch über zwei prinzipiell zu unterscheidende Arten von Gedächtnis. Der Haupt- oder Arbeitsspeicher dient zur kurzfristigen Zwischenspeicherung von Daten für Berechnungszwecke. Je größer der Hauptspeicher, desto umfangreichere Aufgaben kann der Rechner abarbeiten. Der durchschnittliche Mensch kann sieben plus/minus zwei Informationseinheiten (Artikel, Namen, Ziffern) in seinem Arbeitsgedächtnis (früher: Kurzzeitgedächtnis) speichern.[3] Verfügt Ihr PC über typische zwei Gigabyte Hauptspeicher, bedeutet das, dass er den Text von einer Million Schreibmaschinenseiten zwischenspeichern könnte, das entspricht einem Papierstapel von 100 Metern Höhe. Schaltet man den Rechner aus oder »stürzt« er »ab«, wird dieser Speicher komplett gelöscht, der getippte Text verweht im Datennirwana. Der Arbeitsspeicher ist deshalb das geringste Problem, wenn auch nicht vor Angriffen sicher, wie wir noch sehen werden.

Ohne ein »Langzeitgedächtnis« könnte kein PC sein Potenzial entfalten, die Rechner speichern daher die für den Betrieb nötigen Programme sowie die Daten mit magnetischen oder optischen Verfahren dauerhaft ab, in erster Linie auf Festplatten. Eine Festplatte ist ein Sandwich mehrerer Magnetscheiben, die in einem absolut staub-

 Abb. 4: Auf dieser microSD-Speicherkarte (Originalgröße) lassen sich 50 000 Bücher vom Umfang des vorliegenden abspeichern.

freien Gehäuse mit bis zu 250 Umdrehungen pro Sekunde rotieren und dabei von einem Schreib-Lese-Kopf benutzt werden, der nur wenige Millionstel Millimeter über der Scheibe schwebt. Die Speicherkapazität der Festplatten hat sich in der Vergangenheit alle fünf Jahre verzehnfacht. Der Hersteller Seagate gibt an, in der 29-jährigen Firmengeschichte über eine Milliarde Festplatten mit einer Gesamtkapazität von 79 Exabyte ausgeliefert zu haben. Zum Vergleich: Das gesamte Volumen der gedruckten Werke der Menschheit wird auf 0,2 Exabyte geschätzt, und alle jemals gesprochenen Worte aller 106 Milliarden Menschen, die jemals die Erde bewohnten, wird auf lediglich 5 Exabyte geschätzt.[4]

Aktuelle Festplatten, wie man sie im Computergeschäft um die nächste Ecke kaufen kann, sind kleiner als dieses Buch, speichern dabei aber ein Terabyte, das sind 10^{12} Informationseinheiten oder, auf Text umgerechnet, 500 Millionen Schreibmaschinenseiten. Aufeinandergestapelt wären diese 500 Kilometer hoch, nebeneinandergelegt würden sie 3,7 Mal um die Erde gehen.

Noch ein Beispiel: Wenn wir einem Neugeborenen heute eine Videokamera umschnallten, die fortan ununterbrochen sein ganzes Leben in hochauflösendem Bild und Ton mitfilmte, würde die Datenmenge zu seinem 70. Geburtstag etwa 27,5 Terabyte betragen, also heute etwa 30 Festplatten, die auf einem Tisch Platz finden. In wenigen Jahren wird das gefilmte Leben jedoch lediglich noch das Volumen eines Zuckerwürfels beanspruchen und 2078, pünktlich zum 70er, schließlich auf ein Staubkorn reduziert sein.[5]

Bereits heute ließe sich somit auf fünf, sechs Festplatten eine Datenbank anlegen, die alle 6,7 Milliarden Erdenbürger erfasst und dennoch jeden einzelnen Menschen binnen Sekunden anzeigen könnte.

Es ist wichtig, sich zu vergegenwärtigen, dass in einem einzigen Laptop heute die Information von zehn Bibliotheken mit je 100 000 Büchern gespeichert sein kann, um zu verstehen, warum der physische Verlust eines Laptops, eines Speichersticks oder einer DVD häufig dazu führt, dass die Daten Tausender oder Millionen Betroffener in falsche Hände gelangen, wie wir im Kapitel 3.1, S. 291ff. noch sehen werden.

Wer Datenträger achtlos wegwirft oder abgibt, riskiert, dass sie später ausgewertet werden können. CDs und DVDs werden am sichersten vernichtet, indem man sie mit einer Blech- oder Gartenschere in mehrere Sektoren schneidet. Bemalen, Zerkratzen, Zerbrechen oder Erhitzen in der Mikrowelle sind nicht ratsam, weil unsicher oder gesundheitsgefährlich.

Bei Festplatten, Speicherkarten und Speichersticks reicht es keinesfalls, die Daten zu löschen. Bei den herkömmlichen Löschverfahren werden die Daten nämlich *nicht* entfernt, sondern lediglich aus dem »Inhaltsverzeichnis« herausgenommen. Sie sind unsichtbar, aber noch vorhanden, bis der entsprechende Speicherplatz zufällig von anderen Daten überschrieben wird. Mit entsprechender Software wie der Gratissoftware Recuva lassen sich die unsichtbaren Daten in Windeseile wiederherstellen, wie im folgenden Fall: Im Februar 2008 gestand ein 51-jähriger Steirer, mit einer von einem Fotohändler ausgeliehenen Digitalkamera Nacktaufnahmen eines Fünfjährigen gemacht zu haben. Der Fall wurde aufgedeckt, als der Fotohändler die Bilder »durch Zufall« fand. Die Grazer »Kleine Zeitung« zitiert einen Polizisten, der den »Zufall« so schilderte: »Als er die Kamera nach vier Tagen zurückbrachte, war die Speicherkarte formatiert – also gelöscht. Das hat den Fotohändler stutzig gemacht, deshalb hat er die gelöschten Fotos wiederhergestellt.«

Um Daten tatsächlich zu löschen, muss man den Speicherplatz auf dem Datenträger mit Fülldaten überschreiben, was von Tools wie Eraser geleistet wird. Verabsäumt man das, etwa bevor man eine alte Festplatte bei eBay versteigert, droht der Daten-GAU. Eine Studie von O&O, einer Firma für Sicherheitssoftware, ergab, dass zwei Drittel von 395 bei Online-Auktionen gekauften Datenträgern noch die Daten der Vorbesitzer enthielten, weil diese sie gar nicht oder unzureichend gelöscht hatten. Gefunden wurden Millionen von Texten, Tabellen, E-Mails, Steuererklärungen sowie eine »riesige

Masse an privaten Fotos und Videos, die teilweise pornografische Inhalte hatten«. In vielen Fällen ist der Vorbesitzer der Daten über Briefköpfe etc. identifizierbar, bisweilen können hochsensible Daten wie Passwörter, Kreditkartendaten etc. ausgespäht werden. In den USA fanden sich unter anderem geheime Daten demokratischer Abgeordneter, Zugangsdaten zu einer nicht öffentlichen Website der US Air Force, private Fotos aus dem Irakkrieg und sogar eine Festplatte, die einst Bestandteil eines Geldautomaten war und noch die Kontobewegungen der Kunden enthielt.[6]

Von brutaler Gewalt, Schokolade und Phisherman's Feind – Passwörter

Es gibt verschiedene Ansätze, Dateien auf seinem Computer vor fremdem Zugriff zu schützen. Die verbreitetste ist die Benutzung eines Kennworts, meist *Passwort* genannt. Ein Passwort im sogenannten BIOS kann den Computer bereits beim Einschalten schützen, wird von einem Fachmann mit einem Schraubenzieher aber in einer Minute geknackt. Auch das Kennwort beim Einstieg in das Betriebssystem stellt nur für Durchschnittsanwender eine Hürde dar, wer etwas versierter ist, kann es mit verschiedenen Methoden umgehen oder aushebeln. Viele Dateien lassen sich verschlüsselt abspeichern oder in ein passwortgeschütztes Archiv packen. Sicher ist der Word-Text oder die Excel-Tabelle dadurch nicht, verschiedene Programme wie Passware Kit Enterprise und Internetdienste wie Decryptum können die Daten wieder anzeigen, »wenn man das Passwort vergessen haben sollte«.

Prinzipiell sollte ein Kennwort möglichst lang gewählt sein und neben Buchstaben auch Zahlen und Sonderzeichen enthalten. Namen von Familienmitgliedern oder Haustieren, Geburtsdaten usw. können herausgefunden werden und sind zu vermeiden. Moderne Hack-Programme knacken Passwörter mithilfe von Wörterbüchern mit Hunderttausenden Einträgen innerhalb weniger Minuten, wenn das Passwort aus Namen oder Wörtern besteht. Ein gutes Passwort wäre »5t+Pz8%cI9zXa4$«, aber man muss Masochist sein, um sich solche Codes zu merken – für jeden Zugang soll ja ein eigenes Kennwort verwendet werden. Ein Trick besteht darin, einen erfundenen Satz in eine Passphrase zu verwandeln: Aus »Von den vier Jahreszeiten liebe ich am meisten die zweite, den Sommer« wird »Vd4J<3iAmd2Ds«. Mit »brutaler Gewalt« lassen sich auch solche Passwörter knacken, *Brute Force* heißt die Methode, bei der sämtliche Kombinationen aller Buchstaben, Ziffern und Sonderzeichen von einem Computerprogramm der Reihe nach ausprobiert werden, bis der richtige Schlüssel durch Zufall gefunden ist. Dies wurde erst durch die Geschwindigkeit moderner Computer möglich – Zeit für einen kleinen Exkurs über die Leistungsfähigkeit moderner Rechner. Dass Computer sich für Frauenrechte engagieren, kommt selten vor. Jener Computer, der als Erster den heute Mount Everest genannten Peak XV im Himalaja als den höchsten Berg der Erde bestimmte, tat es aber: Radhanath Sikdar aus Kolkata war 1840 in den Dienst der britischen Kolonialbehörde in Indien getreten, wo er als menschlicher Rechner trigonometrische Berechnungen mit Theodolitendaten der »Großen Trigonometrischen Vermessung« durchführte. Zu jener Zeit waren die »Computer« noch Menschen, oftmals Frauen, die in wochenlangen stupiden Berechnungen zur Lösung umfangreicher numerischer Probleme eingesetzt wurden, von der Berechnung der Bahn des Halley'schen Kometen 1759 bis zur Entwicklung der Atombombe gegen Ende des Zweiten Weltkriegs. Was würden die Insassen der Rechenfabriken des 19. Jahrhunderts sagen, wenn sie sehen könnten, wie heute ein Laptop in einer Sekunde berechnet, wozu damals fünf »Mädchenjahre« nötig waren, also 30 Frauen zwei Monate lang rechnen mussten?

Das »Moore'sche Gesetz« besagt, dass sich alle 18 Monate die Anzahl der Transistoren auf einem handelsüblichen Prozessor verdoppelt. Anders gesagt: Wenn Sie heute keinen Computer kaufen, erhalten sie in ein bis zwei Jahren um dasselbe Geld einen, der doppelt so gut ist. Schachcomputer und -programme sind in den letzten Jahren nicht etwa »intelligenter« geworden, sondern bloß schneller. Unglaublich viel schneller. Dadurch können sie in kürzester Zeit Abermilliarden von Positionen berechnen und bewerten und seit 1996 menschliche Schachweltmeister schlagen. Das Beispiel verdeutlicht, dass vieles, was früher als unmöglich galt, durch die rasende Entwicklung der Computer heute denkbar geworden ist, etwa die simultane Live-Analyse Tausender Überwachungskameras. Das Argument, man sei sicher, da sich »eh kein Mensch all die Daten anschauen kann«, hat seine Gültigkeit verloren, da nun die Maschine die Kontrolle übernimmt.

Zurück zu den Passwörtern: Mit *Brute Force* und modernen Rechnern lassen sich alle Passwörter knacken. Der Trick ist daher, seines so lange zu wählen, dass das Crack-Programm Jahrzehnte brauchen würde, um alle Kombinationen auszuprobieren. Daneben gibt es aber weitere, einfachere Methoden, an Passwörter zu gelangen. Wie Ali Baba kann man ein Kennwort einfach aufschnappen oder ausspähen, wenn es jemand eingibt – ein Grund, Passwörter nie aufzuschreiben. Felder zur Kennworteingabe, welche die eingetippten Buchstaben durch »✳✳✳✳✳« ersetzen, können zur Falle werden; Programme wie PantsOff! zeigen das Passwort im Klartext an, sobald man mit der Maus über die Sternchen fährt.

Doch selbst die besten technischen Absicherungen helfen nichts, wenn mit Passwörtern vielerorts immer noch sehr locker umgegangen wird. Eine aktuelle Studie aus England zeigt, dass 45 Prozent der Frauen und zehn Prozent der Männer für eine angebliche »Marktforschungsumfrage« ihre Computerkennwörter in den Fragebogen eintrugen; als Belohnung hatte man ihnen eine Tafel Schokolade in Aussicht gestellt.

Die Bereitwilligkeit vieler Menschen, am Telefon oder per Mail Auskunft über private Daten zu geben, begünstigt eine Form der Computerkriminalität, die in den letzten Jahren stark zugenommen hat, das sogenannte »Passwortfischen« oder *Phishing*. Dabei versuchen Gauner mit Mails oder Anrufen die Benutzer zur Herausgabe von Kreditkarten- oder Kontodaten zu überreden. *Phishing*-Mails leiten oft auf fingierte Internetseiten um, die ihren Vorbildern täuschend ähnlich sehen. In der Meinung, bei der richtigen Bank zu sein, tippt man dort seine Zugangsdaten ein, die sofort protokolliert werden.

Viele Opfer fallen auf die Attacken herein, weil die *Phishing*-Nachrichten zutreffende persönliche Daten enthalten, welche die Trickbetrüger zuvor im Internet eingesammelt haben. Die Erfolgsrate steigt weiter, wenn als gefälschter Absender ein Freund der Zielperson angegeben wird, den man bei sozialen Netzen wie MySpace, Facebook oder Orkut »geerntet« hat. Bei einer US-Studie wurden Personen mit gefälschten Mails von Freunden auf eine *Phishing*-Seite gelockt, die sich als Login-Seite ihrer Universität ausgab. Rund drei Viertel von ihnen gaben dort ihr persönliches Passwort ein.[7] *Phishing* ist eine Art des Identitätsdiebstahls, auf den wir im Kapitel 3.1, S. 296, noch genauer eingehen werden. Während in den USA und in Großbritannien die Schäden in die Milliarden gehen, sind bei uns die großen Fischzüge bisher ausgeblieben, die Tendenz ist aber steigend. 2007 wurden laut dem BKA in der BRD 4200 Fälle registriert, wobei die Schadenssumme meist zwischen 4000 und 4500 Euro lag. In Österreich gab es im gleichen Jahr praktisch keine Fälle mit tatsächlichem Schaden. In der Schweiz stellen klassische *Phishing*-Angriffe kein nennenswertes Problem dar, jedoch häufen sich die Angriffe mit Schadprogrammen, auf die wir noch zurückkommen werden. Neuerdings kursieren im Netz *Phishing-Kits,* mit denen auch Anfänger Phishing-Webseiten starten können, und Cyberkriminelle konzentrieren sich beim *Whaling* zunehmend auf die großen »Fische«, Führungskräfte und Wohlhabende.

Kryptografie für Krieg und Frieden

»Der Zweite Weltkrieg dauerte von 1939 bis 1948.« So würde es nach Meinung des britischen Historikers Sir Harry Hinsley heute in den Schulen gelehrt, wenn es das Projekt Ultra, an dem er persönlich mitgewirkt hatte, nicht gegeben hätte.[8] Hinter diesem Codewort verbarg sich der Landsitz Bletchley Park in der Grafschaft Buckinghamshire, auf dem während des Krieges zeitweise bis zu 10 000 Menschen an »Britanniens bestgehütetem Geheimnis« arbeiteten.[9] Darunter waren Mathematiker wie der geniale Alan Turing, Linguisten, Schach-

und Bridgespieler sowie einfache Bürger, die der militärische Geheimdienst MI6 rekrutierte, nachdem sie einen Kreuzworträtsel-Wettbewerb des »Daily Telegraph« gewonnen hatten. Die Aufgabe dieser Menschen war die Entschlüsselung deutscher Nachrichten, die mit verschiedenen Systemen, meist aber mit der legendären Enigma-Maschine chiffriert waren. Das Oberkommando der Wehrmacht wähnte Codes wie »CXSO UNVZ NEWM ESUC IIFP RLEE TPNZ LPYJ WDKL LDUJ …«, am 6. März 1945 von einem deutschen U-Boot im Nordatlantik abgesetzt, sicher, dabei hatten die Alliierten seit 1940 täglich bis zu 2500 Funksprüche entschlüsseln können, ein unbezahlbarer strategischer Vorteil, ohne den die Briten in kritischen Phasen wie der Luftschlacht um England oder dem U-Boot-Krieg im Atlantik den Krieg verloren hätten, zumindest sah Sir Winston Churchill das so.[10]

Die Geschichte der »Geheimen Botschaften«, wie sie Simon Singh in seinem gleichnamigen Buch[11] darstellt, ist faszinierend. Bemerkenswert ist aber auch, dass heute in unseren »westlichen Demokratien« Methoden, die ehemals nur für Militärs und Geheimdienste interessant waren, nötig sind, um seine persönlichen Mitteilungen und Dokumente vor dem Zugriff des Staates oder anderer zu bewahren. Mit dem Stichwort »Bundestrojaner« stellt uns der Staat in Aussicht, dass die Polizei »zu unserer Sicherheit« jederzeit und praktisch unkontrollierbar in unsere Computer eindringen und alle dort gespeicherten Daten betrachten und kopieren kann (siehe unten; der gängigen Praxis, den gesamten E-Mail-Verkehr ganzer Länder mitzulesen, widmen wir in 1.5 ein eigenes Kapitel).

Die im Moment zuverlässigste Methode, seine Daten zu schützen, ist, sie mittels spezieller Programme wie True Crypt zu verschlüsseln. True Crypt ist nicht nur kostenlos, sondern hat außerdem den Vorteil, dass der *Quellcode* des Programms bekannt ist; Tausende Programmierer weltweit können sich überzeugen, dass das Programm das tut, was es verspricht, und keine Schwachstellen oder geheime Hintertüren für die Behörden hat. Das Programm lässt einen zwischen den drei der besten Verschlüsselungsalgorithmen wählen oder diese sogar kombinieren. Eine Besonderheit sind versteckte Container: Selbst wenn man gezwungen werden sollte, einer Person das Passwort zu verraten, findet diese dort nur Alibidaten und hat keine Möglichkeit zu erkennen, dass weitere noch besser versteckte Daten vorhanden sind, entsprechend dem Konzept der *glaubhaften Bestreitbarkeit.* Dabei kann es von Vorteil sein, die komplette Festplatte zu schützen, da bei Zugriff auf das Betriebssystem und Programme eine Vielzahl von Spuren gefunden werden können, wie: der Verlauf der besuchten Seiten im Webbrowser, die Liste der zuletzt bearbeiteten Dateien, die Liste der zuletzt geöffneten Dateien in diversen Programmen wie etwa die zuletzt aufgerufenen Fotos, Filme oder Musikstücke, diverse temporäre Dateien, der Inhalt des Browser-Caches mit Teilen der zuletzt besuchten Seiten, gelöschte, aber – wie wir gesehen haben – nicht wirklich verlorene Dateien, Cookies, Chatprotokolle, Anrufprotokolle im VoIP-Programm usw. Office-Dateien, also Texte, Tabellen und Präsentationen, enthalten oft nicht nur aufschlussreiche Kommentare, sondern auch versteckte Metadaten über den Erzeuger, seine Adresse, Speicherpfade und Textreste aus anderen Dokumenten. Gegenmaßnahme: Spezielle Tools verwenden oder den Text im RTF-Format abspeichern. Möchte man alles eigenhändig löschen, dauert es sehr lange, daher gibt es Programme wie ClearProg, CCleaner oder xp-AntiSpy, die alle Spuren in einem Aufwaschen erledigen.

Tarnen und Täuschen
Steganografie und entlarvte Fotografen

Die zweite große Strategie der geheimen Kommunikation setzt eine Nachricht gar nicht erst der Gefahr aus, entschlüsselt zu werden, indem sie diese von vornherein verbirgt. Nach den altgriechischen Ausdrücken für »verdeckt« und »schreiben« wird sie als *Steganografie* bezeichnet. Der griechische Historiker Herodot erwähnt im 5. Jahrhundert v. Chr. Histiaeus von Milet. Der ließ einem Sklaven den Kopf scheren, eine Botschaft in die Kopfhaut tätowieren und wartete, bis die Haare wieder gewachsen waren, um den Sklaven dann mit der geheimen Botschaft zum Empfänger zu schicken. Dieser ließ ihm den Kopf rasieren, um die Nachricht zu lesen.[12] Im 20. Jahrhundert schickte man statt Sklaven Briefe mit unverfänglichem Inhalt. Die wahre Botschaft befand sich unter der sorgfältig aufgeklebten Briefmarke oder in einem *Mikrat*. Solche Mikropunkte wurden mithilfe einer Präzisionskamera und eines Mikroskops auf fototechnische Weise hergestellt und konnten, getarnt als i-Punkt oder Satzzeichen, eine ganze Schreibmaschinenseite Text oder sogar einen Lageplan enthalten. Wer von dem Punkt wusste, konnte ihn unter dem Mikroskop lesen.[13]

Heute sind es fast immer digitale Daten, die versteckt werden müssen, das geschieht daher mithilfe des Computers. Mit Programmen wie BitCrypt oder StegHide werden die zu versteckenden Daten in ein Trägermedium eingebettet. Dabei kann es sich um eine harmlos wirkende Sounddatei, ein Bild oder einen Alibi-Text handeln. Für das menschliche Auge oder Ohr besteht zwischen dem Bild oder Musikstück mit eingebetteter Nachricht und der Originaldatei kein Unterschied, Spezialisten können mittels spezieller Verfahren aber Hinweise dafür finden, dass eine Datei versteckte Informationen enthält, auch wenn sie diese dann nicht extrahieren können, weil sie zusätzlich verschlüsselt sind.

Eine weitere Möglichkeit bietet das Onlineprogramm Spam Mimic, es verwandelt einen Text in ein täuschend echt wirkendes englisches Spammail. Ihr Empfänger kann auf derselben Website die Botschaft extrahieren.

Bisweilen kann selbst der Hinweis, dass zwei Personen über E-Mail in Kontakt stehen, verräterisch sein, etwa wenn ein Dissident eine Mitteilung an jemand im Ausland schickt. Als Antwort darauf wurde die äußerst gerissene Methode der *Blog-Steganografie* entwickelt. Dabei kommunizieren die Partner über steganografisch verschlüsselte Texte, die sie als Kommentare in mehreren öffentlich zugänglichen Internet-Diskussionsforen posten. Eine andere Methode wäre, Nachrichten in Produktbildern zu verbergen, die man bei eBay zur Illustration eines Auktionsangebots hochlädt.

Kryptografie bietet auch die Möglichkeit, Daten insgeheim mit digi-

Abb. 5: Obwohl vom Original, links, optisch kaum zu unterscheiden, enthält das rechte Bild steganografisch verschlüsselt den kompletten Text dieses Kapitels.

talen Wasserzeichen zu markieren, um Software- oder Filmpiraten das Handwerk zu legen. Das am Fraunhofer-Institut für Sichere Informationstechnologie (SIT) entwickelte Wasserzeichen Image-Mark für Fotos und Grafiken ist dabei so robust, dass es nicht nur die Manipulation mit einem Bildbearbeitungsprogramm übersteht, sondern sogar das Ausdrucken und Wiedereinscannen des Bildes. Am SIT entwickelte man auch Audio-Wasserzeichen, mit denen sich jedes raubkopierte Lied zu der CD zurückverfolgen lässt, von der es kopiert wurde. Wer diese anonym an der Kasse bezahlt hat, ist später nicht als Quelle der Raubkopie zu belangen, sehr wohl aber jemand, der das Lied über Online-Downloads bezogen hat.

Eng verwandt mit den künstlich erzeugten Wasserzeichen ist eine neue Methode zur Identifikation von Fotografen: An der Binghampton University im Staat New York entwickelte Jessica Fridrich, bekannt für ihre optimale Lösung von Rubiks Zauberwürfel, gemeinsam mit Kollegen ein forensisches Verfahren, mit dem man beweisen kann, dass ein bestimmtes Digitalbild mit einer bestimmten Kamera aufgenommen worden ist. Jeder CCD-Sensor hat ein charakteristisches Hintergrundrauschen, d.h., nimmt man eine absolut neutrale Fläche auf, zeigen sich bei extremer Verstärkung hellere und dunklere Bereiche und eventuell einzelne Pixel. Dieses Muster ist für das menschliche Auge nicht wahrzunehmen, zeigt sich aber auf allen Bildern, die mit der Kamera aufgenommen werden, als würde jedem Foto die Seriennummer der Kamera eingeprägt. Außerdem ist es durch ausgeklügelte mathematische Methoden möglich, gefälschte Bildelemente zu erkennen und das ursprüngliche Bild teilweise wiederherzustellen.[14] Dass die meisten manipulierten Fotos nunmehr erkannt werden können, ist sicher positiv zu sehen, auch dass im Kampf gegen Kinderpornografie nachgewiesen werden kann, ob ein Verdächtiger tatsächlich hinter der Kamera stand. Dass gleichzeitig Bilder, die unter dem vermeintlichen Schutz der Anonymität verbreitet wurden, zurückverfolgt werden können, ist jedoch nicht nur für unsere Privatsphäre bedenklich, sondern auch bedrohlich für das Leben von Dissidenten in Ländern, deren Machthaber es nicht mögen, wenn regimekritische Blogs Übergriffe mit Fotos dokumentieren.

Verschlüsseln verboten!

Nicht nur totalitäre Staaten haben ein gespaltenes Verhältnis zu Kryptografie und Steganografie, auch den »westlichen Demokratien« bereiten die Methoden zur geheimen Nachrichtenübermittlung Bauchschmerzen. Verständlich, wenn etwa in der Februar-Ausgabe 2007 des Internetmagazins »Technical Mujahid« ein Artikel über »Verdeckte Kommunikation und wie man Geheimnisse in Bildern versteckt« dem modernen Terroristen praxisnahe Hinweise liefert. Das Dilemma, dass entweder alle, also auch Staatsfeinde und das organisierte Verbrechen, unbelauscht kommunizieren können oder keiner, also auch nicht der unbescholtene Bürger, lösten die USA anfänglich zuungunsten des Bürgers. Zwar wurde Kryptografie nicht verboten, doch bereits 1991 wurde dem Senat der Gesetzesentwurf

266 vorgelegt, der von jeder Verschlüsselungssoftware verlangte, eine Hintertür für den staatlichen Zugriff offen zu halten. Das Gesetz wurde nach massiven Protesten von Bürgerrechtsgruppen nicht ratifiziert. In Großbritannien dagegen wurde unter Hinweis auf Cyberkriminalität und Pädophilie im Jahr 2000 die »Regulation of Investigatory Powers Bill« (RIPA) verabschiedet, die den Behörden unter anderem freie Hand bei der Überwachung der digitalen Kommunikation der Bürger gibt. Verwendet ein Bürger Verschlüsselungssoftware und weigert er sich, den Schlüssel herauszugeben, wird er mit bis zu zwei Jahren Gefängnis bestraft.

Nachdem das Gesetz zum Verbot von Kryptografie nicht ratifiziert worden war, versuchten die USA in den 1990er-Jahren dem Problem mit einem Exportverbot für »starke Verschlüsselung« beizukommen. Nur jene Verschlüsselungsprogramme, die die Supercomputer der National Security Agency (NSA), des geheimsten der US-Geheimdienste, knacken konnten, durften verbreitet werden, die anderen fielen unter das Waffengesetz und durften nicht exportiert werden. Auf Druck der Wirtschaft musste diese Praxis allerdings noch unter der Clinton-Administration gelockert werden.

Inzwischen könnten die US-Behörden eine neue, unauffälligere Taktik verfolgen: Die digitale Verschlüsselung von Daten beruht meist auf der Erzeugung von Zufallszahlen. Computer als Maschinen mathematischer Logik haben ein prinzipielles Problem mit dem Zufall – sie kennen ihn einfach nicht. Daher existiert kein Programm, das allein auf der Basis von Berechnungen Zufallszahlen produziert, vielmehr erzeugen entsprechende Algorithmen Pseudozufallszahlen, die wie zufällig aussehen und ihren Zweck hinreichend erfüllen. Die US-Standardisierungsorganisation National Institute of Standards and Technology untersuchte vier dieser Algorithmen auf ihre Tauglichkeit. Einer davon mit der Bezeichnung Dual_EC_DRBG war deutlich langsamer als die anderen, ein Nachteil in der Anwendung. Dennoch setzte sich *eine* Organisation massiv dafür ein, dass ausgerechnet dieser Standard verwendet werden sollte: die NSA. Welches Interesse hatte die NSA, der für die Überwachung und Entschlüsselung elektronischer Kommunikation zuständige US-Geheimdienst, daran? Die Kryptografie-Experten Dan Shumow und Niels Ferguson erkannten bei der Analyse von Dual_EC_DRBG, dass die Zufallszahlen mithilfe einer Reihe von unbekannten Konstanten erzeugt werden. Wer diese Konstanten kennt, hält damit einen Generalschlüssel in der Hand, mit dem weltweit alle mit diesem Algorithmus verschlüsselten Nachrichten geknackt werden können. Der Sicherheitsexperte Bruce Schneier vermutet daher, dass die NSA selbst diese geheime Hintertür in den Code von Dual_EC_DRBG eingeschleust hat, um Nachrichten, die sie weltweit abfängt, mit einem einfachen Mausklick entschlüsseln zu können, während die Sender davon ausgehen, dass ihre Daten nicht zu entschlüsseln sind.

Die Steganografie stellt den Staat vor neue Herausforderungen, weil die Flut der Kommunikationsdaten einfach zu groß ist, um überall nach versteckten Botschaften Ausschau zu halten. In Österreich arbeiten Forscher der Fachhochschule St. Pölten deshalb an einem Projekt namens StegIT. Projektpartner sind das Verteidigungsministerium und das Bundeskriminalamt. Ziel ist ein System, das der Mobilfunk- oder Internet-Service-Provider einsetzen könnte, um *sämtliche* übermittelten Daten mit einem zufallsgenerierten Rauschen zu versehen. Während die Trägerdaten nicht verändert werden, gehen alle steganografisch eingebetteten Nachrichten in diesem Rauschen verloren. Ein solches System könnte sich zum Verkaufsschlager für Konzerne entwickeln, die Betriebsspionage fürchten, aber auch für alle Staaten, die sicherstellen wollen, dass keine geheimen Nachrichten nach »draußen« gelangen.

Tracking Points
Ausdrucksstarke Datenschutz-Schönheitsflecken

Der österreichische Schriftsteller Heimito von Doderer hatte die seltsame Angewohnheit, seine Entwürfe in verschiedenen Heften mit verschiedener Schrift zu schreiben. Dazu hatte er sich eine Vielzahl von Handschriften zugelegt, die seinem Nachlass den Anschein geben, er wäre von verschiedenen Händen geschrieben. Im Allgemeinen bleiben Menschen ihrer Handschrift jedoch viele Jahre oder ein Leben lang treu und ermöglichen dem Fachmann eine Identifikation auf der Basis weniger Wörter. Als kriminologische Disziplin verlor die forensische Handschriftenkunde aber rasch an Bedeutung, als Schreiber ihre Texte nicht mehr mit der Hand, sondern mit Schreibmaschinen zu Papier brachten. Die Kriminologie reagierte auf diese Entwicklung, indem sie Erkenntnisse der Handschriftenkunde auf die Maschinenschrift übertrug und damit zeigte, dass ein maschinengeschriebener Text kaum anonymer ist als ein handgeschriebener: Der Schreibmaschinen-Erkennungsdienst des Bundeskriminalamts klassifizierte alle bekannten Modelle von Schreibmaschinen und konnte so die verwendete Marke und das Modell bestimmen. Die Experten verglichen Typenbesonderheiten, -defekte und -verschmutzungen sowie das verwendete Farbband und konnten so beweisen, dass ein gewisses Schreiben auf einer bestimmten Schreibmaschine verfasst worden war. Um das zu verhindern, griffen Erpresser manchmal auf die ebenso mühsame wie pittoreske Methode zurück, ihre Botschaften mit aus Zeitungen ausgeschnittenen Wörtern und Buchstaben zu erstellen. Dank Fernsehserien wie CSI weiß jeder Verbrecher heute, dass er dabei Finger- und DNA-Abdrücke hinterlässt, und warum sollte er mühsam mit der Schere hantieren, wenn er jederzeit völlig anonym eine Seite am PC ausdrucken kann.

In den 1980er-Jahren wurden Computerdrucker für den Hausgebrauch interessant, zuerst mit Nadel-, später mit Tintenstrahl- oder Laserdrucktechnik. Gemeinsam war allen Systemen, dass sie im Regelfall über keine Besonderheiten im Druckbild verfügten, die eine spätere Zuordnung ermöglicht hätten. Durch die allgemeine Verbreitung von Druckern konnte jeder, der anonym bleiben wollte, beliebige Texte ausdrucken und verbreiten. Für die Kriminalistik war das äußerst unbefriedigend.

Im Jahr 2004 machte das Gerücht die Runde, dass die Firma Canon ihre Farbkopierer mit einem System zur geheimen Kennzeichnung von Kopien ausstatten würde. Hintergrund dafür waren die schon seit einigen Jahren laufenden Bestrebungen der Industrie, das Kopieren von Geldscheinen unmöglich zu machen. Dazu wurden Farbkopierer, Farbdrucker und Programme zur Grafikbearbeitung mit geheimen Programmroutinen zur Mustererkennung ausgestattet, sodass die Geräte entweder gar nichts oder eine Webadresse einer Seite zur Falschgeldbekämpfung ausdruckten, wenn man versuchte, eine US-Dollar- oder Eurobanknote einzulesen oder zu kopieren.

Beschränkten sich diese frühen Mittel noch auf Maßnahmen gegen Falschgeld, gingen die Hersteller bald einen Schritt weiter und bauten ein Programm ein, das alle Ausdrucke des Farbkopierers oder -druckers mit einem Raster winziger gelber, für das Auge unsichtbarer Punkte versieht. Unter UV-Licht und bei 30-facher Vergrößerung lässt sich das Punkteraster auswerten und in Binärdaten überführen. Das Gerücht hatte sich bewahrheitet und Canon erhielt dafür 2004 den Big Brother Award im Bereich Technik. Der Electronic Frontiers Foundation (EFF) gelang es mit einer Vielzahl eingesandter Ausdrucke, die Punkte zu entschlüsseln.[15] Im Wesentlichen sind drei Informationen enthalten: Datum und Uhrzeit des Ausdrucks sowie die Seriennummer des Gerätes. Durch sie ist es den Ermittlungsbehörden in Zusammenarbeit mit dem Hersteller möglich zu ermitteln, wann und in welcher Region das Gerät gekauft wurde. In manchen Fällen wie etwa bei Großkundenaufträgen, registrierten Käufern, Serviceverträgen oder Ersatzteilbestellungen kann der Kunde direkt identifiziert werden. Betroffen sind Geräte der Firmen Brother, Canon, Dell, Epson, Hewlett-Packard, IBM, Konica/Minolta, Kyocera, Lanier, Lexmark, Oki, Panasonic, Ricoh, Samsung, Toshiba, Xerox u. a. Damit ist dem absenderlos verschickten guten, alten Brief, der letzten Möglichkeit, in Zeiten der digitalen Überwachung unerkannt seine Meinung kundzutun, der Garaus gemacht. Nach wie vor unbekannt ist, wer die Hersteller dazu gebracht hat, das System zu integrieren, den Kunden aber nicht zu verraten, dass sie mit jedem Ausdruck eine geheime Datenspur legen. Mit dieser, so kritisieren Datenschützer, können nicht nur die Verfasser von Erpresserbriefen verfolgt werden, sondern auch Informanten von Journalisten, die interne Dokumente weiterleiten, Vervielfältiger von

Protestaufrufen oder Plakaten oder Raubkopierer, die kopierte CDs oder DVDs mit selbst ausgedruckten Covers versehen. Während in den USA Initiativen wie Seeing Yellow bereits Tausende Proteste gegen die Druckerpunkte gesammelt haben, beginnt man in Europa erst, das Problem wahrzunehmen. Mit einer diesbezüglichen Anfrage[16] eines finnischen EU-Abgeordneten konfrontiert, antwortete EU-Justizkommissar Franco Frattini im Januar 2008, dass eine derartige Kennzeichnung zwar nicht gegen ein spezielles Gesetz verstoße, möglicherweise aber mit fundamentalen Menschenrechten und Datenschutzrichtlinien kollidieren könnte.

Der Spion, der aus dem Kabel kam – Keylogger

Wie so oft im Leben ist auch bei der PC-Spionage eines der einfachsten Mittel auch eines der effektivsten, die sogenannten *Keylogger*. *Hardware-Keylogger* oder *Tastaturrekorder* sind kleine Geräte, die alle Eingaben über die Tastatur aufzeichnen. Oft sind sie als unauffällige Stecker ausgeführt, die man zwischen Computer und Tastaturkabel oder in einen freien USB-Port steckt. Dazu muss der Zielcomputer nicht eingeschaltet sein. Tage oder Wochen später kann man den Keylogger wieder abholen und alle E-Mails, Chattexte, Webadressen, Texte, Passwörter etc., die in der Zwischenzeit getippt wurden, auslesen. Zum Teil können die Geräte auch festhalten, wann welche Texte geschrieben wurden. Hardware-Keylogger können nicht per Software gefunden werden und hinterlassen nach ihrer Anwendung keinerlei Spuren. Die einzige Möglichkeit, sie aufzuspüren, besteht darin, die Kabelverbindung zwischen Keyboard und Computer auf überflüssige »Adapterstecker« oder unbekannte »USB-Sticks« zu kontrollieren. Wenn der Keylogger allerdings in die Tastatur selbst integriert ist, wird man ihn kaum finden. Obwohl der Einsatz zum geheimen Ausspähen von Daten strafbar ist (§202a deutsches StGB), sind solche zwischen 40 und 100 Euro teuren Geräte über diverse »Spyshops« im Internet frei erhältlich. Ebenso hinterhältig sind *Software-Keylogger,* unsichtbare Programme wie Elite Keylogger oder KGB Keylogger, die direkt am PC oder aus der Ferne per Trojaner oder mit einem Virus installiert werden. Sie erfüllen dieselbe Funktion wie ihre Hardware-Pendants, speichern alle Tasteneingaben in eine geheime Datei, die man später am Gerät kopieren oder über das Internet abrufen kann. Mittlerweile gibt es Tausende verschiedene Keylogger-Programme, die meisten davon, aber leider nicht alle, können mit aktuellen Antivirus- oder Antispywareprogrammen aufgespürt und entfernt werden.

Wer setzt Software-Keylogger ein? Viele der unerkannt arbeitenden Programme stammen von Cyberkriminellen, die auf Identitätsdiebstahl aus sind, andere werden im Auftrag großer Firmen programmiert, um die Konkurrenz auszuspionieren, viele kommerzielle Programme aber wenden sich an den Durchschnittsuser, der seine Kinder, seinen Partner oder seine Angestellten überwachen will. In Kapitel 2.2, in dem es um die Überwachung durch den Arbeitgeber geht, werden wir noch einmal auf die Keylogger zurückkommen. Aber auch die Spionageprogramme der Behörden, von denen im nächsten Kapitel die Rede ist, weisen Keylogger-Funktionalität auf.

Von trojanischen Pferden und staatlich verordneten Zombies

Computersysteme, die im Austausch mit anderen stehen – und welcher Rechner tut das im Zeitalter des Internets nicht –, sind von einer Reihe von Schadprogrammen bedroht, die allesamt drollige Namen tragen: Viren, Würmer, Backdoors, Hijacker, Rootkits, Keylogger, Spyware, Adware und trojanische Pferde. Die Grenzen zwischen diesen Programmklassen sind heute fließend, ihnen allen ist gemeinsam, dass sie sich millionenfach auf ungeschützten Computern einnisten und verbreiten wollen. Mit speziellen Webservern, *Honeypots* genannt, fangen Antiviren-Unternehmen Schädlinge ein, um sie zu studieren. Durchschnittlich 25000 bleiben täglich in einem solchen digitalen Honigtopf kleben. Im April 2008 durchbrach der Firma

AV-Test zufolge die Gesamtanzahl der Viren die Zehn-Millionen-Marke.

Wurden die ersten Computerviren noch aus »sportlichem Ehrgeiz« programmiert und richteten außer einer kurzen, scherzhaften Nachricht oft keinen weiteren Schaden an, dienen die meisten heute programmierten Schädlinge kriminellen Zwecken. Eine Ausnahme bilden Spyware- und Adware-Spionageprogramme, die insgeheim Informationen über Computer und Benutzer an ihren Meister schicken. Beispielsweise zeichnet der Windows Media Player nicht nur am Rechner auf, welche Musikstücke, Filme und Videoclips abgespielt werden, sondern übermittelt diese Daten auch in die Microsoft-Zentrale in Redmond. Mit dem Betriebssystem Windows Vista wurde die Anzahl der Programme, die »nach Hause telefonieren«, noch einmal größer. Oft wird das Surfverhalten ausgespäht, um Interessensprofile des Benutzers für zielgerichtete Werbung zu erstellen. Dutzende solcher Programme können sich auf Ihrem Rechner einschleichen, im Hintergrund laufen und das System deutlich verlangsamen.

Unter einer *Backdoor* versteht man eine »Hintertür«, die Fremden den Zugriff auf den Computer über das Internet ermöglicht. Dies war Experten vorbehalten, bis die Hackergruppe »Cult of the Dead Cow« 1998 mit Back Orifice zum ersten Mal ein Programm ins Netz stellte, das es jedermann möglich machte, totale Kontrolle über einen infizierten Computer auszuüben. Man konnte Dateien kopieren oder löschen, Eingaben und Bildschirminhalte überwachen, Einstellungen ändern oder den Benutzer schockieren, indem man das CD-Laufwerk ein- und ausfahren ließ oder Maus und Tastatur manipulierte.

Eng damit verwandt sind die *Trojaner*, oder genauer, *trojanischen Pferde*. Ein solches kann ein E-Mail-Anhang sein, ein kleines Programm, das man aus dem Netz lädt, oder eine Website. In dem auf den ersten Blick unverdächtigen »Pferd« versteckt sich – wie im Kampf um Troja – der Feind. Wie die Griechen kriechen die Schadprogramme unbeobachtet hervor und öffnen heimtückisch ihren Verbündeten die Zugänge zum System. Dann droht entweder Identitätsdiebstahl (siehe Kapitel 3.1, S. 296ff.), wenn die Cyberkriminellen Dateien stehlen oder per Keylogger (wie im vorangehenden Kapitel beschrieben) Passwörter ausspähen, oder der Rechner wird kurzerhand in einen *Zombie* verwandelt. Das ist der Fachausdruck für einen überwachten oder ferngesteuerten Computer, der zum willfährigen Sklaven seines Meisters wird. Meist werden gleich Tausende Computer gleichzeitig gekapert und zu sogenannten *Zombie-Farmen* oder *Botnetzen* verbunden. Damit können die Kriminellen gefahrlos diverse illegale Aktivitäten durchführen: millionenfacher Versand von Spammails, Angriffe auf andere Computer, Austausch von Raubkopien, Kinderpornografie usw. Im März 2007 waren weltweit sechs Millionen PCs ohne Wissen ihrer Besitzer Teile eines Botnetzes, viele davon in Deutschland. Im selben Jahr schlug das FBI im Rahmen seiner Kampagne »Bot Roast II« zu und verhaftete mehrere in den USA ansässige Personen. Der Anführer der internationalen Botnetz-Betreibergruppe, die 1,3 Millionen Computer in ihre Gewalt gebracht hatte, war allerdings ein neuseeländischer Teenager mit dem Onlinenamen AKILL. Der 18-Jährige hatte das Netz nach Aussagen der neuseeländischen Polizei an Cyberkriminelle vermietet.

Wenn es so einfach ist, unbemerkt in fremde Computer einzudringen, warum sollte das dann nicht dem Staat ermöglicht werden? »Es gibt international niemanden, der bei der Gefahrenabwehr des internationalen Terrorismus darauf verzichten will«, ist Bundesminister Wolfgang Schäuble überzeugt.

»Der ärmste Mensch darf in seiner Hütte der gesamten Staatsgewalt trotzen. Sein Haus mag baufällig sein, das Dach mag klappern, der Wind hindurchpfeifen, Sturm und Regen mögen eindringen – der König von England jedoch darf nicht eindringen; seine gesamten Streitkräfte dürfen es nicht wagen, über die Schwelle der zerfallenen Behausung zu treten.«[17] William Pitt wäre wohl ziemlich entsetzt, würde er nicht im englischen Parlament des Jahres 1763, sondern beispielsweise im deutschen des Jahres 2008 sitzen und miterleben, wie der Staat sich Schritt um Schritt Einblick in die Privaträume seiner Bürger verschafft, ohne deren Wohnstatt auch nur betreten zu müssen. Denn diese Privaträume haben sich ins Virtuelle verschoben. Briefe, Tagebücher, Kontoauszüge und Krankenakten bewahren die meisten Menschen heute auf ihrem Computer auf, der damit zu den intimsten Bereichen unseres Lebens gehört. Wer ihn ausspäht, erfährt mehr Details über ein Privatleben, als früher eine Hausdurchsuchung zutage gefördert hätte.

Diese Tatsache nutzen auch die US-Behörden. Sie verwenden schon seit Jahren Trojaner zur Strafverfolgung. Spätestens seit 2001 nutzte das FBI eine Spionage-Software namens Magic Lantern, neuerdings auch Programme wie CIPAV oder EnCase.

Im deutschen Sprachraum hat sich für solche fernforensische Software das Wort *Bundestrojaner* eingebürgert. Im Jahr 2007 gab das Kanzleramt zu, dass deutsche Nachrichtendienste schon seit zwei Jahren verdächtige Computer ausspähten. Sie stützten sich dabei auf eine Dienstvorschrift des damaligen Bundesinnenministers Otto Schily. Das Bundesverfassungsgericht untersagte prompt diese Praxis, weil die gesetzliche Grundlage dafür fehle, woraufhin die Regierung begann, ein Gesetz auszuarbeiten, das Onlinedurchsuchungen weiterhin möglich machen sollte. Der Entwurf von Innenminister Wolfgang Schäuble sah vor, kurze Onlinedurchsuchungen sogar ohne Zustimmung eines Richters zu erlauben – was nicht einmal den Behörden in den USA erlaubt ist. Im Februar 2008 erteilten die Verfassungsrichter in Karlsruhe diesen Plänen eine Absage und formulierten zugleich ein »Grundrecht auf Gewährleistung der Vertraulichkeit und Integrität informationstechnischer Systeme«. Onlinedurchsuchungen dürfen demnach nur mit klarer gesetzlicher Grundlage erfolgen, nur auf richterliche Anordnung und nur, wenn eine unmittelbare Gefahr für Menschenleben oder den Bestand des Staates vorliegt. Zwei Monate später einigten sich Union und SPD auf einen Gesetzesentwurf, der dieser Vorgabe entspricht. Weitere Einschränkung: Sicherheitsbeamte dürfen zur Computerdurchsuchung von Verdächtigen vorerst nicht heimlich in deren Privatwohnung eindringen, die Trojaner dürfen ausschließlich über das Internet eingeschleust werden. Der Deutsche Richterbund wies allerdings darauf hin, dass es bei der derzeitigen Personallage kaum möglich sei, die vom Gesetz vorgeschriebenen flankierenden Kontrollmaßnahmen der Onlineuntersuchung sorgfältig durchzuführen.

Rein rechtlich wurden damit dem staatlichen Zugriff auf die privatesten Daten des deutschen Bürgers noch einmal eindeutige Schranken gesetzt, was auch für die Schaffung eines entsprechenden Gesetzes in Österreich Signalwirkung hatte und hoffentlich auch für die Schweiz haben wird, wo der Inlandsgeheimdienst DAP gerne auch ohne strafrechtlich relevante Verdachtsmomente bespitzeln würde. Was aber passiert nach dem nächsten großen Terroranschlag? Wird dann doch noch das staatliche Hacken ohne richterliche Befugnis Wirklichkeit? Allein die Tatsache, dass ein solches von Politikern überlegt und, wie von Wolfgang Schäuble, sogar geplant wurde, sollte die Alarmglocken schrillen lassen. Das wäre, wie der Chaos Computer Club zu Recht kritisierte, der Freibrief für »eine Geheimpolizei, wie sie in Deutschland zuletzt in der DDR existierte«. Aber auch wenn der Bundestrojaner in Deutschland (vorerst) nur unter strengen Auflagen eingeführt wird: Schon in dieser Form stellt er einen weiteren Schritt hin zum Misstrauens- und Präventionsstaat dar. Die Behauptung, es handle sich dabei nur um eine Variante der konventionellen Hausdurchsuchung, trifft nämlich nicht zu. Anders als bei dieser passiert die Onlinedurchsuchung heimlich, kommen keine Ermittler mit Durchsuchungsbefehl, es gibt keine Zeugen, die Beamten durchforsten persönliche Dokumente, ohne dass der Betroffene vielleicht je davon erfahren wird. Diese Heimlichkeit sehen viele Kritiker im Widerspruch zum Wesen einer rechtsstaatlichen Untersuchung. Die neuen Befugnisse untergraben übrigens auch vonseiten der Computernutzer das Vertrauen in Behördenportale, -mails und -software wie etwa staatliche Steuerprogramme; diese könnten ja bequemerweise benutzt werden, um Trojaner einzuschleusen, die bei Bedarf aufgerufen werden.

Ein weiterer Einwand gegen die Trojaner ist, dass es dem Grundsatz der digitalen Forensik widerspricht, der lautet, dass auf das zu untersuchende Objekt vorab keine Daten eingebracht werden dürfen. Sonst wäre es nämlich auch möglich, der Zielperson verfängliche

Daten unterzujubeln, die später zu einer Verurteilung führen können.

Dazu kommt weiter, dass mit den behördlichen Zugriffsbefugnissen auch der Missbrauch steigen wird. Man erinnere sich nur an den in Berlin tätigen Mitarbeiter des Geheimdienstes, der mit der Überwachung der elektronischen Kommunikation ausgewählter Botschaften betraut war und, wie 2007 bekannt wurde, die technischen Möglichkeiten auch privat nutzte: Er spähte während seines Dienstes den E-Mail-Verkehr eines Deutschen aus, der ein Verhältnis mit seiner Frau hatte.

Schließlich geraten durch diese Art der Untersuchung zwangsläufig auch privateste Informationen Unbescholtener in die Hände der Behörden, etwa von Personen, die denselben Rechner benützen wie der Verdächtige oder mit ihm in Mail-Kontakt stehen. Bekannt wurde der Fall der »Spiegel«-Reporterin Susanne Koelbl, deren private Korrespondenz mit dem afghanischen Handels- und Industrieminister Amin Farhang im Jahr 2006 monatelang mitüberwacht wurde, weil der Bundesnachrichtendienst mithilfe eines Trojaners auf der Festplatte von Farhang ein Spähprogramm installiert hatte. Ein klarer Verstoß gegen das Briefgeheimnis (siehe auch Kapitel 1.5, S. 166ff.). Der Fall Koelbl zeigt aber auch, wo die strengste Regelung im Inland an Grenzen stößt. Die Welt des Internets kennt keine Staatsgrenzen, und wenn schon der deutsche Geheimdienst beim Ausspionieren der Computer ausländischer Personen nicht zimperlich ist, wie viel mehr gilt das für Länder wie etwa China; dessen Regime hat selbst zugegeben, schon von staatlichen Organen genutzte deutsche Computer ausgespäht zu haben.[18]

Wie kann man sich als Anwender nun gegen all diese Schädlinge, die privaten und staatlichen Trojaner schützen? Wie echte Viren haben Computerviren gelernt, ihre Form zu verändern, um nicht erkannt zu werden, wodurch ihre Anzahl ins Unermessliche steigt. Unerlässlich ist daher ein gutes Antivirusprogramm wie AVG Anti-Virus Free. Gegen Spyware, Adware, Keylogger und Trojaner schützen Programme wie a-squared Free, Spybot – Search & Destroy oder Windows Defender. Die Erfahrung zeigt, dass keines dieser Programme alle Schädlinge aufspürt, weshalb es sinnvoll ist, sie nacheinander einzusetzen. All diese Programme müssen täglich über Updates auf den neuesten Stand gebracht werden, um zuverlässigen Schutz zu garantieren. Errichtet man dann noch einen digitalen Schutzwall wie mit der Windows-internen *Firewall* oder dem Programm Zone-Alarm, ist man vor einem Großteil der Angriffe geschützt. Dennoch sollte man auf keinen Fall E-Mail-Anhänge öffnen, die von unbekannten Absendern stammen oder sonst wie verdächtig wirken. Und sensible Daten zusätzlich, wie oben empfohlen, mit TrueCrypt zu verschlüsseln, kann auch nicht schaden.

Was die Bundestrojaner betrifft, ist die Situation schwieriger. Zwar ist nicht zu erwarten, dass große Unternehmen wie Microsoft ihren Ruf aufs Spiel setzen, indem sie bewusst Hintertüren für die Behörden in ihre Produkte einbauen. Aber eine geheime Kooperation der Politik mit den Anti-Schadprogramm-Herstellern ist denkbar. Laut Frank Rosengart vom Chaos Computer Club kommt es nicht selten vor, dass Softwarefirmen entdeckte Sicherheitslücken noch kurze Zeit für die Behörden offen halten, damit diese Trojaner einsetzen können. Sollten die Wächterprogramme bestimmte Anzeichen aber über einen längeren Zeitraum vorsätzlich »übersehen«, werden diese Angriffsvektoren früher oder später auch von Kriminellen genützt und fallen auf.

Sicher ist, dass die Behörden mit maßgeschneiderten Angriffen über bereits bestehende Abhörschnittstellen gute Aussichten auf Erfolg haben. Beispielsweise können mit *Man-in-the-Middle-Attacken* Software-Downloads oder eine »echte« Mail eines bekannten Kontakts mit Trojanern versehen werden. Ob die Aktivität des Bundestrojaners bei einem mit freier Software stark geschützten System dann tatsächlich verborgen bleiben kann, ist aber fraglich. Joachim Jakobs, der Sprecher der Initiative Privatsphaere.org, ist überzeugt, dass die Maßnahmen lediglich Werkzeuge für den Überwachungsstaat sind, denn: »Menschen, die wirklich etwas zu verstecken haben, werden sich durch einen Trojaner nicht erwischen lassen.«

World of Wardriving – Angriffe auf Funknetze

In Computernetzen tauschen einzelne Rechner Informationen über Verbindungen aus. Ursprünglich waren all diese Verbindungen elektrische Leitungen, die einerseits kostspielig in der Verlegung sind, andererseits die Mobilität des Nutzers einschränken, selbst wenn er über einen Laptop verfügt. Bereits bei diesen sogenannten LAN-Netzwerken, wie sie in vielen Firmen zu finden sind, ist es möglich, die Kommunikation abzuhören. Mit Spezialprogrammen wie Nmap können Experten »Eingänge« in Netzwerke finden, und mit *Sniffer*-Programmen wie Wireshark alle übermittelten Daten ausspähen.

Viel einfacher haben es Hacker jedoch bei den immer beliebter werdenden WLAN-Netzen. WLAN ist die Abkürzung für *Wireless Local Area Network*, also »drahtloses« lokales Netz. Statt über Kabel kommunizieren die Rechner bei WLAN über Funk, nach dem Standard IEEE 802.11 heute meist auf dem 2,4-GHz-Frequenzband.

Da es sehr bequem ist, mit dem Laptop in jedem Raum der Wohnung oder sogar im Garten im Internet surfen zu können, ohne Kabel verlegen zu müssen, installieren neben Firmen auch immer mehr Privatpersonen Funknetze. Diese haben, anders als Gebäude, keine klar umrissenen Grenzen. Oft reichen sie bis auf die Straße oder in Nachbargebäude hinein und können von dort infiltriert werden, wenn der Besitzer des Netzes unerfahren ist und nicht weiß, dass er das WLAN absichern muss. Im Jahr 2007 war laut einer Untersuchung des IT-Consultingunternehmens Visukom jedes zweite WLAN-Netz in Deutschland ungesichert. In Wien ist rund ein Drittel der Netze offen. Die häufigste Ursache dafür ist wohl, dass viele nach dem Kauf des Gerätes keine Sicherheitsmaßnahmen aktivieren oder das jedem Hacker bekannte Standardpasswort des Herstellers eingestellt lassen.

Fährt man mit einem WLAN-fähigen Laptop im Auto durch die Stadt, trifft man so auf Dutzende offener Netze, die man kartografieren kann. Dieser »Sport« wird als *Wardriving* bezeichnet und dient in den meisten Fällen nur dem Auskundschaften kostenloser

Surfmöglichkeiten. Die offene Leitung kann – mit Richtantennen bis in eine Entfernung von 300 Kilometern – aber auch für Schlimmeres genutzt werden:

Eines Morgens, als J. K. gerade zur Arbeit aufbrechen will, läuten zwei Männer von der Polizei, die sich mit Dienstausweisen und einem Durchsuchungsbefehl Zutritt zu seiner Wohnung verschaffen. Nach einer kurzen Vernehmung, in deren Verlauf K. vorgeworfen wird, er habe von seinem Anschluss aus mehrfach eine illegale Webseite aufgerufen und dort regierungsfeindliche Meinungen gepostet, folgen weitere Beamte, bis in jedem Raum zwei Männer die gesamte Einrichtung auf den Kopf gestellt haben. K. empfindet Angst und Scham; er hat das Bett nicht gemacht und die Küche sieht entsetzlich aus. K.s Rechner, das gesamte Zubehör und alle Datenträger werden in eine Liste aufgenommen, die K. unterzeichnen muss, in Plastikkisten gepackt und abtransportiert. K. ist verzweifelt und kann sich nicht erklären, wie es zu diesen Anschuldigungen gekommen ist. Zwei Wochen später erhält K. eine Vorladung auf das Kommissariat. Er erfährt, dass die forensische Analyse seines Computers keine Hinweise darauf ergeben hätte, dass er der Urheber der Beiträge war. Vielmehr gehe man davon aus, dass ein Wardriver unbemerkt über seinen Internetzugang mitgesurft habe, weil der Access-Point seines Funknetzes fahrlässigerweise nicht verschlüsselt war.

Wenn Sie ein WLAN einsetzen, sollten Sie entweder einen Experten bitten, dieses fachgerecht abzusichern, oder – wenn Sie beim folgenden IT-Kauderwelsch nicht entnervt den Kopf schütteln – sich selbst mit folgenden Maßnahmen vor unbefugtem Zugriff schützen: Das Netz sollte einen Namen erhalten, der keinen Rückschluss auf den Besitzer zulässt, und auf »unsichtbar« geschaltet sein. Das Netz muss unbedingt verschlüsselt werden. Keinesfalls sollte man die veraltete WEP-Verschlüsselung wählen, die innerhalb weniger Minuten mit Programmen wie Aircrack geknackt werden kann. Stattdessen benutzt man die neuen Verschlüsselungsverfahren WPA oder WPA2-

PSK mit einer möglichst langen Passphrase. Zusätzlich können Sie über die MAC-Adressen nur bestimmten Geräten den Zugang zum Netz erlauben. Die Möglichkeit der Fernwartung sollte abgeschaltet werden. Diese Maßnahmen dürften in 99 Prozent der Fälle ausreichenden Schutz bieten. Ganz sicher ist jedoch nur, wer die WLAN-Antenne des Rechners deaktiviert.

Die Gefahr des Ausspionierens von Funkverbindungen wird uns auch in den nächsten Jahren begleiten. Fast zehnmal schneller als der WLAN-Standard 802.11n sollen die Funknetze der Zukunft sein, die unter Bezeichnungen wie WirelessHD oder GiFi entwickelt werden und das 60-Gigahertz-Band benutzen. Damit soll es beispielsweise möglich sein, einen gekauften hochauflösenden Film in wenigen Sekunden auf einen eigenen Datenträger zu überspielen. Umgekehrt könnten Kriminelle dann noch mehr Daten in noch kürzerer Zeit stehlen.

Externe Festplatten, Scanner, Drucker und andere Peripheriegeräte benutzen heute den USB-Standard und verursachen nach wie vor einen erheblichen Kabelsalat unter dem Computertisch. Dies soll sich in Zukunft ändern, wenn Ultra-Wideband-Technologie (UWB), auch Wireless USB genannt, die drahtlose Anbindung mit Übertragungsgeschwindigkeiten bis 480 Megabit pro Sekunde ermöglicht. Obwohl UWB nur für den Nahbereich konzipiert ist, wandern auch mit dieser Funktechnologie Daten, die bisher über relativ sichere Kabel übermittelt wurden, über den Äther, wo sie von Hackern unbemerkt mitgelesen werden können.

Anonym surfen?

Das Internet ging aus dem *Arpanet* hervor, das seit 1969 Computer großer US-Universitäten in einem dezentralen Netzwerk verband. Obwohl vom Verteidigungsministerium finanziert, wird heute bestritten, dass das Arpanet in erster Linie dazu diente, die Kommunikation im Fall des Atomkrieges aufrechtzuerhalten.[19] Zum Massenphänomen wurde es erst, nachdem der britische Informatiker Tim

Berners-Lee 1991 am Kernforschungszentrum CERN das *World Wide Web* (WWW) entwickelt hatte, das die Bedienung des Internets mittels Mausklicks zum Kinderspiel machte. Da das Surfen im Web insofern eine einseitige Kommunikation ist, als es kein Gegenüber, kein Gesicht und keine Stimme gibt, entsteht der Eindruck, der Besuch von Internetseiten sei ebenso anonym und unverbindlich wie das Betrachten von Schaufenstern beim Bummeln über eine Einkaufsstraße. (Das Wort *Webbrowser* kommt vom englischen *to browse*, was so viel heißt wie »stöbern, sich umsehen«.) In Wirklichkeit liegt die Sache ganz anders. Jeder Klick im Internet wird gespeichert und lässt sich eindeutig mit dem Computer in Verbindung bringen, an dem Sie surfen. Denn damit die Daten unter den Millionen von Computern im Internet genau an den richtigen geschickt werden können, benötigt jeder Rechner eine eindeutige Nummer, vergleichbar mit einer Telefonnummer. Personen werden bei uns mit Land, Ort, Straße, Haus- und Türnummer adressiert, Computer erhalten eine sogenannte IP-Adresse, die aus vier, durch Punkte getrennten Zahlen zwischen 0 und 255 besteht. Da wir uns Adressen wie 213.73.81.225 schlecht merken können, existiert mit dem Domänennamen ein zweites System, das jeder Zahlen-Computeradresse einen leicht merkbaren »Domänennamen« aus Buchstaben zuweist, in diesem Fall www.zeno.org. Auch wenn Ihr Internetanbieter Ihrem PC eine »dynamische IP-Adresse« zuweist, die sich regelmäßig ändert, speichert er doch, wann Sie welche Adresse benutzt und welche Seiten Sie damit aufgerufen haben.

Der Internetprovider weiß daher genau, wann welche Seiten von Ihrem Computer aus betrachtet wurden. Aus diesen über Wochen und Monate hinweg gesammelten Daten lässt sich ein Profil Ihrer Arbeit, Ihrer Tätigkeiten und Interessen erstellen. Das US-Marktforschungsinstitut comScore untersuchte das Potenzial von 15 großen Onlinekonzernen zum Sammeln von User-Daten. Yahoo, Google, Microsoft, AOL und MySpace speicherten alleine im Dezember 2007 mindestens 336 Milliarden Datentransfers mit Informationen über die Anwender. Im April 2008 wurde durch einen Artikel der »Washington Post« vielen Bürgern bewusst, dass sie ohne ihr Wissen systematisch ausgespäht wurden. Mittels *Deep Packet Inspection* werden Surfverhalten, Suchanfragen und der Inhalt von E-Mails aufgezeichnet, um Profile für zielgerichtete Werbung erstellen zu können. Zu den Datensammlern gehören Firmen wie NebuAd, Phorm und Front Porch. Front Porch überwachte über 100 000 US-Bürger, NebuAd kontrolliert nach Vereinbarungen mit verschiedenen ungenannten Providern zehn Prozent der US-Breitbandkunden. Kritiker verglichen ihr Vorgehen mit dem einer Telefongesellschaft, die alle Gespräche ihrer Kunden mithört. Selbstverständlich fällt es keinem Provider ein, die für die Werbewirtschaft wertvollen Daten brachliegen zu lassen oder gar zu löschen, die Speicherkosten stellen, wie wir gesehen haben, keine Hürde dar.

Wenn der Staat eine kriminelle Handlung verfolgt oder Sie verdächtigt, ein Terrorist zu sein, darf er auf diese Daten zugreifen. Es ist daher sein Wunsch, dass diese Daten möglichst lange gespeichert werden. Auf Vorrat sozusagen (siehe Kapitel 2.1, S. 245ff.).

Aber nicht nur der Internetanbieter speichert Ihre Spuren, sondern auch die von Ihnen aufgerufenen Webseiten. Können diese mit der Computeradresse etwas anfangen, es ist ja kein Name damit verbunden? Ja, sie können. Erstens ist es möglich, ein Profil zu erstellen, das mit der IP-Adresse indiziert wird, d. h. Sie werden wiedererkannt, obwohl man Ihren Namen nicht kennt. Zweitens lässt sich die Adresse rückverfolgen. Tools wie VisualRoute stellen die Route der Daten als Graph und auf einer Weltkarte dar und erlauben es, das Ziel zu lokalisieren. Daher wissen Websites oft, in welcher Stadt man sich befindet, und können lokalisierte Werbebanner einblenden. Verfügt man über eine eigene Domäne, lässt sich in einem *WHOIS-Verzeichnis* abfragen, wer als Eigentümer und Verwalter eingetragen ist, wenngleich es sich hierbei manchmal um »Mickey-Maus-Einträge« handelt. Eine weitere Möglichkeit, Ihre Identität festzustellen, sind *Cookies*. Webseiten speichern diese Informationen auf Ihrem Rechner, um Sie später wiederzuerkennen. So weiß der Webshop sofort, dass Sie wieder da sind, begrüßt Sie mit Ihrem Namen und zeigt den Inhalt des Einkaufskorbs oder der Wunschliste an. Gleichzeitig empfiehlt er Ihnen bestimmte Produkte, für die Sie sich vielleicht interessieren könnten – basierend auf der Analyse der Daten, die er in der Vergangenheit über Sie gesammelt hat. Präziser gesagt, werden nicht Sie, sondern Ihr PC erkannt, sodass Ihre privaten Informationen auch für jeden sichtbar werden, der an Ihrem Computer surft. Wenn Sie das nicht wollen, müssen Sie die bereits gespeicherten Cookies löschen und den Browser anweisen, sie in Zukunft nicht mehr zu speichern. Dann müssen Sie sich allerdings bei jedem Besuch des Internetshops mit Namen und Passwort anmelden. Die Entscheidung, ob Ihnen die Bequemlichkeit oder die Privatsphäre wichtiger ist, kann Ihnen niemand abnehmen.

Ob durch das Post- und Fernmeldegeheimnis nicht eigentlich ein Recht darauf besteht, anonym zu surfen, ist juristisch umstritten. Fakt ist, dass man beim Surfen Spuren hinterlässt, es sei denn, man sorgt vor. Eine Möglichkeit besteht darin, die eigene Computeradresse hinter einer anderen zu verstecken, vergleichbar mit einem Brief, den man über einen Freund schickt. Der Freund entnimmt den Brief dem Kuvert, steckt ihn in ein neues, das seinen Absender trägt, und schickt ihn weiter. In der IT-Sprache heißen solche Freunde, die den wahren Absender der Daten verschleiern, *Proxy-Server*. Empfehlenswert ist neben dem Programm JAP vor allem das Tor-Netzwerk, das hat weder mit Fußball, noch mit dem Beschützer Midgards zu tun, sondern steht für *the onion router* (»der Zwiebel-Router«). Bei Tor handelt es sich um ein anonymes, dezentrales Netzwerk, in dem ein Umweg über drei Proxys hintereinander genommen wird, die bei jeder Anfrage wechseln. Dadurch bleibt man einerseits anonym beim Surfen, andererseits kann man in Ländern wie China auch auf Seiten zugreifen, die durch staatliche Maßnahmen blockiert werden. Da Tor frei erhältlich ist und seine Funktionsweise offenliegt, gilt es als relativ sicher im Vergleich zu kommerziellen Diensten, bei denen letztlich doch wieder Nachrichtendienste wie die NSA den Fuß in der Hintertür haben könnten. Mit sehr großem Aufwand könnte man allerdings einen Großteil der Internetknoten überwachen, über die der gesamte Datenverkehr läuft, und dadurch auch durch Tor geschützte Surfer deanonymisieren.

Eine andere Möglichkeit der Identifikation bietet sich durch die Fortschritte der Biometrie. Anschlag, Rhythmus und sogar Fehler beim Tippen sind für jeden Menschen ebenso charakteristisch wie seine Handschrift. Das Unternehmen Psylock bietet eine Software an, die den Benutzer völlig unabhängig von dessen Standort am Tippen auf einer handelsüblichen Tastatur erkennt. Das System wurde bereits an der Universität Regensburg eingesetzt; vergisst ein Mitarbeiter oder Student sein Passwort, muss er es nicht mehr persönlich abholen, sondern identifiziert sich durch das Tippen eines Satzes. Wenn sich die Methode weiter verfeinern lässt, könnte sie in Zukunft beispielsweise auch dazu dienen, die Identität von Bloggern oder Onlinechattern festzustellen, selbst wenn diese Anonymisierungsdienste verwenden.

Die Daten, die ich schrieb, die werd ich nicht mehr los

»Das ist moralisch untragbar! Schrecklich – absolut schrecklich! Wir dachten, das sei eine gute Schule«, empörte sich eine Mutter. Ein anderer Elternteil meinte:»Offenbar passt ihr Charakter nicht gut in eine so hoch angesehene Schule.« Die Rede ist von einer britischen Lehrerin an der privaten Stockport Grammar School in Greater Manchester. Sie hatte zwei Jahre vor ihrem Eintritt in die Schule als Model einen Werbespot für Arbeitskleidung gedreht, in dem sie (voll bekleidet) als Sekretärin einen Bauarbeiter verführt. Der Spot wurde nie im Fernsehen gezeigt, gelangte aber auf das Videoportal YouTube; die Schüler der traditionsreichen Schule erkannten dort ihre Englischlehrerin wieder. Einer von ihnen erzählte:»[…] man konnte aber genau sehen, dass es ihr peinlich war. Du kannst dir gar nicht vorstellen, wie peinlich es wird, wenn wir damit zum Schuldirektor gehen!«[20] In der Tat: Direktor Chicken entband die Lehrerin von all ihren Pflichten.

In dem alten Ausdruck *Tabula rasa* machen steckt die Erkenntnis, dass es für einen Neuanfang oft unerlässlich ist, mit der Vergangenheit abzuschließen. Schwamm drüber! Die menschliche Fähigkeit zu vergessen und zu verzeihen ist für unser Zusammenleben unerlässlich. Das Internet jedoch, so erfahren heute immer mehr Menschen auf die »harte Tour«, hat ein Elefantengedächtnis, das Informationen, die einmal ihren Weg hineingefunden haben, nimmermehr vergisst. So rechneten beispielsweise Benutzer, die 1981, lange bevor es das Internet gab, in den Diskussionsforen des Computernetzwerkes Usenet diskutierten, wohl nicht damit, dass all ihre Beiträge noch Jahrzehnte später von jedermann nachgelesen werden können – dank dem Unternehmen Google, das 650 Millionen dieser Beiträge zusammensuchte und über die Schnittstelle von Google Groups den Internetbenutzern zugänglich machte.

Weltweit nutzen heute bereits eineinhalb Milliarden Menschen das Internet, im EU-Raum gehen 60 Prozent der Bevölkerung regelmäßig online. Aktuellen Schätzungen zufolge sollen rund 30 Prozent der getätigten Internet-Suchanfragen personenbezogen sein. Gesucht wird aber nicht nur nach Stars, sondern auch nach einer neuen Bekanntschaft, einem alten Schulkameraden, einem Kollegen oder nach einem Bewerber für eine offene Stelle. Dem tragen mittlerweile spezielle Dienste Rechnung, welche mit *Data-Mining*-Techniken (siehe 2.2, S. 272) Informationen sammeln und aussagekräftige Dossiers über die gesuchte Person zusammenstellen. Beispiele dafür sind in den USA Spock und Zoominfo und in Europa 123people und Yasni.

Welche Informationen bei solchen Personensuchen zutage treten, hängt davon ab, welche Spuren Sie in der Vergangenheit im Netz hinterlassen haben, egal ob freiwillig oder nicht; auf diese Problematik gehen wir in den folgenden beiden Kapiteln detailliert ein.

Aber auch, wenn der Betreiber seine Website vom Netz genommen hat, können die Daten noch abrufbar sein. Webseiten können, was wenigen bewusst ist, zu richtigen Wiedergängern werden, etwa im *Google Cache,* einem Archiv, das ältere »Aufnahmen« vieler Internetseiten zeigt, oder in einem Web-Archiv wie Archive.org, das sich zum Ziel gesetzt hat, das Kulturgut Internet in regelmäßigen Abständen komplett abzuspeichern, um seine Entwicklung für die Nachwelt zu erhalten. Außerdem können Texte, Bilder, Filme über Tauschbörsen bereits millionenfach auf fremde Rechner kopiert worden sein und von dort aus immer wieder auf neuen Webseiten auftauchen.

Aus diesem Grund erscheint es empfehlenswerter, mit den Wölfen zu heulen, als gegen Windmühlen zu kämpfen, das heißt aktiv daran zu arbeiten, seine Onlinepräsenz in einem möglichst guten Licht erscheinen zu lassen. In England geht Garlik.com auf »Datenpatrouille« nach persönlichen Daten und verzeichnete 2007 bereits 60 000 registrierte Benutzer, im deutschen Sprachraum kann man auf Seiten wie Yasni.de und myON-ID.de als registrierter Nutzer selbst Reputationsmanagement betreiben, unliebsame Seiten kommentieren oder in den Suchergebnissen von Google nach unten rutschen lassen. Aber nicht jeder hat die Zeit, sich selbst um diese Dinge zu kümmern. Dadurch hat sich in kürzester Zeit ein neues Berufsfeld herausgebildet, das derzeit weltweit boomt. Der »Reputationsmanager«, man könnte auch sagen »Image-Polierer«, sorgt dafür, dass das durch Suchmaschinen entstehende Bild dem entspricht, was der finanzkräftige Kunde darstellen will. Von San Francisco aus bietet der Dienst ReputationDefender für einen Unkostenbeitrag von zehn Euro monatlich seine Dienste an. Die Mitarbeiter durchsuchen das Netz »nach schadhaften Informationen über betreffende Personen« und senden einen Bericht an den Kunden. Bei unliebsamen Einträgen kann man die Firma beauftragen, mit dem Inhaber der jeweiligen Website über eine Entfernung des Beitrages zu verhandeln. Mit 2500 Kunden in den USA und 300 in Deutschland gilt das Unternehmen Anfang 2008 als Marktführer, die Nachfrage steigt rasant.

Wer sein Image tatsächlich korrigieren will, muss teilweise tief in die Tasche greifen. Bis zu 375 000 Euro im Jahr kann es kosten, wenn die Agenten Informationen tilgen oder die entsprechenden Links durch Tricks in den Ergebnissen der Suchmaschine auf die hinteren Seiten rutschen lassen.[21] Der Trick besteht darin, mit speziellen Servern durch tausendfache gegenseitige Verlinkung die Positionierung in der Suchmaschine zu verbessern. *Google-Bombe* wird das Verfahren genannt, wenn es böswillig eingesetzt wird. In der Vergangenheit führte beispielsweise die Suche nach »Experiment Kohlkopf«, »völlige

Inkompetenz« und »jämmerlicher Waschlappen« zu den Homepages von Angela Merkel, Karl-Heinz Grasser und Christoph Blocher. Ein umfangreiches Dienstleistungsspektrum bietet auch Datenwachschutz.de, während das in Florida ansässige Unternehmen ProComb spezialisiert ist: Es besitzt »eine der größten Datenbanken mit privaten intimen Aufnahmen weltweit« und gab 2008 an, über »mehr als 85 000 zufriedene Kunden in über 30 Ländern zu verfügen«. 100 Prozent dieser Kunden seien Frauen, die mit einem hochgeladenen Porträt überprüfen können, ob von ihnen Nacktaufnahmen im Netz kursieren.

Welche Zukunftsperspektiven ergeben sich in Hinblick auf die besprochene Problematik? Einmal könnte die stetig wachsende Anzahl veralteter und damit irrelevanter Daten dazu führen, dass das semantische Internet von morgen (siehe S. 163) mit intelligenten Dateien operiert, die sich eigenständig aktualisieren. Eine andere, vom Standpunkt des Datenschutzes überaus begrüßenswerte Möglichkeit fordert der Medienrechtler und Harvard-Professor Viktor Mayer-Schönberger: Daten sollten ein je nach Verwendungszweck unterschiedlich langes Ablaufdatum haben und nach einer gewissen Zeit automatisch gelöscht werden. Um dies technisch umzusetzen, müsste eine globale Initiative politische Impulse geben.

In wenigen Jahrzehnten könnten die heutigen Probleme, die Verbreitung von Daten zu begrenzen, geradezu lächerlich erscheinen, weil es dann vielleicht bereits Datenträger gibt, die sich selbst unkontrolliert kopieren und verbreiten und statt Jahrzehnten oder Jahrhunderten einige Hunderte Millionen Jahre überdauern können. Gemeint ist damit das Konzept eines selbstduplizierenden, lebenden Datenspeichers. Bekanntlich ist die Erbinformation aller Lebewesen in Form von Riesenmolekülen im Zellkern gespeichert. Durch die Fortschritte der Gentechnik und die Erfindung von *DNA-Computern* wird es in Zukunft nicht nur möglich sein, einzelne Gensequenzen zum Umprogrammieren der Lebewesen zu verändern, sondern auch umfangreiche Informationen als Abfolge der Basenpaare Adenin-Thymin und Guanin-Cytosin im DNA-Strang zu codieren, ohne dass das Träger-Lebewesen dadurch beeinträchtigt ist. Ein primitiver Einzeller, der bei jeder Zellteilung eine Kopie seiner selbst erstellt, könnte auf diese Weise Bücher, Bilder oder Musik für Millionen Jahre speichern. Um Fehler durch Mutationen zu vermeiden, müsste die Information redundant und mit Kontrollsummen gespeichert werden. Da diese Bio-Datenträger winzig klein und nach einer etwaigen Freisetzung nicht mehr »einzufangen« sind, könnte man mit ihnen Informationen über unseren Planeten verstreuen, die man nie wieder loswerden kann. Halten Sie das für zu verrückt? Die ersten Versuche waren jedenfalls erfolgreich. An der Keio-Universität im japanischen Fujisawa gelang es 2007 dem Team um Masaru Tomita, Einsteins Formel »E=MC2« und deren Veröffentlichungsdatum »1905« in Bakterien zu schreiben.[22]

Soziale Netzwerke – Alles, was Sie ab jetzt speichern, kann gegen Sie verwendet werden

MySpace, Facebook, Xanga, Friendster, Classmates Online und im deutschen Sprachraum vor allem studiVZ und schülerVZ, so heißen die seit einigen Jahren immer beliebter werdenden Internetportale, die als *Social Networks* bezeichnet werden. Im Deutschen hat sich dafür die schlechte Übersetzung »soziale Netzwerke« eingebürgert. Auf den betreffenden Websites kann man eine persönliche Seite mit Texten, Bildern und Videos von sich anlegen, mit Freunden chatten, neue Freunde suchen, flirten und Millionen anderer Leute treffen, die es genauso machen.

Während sich der Trend zu kleineren Familien und Singlehaushalten fortsetzt, boomen Fernsehserien auf DVD, mit denen man sich quasi »Ersatzfamilien« ins Wohnzimmer holen kann, und soziale Netzwerke werden zur neuen Heimat des Menschen im Internet. Jeder hat eine Stimme und jeder kann kreativ werden, etwas beitragen, kommentieren, gestalten, das ist die wunderbare Welt des Mitmach-Internets, des *Web 2.0*. Der Schauspieler Ian Hart sieht das etwas nüchterner: »Es gibt in der Statistik die Theorie, dass, wenn man Millionen von Affen an Schreibmaschinen setzt und sie tippen lässt, irgendwann einmal [zufällig] das komplette Werk Shakespeares herauskommt. Dank dem Internet wissen wir heute, dass das nicht wahr ist.«

Prototyp und berühmtestes Beispiel für ein Social Network ist MySpace. Erst 2003 gegründet, begrüßte die werbefinanzierte Website schon nach drei Jahren ihr 100-millionstes Mitglied. Anfang 2008 waren es über 300 Millionen Teilnehmer, und täglich kommen rund 230 000 dazu.[23] In den USA ist MySpace damit eine der drei beliebtesten Websites des Internets. Eine britische Studie zeigte, dass jeder dritte 15- bis 19-Jährige nach der Registrierung in einem der sozialen Netzwerke deutlich weniger Zeit auf die Hausaufgaben verwendet.

Nach einer Statistik hatten 2007 bereits 55 Prozent der US-Amerikaner zwischen 12 und 17 eine persönliche Seite in einem *Social Network* angelegt, am stärksten vertreten sind ältere Mädchen, die diese Seiten vor allem nutzen, um bestehende Freundschaften zu pflegen, während die Jungen eher neue Freunde kennenlernen oder flirten wollen.[24] In Deutschland sieht es ähnlich aus: Zu Beginn 2008 hatte fast jeder fünfte Deutsche private Informationen ins Netz gestellt, bei den 14- bis 29-Jährigen sogar jeder zweite. Keine Seite in einem sozialen Netzwerk zu besitzen, lässt einen alt aussehen, weshalb mittlerweile auch Greise um die 30 aufspringen, um den Anschluss nicht zu verpassen. Um 2012 soll schon jeder zweite Engländer und jeder dritte Deutsche in einem Netzwerk vertreten sein. Deutschlands größte Online-Community ist derzeit StudiVZ mit rund fünf Millionen Profilen und SchülerVZ mit etwa drei Millionen. 2008 wurde mit MeinVZ ein Ableger für alle geschaffen, die nicht mehr Schüler oder Studenten sind. Im selben Jahr ging in Deutschland Facebook an den Start, das bereits über eine Million deutschsprachiger Nutzer haben soll.

Warum die *Social Networks* für die Überwachungsthematik interessant sind, ist klar: Nirgendwo sonst erhält man so konzentrierte, detaillierte und private Informationen über eine Person, denn die meisten Teilnehmer verraten sehr viel von sich, veröffentlichen persönliche Daten, Telefonnummern und Adressen, Lebensläufe, Tagebücher in Form von Blogs und stellen Fotos und Videos online, die mitunter sehr privat sind. Im März 2006 wurden rund 200 000 MySpace-Profile wegen allzu freizügiger Darstellung und anderer Verstöße gegen die Nutzungsbedingungen gelöscht, doch selbst Hunderte Mitarbeiter vermögen nicht die Millionen von Accounts zu kontrollieren.

Oft fehlt den Nutzern das Bewusstsein dafür, dass ihre Daten nicht nur von Freunden, sondern von jedem gelesen werden können, der sich dafür interessiert, etwa von Stalkern oder Pädophilen. In der Vergangenheit wurden mehrere Sexualdelikte bekannt, teilweise mit tödlichem Ausgang, bei denen Täter ihre minderjährigen Opfer über MySpace kontaktiert hatten, weswegen das Netzwerk als »Jagdgrund für Pädophile« bezeichnet wurde. Darauf reagierte MySpace, indem sie die private Firma Sentinel beauftragte, Sexualstraftäter-Verzeichnisse aus 46 US-amerikanischen Bundesstaaten zu einer umfassenden Datenbank zusammenzufassen und mit sämtlichen MySpace-Profilen abzugleichen. Nachdem im Mai 2007 bereits 7000 Accounts von vorbestraften *sex offenders* entdeckt worden waren, erbrachte eine weitere Durchkämmung im Juli weitere 29 000 Accounts, die gelöscht wurden. Nicht erfasst wurden freilich jene Sexualstraftäter, die sich unter Angabe falscher Daten angemeldet hatten. Die Öffentlichkeit zeigte sich über die Zahl schockiert, während Datenschützer Bedenken gegen die Methode anmeldeten. Im Mai 2005 schloss Facebook eine Vereinbarung mit 49 US-Generalstaatsanwälten, künftig die Maßnahmen zum Schutz der Minderjährigen zu verbessern, doch bislang ist es um den Jugendschutz auf solchen Seiten schlecht bestellt.[25] Offiziell müssen Anwender bei den meisten Portalen mindestens 14 Jahre alt sein, doch da keine Identitätskontrolle erfolgt, tummeln sich auch viele Jüngere dort. Die britische Medienaufsichtsbehörde Ofcom veröffentlichte 2008 einen Bericht, dem zufolge ein Viertel aller Kinder zwischen acht und elf Jahren, die Internetzugang haben, auch über ein Profil auf einem Social-Networking-Portal verfügen. Allein in Großbritannien sollen 11,5 Millionen Kinder auf diese Weise mit Inhalten in Berührung kommen, die für sie ungeeignet sind.

In vielen Fällen unfreiwillig werden Minderjährige oft im Internet zum ersten Mal auf extreme Weise mit dem Thema Sexualität konfrontiert. Nach einer Untersuchung des deutschen Jugendinstituts erfahren die Erziehungsberechtigten meist nichts davon. In Deutschland kontrollieren nur 17 Prozent der Eltern gelegentlich das Surfverhalten der Sprösslinge. Filter- und Schutzprogramme setzt nur jeder Fünfte ein. Während 63 Prozent der Mädchen sich an die Belästigungen gewöhnt haben, leiden 30 Prozent bereits nach leichten Belästigungen unter schweren emotionalen Problemen. Sieben Prozent mit einem Durchschnittsalter von 13,2 Jahren wurden als »frühreife Abenteurerinnen« klassifiziert; sie suchen gezielt Sex-Chatrooms auf und werden Opfer schwerer Übergriffe wie der Aufforderung zu sexuellen Handlungen vor der Webcam.

Dass Betrüger private Daten für Phishing-Versuche abernten, wurde im entsprechenden Kapitel schon erwähnt. Aber auch Nachrichtendienste durchstöbern die Portale. Die israelische Armee setzt bereits seit Monaten eine Spezialeinheit ein, die soziale Netzwerke nach vertraulichen Informationen durchsucht. Israelische Soldaten, die solche unvorsichtigerweise veröffentlichen, wie etwa Fotos, auf denen der Stützpunkt zu erkennen ist, werden vor Gericht gebracht. Dass diverse Nachrichtendienste die Seiten nach allem möglichen Interessanten scannen, kann mit Sicherheit angenommen werden. In den USA durchkämmt nicht nur die NSA mit semantischen Analysemethoden (mehr darüber im Abschnitt »Die semantische Wende«, ab S. 163) die sozialen Netzwerke; unter dem Codenamen »Reynard« lässt die US-Regierung mittlerweile sogar in Onlinespielen nach »verdächtigem Spielerverhalten« suchen. Es könnte ja sein, dass sich etwa in »World of Warcraft« hinter der süßen Hexe »Kyanah« ein grimmiger Taliban versteckt.[26]
Auch die Polizei streckt ihre Fühler nach den freiwillig gespeicherten Daten aus. Anfang 2008 wurde auch bekannt, dass StudiVZ etwa zehn Mal pro Woche persönliche Nutzerdaten registrierter Mitglieder auf Anfrage an die Behörden weitergibt.
Gerade die jugendlichen Nutzer sollten wissen, dass die Onlinenetz-

werke immer öfter von den Personalabteilungen großer Firmen genutzt werden, um sich ein Bild über Bewerber zu machen, denn auf MySpace oder StudiVZ findet sich gleichsam ein Dossier über den Jobanwärter, das man selbst über Google-Recherchen nicht besser erstellen könnte. Für die Bewerber ist dies nicht immer von Vorteil, besonders wenn sie sich in der Vergangenheit gedankenlos allzu freizügig gezeigt haben. Oft führen provokante Fotos und Texte, Belege für einen ausschweifenden Lebensstil, Hinweise auf Sex, Alkohol- und Drogenmissbrauch dazu, dass Bewerber abgelehnt werden, obwohl sie gute Noten vorweisen können.

Schließlich – und dieser Punkt betrifft sämtliche Nutzer sozialer Netzwerke – werden diese von der Werbewirtschaft als Datenquelle genutzt. Als StudiVZ Anfang 2008 in den neuen Datenschutzbestimmungen das Sammeln von Userdaten für personalisierte Werbung ermöglichte, protestierten Zehntausende Mitglieder, dabei ist es heute selbstverständlich, dass die Industrie diesen Schatz personalisierter Daten über Charakter, Hobbys und Vorlieben von Millionen potenzieller Kunden hebt und speichert. Dies geschieht mit speziellen Programmen, die in der Lage sind, die entsprechenden Informationen zu indizieren und Profile daraus zu erstellen, die um viel Geld für zielgerichtete Werbung verkauft werden (siehe Kapitel 2.2, S. 265ff.).

Vor diesem Hintergrund ist die zunehmende Konzentration der Daten sehr kritisch zu sehen. Im Frühjahr 2008 gab MySpace den Startschuss für die Vernetzung der Profile mit Partnerseiten wie Yahoo, eBay, Photobucket und Twitter. Dahinter stehen die Bestrebungen der Arbeitsgruppe DataPortability, die sich den Austausch zwischen allen großen Portalen zum Ziel gesetzt hat. Davon soll der Benutzer profitieren – und die Wirtschaft, denn damit werden die Daten noch aussagekräftiger und transparenter.

Von Web 2.0 zu Pranger 2.0

Ehebrecher, kleine Diebe, Meineidige oder zankende Frauen strafte man im Mittelalter durch öffentliche Zurschaustellung in einer

»Halsgeige«, einem Holz, das Kopf und Hände fixierte. Seit dem 13. Jahrhundert wurde der Pranger, ursprünglich nur der Ort der Prügelstrafe, als Gerät für solche Ehrenstrafen verwendet. Die öffentliche Bloßstellung bedeutete für das Volk auf dem Platz Unterhaltung – es war üblich, den Verurteilten mit Abfall, toten Tieren oder Steinen zu bewerfen –, für den Betroffenen stellte sie oft das Ende der bürgerlichen Existenz dar. Mitte des 19. Jahrhunderts verwaisten die Pranger in den Städten der westlichen Welt, sie vertrugen sich nicht mit der Idee von der unantastbaren Würde des Menschen. Abgesehen von einer Wiederkehr in den totalitären Systemen des 20. Jahrhunderts blieb die öffentliche Demütigung seitdem verfemt. Heute aber erleben wir eine Rückkehr des Prangers, der im Zeitalter des »globalen Dorfs« eine erschreckende Dimension annimmt.

Zum Datenstriptease in sozialen Netzwerken wird niemand gezwungen, aber das Elefantengedächtnis des Internets birgt auch in diesem Fall eine Gefahr. Immer mehr Menschen werden zu Opfern anonymen Rufmords im Netz, gegen den es keine Handhabe gibt.

Seit Beginn des Jahrzehnts macht sich eine neue Lust am Be- oder Verurteilen, am Schmähen, Beleidigen, Fertigmachen und Sich-Rächen im Internet bemerkbar. Dieses Mobbing im Internet wird auch als *Cyber-Bullying* bezeichnet. Zu unverhoffter Popularität brachte es beispielsweise 2003 der kanadische Schüler Ghyslain Raza, der, wild entschlossen, aber aufgrund seiner Figur eher unbeholfen, allein vor der Videokamera mit einer Golfballangel einen Lichtschwertkampf aus »Star Wars« nachspielte. Seine Schulkameraden entdeckten das Video und stellten es online. Schon in der ersten Woche wurde das »Star Wars Kid«-Video eine Million Mal heruntergeladen, bis 2006 hatten 900 Millionen Menschen den Clip gesehen. Dutzende künstlerisch verfremdete Varianten des Films entstanden. Raza sah sich dem Gelächter seiner Mitschüler und der ganzen Welt ausgesetzt, verließ die Schule und machte seinen Abschluss in einer kinderpsychiatrischen Anstalt. Seine Eltern strengten einen Prozess gegen die Verteiler des Videos an, der in einer außergerichtlichen Einigung endete.

Auch wer bei der Polizei einen Notruf tätigt, kann ins Netz kommen wie Pilatus ins Credo. Das zeigte der Fall von Christine Z. aus Mannheim, deren Anruf im Frühjahr 2008, drei Jahre nachdem er von der Polizei aufgezeichnet worden war, plötzlich im Internet die Runde machte, immer weitere Verbreitung fand, bis die Tageszeitungen ihn zitierten, das Fernsehen ihn sendete und das ganze Land über Frau Z. redete. Selbst wenn das Telefonat einen gewissen skurrilen Zug hat und vielleicht Unterhaltungswert besitzt, ist es skandalös, wie hier mit vertraulichen Daten umgegangen wurde.

Gefährlich wird es, wenn sich im Anschluss an eine solche Vorführung das Interesse der Internet-Community auf einen richtet und plötzlich Hunderte oder Tausende das Netz nach Hinweisen durchstöbern, wie im Fall der Studentin Libby H., die für ihren Freund, der in einer anderen Stadt studierte, einige kurze Nacktfilme aufgenommen hatte. Diese fanden mit ihrem Namen und ihrer Adresse versehen den Weg ins Internet, als im Jahr 2000, so die Legende, die Beziehung zerbrach. Daraufhin entstanden Websites, auf denen Hunderte selbst ernannter Privatdetektive sich auf die Spur machten und der Studentin und ihrer Familie nachschnüffelten.

Intime Fotos und Filme anzufertigen ist derzeit bei jungen Menschen ebenso beliebt, wie diese beim Bruch der Beziehung als Mittel der Rache zu verbreiten. Einer Schätzung zufolge landen 20 bis 30 Prozent der privaten Erotikbilder früher oder später im Netz. Mittlerweile haben sich eigene »Racheseiten« wie Womansavers.com gebildet, auf denen der Expartner mit vollem Namen durch Erzählungen, Bilder oder Videoclips bloßgestellt wird.

Auch bei einer anderen Art von Bewertungsseiten sind die Urteile wohl oft vom Wunsch nach Rache motiviert, und zwar bei der in Mode gekommenen Beurteilung von Professoren und Lehrern. Die Idee liegt nahe, jene zu beurteilen, die selbst gute und schlechte Noten verteilen. »Wer prüft, muss auch bereit sein, sich prüfen zu lassen«, meint Barbara Sommer, die Schulministerin von Nordrhein-Westfalen. Doch es ist ein Unterschied, ob eine Dienstaufsicht prüft oder die Öffentlichkeit. Lehrer sind für die Beurteilung von Leistungen ausgebildete Sachverständige, die Eltern, Schülern und Vorgesetzten zur Begründung der Note Rede und Antwort stehen müssen. Einfacher ist es, seinem Ärger, sei er berechtigt oder nicht, durch anonyme, oft sehr ins Persönliche gehende Beschimpfungen im Netz Luft zu machen. Entsprechende Plattformen tauchten zuerst im angloamerikanischen Raum auf. Nachdem immer mehr Fälle bekannt wurden, in denen Lehrer auf Websites wie Bebo und RatemyTeachers diffamiert oder beschimpft wurden, startete die britische Lehrergewerkschaft NASUWT eine Kampagne gegen das Internetmobbing – ohne Rückhalt durch die Politik. »Es wird Zeit, Handys in der Schule als potenzielle Waffe zu kategorisieren und ihre Benutzung von Schülern im Schulgebäude zu verbieten«, forderte die Generalsekretärin von NASUWT.[27] In vielen Fällen wurden Lehrer provoziert, geheim gefilmt und fanden die aus dem Zusammenhang gerissenen Aufnahmen im Internet wieder. Ein Lehrer beispielsweise schrieb an der Tafel, als ihm Schüler von hinten die Hosen herunterrissen. Zwei Stunden später kursierte der Film davon im Internet.

Im deutschen Sprachraum dominieren die Portale MeinProf.de und SpickMich.de. »Liebe Lehrer, diese Seite dient Ihnen zur Bestätigung Ihrer guten Arbeit, aber auch als Denkanstoß für eine mögliche Verbesserung Ihres Unterrichts«, merken die Betreiber an. Über 250 000 Lehrer aus Österreich, Deutschland und der Schweiz sollen bereits Denkanstöße erhalten haben, doch nicht alle wollen darüber nachdenken, wie es zu den Noten in Rubriken wie »menschlich«, »cool« oder »sexy« (letztere wurde mittlerweile entfernt) kam. Zwei Klagen von Lehrerinnen gegen die Seite wurden 2007 von den Gerichten abgeschmettert, wie auch jene eines Professors, der gegen die Seite MeinProf.de vorgegangen war, nachdem er dort als »Psychopath« und »echt das Letzte« bezeichnet worden war.

Wo der Gesetzgeber schläft, breiten sich die Bewertungs- und Prangerseiten rasant aus. Mittlerweile gibt es auch in Deutschland Seiten zur Bewertung von Ärzten oder Rechtsanwälten. In den USA werden auf RottenNeighbor.com »miese Nachbarn« angeprangert, mit Bildern, Videoclips und Google-Earth-Bildern ihres Hauses. Auf der chinesischen Website Anti-CNN.com kann man »westliche« Journalisten und Medien anzeigen, die »Lügen« über Tibet und China verbreiten.

Frankreich will die Desavouierung seiner Pädagogen nicht dulden. Die dortige Lehrer-Bewertungssite note2be wurde zu einer Strafe verurteilt und darf künftig keine Namen mehr veröffentlichen. Der Bildungsminister begrüßte das Urteil, zu den schwierigen Aufgaben des Lehrers könne es nicht gehören, sich gegen anonyme Angriffe aus dem Internet wehren zu müssen.[28] In anderen Ländern dagegen liebäugelt die Politik mit der neuen Disziplinierungsmaßnahme, nicht nur im Internet. So werden in den USA nicht nur Sexualstraftäter im Internet vorgeführt (siehe Kapitel 2.1, S. 249f.), sondern auch immer mehr Menschen »kreativ bestraft«. So musste eine Frau in Gadsden, Alabama, acht Stunden vor dem Supermarkt schandlaufen (als Ersatz für 60 Tage Gefängnis) und dabei ein riesiges Schild tragen, auf dem geschrieben stand: »Ich bin eine Diebin, ich habe bei Wal-Mart gestohlen.« Der Soziologe Amitai Etzioni ist von der Wirksamkeit solcher Strafen überzeugt und schlug vor, Ersttätern im Drogenhandel den Kopf zu scheren und sie ohne Hose nach Hause zu schicken. Insbesondere in Großbritannien wird das öffentliche Bloßstellen unter dem Begriff *naming and shaming* von der Politik gefördert, um Verhaltenskontrolle durch sozialen Druck zu erzeugen. In Zeitungen, auf Plakaten und im Internet werden Briten selbst für kleinste Vergehen öffentlich angeprangert. Wenn Sie nach Gloucester kommen, achten Sie auf Ihren Weg! Dort patrouillieren Wachorgane mit an den Kopf geschnallten Videokameras, um »Umweltverbrecher« zu filmen. Schon der bloße Verdacht, dass Sie das Kaugummipapier weggeworfen haben, neben dem Sie stehen, kann dazu führen, dass Ihr Bild auf der Website der Stadtverwaltung erscheint.

Sind solche Zustände auch bei uns denkbar, ist die Reaktion der Justiz auf Internet-Bewertungsseiten Indikator für eine entsprechende politische Entwicklung? Immerhin scheint man in Deutschland mittlerweile die Dimension des Problems erkannt zu haben. Im April 2008 beschloss der »Düsseldorfer Kreis«, die oberste Aufsichtsbehörde für den Datenschutz in der Wirtschaft: »Das Recht auf freie Meinungsäußerung rechtfertigt es nicht, das Recht der Bewerteten auf informationelle Selbstbestimmung generell als nachrangig einzustufen.« In Berlin wurde der Seite MeinProf.de schon ein Bußgeldbescheid ausgestellt. Die Bewertungen sollten nur noch jenen Studenten zugänglich sein, die nachweislich an den bewerteten Vorlesungen teilgenommen hatten. Die Betreiber der Website kündigten an, das nicht hinzunehmen. Man muss hoffen, dass die Politik den damit eingeschlagenen Weg weiterverfolgt und dafür sorgt, dass Personen nicht zum digitalen Freiwild werden. Dazu wird es internationaler Kooperation bedürfen, um, wie im Fall von Kinderpornografie, die Täter über Landesgrenzen hinweg verfolgen zu können. Aber was kann man tun, wenn man selbst Opfer einer Attacke wurde? Mittlerweile gibt es Seiten wie Internetvictims.de, die Fälle dokumentieren und Opfer von Rufschädigung im Internet beraten. Zuerst sollte man immer die Beweise sichern, die entsprechende Website speichern oder ausdrucken, danach gilt es, möglichst selbst oder durch einen Anwalt den Betreiber der Website aufzufordern, die Daten zu entfernen. Alternativ kann man die Dienste einer der oben erwähnten Websites zum Reputationsmanagement in Anspruch nehmen. Bei ausländischen Websites kann sich die Intervention jedoch schwierig gestalten.

Zehn hoch hundert
Google und »das gesamte Wissen der Welt«

Die Zahl 10 000 000 000 000 000 000 000 000 000 000 000 000 000 000 000 000 000 000 000 000 000 000 000 000 000 000 000 000 000 oder 10^{100} ist höher als die Anzahl der Atome im sichtbaren Universum und trägt den Namen Googol, erfunden 1938 von einem neunjährigen Jungen, dessen Onkel Mathematiker war. 70 Jahre später steht die verballhornte Version des Wortes für jenes Unternehmen, das die Rangliste der wertvollsten Marken der Welt anführt. Die Marktforscher von Millward Brown taxierten den Wert von Google Inc. 2008 auf 86 Milliarden US-Dollar, die Aktienanteile der beiden Gründer, Larry Page und Sergey Brin, sollen sich auf je zehn Milliarden Dollar belaufen.[29]
Der Name Google wurde jedoch nicht in Hinblick auf den astrono-

mischen Profit gewählt, den das Unternehmen heute abwirft, sondern bezieht sich auf sein überaus ehrgeiziges Ziel:»Die Mission von Google ist es, die Information der Welt zu organisieren und allgemein nutzbar und zugänglich zu machen.«[30] Die Rede ist bewusst nicht von»einigen Informationen«oder»Informationen«, sondern von»*der* Information der Welt«, also der»gesamten Information«.

Ein Vorhaben, das vermessen oder gar verrückt klingt, und dennoch ist Google heute bereits auf dem besten Weg dazu, etwa mit seinem Digitalisierungsprojekt, für das weltweit 15 Millionen Bücher eingescannt werden, um sie dann im Internet verfügbar zu machen.

Wie es möglich war, dass zwei Informatikstudenten der Universität Stanford aus einer Idee, die 1996 entstand, binnen weniger Jahre eines der größten Unternehmen der Welt machten, schildern David Vise und Mark Malseed in ihrem naiv-unkritischen, aber dennoch lesenswerten Buch»Die Google-Story«.[31] Was der Magnet für die Suche nach der Stecknadel im Heuhaufen ist, sind Suchmaschinen für die Suche nach einer bestimmten Information in den unermesslichen Weiten des World Wide Web. Vor zehn Jahren waren Suchmaschinen wie Yahoo! oder Lycos das Maß aller Dinge. Spezialisten verwendeten allenfalls Meta-Suchmaschinen wie Dogpile, die die Ergebnisse von einem Dutzend Suchmaschinen zusammenstellten. Zu dieser Zeit wurden Vielsurfer auf ein neues Produkt namens Google aufmerksam, das jede Suche in verblüffend kurzer Zeit abschloss.

Page und Brin, zwei brillante Studenten, Söhne von Professoren, hatten 1996 die Idee, das ganze World Wide Web auf einen Computer herunterzuladen. Sie pumpten Freunde an und fanden Sponsoren, um handelsübliche PCs zu kaufen, die sie in einer Garage zu einem Rechenzentrum verbanden. Bald hatten sie 25 Millionen Seiten aus dem Internet heruntergeladen. Entscheidend für die Qualität der Suchergebnisse war es, die wichtigen Seiten von den unwichtigen zu unterscheiden. Dies gelang ihnen mit dem genialen Algorithmus »PageRank«, der auf einer Statistik der Links beruhte: Je mehr fremde Seiten auf eine bestimmte Website verwiesen, desto wichtiger war sie anscheinend und desto weiter oben in den Suchergebnissen hatte sie zu erscheinen. Während sich andere Suchmaschinen für gute Platzierungsergebnisse bezahlen ließen, spielte bei Google ausschließlich die Anzahl der Links eine Rolle. (Was auch missbraucht werden kann, wie wir oben beim *Google-Bombing* gesehen haben.) Nur durch Mundpropaganda und gänzlich ohne Werbung verbreitete sich die Kunde von der Leistungsfähigkeit Googles, das bald alle anderen Suchmaschinen ausstach und zum Marktführer avancierte.

Bereits 2006 war Google an der Börse mehr wert als der Disney-Konzern, General Motors, Ford, Amazon, die New York Times, die Washington Post und das Wall Street Journal zusammen.[32] Heute läuft jede zweite Websuche auf einer der in über 100 Sprachen verfügbaren Google-Seiten. Im EU-Raum beträgt der Marktanteil von Google stolze 83 Prozent, in Westeuropa sogar 90 bis 95 Prozent.[33] Das Verb *googeln* ist in die Wörterbücher mehrerer Sprachen eingegangen und für Millionen Menschen *ist* Google das Internet.

Wir haben bereits erklärt, wie umfangreich und langlebig die Informationen des Webs sind, ohne eine intelligente Suchmaschine wären sie jedoch nichts wert, denn entweder würde man gar nichts finden oder so viele Ergebnisse erhalten, dass man sie in Monaten nicht alle durchsehen könnte. »Informationen aus dem Internet zu holen ist wie einen Schluck vom Hydranten zu nehmen«, drückte es der Informatiker Mitch Kapor aus.

Wenn Sie jedoch in Google »Anselm von Bethlehem« eingeben und die Suche starten, beginnt das System, über acht Milliarden Webseiten nach diesem Namen zu durchsuchen, dies entspricht einem Papierstapel mit einer Höhe von 800 Kilometern. Nach fünf Hundertstelsekunden meldet sich Google zurück und präsentiert jene zwei Seiten im Internet, auf denen sich der Name findet. Dabei hatte Google inzwischen auch ein paar andere Suchanfragen für andere Herrschaften auf dem Planeten zu erledigen, pro Sekunde etwa 15 000! Im Dezember 2007 wurden jedenfalls der Marktforschungsfirma comScore zufolge 41 Milliarden Suchanfragen an Google-Suchmaschinen gerichtet. Weit abgeschlagen folgten auf Platz zwei

Yahoo! mit acht Milliarden und die chinesische Suchmaschine Baidu mit drei Milliarden Anfragen. Wie viele Rechenzentren und wie viele Computer hinter dieser Ehrfurcht gebietenden Leistung stehen, bleibt aufgrund der Informationspolitik Googles unbekannt.

Das Netz, die Suchmaschinen und hier vor allem Google haben die Art und Weise, wie Menschen mit Information arbeiten, grundlegend verändert. Auf diesen Wissensspeicher nicht mehr zurückgreifen zu können, ist für viele unvorstellbar geworden. Andererseits bringt die Einfachheit der Suche ein Prinzip zu Fall, das zu den wichtigsten Stützen der Privatsphäre zählte, nämlich jenes der »practical obscurity«, der »praktischen Verborgenheit«. Im nun zu Ende gehenden Zeitalter des Papiers waren die Informationen über eine Person zwar vorhanden, die Recherche danach wäre aber mit einem dermaßen hohen Zeit-, Reise- und Geldaufwand verbunden gewesen, dass man allenfalls in entscheidenden Fällen einen Detektiv darauf ansetzte. Heute kann ein Personalchef sich mit ein paar Klicks ein mitunter recht genaues Bild über einen Bewerber verschaffen. Der Grazer Informatikprofessor Hermann Mauer bezeichnet Google daher als die »größte und mächtigste Detektei der Welt«. Das folgende Beispiel zeigt dies deutlich:

Einigen Journalisten der »Chicago Tribune« gelang es 2006, insgesamt 2653 CIA-Agenten, diverse Scheinfirmen, Flugzeuge und rund zwei Dutzend Standorte des Geheimdienstes aufzudecken. Die Grundlage dafür bildeten Telefoninformationen, Dokumente über Immobilienverkäufe, Wahlregistereinträge, Gerichtsurteile, Grundsteuerbescheide, Offenbarungseide, Handelsregistereinträge etc., alles Daten, die für sich wenig aussagekräftig waren, aber durch die geschickte Kombination zu sprechen begannen. Die Reporter verwendeten dazu ausschließlich öffentlich zugängliche Informationen, Suchmaschinen wie Google und LexisNexis, den größten kommerziellen Datenbankbetreiber der Welt, der alleine über fünf Milliarden Dokumente indiziert haben will.

Ein anderer Fall von Google-Recherche entbehrt nicht einer gewissen Ironie, weil sein Ziel einer der drei Männer im Triumvirat an der Google-Spitze war: Wie einfach es ist, mit Google persönliche Informationen aufzufinden, wollte eine Journalistin des IT-Portals Cnet zeigen. Sie entschied sich für Google-CEO Eric Schmidt und fand seinen Wohnort, dass er Pilot war, 10 000 Dollar für die Präsidentschaftskampagne von Al Gore gespendet hatte und Google-Aktien im Wert von 1,5 Milliarden Dollar besaß. Schmidt war über die Enthüllungen, die ausnahmslos mit seiner eigenen Suchmaschine gefunden worden waren, so erbost, dass er nicht nur die Journalistin, sondern deren ganze Redaktion mit einer einjährigen Nachrichtenblockade bestrafte.[34]

An dieser Reaktion zeigt sich schon, dass nicht alles in der Welt von Google dem sauberen und kunterbunten Image entspricht, das man in der Öffentlichkeit pflegt. Zwar lautet das Motto des Unternehmens »Sei nicht böse!«, »böse« sei bei Google aber Ansichtssache, meint der österreichische Autor Gerald Reischl, der in seinem 2008 erschienenen Bestseller davor warnt, in »Die Google-Falle« zu tappen. Worin diese Falle besteht, werden wir sehen, wenn wir das große Google-Rätsel lösen, das da lautet: Wie kann dieses Unternehmen diese Leistung nur gratis anbieten?

Googles Goldesel

Die Lösung liegt natürlich in den bezahlten Anzeigen, die bei jeder Suche, durch eine dünne Linie von den Suchergebnissen getrennt, rechts neben diesen erscheinen. Wirtschaftsdaten zeigen, dass sich die Werbung aus den Printmedien und dem Fernsehen immer mehr ins Internet verlagert. Google ist für den Werber die perfekte Lösung, da nicht irgendjemand die kostspielige Werbung erhält, sondern genau der, der im Internet nach entsprechenden Angeboten sucht. Selbst wenn nur jeder hundertste Suchende auf einen Werbelink klickt, kommen Minute für Minute rund 10 000 Klicks zustande. Jeder dieser Klicks auf einen Anzeigenlink bedeutet für Google aber Werbeeinnahmen in der Höhe von einigen Cents bis zu vielen Dollars. Google hat die Macht zu bestimmen, wer angezeigt wird, und lässt sich dieses Privileg teuer bezahlen. Außerdem agiert Google als Vermittler und leitet Anzeigen an unzählige Partnerseiten weiter, was einen namhaften Anteil am Gesamtgewinn ausmacht.

Google möchte seine Kunden immer besser verstehen, um ihnen besser dienen zu können, um sie nicht mit Werbung zu belästigen, die für sie nicht relevant ist. Aus diesem Grund zeichnet Google alle Wörter auf, die Sie im Lauf der Zeit in das Suchfeld eingeben. Um Sie beim nächsten Mal auch wirklich wiederzuerkennen, merkt sich Google dankenswerterweise Ihre IP-Adresse oder legt Ihnen *Cookies* auf die Festplatte. So kann Google aber auch im Lauf der Wochen und Monate herausfinden, was Sie so beschäftigt. Ursprünglich wollte sich Google bei der Speicherdauer der Suchdaten nicht festlegen, vermeldete aber 2007, dass die Daten in Zukunft nach 18 Monaten anonymisiert würden. Der EU-Arbeitsgruppe Article 29 war das immer noch zu lange, sie befand, sechs Monate seien ausreichend, doch Google blieb bei seiner Regelung, da ansonsten die Qualität der Suchergebnisse leiden würde.[35]

Halten wir an dieser Stelle inne und rekapitulieren wir diese ungeheuerliche Tatsache: Hier ist ein privates Unternehmen mit monopolartiger Stellung, das ohne jegliche Kontrolle die Suchverläufe von Millionen Menschen aufzeichnet. Google wird nicht nur beruflich genutzt, sondern auch für private Belange. Damit erzeugt Google ein digitales Abbild der Gedanken, Wünsche, Sehnsüchte, Befürchtungen, Sorgen eines namhaften Teils der Menschheit, die noch dazu alle mit Datum, Uhrzeit und Ort des Zugriffs versehen sind. Niemand ist der Vision des Großen Bruders jemals näher gekommen als dieses Unternehmen, und wenn wir den abgegriffenen Begriff der »Datenkrake« bisher vermieden haben, nun ist seine Zeit gekommen. Laut Google kommen auf rund 36 000 Webseiten die Begriffe »Google« und »Datenkrake« gemeinsam vor. Dabei versucht Google beständig, den kostbaren Datenschatz zu erweitern. Das ist aus einschlägigen Patentanträgen von Google zu ersehen, allein 2006 wurden acht Erfindungen zum *User Tracking* angemeldet, deren Inhalt die Analyse des Userverhaltens, die Vorhersage seiner Handlungen und die Auswertung für Werbezwecke sind.[36]

Google ist aber weit mehr als eine Suchmaschine, es ist ein Imperium, das seine marktbeherrschende Stellung nach allen Richtungen hin auszubauen bestrebt ist. Am 1. April 2004 kündigten die Google-Gründer den E-Mail-Dienst Gmail (bei uns später Google Mail genannt) an. Jeder Benutzer sollte ein Gigabyte Speicherplatz geschenkt bekommen. Die Fachwelt war ungläubig, hielt dies vorerst für einen Aprilscherz, doch es war keiner. Google bot damit 50 Mal mehr Speicher an als die besten der Mitbewerber. Damit wollte man die Anwender animieren, ihre Mails nicht mehr zu löschen. Praktisch unbegrenzt gespeichert, könnten diese nämlich in Dialogform dargestellt und blitzschnell durchsucht werden. In den alten Sagen, in denen ein bocksfüßiger Herr unglaublich großzügig Wünsche erfüllt, hat die Sache immer einen kleinen Haken. So auch hier: Im Austausch für seine Mail-Dienste erlaubt sich Google, alle Mails von den mehreren zehn Millionen Usern weltweit automatisch zu scannen und nach Schlüsselwörtern auszuwerten. Nicht nur die versandten Mails, sondern auch jene »unschuldigen«, die eintreffen. Sowohl Google Inc. als auch staatliche Behörden im Ermittlungsfall haben damit Zugang zu der Jahre zurückreichenden Korrespondenz von Millionen Menschen! Dass Cyberkriminelle, Privatdetektive und Scheidungsanwälte an diesen Daten ebenso interessiert sein könnten, versteht sich von selbst.

Noch 2004 kam es zu umfangreichen weltweiten Protesten gegen Gmail, da man sogleich eine weitere erschreckende Nebenwirkung erkannt hatte: Während die Suchergebnisse in Google normalerweise anonym bleiben, nur unter der jeweiligen IP-Adresse gespeichert werden, erlaubt die bei Gmail erforderliche Registrierung mit Namen, Vornamen und anderen Daten die exakte Identifizierung des Kunden. Ab diesem Zeitpunkt weiß Google nicht nur, von welchem Computer und wann nach bestimmten Begriffen gesucht wurde, sondern auch, *wer* danach suchte. Wer bei Google angemeldet ist, kann einen Teil seiner Datenspur selbst betrachten, mit dem Dienst Web History.

Ein repressiver Staat könnte Google möglicherweise nur dann Zugang zu seinem Markt gestatten, wenn im Gegenzug dafür Agenten routinemäßig sowohl die Suchanfragen wie die Mails der Benutzer in Hinblick auf Cyberdissidenten durchsuchen könnten. China beispielsweise ist ein solcher begehrter Markt, auf dem Google gegen den Platzhirschen Baidu antritt und zu Konzessionen bereit ist, um überhaupt agieren zu dürfen. Auf der chinesischen Startseite von Google stellt sich die Welt daher anders dar als auf den westlichen, Suchanfragen zu »Taiwan«, »Tibet« oder »Tiananmen 1989« liefern ganz andere Ergebnisse als bei uns. Wer weiß schon, ob die 30 000 Cyberagenten, die für die »Große Chinesische Daten-Mauer« oder für den »Goldenen Schild« nach »Unregelmäßigkeiten« im Web fahnden, nicht längst Zugang zu den Suchdaten von Google.cn haben?

Doch es kommt noch schlimmer. 2004 wurde ein weiteres Google-Programm mit der Alles-gratis-Strategie auf den Markt geworfen, das in weiterer Folge (ab Version 3) von Datenschützern wie der Electronic Frontier Foundation sehr kritisch aufgenommen wurde: die Google-Desktopsuche, die in der Lage ist, auf dem eigenen Computer gespeicherte Texte, Tabellen, Bilder, Sound- und Videodateien, E-Mails und Chatlogs blitzschnell aufzufinden. Eine feine Sache, die langwieriges Suchen in Verzeichnissen überflüssig macht. Wer mehrere Computer benutzt, kann all deren Dateien gleichzeitig durchsuchen. Oder vom Arbeitsplatzrechner aus auf dem Rechner zu Hause suchen. Dazu – und jetzt kommt es – legt Google Kopien der privaten Dokumente (bzw. Teile davon) auf den Google-internen Servern ab. Das bedeutet, die eigene Festplatte wird völlig transparent. Google kann theoretisch nach Belieben darin herumschnüffeln, die Daten auswerten und weiterverkaufen. Die Behörden wiederum können sich den Einsatz von *Bundestrojanern* sparen, liegen doch bei Google die Daten über die Zielperson schon bereit.

Viele weitere kleine Dienste wie die persönliche Startseite iGoogle, den Kalender für Ihre Termine, das Notizbuch, das digitale Tagebuch Blogger oder das Kommunikationsprogramm Talk und den Nachrichtenservice News Alert erhalten Sie für nichts – außer Ihre privatesten Daten.

Selbstverständlich wird auch Ihr Verhalten in Google Maps, Google Earth oder auf der Videoplattform YouTube, die sich Google 2006 einverleibte, mit Interesse verfolgt. Fehlt uns noch etwas? Ach ja, die Gesundheit.

Der bisher letzte große Coup war die Schaffung des Gesundheitsportals Google Health, das in den USA 2008 anlief. Hier dürfen Sie kostenlos persönliche Gesundheitsdaten, Ihre Krankengeschichten, Befunde, Medikamentierung usw. eingeben. Im Bedarfsfall kann ein behandelnder Arzt oder das Krankenhaus die Daten abrufen. Dass Google die Daten scannen wird, ist klar, und gerade diese Daten sind Gold wert, denn wer krank ist, gibt mitunter sehr viel Geld aus, um wieder gesund zu werden. Oder verklagt jemanden auf Schadenersatz. Suchte man beispielsweise 2004 bei Google nach *Mesothelioma,* das englische Wort für eine seltene Krebserkrankung, erschienen Anzeigen von Anwaltskanzleien, die Beistand in lukrativen Schadenersatzprozessen versprachen, denn Mesotheliomie wird durch Asbest hervorgerufen. Da die Aussichten auf Gewinn in solchen Fällen ebenso hoch sind wie die Schadensersatzsummen, zahlten die Kanzleien Google für jeden Mausklick auf ihre Adresse 90 Dollar oder mehr.[37]

Noch profitabler ist vielleicht die Gewinnung von DNA-Daten für die Forschung. Nach den 23 Chromosomen des Menschen benannte Google daher sein Projekt 23andMe, das wir im Kapitel 2.2, S. 278, beschreiben.

Als nächstes lukratives Betätigungsfeld hat sich Google den Telekom-Markt ausgesucht, wohl auch im Hinblick auf die immer wichtiger werdende mobile Internetnutzung. Vielleicht bietet Google morgen Gratis-Mobiltelefonie an, für alle, die sich im Gegenzug dafür abhören lassen und maßgeschneiderte Werbespots vor den Gesprächen in Kauf nehmen.

Nach alledem wundert es nicht, dass die britische Bürgerrechtsorganisation Privacy International (PI), die 23 IT-Unternehmen hinsichtlich des Datenschutzes untersuchte, zu einem klaren Urteil kam. Von keinem »geht eine vergleichbare Bedrohung der persönlichen Daten aus wie von Google«, meinte PI-Chef Simon Davis.[38]

Das äußerst lukrative Werbegeschäft wird Google selbstverständlich weiter ausbauen, durch die umstrittene Übernahme des Unternehmens DoubleClick beherrscht Google heute 80 Prozent des gesamten Werbemarktes im Internet. Wissen ist Macht. Googles Techniken des *Data-Mining* (siehe 2.2, S. 272) decken die Zusammenhänge, Zeitabläufe, Beziehungsmuster, die versteckte Information in den Milliarden Einzeldaten auf, wodurch das Unternehmen Schlüsse über die wirtschaftliche, gesellschaftliche und politische Entwicklung ganzer Länder ziehen und diese wieder beispielsweise am Aktienmarkt ausnützen kann. Wer dies auf eine sehr primitive Weise nachvollziehen will, sollte die Seite Google.com/trends besuchen. Ist Google nun der große, böse Wolf inmitten einer sonst friedlichen Internetgemeinde? Das bestimmt nicht. Andere Unternehmen wie Yahoo, AOL und Microsoft speichern ebenso Suchprofile und versuchen diese Informationen zu verwerten, wie wir im Unterkapitel über anonymes Surfen bereits erwähnten. Google wird aufgrund seiner marktbeherrschenden Stellung international besonders aufmerksam beobachtet, denkt aber deswegen keineswegs daran, seinen Datenappetit zu zügeln. Als Werkzeug ist Google fantastisch, doch solange es die derzeitigen extrem datenschutzfeindlichen Praktiken fortführt, sollte man als Konsument ein Zeichen setzen. Es versteht sich von selbst, dass man möglichst wenig der von Google angebotenen Zusatzdienste nützen sollte, für die meisten von ihnen gibt es ohnehin unbedenkliche kostenlose Alternativen. Um zu verhindern, dass Google Suchprofile mit der Computeradresse anlegt, kann man, wie oben beschrieben, mittels Tor anonym surfen. Oder man verwendet alternative Suchmaschinen wie MetaGer oder Privacyfinder.org. Letzerer löscht die Suchanfragen nach einer Woche und zeigt überdies an, wie datenschutzfreundlich die gefundenen Seiten sind. Google.com zum Beispiel erhält null von maximal vier grünen Kästchen ...

Die semantische Wende

Wir haben gesehen, dass der Computer mit seinen phänomenalen Leistungen im Speichern und Verarbeiten von Daten *die* Schlüsseltechnologie der modernen Überwachung darstellt und wie einfach und schnell man mit Google die weltweit im Internet vernetzten Informationsspeicher durchsuchen kann. Dies sind jedoch nur die Vorboten zukünftiger Möglichkeiten, Daten abzufragen. Abgesehen von der unaufhaltsamen Weiterentwicklung der Rechenleistung und der Speicherkapazität sind es zwei Entwicklungen im Bereich der Informationstechnologie, die in einigen Jahren das Prinzip der »praktischen Verborgenheit« endgültig aushebeln werden: das *semantische Web* und *künstliche Intelligenz*. Heute sortieren die Suchmaschinen ihre Ergebnisse zwar so, dass relevante Ergebnisse zuerst gezeigt werden, aber was für den Benutzer relevant ist, weiß die Maschine nicht. Diese Information kann nach Dutzenden, Hunderten oder Tausenden Seiten kommen, selbst wenn man geschickt mehrere Suchwörter kombiniert, die Suche auf bestimmte Länder einschränkt usw. Will man ein möglichst vollständiges Dossier über eine Person zusammenstellen, kann der Zeitaufwand für die Sichtung und Bewertung dieser Seiten erheblich sein. Viel besser wäre es, dem Computer zu sagen, was man braucht, und er durchsucht selbstständig alle Seiten, extrahiert die relevanten Informationen und fasst die Ergebnisse in Form eines Berichtes zusammen. In wenigen Jahren wird das möglich sein. Zuvor muss es zur *semantischen Wende* kommen, darunter versteht man, dass Computer lernen, den *Sinn* von Webinhalten zu verstehen.

Wirklich »verstehen« kann das System die Inhalte aber erst, wenn den Informationen Metainformationen aufgeprägt werden, etwa indem man Webseiten mit sogenannten RDF-Triplets programmiert, die dem Computer mitteilen, was die Inhalte bedeuten. Doch dieser Arbeitsschritt ist gar nicht unbedingt nötig. Schon heute versuchen intelligente Programme durch die Analyse Tausender Seiten Text zu lernen, wie die grammatikalischen Strukturen einer Sprache Objekte sinnvoll verknüpfen. Sobald sie das verstehen, können sie selbst die Beziehungen zwischen Objekten in auswertbare Information verwandeln. Das in Leipzig und Berlin entwickelte Projekt DBpedia beispielsweise analysierte die englische Wikipedia-Enzyklopädie und verwandelte zehn Millionen Aussagen in abfragbare RDF-Daten um.

Das Ergebnis ist faszinierend. Wir stellen die Frage »Welche Fußball-spieler mit Trikotnummer elf spielen bei einem Club, der ein Stadion mit über 40 000 Plätzen hat, und wurden in einem Land mit mehr als zehn Millionen Einwohnern geboren?« Nach einer tausendstel Sekunde spuckt der Rechner eine Liste mit zehn Profi-Fußballern aus, die alle Bedingungen erfüllen, inklusive Lukas Podolski. Einfacher zu bedienen ist die semantische Suchmaschine Powerset.com, sie hat ebenfalls Wikipedia als Datenbasis. Auf die Frage »Wann wurde Mozart geboren?« antwortet sie »27. Januar 1756 (vor 252 Jahren)«, auf »Wer schrieb 1984?« weiß sie »George Orwell«, und auf die Anfrage »Wie viele Einwohner haben die Pitcairn-Inseln?« kommt prompt »48 (1. Juli 2007)«. Ein beeindruckendes Ergebnis, das ahnen lässt, was derartige Systeme in der Zukunft leisten werden.

Weitere große Fortschritte sind auf dem Gebiet der maschinellen Übersetzung zu erwarten. War es anfangs ein unmögliches Unter-fangen, Computern die subtilen Regeln des Sprachgebrauchs beizu-bringen, arbeitet man derzeit sehr erfolgreich mit lernenden Pro-grammen, die mit Dokumenten gefüttert werden, die in verschiede-nen Sprachen vorliegen, etwa im Bereich der EU-Behörden. Alex Waibel, Übersetzungsforscher an der Carnegie-Mellon-Universität in Pittsburgh, ist überzeugt, dass die Sprachbarriere fallen wird.[39]

Der Computerexperte Ray Kurzweil wiederum glaubt, dass in den nächsten 30 Jahren KI (künstliche Intelligenz) der menschlichen ebenbürtig oder ihr sogar überlegen sein wird. Für das Finden und Auswerten von Information wird die semantische Wende und die Verarbeitung der Daten durch KI-Programme einen ebenso bedeu-tenden Schritt darstellen wie der Übergang vom Papier zum Inter-net.

1.5 Adieu, Briefgeheimnis!

Ein *Princip* aller Kulturvölker

Bis zum 19. Jahrhundert, dem Aufkommen des Telegrafen, des Telefons und des Funkverkehrs, wurde die gesamte Fernkommunikation durch Briefe abgewickelt. Dementsprechend wichtig war es, dafür zu sorgen, dass der Brief nicht von Unbefugten heimlich geöffnet wurde. Dazu dienten seit der Antike einerseits technische Vorkehrungen wie etwa das Siegel aus Wachs oder Siegellack, dessen Unversehrtheit garantierte, dass das Schriftstück nicht entfaltet worden war. Auf die alten Künste der Kryptografie und Steganografie zum Schutz von Nachrichten sind wir im Kapitel 1.4 bereits eingegangen.

In den Anfängen dienten die Postsysteme ausschließlich den Zwecken der Herrschenden, und diese hatten die Macht, die Sendungen über praktische Maßnahmen hinaus durch Gesetze zu schützen. So wurden unzuverlässige Boten mit drakonischen Strafen, bis hin zur Todesstrafe, bedroht. Den Bürgern jedoch blieb diese Sicherheit in der Kommunikation verwehrt, unabhängig davon, ob sie eigene Boten verwendeten oder die staatlichen Transportsysteme, die sich allmählich der privaten Post öffneten. Der französische König Ludwig XI. ließ erstmals in »Schwarzen Kabinetten« alle Briefe nach für ihn schädlichen Mitteilungen durchsuchen, eine Einrichtung, die in Europa später noch oft nachgeahmt werden sollte. Und als im England des 17. Jahrhunderts unter Oliver Cromwell mit dem General Post Office ein staatliches Postmonopol errichtet wurde, begründete das Parlament das nicht zuletzt damit, dass auf diese Weise am besten gefährliche Pläne gegen die Regierenden entdeckt werden könnten; denn die Verschwörer könnten sich nun einmal über größere Entfernungen nur durch Briefe verständigen.[1] Bis zum 19. Jahrhundert hatte man das System des Abfangens von Nachrichten dann so perfektioniert, dass Napoleon III. seine Polizeibeamten nach England schickte, damit sie dort die Methoden studieren konnten.

Durch die Erfindung des Briefumschlags, das immer größere Post-volumen und die sich verbreitende Vorstellung vom Briefgeheimnis als »unverletzliches« Grundrecht ging die Ära der staatlichen Post-schnüffelei im Laufe des 19. Jahrhunderts jedoch zu Ende. »Die Hei-lighaltung des Briefgeheimnisses ist von allen Kulturvölkern als Princip anerkannt worden«, heißt es im »Brockhaus« von 1894. 1870 wurde es in Österreich verbrieftes Gesetz, ein Jahr später in Deutsch-land, zumindest für den männlichen Teil der Bevölkerung; Frauen hatten noch lange Zeit kein Recht, ihre private Korrespondenz vor ihren Ehemännern geheim zu halten.

In Deutschland soll der Artikel 10 des Grundgesetzes die Unverletz-lichkeit von Brief-, Post- und Fernmeldegeheimnis garantieren. Wir schreiben bewusst »soll«, denn bisweilen wird Recht zu totem Recht, und wie wir im Folgenden sehen werden, haben der technologische Fortschritt und der zunehmende Trend zur Überwachung das lang-same Sterben für dieses Grundrecht längst eingeläutet.

Hundert Milliarden Mails täglich

Die moderne Kommunikation ist von einer Entkörperlichung gekennzeichnet: Das persönliche Gespräch wurde vielfach durch das Telefonat ersetzt, Briefe durch E-Mails, Treffen durch Chats oder vir-tuelle Konferenzen. Gemeinsam ist all diesen Mitteln, dass sie über elektronische Verbindungen laufen, wo sie nicht nur stets Spuren hinterlassen, sondern auch leicht abgehört werden können.

Besonders deutlich wird dies am Beispiel der *E-Mail*, der elektroni-schen Post. Man tippt eine Nachricht in den Computer, gibt eine Adresse mit dem charakteristischen »Affenschwanz« ein und drückt auf »Senden«. Eine Minute später kann man bereits die Antwort erhalten, vielleicht sogar vom anderen Ende der Welt. Eine Leistung, neben der der gute alte Brief zur Schneckenpost, *Snail-Mail*, ver-kommt und die zudem auch noch meist gratis ist. Kein Wunder, dass schon zwei Drittel der Deutschen E-Mail nutzen, bei den Jungen praktisch jeder.

Während es noch Ende des vergangenen Jahrhunderts unmöglich gewesen wäre, Millionen von Briefen täglich abzufangen, zu öffnen, zu lesen und ohne Spuren zu hinterlassen weiterzuschicken, bringt der globale Wechsel vom Brief zur E-Mail den alten Traum der Herrschenden von der flächendeckenden und lückenlosen Überwachung der schriftlichen Kommunikation wieder in Reichweite, denn das Abfangen der Nachrichten auf ihrem Weg durch das Internet ist ebenso einfach wie ihre Durchsuchung nach speziellen Inhalten.

Hier wenden Kritiker vielleicht ein, dass keine Organisation der Erde genug Personal habe, um auch nur einen Bruchteil der rund 100 Milliarden täglich weltweit versandten E-Mails zu lesen. Man brauche die E-Mail-Überwachung nicht zu fürchten, weil man in der Masse untergehe und die Behörden sich daher ohnehin nur auf verdächtige Ziele konzentrieren könnten. Leider ist das grundfalsch. Selbstverständlich kann kein Mensch all diese Mails lesen, von denen übrigens gut die Hälfte *Spam,* Werbemüll, ist. Aber Computer können es. Sie können Millionen Mails abfangen, nach bestimmten Schlüsselwörtern durchsuchen und unbemerkt weiterleiten. Enthält eine Mail einen verdächtigen Begriff oder Namen, wird sie gespeichert und von Menschen näher betrachtet. Theoretisch ist es damit möglich, in einem gigantischen »Schwarzen Kabinett« den gesamten E-Mail-Verkehr der Welt zu überwachen, die Datenmengen, die dafür analysiert werden müssten, sind allerdings gewaltig.

Projekte wie SETI@home, bei dem Hunderttausende private Computer Signale aus dem All nach Lebenszeichen Außerirdischer überprüfen, zeigten allerdings, dass mittels *verteiltem Rechnen* auch größte Datenmengen bewältigt werden können. Eine andere Möglichkeit dafür sind *Supercomputer* wie der Blue Gene/L von IBM. Von der NSA ist bekannt, dass sie seit Jahrzehnten Supercomputer einsetzt. Die Auswertung des globalen E-Mail-Verkehrs ist also heute technisch durchführbar und wird, wie wir nun sehen werden, zumindest ansatzweise unter dem Fachausdruck COMINT *(Communication Intelligence)* von den Geheimdiensten bereits betrieben.

Echelon – Der planetare Lauschangriff

Die historische Entwicklung dazu begann nach dem Zweiten Weltkrieg, als die westlichen Siegermächte nachrichtendienstliche Allianzen schlossen. 1947 ratifizierten Großbritannien (UK) und die USA die sogenannten UKUSA-Verträge zur Zusammenarbeit ihrer Geheimdienste GCHQ und NSA. Dem Bündnis schlossen sich Australien, Kanada und Neuseeland an. Aus dieser Kooperation entstand in den 1970er-Jahren das Echelon-Projekt mit dem Ziel, die unterschiedlichsten Kommunikationswege abzuhören. Da selbst die Existenz der UKUSA-Verträge über 50 Jahre lang geheim gehalten worden war, ist es nicht verwunderlich, dass es von offizieller Stelle kaum zuverlässige Informationen über Echelon gibt. Jedoch haben ehemalige Echelon-Mitarbeiter und Aufdecker wie Winslow Peck, Margaret Newsham, Duncan Campbell, Wayne Madsen, Nicky Hager, James Bamford und Mike Frost im Laufe der Jahre manche Details enthüllt, die zumindest ein ungefähres Bild dieses Projektes entstehen lassen. Demzufolge soll das Netzwerk aus 120 geostationären Satelliten und Dutzenden über die Erde verteilten Horchstationen bestehen, deren charakteristische Radarkuppeln gigantischen Golfbällen ähneln. Die darin verborgenen Radarantennen können kommerzielle Nachrichtensatelliten belauschen. Mit weiteren Einrichtungen werden Mobil- und Richtfunk, Festnetztelefonie, Internet und eventuell auch die Kommunikation über Unterwasserkabel abgehört.

Unterstellt war und ist Echelon der US-amerikanischen National Security Agency (NSA), dem »geheimsten der US-Geheimdienste«; Mitarbeiter erklären die Abkürzung NSA scherzhaft mit *No such Agency!* – So einen Geheimdienst gäbe es gar nicht. Die NSA hat rund 40 000 Mitarbeiter und verfügt über ein geschätztes Jahresbudget im zweistelligen Dollar-Milliardenbereich, wobei das Budget seit 1999 aus Rücksicht auf die nationale Sicherheit nicht mehr bekannt gegeben wird. Die Zentrale der NSA liegt in Fort Meade, Maryland, und wird »Crypto City« genannt, weil es sich um eine Art abgeriegelte Stadt handelt. Dort laufen die auf der ganzen Welt gewonnenen

Abhördaten über das Geheimdienst-Computernetz Intelink ein und werden von einer Reihe von Supercomputern ausgewertet, die auch mittelstark verschlüsselte Nachrichten mittels *Brute Force* (siehe Kapitel 1.4, S. 115f.) in kurzer Zeit knacken können. Der größte Stützpunkt der NSA in Deutschland war in Bad Aibling, er wurde 2004 geschlossen. Gleichzeitig wurde eine neue Station mit fünf Radarkuppeln zwischen Griesheim und Darmstadt errichtet. Außerdem waren die Rhein-Main Airbase und die Egelsbach Transmitter Facility vor ihrer Außerdienststellung verdächtigt worden, Echelon zu dienen.

Die Antennen in den Nachbarländern Frankreich und Schweiz gehören allerdings nicht zu Echelon, sondern zu nationalen Systemen: Der französische Geheimdienst DGSE hat ein System mit einer Abhöranlage bei Domme bei Bordeaux und nutzt dafür außerdem die Helios-Satelliten; die Daten sollen mit dem deutschen BND geteilt werden.[2] Die Schweiz wiederum überwacht die Satellitenkommunikation mit dem aus den Satos-Projekten hervorgegangenen Onyx-System, mittels Parabolantennen bei Leuk und Heimenschwand und einer Zentrale in Zimmerwald. Wurden die Daten anfänglich nur von den Schweizer Nachrichtendiensten MND und SND genutzt, könnten sie in Zukunft auch der Polizei offenstehen.

Ein lohnendes Ziel in Deutschland wäre für die NSA Frankfurt am Main, wo wichtige Hauptleitungen der Telekommunikation zusammenlaufen. Nach dem Krieg richtete sich das US-Militärkommando dort im IG-Farben-Haus ein. Die NSA soll von dort aus die deutschen Telefonleitungen abgehört haben, über Abhörstationen, die direkt an die Postleitungen angeschlossen waren. Heute befindet sich in Frankfurt der DE-CIX, einer der drei größten *Internet-Austauschknoten* der Welt, durch den die Daten von 240 Internetprovidern und Organisationen aus über 20 Ländern geschleust werden. Ein Großteil der deutschen Mails strömt durch diesen Flaschenhals. Für die NSA wäre das Anzapfen des DE-CIX die beste Lösung, um Deutschlands Internetaktivitäten auszuspähen. Nachdem im September 2007 nach einem Tipp eines US-Geheimdienstes im Sauerland Terrorverdächtige festgenommen worden waren, die Sprengstoffanschläge planten, forderte auch der deutsche Verfassungsschutz im Frühjahr 2008 den Zugriff auf solche Internetknoten. Die Auswertung der Daten aus den gescannten Telefaxen und Mails geschieht in der NSA-Zentrale in Maryland durch hoch spezialisierte Software. Dabei wird auf der Basis von Suchlisten nach bestimmten Personennamen, Orten und Begriffen Ausschau gehalten. Wer etwa in seine Mails die Namen von Al-Qaida-Untergrund-Publikationen wie »Sawt al Jihad« oder »Mu'askar al Battar« einfügt, kann davon ausgehen, dass diese markiert und später von Agenten genauer betrachtet werden. Durch Irrtümer geraten auf diese Weise auch einfache Bürger ins Netz der Überwachung; so war die Mutter eines Schülers auf einer Liste Terrorverdächtiger gelandet, weil sie in einem Telefonat erzählt hatte, ihr Sohn habe bei einer Aufführung des Schultheaters »eine Bombe gelegt«. Mit dem englischen Slangausdruck meinte sie, dass sein Auftritt missglückt war.[3]

Schrieben wir »in einem Telefonat«? Ja, denn dank Spracherkennung ist Echelon auch in der Lage, bestimmte Stimmen oder Schlüsselwörter in Telefongesprächen und Internetkonferenzen zu erkennen und die ganze Kommunikation aufzuzeichnen. Hielt man dies vor einigen Jahren noch für impraktikabel, dürfte es mittlerweile – zumindest bei den nicht tonalen westlichen Sprachen – keine großen Schwierigkeiten mehr bereiten. 2007 gab sogar der Handyhersteller Motorola bekannt, eine Technologie entwickelt zu haben, mit der es Mobiltelefonen möglich sei, SMS-Inhalte und Telefongespräche nach Schlüsselwörtern zu durchsuchen und das Ergebnis für zielgerichtete Werbung nutzbar zu machen. Systeme wie das Neuronale Netzwerk von Berger-Liaw erkennen sprecherunabhängig bereits zwei Drittel des Gesagten, selbst wenn das Hintergrundrauschen 560 Mal lauter als die Stimme ist.[4]

Das Beispiel mit der »Bombe« zeigt allerdings, wie unzureichend eine einfache Suche nach Schlüsselwörtern aus einem *Echelon-Dictionary* ist. Es besteht Bedarf an Programmen, die aus den im Umfeld vorkommenden Wörtern den Text eigenständig semantisch bewerten und entscheiden, ob z. B. der Name eines Terrorverdächtigen in einem Mail der Gruppe oder nur in einem Artikel eines Journalisten vorkommt. Solche Programme existieren bereits und wurden in Europa nicht nur in automatischen Übersetzungsprogrammen wie dem bekannten Langenscheidt T1 eingesetzt, sondern auch Ende der 1990er-Jahre im Dunstkreis von EU-Behörden und dem BND weiterentwickelt. Im Jahr 1996 förderte die EU-Kommission das Aventinius-Projekt, dessen Ziel ein fortgeschrittenes Informationssystem für die multinationale Drogenbekämpfung war. Involviert waren die Firmen GMS und Polygenesys, Vertreter des Amts für Auslandsfragen (einer Tarnorganisation des BND) und des Europol-Vorgängers EDU.[5] Während GMS die Technologie zur Verfügung stellte, um Texte auszuwerten und Daten maschinell auszufiltern, brachte Polygenesys das Know-how ein, wie man diese Daten auf geschickte Weise speichert und automatisch verknüpft, sodass das Programm am Ende selbstständig Querverbindungen herstellt, die dem Ermittler gar nicht aufgefallen sind, mit einem Wort: *Data-Mining*.

Als Ergebnis des Projekts entstand ein Grundkonzept, auf dem die Firmen aufbauten, als die EU-Kommission sie mit 2,1 Millionen Euro für das Projekt SENSUS (1998 bis 2000) bedachte: die Entwicklung eines multilingualen Informationssystems für europäische Sicherheitsbehörden. Offensichtlich war man mit den Ergebnissen des Konzepts zufrieden, denn 1999 erteilte Europol der Firma Sail Labs (ehemals GMS) einen Zehn-Millionen-Euro-Auftrag, das Europol-Informationssystem zu entwickeln. In den USA wurden eigene Programme hervorgebracht, die eine intelligente Suche im Dickicht der Abhördaten ermöglichen, etwa Semantic Forests oder die Programme der Memex Technology Ltd. Aber nach welchen Daten hielt man – nach dem Ende des Kalten Krieges und vor dem 11. September 2001 – eigentlich Ausschau?

Von Freunden ausgespäht

Nach dem Zerfall der Sowjetunion und des Ostblocks kam es in den meisten Geheimdiensten zu Umstrukturierungen und neuen Schwerpunktsetzungen. In den USA wurde das Budget anstatt in

Agentengehälter zunehmend in Technik investiert. Durch die Nationale Sicherheitsdirektive 67 ermächtigte Präsident George Bush sen. 1992 die Geheimdienste CIA und NSA, die vorhandenen Echelon-Strukturen für Wirtschaftsspionage zu verwenden. Nach Robert D. Steele, einem Ex-CIA-Officer, wertet Echelon nur sechs Prozent der aus Russland abgefangenen Nachrichten aus, drei Prozent aus Europa und weniger als ein Prozent aus dem Rest der Welt.[6] Auch wenn dem so ist, bei den Millionen überwachter Kommunikationsereignisse stündlich erwächst der US-Wirtschaft daraus ein gewaltiger Vorteil, denn Nachrichten von Interesse werden an das US-Handelsministerium weitergeleitet, das die Informationen seinerseits an die entsprechenden Branchenverbände oder Unternehmen weiterleitet. Der Ex-CIA-Direktor William E. Colby formulierte 1995 die offizielle Linie der US-Regierung:»Wir haben US-Firmen geholfen, indem wir ausländische Unternehmen überführt haben, mit Bestechung zu arbeiten. Die fraglichen Länder wurden informiert, die Verträge wurden neu ausgeschrieben, und am Ende bekam die amerikanische Firma den Auftrag.«[7]

Dass die NSA aber nur dann US-Firmen informierte, wenn europäische Unternehmen mit Bestechung Aufträge erhalten hatten, darf bezweifelt werden, wie etwa der»Fall Enercon«zeigt: Am 21. März 1994 erkletterten drei Agenten eine 42 Meter hohe Windkraftanlage im ostfriesischen Aurich, um die überlegene Technik des deutschen Herstellers Enercon GmbH auszuspähen und an den US-Konkurrenten Kenetech Windpower Inc. weiterzugeben. Das kalifornische Unternehmen ließ sich dann die deutsche Technologie in den USA patentieren und schloss Enercon damit von diesem Markt aus. Es handelt sich dabei aber keineswegs um einen üblichen Fall von Betriebsspionage, denn möglich war die Spionageaktion erst geworden, weil die Eindringlinge vorab die Codes zur Deaktivierung des Sicherheitssystems der Anlage wussten – von der NSA, die die Kommunikation von Enercon überwacht hatte.

Im selben Jahr soll Airbus einen Sechs-Milliarden-Vertrag mit Saudi-Arabien verloren haben, weil die NSA die US-Konkurrenten Boeing und McDonnell Douglas davon in Kenntnis setzte, die den

Saudis dadurch ein günstigeres Angebot unterbreiten konnten und den Zuschlag erhielten.

Obwohl Deutschland durch Wirtschaftsspionage jährlich ein Verlust in zweistelliger Milliardenhöhe entsteht, fiel es der Bundesregierung schwer, die spionierenden »Freunde« zu kritisieren, mit denen man auf Geheimdienstebene ja eigentlich zusammenarbeitete. Das Europäische Parlament rief nach Debatten Ende der 1990er-Jahre einen Echelon-Ausschuss ins Leben. Dieser stellte 2001 fest, dass ein entsprechendes Abhörsystem zweifelsfrei existiere, wie immer es auch hieße, und neben militärischer auch private und wirtschaftliche Kommunikation abhöre. Dies sei »eine ernste Verletzung der Privatsphäre von Menschen«, ein Verstoß gegen Artikel 8 der Europäischen Menschenrechtskonvention.[8] Pikant: England als EU-Mitglied spioniert offensichtlich für die US-Wirtschaft, die EU konnte sich aber zu keinen Sanktionen entschließen.

»Lawful Interception« – Der Ganz Große Lauschangriff

Seit Ende der 1990er-Jahre erlauben Deutschland und Österreich der Polizei und Staatsanwaltschaft neben dem *Kleinen Lauschangriff,* dem Abhören von an öffentlichen Orten oder im Freien geführten Gesprächen auch den umstrittenen *Großen Lauschangriff,* die Überwachung in der Wohnung als dem intimsten Lebensbereich. Vor einiger Zeit musste man dazu noch umständlich »Wanzen« in den Räumen verstecken oder die Telefonleitung »anzapfen«. Im Freien verwendete man bisweilen *Richtmikrofone,* die den Schall mit einem Parabolspiegel sammelten. Eine fortschrittlichere Methode ist das *Lasermikrofon:* Damit lenkt man einen unsichtbaren Laserstrahl auf eine Fensterscheibe, von der er reflektiert wird. Wird im Raum gesprochen, versetzen die Schallwellen die Fensterscheibe in minimale Schwingungen, die vom reflektierten Laserstrahl »mitgenommen« und wieder in Laute übersetzt werden. Von Wirtschaftsspionen eingesetzt, ist für die staatlichen Ermittler dergleichen Agentenkram heute meist überflüssig. Einerseits durch die in Kapitel 1.1

erwähnten Methoden, Mobiltelefone abzuhören oder in Wanzen zu verwandeln, vor allem aber durch die Mühelosigkeit, mit der die Behörden heute über sogenannte *LI-Schnittstellen* die Telekommunikation abhören können. Diese Schnittstellen werden auch als *Handover- Interfaces* bezeichnet und müssen von allen Telefonanbietern in ihren Schaltzentralen eingebaut werden. Dadurch wird »Bedarfsträgern« wie Geheimdiensten oder Ermittlungsbehörden jederzeit der gesetzeskonforme Zugang (*Lawful Interception*, daher LI) zu Gesprächen, Kurznachrichten und Datenübertragungen ermöglicht. Das Europäische Institut für Telekommunikationsnormen (ETSI) schreibt im ETSI-Meta-Standard ES 201-671 vor, dass fünf Bedarfsträger gleichzeitig und ohne voneinander zu wissen lauschen können müssen. In einzelnen Fällen soll aber selbst das in der Vergangenheit nicht ausgereicht haben.[9] Wie das? Der behördliche Lauschangriff ist in Deutschland stark fragmentiert: Bundeskriminalamt (BKA), Verfassungsschutz, Bundespolizei oder Bundesnachrichtendienst setzten jeweils eigene Maßnahmen, ein Missstand, den Bundesinnenminister Wolfgang Schäuble durch die Schaffung einer Bundesabhörzentrale nach Vorbild der NSA gerne beheben möchte, wie im Frühjahr 2008 bekannt wurde.

Die Kosten für Einrichtung und Betrieb der Schnittstellen müssen die Provider tragen, sie geben die Kosten an ihre Kunden weiter, wir alle zahlen dafür, abgehört werden zu können. Da die Provider keinerlei Kontrollmöglichkeit über die Schnittstellen haben, kann theoretisch jederzeit – genehmigt oder nicht – ein Zugriff auf die Daten erfolgen, der später nicht mehr nachgewiesen werden kann.[10]

Aber wie kam es zu diesem »Ganz Großen Lauschangriff«, und warum hat die Öffentlichkeit von diesem lückenlosen System kaum Notiz genommen? Der Grund dafür liegt darin, dass seine Schöpfer versuchten, es geheim zu halten. Die Schaffung dieses internationalen Abhörstandards geht auf das Jahr 1993 zurück, als die USA, Kanada, Australien und die wichtigsten EU-Staaten sich auf »Internationale Abhöranforderungen« (*International Requirements for Interception*) einigten, die alsbald den unverdächtigeren Namen

»Internationale Benutzeranforderungen« (*International User Requirements,* IUR) erhielten. 1994 passierten die IUR unter der Bezeichnung CALEA den US-Kongress und 1995 erfolgte der EU-Ratsbeschluss für Enfopol, wie man die Schnittstelle in Europa nannte, nachdem das Gesetz am EU-Parlament vorbeigeschleust worden war. Schon damals hatte man eine verstärkte Zusammenarbeit im Sinn, die im Mai 2000 durch das EU-Rechtshilfeabkommen (COPEN 32) beschlossen wurde, das neben dem Informationsaustausch auch das grenzübergreifende Abhören digitaler Kommunikation regelt. Artikel 18 besagt, dass die Behörden ohne richterliche Genehmigung eine Zielperson im Ausland bis zu zwölf Tage lang abhören dürfen. Wieder wurde das Parlament, das die Streichung des Paragrafen forderte, übergangen.

Alle deutschen Internetprovider wiederum müssen laut Telekommunikations-Überwachungsverordnung (TKÜV) seit 2005 eine sogenannte *SINA-Box* installieren, über die die Behörden jederzeit einen gesicherten Zugang zu allen Mails, bei Bedarf sogar zum gesamten Datenverkehr der Zielperson haben.

Bemerkenswert ist, dass die Anzahl der Lauschangriffe in den letzten Jahren in einem dramatischen Ausmaß zugenommen hat. Die Gründe für eine Überwachung wurden immer weiter ausgedehnt, und die Anzahl der richterlichen Anordnungen vervielfachte sich in Deutschland von 1991 bis 2001 auf 800 Prozent. Im Jahr 2006 wurden mehr als 6000 Festnetz- und mehr als 40 000 Mobilfunkanschlüsse abgehört sowie in 477 Fällen Internetleitungen angezapft, im Jahr 2007 stiegen die Zahlen dann um weitere neun Prozent an. Man kann sich ausmalen, wie sorgfältig die Beurteilung jedes einzelnen Abhöransuchens durch die Richter angesichts dieser Zahlen sein kann.

In anderen Ländern wurden äquivalente Systeme errichtet, ein besonders umfassendes beispielsweise in der Russischen Föderation. Im Rahmen von SORM-2 müssen die Internetprovider dem Inlandsgeheimdienst FSB und sieben weiteren Behörden wie etwa der Steuerpolizei und dem Grenzschutz jederzeit den Breitbandzugang zu all ihren Daten gewährleisten.

Auch in Schweden soll die totale Internetüberwachung bald Alltag sein. Im Juni 2008 ermächtigte der Reichstag den technischen Geheimdienst FRA, den gesamten Telefon- und Datenverkehr von und nach Schweden abzuhören. Ohne richterliche Befugnis können Kurznachrichten, E-Mails, Internettelefonie und Chats in Echtzeit auf 250 000 vordefinierte Begriffe überwacht werden. Dabei hatte sogar die schwedische Polizeigewerkschaft dagegen protestiert und vor einem »Mangel an Verständnis für den Schutz der Privatheit der Bürger« gewarnt.

Die amerikanische Öffentlichkeit, die zuletzt durch die Operation CHAOS während des Vietnamkriegs durch CIA und Polizei massiv illegal bespitzelt worden war – 300 000 Kriegsgegner und Bürgerrechtsgruppen waren damals registriert, Tausende umfangreich beschrieben worden[11] –, war schockiert, als sie im Mai 2006 durch einen Bericht in der Zeitung »USA Today« erfuhr, dass die NSA seit 9/11 nicht nur im Ausland spioniert, sondern ohne gerichtliche Verfügung, aber mithilfe der drei großen Telefongesellschaften AT&T, Verizon und BellSouth fast alle Verbindungsdaten in den USA erfasst und gespeichert hatte.

Die NSA war praktisch für das berüchtigte Total Information Awareness Program (TIA; siehe Kapitel 2.1, S. 256) eingesprungen, nachdem der Kongress 2003 die Gelder dafür gestoppt hatte. Finanziert durch »schwarze Kassen« und ohne richterliche Genehmigung sammelte die NSA große Mengen von Daten über US-Bürger: Internetverbindungsdaten, besuchte Websites, Telefonverbindungsdaten, Kontodaten, Überweisungen, Kreditkartendaten und Reisedaten. Laut dem pensionierten AT&T-Techniker Mark Klein installierte die Behörde die »Big-Brother-Maschine« Narus Semantic Traffic Analyzer 6400, die Zehntausende Anschlüsse gleichzeitig abhören kann, an der LI-Schnittstelle von AT&T und konnte so den gesamten Telefon- und Internetverkehr überwachen.

Darüber hinaus wurden die Abhörschnittstellen auch von der Bundespolizei genutzt. 40 Millionen Dollar, ein Drittel mehr als im Jahr zuvor, gibt das FBI laut einem Bericht der »Washington Post« 2008 für seine Abhörstation in Quantico, Virginia, aus, die über

Breitbandleitungen mit Abhörschnittstellen bei mehreren Telekommunikationsfirmen und Internetprovidern verbunden ist. Die Daten werden mit der CIA und der NSA brüderlich geteilt.[12] Das FBI verwendet zum Abhören der Datenströme von Internetprovidern nicht nur kommerzielle Programme, sondern entwickelte dafür eine eigene Software namens Carnivore, aus der das aktuell verwendete Analyseprogramm DCS-3000 hervorging.

Selten sind die Auswirkungen eines Missbrauchs von Überwachungsmethoden durch Dritte schwerwiegender als bei den staatlichen Abhörschnittstellen, da dort quasi Millionen Telekommunikationskunden auf dem Präsentierteller liegen. Die Gefahr droht von korrupten Mitarbeitern, versierten Hackern oder ausländischen Diensten. Ein entsprechender Vorfall wird heute als das »Griechische Watergate« bezeichnet: Im März 2005 erfuhren der griechische Ministerpräsident, der Bürgermeister von Athen, ein Angehöriger der US-Botschaft und 100 weitere prominente Kunden der Telefongesellschaft Vodafone Greece, darunter auch Mitglieder von Bürgerrechtsgruppen oder Globalisierungsgegner, dass ihre Mobiltelefone seit Monaten abgehört worden waren. Dies gelang durch eine geniale Modifikation der vorhandenen LI-Abhörschnittstelle des Ericsson-AXE-Systems. Weder ließ sich herausfinden, ob der Angriff ausschließlich von außen oder mithilfe eines Mitarbeiters durchgeführt worden war, noch wurde je die Identität der Hacker ermittelt. Verdächtigt wurden ausländische Geheimdienste, die Athen anlässlich der Olympischen Spiele von 2004 aus Sicherheitsgründen überwachen hätten wollen.[13]

Eine ziemlich gute Privatsphäre

Dem Informatiker Phil Zimmermann war die Unsicherheit der Kommunikation durch E-Mails bewusst. Vor allem in Hinblick auf die Bedürfnisse von Bürgerrechtlern, die ihre Kommunikation vor den Geheimdiensten verbergen wollen, entwickelte er deshalb ein

Programm, das E-Mails mittels der sogenannten *asymmetrischen Verschlüsselung* vor fremden Blicken schützt. Er nannte die Software Pretty Good Privacy (PGP, »eine ziemlich gute Privatsphäre«) und stellte sie 1991 allen Internetbenutzern gratis zur Verfügung. Da PGP zu den starken Verschlüsselungsprogrammen zählte, durfte es gemäß den damaligen Exportbeschränkungen nicht als Software außer Landes gebracht werden. Daher druckte Zimmermann 1995 den *Quellcode* des Programms in einem Buch ab. Dieses durfte exportiert werden. Daraufhin tippten 60 Freiwillige im Ausland das Programm per Hand ab. Dennoch nahm die Regierung Zimmermann ins Visier: Dass nun auch im Ausland Mails so stark verschlüsselt werden konnten, dass die NSA sie nicht mehr zu knacken vermochte, ärgerte die Behörden. Nach drei Jahren wurde der Fall jedoch ohne Anklage fallen gelassen.

PGP ist bis heute die beliebteste Software zur sicheren Verschlüsselung von Mails geblieben. Seine Funktionsweise ist leicht zu erklären: PGP ist ein *Public-Key-System,* das heißt jeder Anwender verfügt über ein Schlüsselpaar: Ein Schlüssel ist öffentlich und wird allen Kommunikationspartnern bekannt gegeben. Wer eine Nachricht senden will, verschlüsselt nun diese mit dem *öffentlichen Schlüssel* des Empfängers. Nur dieser kann dann mit seinem *privaten Schlüssel* die Nachricht im Klartext lesen. Für nichtkommerzielle Zwecke ist PGP nach wie vor gratis; Phil Zimmermann erhielt für seine Verdienste um eine sichere Kommunikation eine Vielzahl von technischen und humanitären Preisen. Inzwischen entwickelte er auch ein Programm namens Zfone zum Schutz der beliebten und häufig abgehörten Internettelefonie VoIP *(Voice over IP).*

Vor dem Hintergrund der allmählich lückenlos zusammenwachsenden Abhörnetze gewinnen Kryptografie, Steganografie und anonyme Internetnutzung, wie sie in Kapitel 1.4 ab S. 117 vorgestellt wurden, besondere Bedeutung. Versuche der Geheimdienste, die Anwender mit *Backdoors,* »Hintertüren« zu täuschen, waren wenig erfolgreich. Zwischen 1993 und 1996 versuchte die US-Regierung beispielsweise vergeblich, der Industrie den *Clipper-Chip* schmackhaft zu machen, eine Verschlüsselung, die in möglichst vielen Computern und Telefonen zur Anwendung hätte kommen sollen. Der Chip hatte nur einen Schönheitsfehler: Die NSA hätte jederzeit alles mitlesen können.

Da eine starke Verschlüsselung alle Anstrengungen von Echelon, Enfopol und Co. zunichte macht, könnten der starken Kryptografie und dem anonymen Internetsurfen über Netze wie »Tor« langfristig der Garaus gemacht werden; drei bewährte Argumente stehen dafür bereit: »organisiertes Verbrechen«, »Terrorismus« und »Kinderpornografie«. In einigen Bundesstaaten der USA und Großbritannien müssen die Bürger bereits auf Verschlüsselung verzichten oder im Bedarfsfall den Schlüssel verraten. An dieser Stelle wollen wir an den 26-jährigen deutschen Hacker Tron erinnern, der 1998 an einem revolutionären Internet-Verschlüsselungsgerät für den Massenmarkt arbeitete, als er unter mysteriösen Umständen ums Leben kam.[14]

Abschließend sei zum Thema E-Mails noch ein kaum bekannter Aspekt erwähnt, der vor allem das private Schnüffeln betrifft: Mails lassen sich nicht nur dazu verwenden, Trojaner auf einem Zielrechner zu installieren, sondern auch um auf perfide Weise den Empfänger auszuspionieren. Verwendete man früher dazu sogenannte *Web Bugs,* auch *Web Beacons* oder *Clear Gifs* genannt, nützt man heute einfach zu bedienende Fertiglösungen wie jene des Anbieters Readnotify.com. Dadurch lässt sich heimlich und problemlos feststellen, wann eine E-Mail beim Empfänger ankam, ob und wann und wie lange er sie gelesen hat, ob sie weitergeleitet wurde, ob beigefügte Texte geöffnet wurden usw. Die Gegenstrategie dazu ist, E-Mails ausschließlich als Textdatei und nicht im HTML-Format anzeigen zu lassen oder sie herunterzuladen und offline zu lesen.

Das Unternehmen BigString.com wiederum bietet Mails mit »Selbstzerstörung« an, die nur einmalig gelesen, aber nicht gespeichert, ausgedruckt oder weitergeleitet werden können.

Völlige Sicherheit vor dem Ausspähen der elektronischen Post wird es aber nie geben, es sei denn, man hält sich an den Rat von Generalstaatsanwalt Eliot Spitzer, auf den wir in Kapitel 1.6, S. 187, noch zurückkommen werden: »Sage nie etwas, wenn du stattdessen nicken kannst, nicke nie, wenn du stattdessen zwinkern kannst, und schreibe niemals eine E-Mail.«[15] Also dann doch wieder zurück zu den Anfängen, der *Snail-Mail,* dem guten alten Brief aus Papier und Tinte? Kurioserweise ist dies heutzutage wahrscheinlich wirklich der sicherste Weg, eine Botschaft zu senden, so spurlos wie früher geht dies aber dennoch nicht mehr: Bei der automatisierten, barcodegestützten Sortierung der Sendungen fallen ebenso Daten an wie bei Frankiersoftware wie STAMPIT oder WebStamp. In den USA dürfen seit 2007 die Sicherheitsbehörden gar Briefe ihrer Bürger ohne richterliche Genehmigung öffnen. Außerdem verlangen die USA seit mehreren Jahren vorab Informationen über alle Briefe und Pakete, die in die Staaten gehen: Absender, Empfänger und – sofern verfügbar – Inhalt. Die Deutsche Post, berichtete die »Zeit« im April 2008, liefere diese Informationen zum Teil auch schon.[16] Und das, obwohl zum Brief- und Postgeheimnis nach deutschem Recht nicht nur Informationen über den Inhalt, sondern auch über Absender und Empfänger gehören.

Nach Aussage des Ex-NSA-Mitarbeiters Wayne Madsen war es bereits 1985 das erklärte Ziel der NSA, mit Echelon die komplette Kommunikation der Welt abhören zu können.[17] Wir wissen nicht, wann die NSA dieses Ziel erreichen wird oder ob sie es praktisch nicht schon erreicht hat, aber wir haben mittlerweile die Gewissheit, dass es neben Echelon eine Reihe andere – nationaler, europaweiter und internationaler – Initiativen gibt, möglichst jede digitale Kommunikation abzufangen und auszuwerten. In diesem Sinne meinte Jürgen Kühling, ehemaliger Richter am Bundesverfassungsgericht, bereits 2003, man dürfe das Fernmeldegeheimnis »getrost als Totalverlust abschreiben«.

1.6 Die Spur des Geldes

Abschied vom Bargeld?

Nicht nur für ihre herausragenden Tauchreviere ist die mikronesische Inselgruppe Yap bekannt, sondern vor allem für *Rai,* das gewichtigste Zahlungsmittel der Welt. Die »Münzen« der Yapesen sind bis zu vier Meter hohe, stets senkrecht gelagerte Kalksteinscheiben, die wegen ihres Gewichtes bei Handelsabschluss oft einfach an Ort und Stelle bleiben. Der Dorfälteste hat die Aufgabe, sich zu merken, welcher Stein wem gehört. Auf den ersten Blick erscheint dieses System bizarr und unsicher, bis man sich daran erinnert, dass unsere Wirtschaft heute längst ebenso auf einem Geld beruht, das zum größten Teil bloß »gemerkt« ist, nur nicht von Dorfältesten, sondern von Computern.

Wie im Bereich der Kommunikation bedeutet die Verlagerung von Zahlungsvorgängen mit Bargeld hin zu den bargeldlosen Zahlungssystemen, dass wir – ob wir es wollen oder nicht – digitale Spuren hinterlassen, die überwacht werden können. Bei Debit-(EC-) und Kreditkarten etwa werden sämtliche Kaufvorgänge beim verrechnenden Institut zentral gespeichert, so kann jederzeit nachvollzogen werden, wer wann wo was für welchen Betrag gekauft hat. Banken, Kreditkartenfirmen, Internethändler usw. speichern diese Spuren aus vielfältigen Gründen – etwa um ihren Kunden maßgeschneiderte Werbung zu schicken (siehe Kapitel 2.2).

Naturgemäß interessieren sich auch die Behörden für diese Daten. Die Steuerfahndung sucht mit automatisierten Programmen wie XPIDER im Internet nach Steuerhinterziehern, während die Polizei finanzielle Rasterfahndungen durchführt. So überprüften deutsche Polizeibehörden im Jahr 2006 in Zusammenarbeit mit den Kreditkartenunternehmen den Zahlungsverkehr sämtlicher 22 Millionen Kreditkartenbesitzer in Deutschland, um Benutzer einer kostenpflichtigen Internetseite mit Kinderpornografie ausfindig zu machen.

Wäre das Bargeld erst einmal abgeschafft, könnten sämtliche Kaufvorgänge gespeichert und nachvollzogen werden. Niemand könnte mehr unbemerkt einem anderen Geld geben, jeder Pizzakauf wäre überwachbar, und Schwarzarbeit würde der Vergangenheit angehören. Es ist daher kein Wunder, dass die Regierungen dem Bargeld im Kampf gegen Steuerhinterziehung, Geldwäsche und Schwarzarbeit immer mehr zu Leibe rücken. Frankreich führte schon im Jahr 2000 ein Gesetz ein, das Barzahlungen nur noch bei kleineren Beträgen erlaubte, und seit 1. Januar 2008 müssen alle Händler in der Europäischen Union bei Barzahlungen über 15 000 Euro die Identität ihres Kunden erfassen und im Verdachtsfall den zuständigen Behörden melden.

Der Handel wiederum hat ein Interesse daran, das umständliche und riskante Hantieren mit Bargeld durch Alternativen wie Debitkarten (in Österreich: Bankomatkarten) oder Kreditkartenzahlung zu ersetzen. Für kleinere Beträge machen die aufladbaren Chips auf Debitkarten oder das Bezahlen mit dem Handy dem Bargeld immer stärker Konkurrenz. In den USA und in Fernost bereits sehr beliebt sind *Tap-and-go*-Karten. Sie ermöglichen durch einen RFID-Chip das Zahlen mittels einfachen Antippens eines Terminals; Einstecken der Karte, PIN-Eingabe oder Unterschrift können entfallen. Gedacht ist diese Technologie vor allem für Bereiche, in denen es auf Geschwindigkeit ankommt, etwa bei Tankstellen, in Schnellrestaurants oder Kinozentren. Die Firma Mastercard führte ein solches System im September 2007 in London ein, Nutzer von Kreditkarten mit der PayPass-Zusatzfunktion können damit in bestimmten Geschäften, etwa McDonald's-Filialen, Beträge unter zehn Pfund bezahlen.

Obwohl 2007 das britische Magazin »Economist« prophezeite, das Bargeld würde in den nächsten 15 Jahren »in einem Strom von Nullen und Einsen dahinschmelzen«[1], ist es offenbar zählebiger, als viele hofften. Dem endgültigen Abschied vom Bargeld stehen vor allem drei Hindernisse im Weg: Der kartengestützte Zahlungsverkehr ist noch zu teuer, der Kundennutzen noch zu gering, und die Technologien wechseln zu rasch.

Da sich die Behörden daher bis auf Weiteres mit der Existenz von Bargeld abfinden müssen, suchen sie nach Methoden, um die unkontrollierbaren Transaktionen kontrollierbar zu machen. Eine Möglichkeit wäre, analog zur Gesichts- oder Autokennzeichenerkennung die Seriennummer der Banknoten zu scannen, wo immer diese maschinell ausgegeben oder eingezogen werden. In einer zentralen Datenbank entstünde dann ein – wenn auch lückenhaftes – Bewegungsprofil. Man wüsste zumindest, dass beispielsweise Person A den Schein am 24. August um 21:34 Uhr in Berlin aus dem Geldautomaten geholt hat und dass am nächsten Morgen um 1:45 Uhr in einer Bar damit die Rechnung beglichen wurde.

Besser wäre es, wenn man viele Scheine simultan erkennen könnte. Das vermag, wie wir in Kapitel 1.3 zeigten, die Funkchiptechnologie RFID. Tatsächlich meldete im Jahr 2001 der Industrie-Nachrichtendienst EETimes, dass die Europäische Zentralbank (EZB) im Rahmen ihrer Bemühungen um fälschungssicherere Geldscheine überlege, die ab 2010 kommenden neuen Euro-Banknoten mit eingebetteten RFID-Chips auszustatten.[2] Die EZB bestätigte das, ebenso die Chiphersteller Philips und Infineon. Zwei Jahre später berichtete die japanische Nachrichtenagentur Kyodo von Verhandlungen der EZB mit dem Unternehmen Hitachi über die Nutzung des von ihm entwickelten μ-Chips. Obwohl dieser Chip nur etwa halb so groß wie ein Sandkorn ist, kann er eine 38-stellige Kennung speichern und per Funk übertragen.

Derzeit sind die Chips für eine solche Massenproduktion freilich noch zu teuer, ob die EZB sie daher bereits in die nächste Banknotengeneration integriert, ist fraglich. Trotzdem lohnt es sich, über die Folgen nachzudenken, die es hätte, wenn alle Geldscheine durch RFID maschinenlesbar codiert würden. Dadurch bekäme jede Banknote eine unverwechselbare Kennung, anhand derer sie verfolgt werden könnte. »Eine Million in kleinen, nicht gekennzeichneten Scheinen!« gibt es dann nicht mehr. Sobald ein Verbrecher einen Geldschein aus der Beute ausgibt, registriert ein Lesegerät an der Kasse, dass der Schein »heiß« ist, und löst einen Alarm aus. Auch das Problem der Geldwäsche und der Schwarzarbeit könnten die Behörden damit in den Griff bekommen; mit dem Wegfallen der Schattenwirtschaft würden dem Staat gewaltige Mehreinnahmen zukommen, gibt doch jeder zweite Deutsche ab und zu Schwarzarbeit in Auftrag. An den Grenzen wiederum würden Geräte auslesen, wie viel Geld jemand mit sich führt. Fehlte beim Wiedereintritt eine größere Summe, erhielte der Zöllner den Hinweis, dass im Ausland vielleicht zollpflichtige Waren eingekauft wurden. Auch ein aktives Gedächtnis könnte dem Chip implantiert werden, sodass er speichert, welchen Weg er genommen hat, von welcher Bank er kommt, wer ihn dort mittels Geldkarte abgehoben hat, wo damit etwas gekauft worden ist usw. Für Räuber und Diebe hätte es den Nebeneffekt, dass sie mit einem geeigneten RFID-Lesegerät aus der Ferne feststellen könnten, wer wie viel Geld bei sich trägt.

Auch in Japan und den USA denkt man bereits über »gechippte« Banknoten nach. Selbst wenn einige Chips durch Umwelteinflüsse oder mutwillige Zerstörung durch Datenschützer kaputtgingen, bliebe die Masse des Geldes damit doch verfolgbar. Der »Geldschein mit Gedächtnis« hat daher mittelfristig gute Chancen, verwirklicht zu werden.

Die Überwachung der Kontobewegungen

Wie eine über die bloßen Transaktionsdaten hinausgehende, in Zukunft vielleicht zentrale Überwachung aller Finanzoperationen aussehen kann, zeichnet sich heute schon im Bankwesen ab, denn teilweise aus Eigeninteresse, teilweise auf Druck der Politik durchleuchten die Kreditinstitute seit einigen Jahren minutiös die Kontobewegungen ihrer Kunden. Dass Banken im Vorfeld von Kreditvergaben Informationen über ihre Kunden sammeln, um Risiken zu erkennen und Kreditausfälle zu vermeiden, ist nicht neu (siehe Kapitel 2.2, S. 280). Mittlerweile werten die Institute aber auch standardmäßig die laufenden Geschäfte der Kunden aus, um Hinweise auf Gefahren zu erhalten: So kann der Computer die Bank etwa darauf aufmerksam machen, dass eine Person kein monatliches Gehalt mehr auf das Konto bekommt. Die Banken analysieren Kunden-daten auch immer öfter, um ihr Marketing zu verbessern. Interessant ist für sie beispielsweise, ob ein Kunde über Konten oder Wert-papierdepots bei anderen Instituten verfügt oder ob er viele Luxus-güter kauft.

Seit den Anschlägen vom 11. September 2001 hat diese Überwa-chungspraxis im Bankwesen massiv zugenommen. Damals for-cierten die Bush-Regierung, die Weltbank und der Internationale Währungsfonds den Kampf gegen Geldwäsche oder Terrorfinan-zierung (AML/CFT, *Anti Money Laundering and Combating the Financing of Terrorism*).

US-amerikanische und europäische Banken werden dazu angehal-ten, alle Aktivitäten ihrer Kunden zu überwachen. Spezielle Algo-rithmen scannen sämtliche Kontenbewegungen rund um die Uhr auf Auffälligkeiten, um Geldwäscherei oder Insidergeschäfte an der Börse aufzuspüren. Der Computer gibt Alarm, wenn eine Person besonders viel Bargeld einzahlt oder wenn von einem Konto aus mehrere Überweisungen an einem Tag an dieselbe Kontonummer gehen. (Größere Beträge sind für die Banken bei Verdacht melde-pflichtig, deswegen werden sie von Kriminellen gern in kleinere Summen gestückelt.)

Die Software vergleicht aber auch das Verhalten eines Kunden mit seinen früheren Verhaltensweisen, außerdem ordnet sie dem jeweili-gen Kunden bestimmte Kategorien und Profile zu. Sie vergleicht ihn mit Berufskollegen, mit Menschen, die immer mit einer bestimmten Bankfiliale in Kontakt kommen, mit Personen, die ungefähr dasselbe monatliche Einkommen beziehen, und so weiter, und ermittelt da-raus ein bestimmtes Grundverhalten. Jeder Geldtransfer wird auto-matisch auf Abweichungen von diesem ermittelten Standardver-halten abgeklopft. Aber nicht jede vom Computer als »verdächtig« gemeldete Aktion untersuchen die Banken weiter. Ob sie sich den Fall genauer ansehen, hängt nicht zuletzt von den Risikopunkten ab, die der Computer aufgrund von Informationen wie Herkunft, Wohnort und anderen persönlichen Details dem Kunden zugewie-sen hat. Eine pensionierte Kindergärtnerin, die seit 30 Jahren im selben Vorort wohnt, hat weniger Risikopunkte als ein kürzlich zugezogener Import-Export-Händler aus Pakistan. Politiker werden ebenfalls besonders aufmerksam kontrolliert. Deshalb stolperte auch der Gouverneur des Staates New York, Eliot Spitzer, über eine Überwachungssoftware, sie meldete drei kurz aufeinanderfolgende Zahlungen von 5000 Dollar als verdächtig. Die Bank informierte die Behörden, diese wiederum fanden heraus, dass die Empfängerkontonummer zu einem exklusiven Callgirl-Ring gehörte. Nach einem öffentlichen Skandal trat der Gouverneur im Frühjahr 2008 zurück. Auch wenn die Spitzer-Affäre ein zufälliges Nebenprodukt der neuen Überwachungsmethoden war und diese sich derzeit hauptsächlich gegen Geldwäsche und grenzüberschreitende Kriminalität richten, zeigt sie doch, welche Kontrolle des Alltags- und Intimlebens der Bürger schon heute dadurch möglich ist. Künftige Softwarelösungen, prophezeien Technologieexperten, werden auch private Informationen aus sozialen Netzwerken oder kommerziellen Datenbanken wie ChoicePoint oder LexisNexis integrieren.

Eine andere Maßnahme im Kampf gegen den »islamistischen Terror« ist der in Europa und den USA verpflichtende Abgleich aller neuen Kunden mit Terrordatenbanken. Da sich arabische Namen in deutscher oder englischer Transkription auf Dutzende verschiedene Arten schreiben lassen, kommt es dabei regelmäßig zu Fehlermeldungen und zur Verdächtigung Unschuldiger.

Und manche Überwachungsvorgaben sehen überhaupt so aus, als wären sie von den Schildbürgern erdacht: Mittlerweile überprüfen alle größeren Banken bei Transaktionen auch den angegebenen Zahlungsgrund. Ein Mitarbeiter einer österreichischen Bank erzählte uns, dass es bei Überweisungen an das Logistikunternehmen Thomas Nationwide Transport (TNT) regelmäßig zur Alarmmeldung der Überwachungssoftware gekommen sei. Dahinter steht die rührende Vorstellung der Programmierer, dass Terroristen gekauften Sprengstoff pflichtschuldig als Zahlungsgrund angeben würden: »5 kg C-4, 10 kg Semtex A, 20 kg TNT (Trinitrotuluol)«.

SWIFT Transactions

Im Zuge der Reaktion auf 9/11 überlegte die US-Regierung, wie sie Zugriff auf globale Finanztransaktionsdaten erlangen könnte, um nach Terroristen zu fahnden. Die einfachste Lösung war, die Daten dort einzusammeln, wo sie bereits vorhanden waren: bei SWIFT. Das englische Wort *swift* bedeutet so viel wie flink, eilig, geschickt. Um ebensolche Transaktionen im internationalen Geldverkehr zu ermöglichen, wurde 1973 die Society for Worldwide Interbank Financial Telecommunication (SWIFT) gegründet, eine Genossenschaft mit Sitz in La Hulpe, Belgien. Über ein eigenes, verschlüsseltes Telekommunikationsnetz wickelt sie heute Informationen über Transaktionen von 8000 Geldinstituten in mehr als 200 Ländern ab. Zwischen Banken, Börsen und Brokern werden auf diese Weise täglich Informationen über Geldbewegungen in der Höhe von Billionen Euro ausgetauscht. Dazu dient der sogenannte *SWIFT-Code* oder BIC, der aus acht bis zwölf Zeichen besteht und im Unterschied zur IBAN-Kennung nicht nur in Europa, sondern weltweit in Gebrauch ist. Da jeden Tag rund zwölf Millionen SWIFT-Nachrichten gespeichert werden, verfügt die Organisation über ein enormes Datenaufkommen, das Begehrlichkeiten vonseiten der Regierungen weckt. Wie der Öffentlichkeit durch Berichte mehrerer US-Zeitungen erst 2006 bekannt wurde, war daher die US-Regierung unmittelbar nach den Anschlägen von 9/11 an SWIFT herangetreten, um an Daten über Finanztransaktionen mit terroristischem Hintergrund zu gelangen. SWIFT gab dem Ansinnen nach und stellte den US-Behörden die Daten zur Verfügung, die sie von den Geheimdiensten auswerten ließen. SWIFT hatte die Daten ohne richterliche Genehmigung herausgegeben, weil es sich angeblich um begrenzte Anfragen im Rahmen der Terrorismusbekämpfung handelte und Vertraulichkeit zugesichert worden war. Der deutsche Bundesdatenschutzbeauftragte Peter Schaar sah darin allerdings einen eindeutigen Verstoß gegen die EU-Datenschutzrichtlinie, vor allem bei jenen Überweisungen, in die ausschließlich europäische Bankkunden involviert waren. Im März 2008 gab SWIFT daher bekannt, bis 2012 in der

Nähe von Zürich ein neues Rechenzentrum errichten zu wollen, um die europäischen Zahlungsverkehrsdaten nicht länger in dem in Culpeper, USA, angesiedelten *Operating Center* spiegeln zu müssen. Dadurch sollen die Daten dem potenziellen Zugriff der US-Behörden entzogen werden. Im Juli 2008 jedoch forderte eine von Wolfgang Schäuble initiierte Zukunftsgruppe, dass die SWIFT-Daten künftig EU-Fahndern ausgehändigt werden sollen.

Doch können damit tatsächlich Terroristen entdeckt oder ihre Finanzierung verhindert werden? Keine Spur, erklärte uns ein Insider aus dem Bankwesen. Wer über die entsprechenden Kenntnisse und Verbindungen verfügt, könne für die Geldbewegungen Kanäle nutzen, die sich nicht überwachen lassen, etwa jenen des *Hawala*-Systems. Dabei läuft das Geld über Mittelsleute des Vertrauens: Möchte etwa Person A in Riad Person B in Köln 30 000 Dollar überweisen, übergibt sie das Geld an einen Hawala-Händler X in Riad. In Köln zahlt nun ein anderer Händler Y der Empfängerperson B die Summe in Euro aus, wobei die üblichen Transfer- und Wechselgebühren entfallen. Wenn X nun an Y das Geld überweist, können A und B auf keinerlei Weise miteinander in Verbindung gebracht werden. Während das seit dem 14. Jahrhundert bestehende arabische Hawala-System eine kriminelle Nutzung ablehnt, wurde das Prinzip weltweit vom organisierten Verbrechen kopiert. Gesetzliche Verbote tun den Wechselgeschäften keinen Abbruch. Der pakistanische Finanzminister Shaukat Aziz schätzte, dass von sechs Milliarden US-Dollar, die während des Jahres 2000 nach Pakistan transferiert wurden, nur 1,2 Milliarden den Weg über das konventionelle Bankensystem nahmen; weltweit sollen jährlich 200 Milliarden Dollar auf diese Weise verschoben werden.[3]

Auch die Überwachung der Geldströme bleibt somit, wie viele Maßnahmen im Kampf gegen den Terror, zumeist wirkungslos, erzeugt aber ein detailliertes Bild von der finanziellen Situation und den Lebensgewohnheiten all jener Bürger, die nicht gerade aus dem Sparstrumpf leben, und stellt damit einen weiteren Schritt auf dem Weg zur totalen Kontrolle dar.

1.7 GPS – Globale Überwachung

Die Jagd nach dem Hier

Es mag etwas über die menschliche Natur aussagen, dass in der Weltgeschichte philosophische Fragen meist für weitaus weniger relevant gehalten wurden als solche praktischer Natur. Deshalb war es auch keine anthropologische Gesellschaft, die zu Beginn des 18. Jahrhunderts 20 000 Pfund Sterling für die Klärung der Frage »Was ist der Mensch?« auslobte, sondern das englische Parlament, welches diese Summe für die Antwort auf die Frage »Wo ist der Mensch?« ausschrieb. Im Vergleich mit dem damaligen Jahreseinkommen eines Arbeiters in der Höhe von acht bis 15 Pfund wird deutlich, wie verzweifelt man im Zeitalter der Segelschiffe nach einer Lösung für das Problem des Längengrades suchte. Dieser konnte, anders als der Breitengrad, mit einfachen astronomischen Methoden nicht genau bestimmt werden, was die Seefahrer dazu verdammte, in Unkenntnis der eigenen Position wochenlang eine Breite abzusegeln, bis sie auf das Ziel stießen. Erst als John Harrison aus Yorkshire 1759 eine äußerst genaue und seetaugliche Uhr konstruierte, konnte damit die Position auf wenige Dutzend Seemeilen genau bestimmt werden.

Im 20. Jahrhundert waren es abermals die Interessen des Staates, die zu einer völlig neuen Methode der Ortsbestimmung mit bislang unvorstellbarer Genauigkeit führten, und abermals spielten extrem genaue Uhren dabei eine entscheidende Rolle. Neue Waffen und die Motorisierung der Armeen verlangten nach neuen Methoden der Kommunikation, die man im Telegrafen, dem Telefon und dem Funk fand. Dennoch blieb die Gefahr bestehen, im entscheidenden Augenblick die Kontrolle über das Gefechtsfeld zu verlieren, wie General T. S. Power es 1959 ausdrückte: »Ohne Kommunikation ist das Einzige, was ich kontrolliere, mein Schreibtisch, und das ist keine sehr tödliche Waffe.«[1] Unmittelbar nach dem Zweiten Weltkrieg wurde daher die neu entwickelte Computertechnik in Dienst genommen, um sowohl im strategischen wie auch im taktischen Einsatz C³I zu garantieren. C³I ist die militärische Abkürzung für *Command, Control, Communications and Intelligence*, also die möglichst friktionsfreie Bereitstellung und Vernetzung von Kommando-, Kontroll- und Kommunikationsstrukturen sowie solchen der Nachrichtenbeschaffung. Essenziell und schlachtentscheidend ist dabei die genaue Kenntnis der Positionen sowohl der eigenen als auch der feindlichen Kräfte. Aus diesem Grund entwickelte die US-Marine mit Transit das erste Satellitennavigationssystem der Welt, das 1964 in Betrieb ging und vor allem ballistische Raketen sicher ins Ziel bringen sollte. Die dabei gewonnenen Erfahrungen flossen in das NAVSTAR-GPS des US-Verteidigungsministeriums ein, das 1993 den Betrieb aufnahm und heute jenes globale Positionierungssystem (GPS) ist, das unter anderem Satellitennavigation beim Autofahren ermöglicht. Die Sowjetunion entwickelte parallel dazu ein ähnliches System namens GLONASS, das 2009 ebenfalls für die zivile Nutzung geöffnet werden soll.

Alle GPS-Systeme funktionieren nach demselben Prinzip: Einige Dutzend Satelliten umkreisen die Erde in einem Orbit von etwa 20 000 Kilometern und senden dabei permanent Daten, die sich mit Lichtgeschwindigkeit, 300 000 Kilometer pro Sekunde, ausbreiten. Jeder Satellit sagt in etwa Folgendes: »Servus! Hier ist Satellit G_x. Meine Position ist ... Grad Nord und ... Grad West. Dies habe ich gesendet am ... um ... Uhr und ... Minuten und ... Sekunden.« Der springende Punkt dabei ist, dass die Sekunde der Sendezeit auf 15 Stellen hinter dem Komma genau angegeben wird. Um die Zeit so genau zu messen, müssen die Satelliten Atomuhren mitführen. Deren Zeit wird ständig mit Atomuhren in Bodenstationen verglichen, die den Satelliten auch ihre Position mitteilen. Auf der Erde befindet sich nun ein Panzerfahrer, Trucker, Skipper oder Wanderer, der über ein Navigationsgerät verfügt. Der GPS-Empfänger fängt das Signal auf und stellt fest, wie viele tausendstel Sekunden vergangen sind, seit der Satellit diese Meldung ausgesandt hat. Daraus lässt sich exakt errechnen, welche Strecke das Signal in dieser Zeit zurückgelegt hat. Empfängt das Gerät nun gleichzeitig vier oder mehr Satelliten, kann es aus den verschiedenen Daten durch Triangulation seine geografische Position errechnen. Navigationsgeräte der ersten Generation zeigten einfach die Koordinaten an, die der Benutzer selbst in eine Landkarte übertragen musste. Heute dagegen haben sie die Karte meist schon eingebaut, zeigen die Position auf einem bunten Display an und können auch den Weg zum Ziel weisen. Verändert sich die Position, treffen die Signale der Satelliten einige Milliardstel Sekunden früher oder später ein; das Gerät erkennt dadurch, in welche Richtung man sich bewegt.

Da GPS von jedermann genutzt werden kann, sei es Freund oder Feind, wurde das Signal in den 1990er-Jahren mit einer künstlichen Ungenauigkeit versehen, durch welche zivile Empfangsgeräte zehn Mal unpräziser waren als die Empfänger des US-Militärs. Das erste GPS-Gerät der Autoren glich in Größe und Gewicht einem kleinen Ziegel und hatte eine typische Abweichung von 50 Metern. Auf Druck der Elektronikindustrie schaltete das US-Verteidigungsministerium jedoch im Jahr 2000 die künstliche Ungenauigkeit der Signale ab und machte mit einer Ortungsgenauigkeit von fünf bis ein Metern den Weg frei für die Satellitennavigation im Straßenverkehr.

Das nach langen Querelen schließlich doch angelaufene, 3,4 Milliarden Euro teure europäische Satellitennavigationsprojekt Galileo soll mit modernerer Technik und 30 eigenen Satelliten ab 2013 die Genauigkeit in den Zentimeterbereich bringen. Damit und mit verbesserter Sensortechnik werden dann auch fahrerlose Fahrzeuge möglich. Der amerikanische Autokonzern General Motors will bis 2018 Autos auf den Markt bringen, die zuerst auf Autobahnen, später auch im Stadtverkehr selbstständig das Ziel ansteuern, während sich der Passagier zurücklehnt.

In Zukunft könnte durch eine bereits angedachte Verknüpfung von NAVSTAR-GPS, Galileo und vielleicht auch anderen Systemen eine Ortsbestimmung sogar im Millimeterbereich möglich werden.

Spätestens dann müsste die britische Längenkommission die volle Summe von 20 000 Pfund, heute wohl eher 7,7 Millionen Euro, auszahlen, hätte sie sich nicht bereits 1828 aufgelöst, denn John Harrison, ein gelernter Tischler, der das größte wissenschaftliche Problem seiner Zeit gelöst und der Admiralität und allen Seeleuten der Welt einen unschätzbaren Dienst erwiesen hatte, erhielt zeitlebens nicht die gesamte versprochene Summe.

Vom Navi ausgebremst

In den letzten Jahren erreichte GPS durch immer preiswertere und zuverlässigere Navigationsgeräte den Massenmarkt. Viele Autofahrer haben ihren kleinen Beifahrer mit der mehr oder weniger beruhigenden Stimme längst ins Herz geschlossen. Jeder Zehnte gibt ihm einen Namen, ein Indiz dafür, dass eine künstliche Kommunikationssituation hergestellt wird und die Anwender Vertrauen in die Geräte setzen. Oftmals sogar blindes Vertrauen, als wäre das Gerät ein ortskundiger Kopilot. Bisweilen ist das Ergebnis dann noch zum Schmunzeln, wie im Fall einer 22-Jährigen, die von ihrem Navi in ein Waldstück gelockt wurde, wo der Pkw im Dickicht hängen blieb, als ein Ast den Motor blockierte. Verzweifelt rief sie per Mobiltelefon die Polizei, vermochte ihre Position aber nicht anzugeben, laut ihrem Navigationsgerät befand sie sich nämlich nicht im Sauerland, sondern in Sibirien. Durch wiederholte Hupsignale lenkte sie die Aufmerksamkeit der Retter auf sich.

Für Fehlbedienung kann das Navi allerdings nichts. Jene Autofahrerin, die mit ihren Kindern in Putgarten auf Rügen statt im 380 Kilometer entfernten Puttgarden auf Fehmarn landete, hatte sich wohl nur vertippt. Schlimmer erging es einem 57-jährigen Lenker. Ausgerechnet zu Weihnachten stürzte er bei Potsdam samt Beifahrerin in die Havel, wo er dem Navigationssystem nach eine Brücke vermutete, sonst aber nur die Fähre Caputh anlegt.

Tragischerweise kostet das Vertrauen in die Technik aber auch Menschenleben. Auf die »schnellste Route« des Navigationsgerätes, so Zeitungsberichte, verließ sich im Juli 2007 der 22-jährige Lenker eines Reisebusses mit polnischen Pilgern in den französischen Alpen. Der für die Strecke ungeeignete Bus passierte elf Verbotsschilder, bevor er auf der Höhe von Laffrey die Leitplanke durchbrach, 40 Meter tief abstürzte und in Brand geriet. 26 Menschen kamen ums Leben.

Abgesehen vom Boom der mobilen Navigation erfreut sich GPS in der Fahrzeugtechnik aus einem anderen Grund zunehmender Beliebtheit. In Luxusautos werden schon seit Längerem Systeme integriert, die die Position per GPS messen und per Mobilfunk automatisch an eine Zentrale weitergeben. Wird das Fahrzeug gestohlen, kann es geortet und per Funk lahmgelegt werden. Die IGISA GmbH aus Wiener Neustadt bietet Lösungen für Autos, Motorräder und sogar Baumaschinen an, auch Letztere kommen von Baustellen abhanden und werden mit der GPS-Technik im Ausland wiedergefunden.

Kepler heißt das System des US-Unternehmens Inilex, mit dem man sogar die Autotüren verriegeln kann, bevor man die Stromversorgung aus der Ferne kappt. Die Polizei braucht die eingeschlossenen Diebe dann nur noch an den angegebenen Koordinaten abzuholen. Unter dem Motto »The Power of Knowing« wirbt die Firma nicht nur für das GPS-Flottenmanagement, das dem Chef die permanente Kontrolle seiner Außenmitarbeiter ermöglicht, sondern animiert auch zur Überwachung von Familienmitgliedern. »Das Kepler-System [...] erlaubt es Ihnen, Geo-Zäune zu errichten, die Sie [z. B. per SMS, Anm. d. Autoren] informieren, wenn das Fahrzeug in die als verboten definierten Zonen eintritt.«[2] Ideal für Teenager, die zwar zum Supermarkt fahren sollen, aber nicht zu schnell und auch sonst nirgendwohin. Wie gut, dass diese die GPS-Überwachung, wie wir noch sehen werden, bald schon vom Schulweg her gewohnt sein werden.

Dass sie mit einer Strafgebühr von 150 Dollar einverstanden seien, sollten sie mit dem geliehenen Wagen schneller als 79 Meilen pro Stunde fahren, mussten die Kunden des Autoverleihs Acme Rent-a-Car in Connecticut unterschreiben. Es war keine leere Drohung. Aufgrund der Daten des eingebauten GPS-Fahrtenschreibers musste ein Kunde 450 Dollar zahlen, weil er auf seiner Fahrt dreimal geringfügig schneller gefahren war.[3] Auch Versicherer können auf diese Weise riskantes und unfallträchtiges Fahrverhalten kontrollieren. Andere

Interessen verfolgt der Staat mit der »Intelligent Speed Adaption« (ISA). Die automatische Geschwindigkeitskontrolle wurde bereits in Feldversuchen erprobt, etwa in Belgien, den Niederlanden, Schweden, Großbritannien und Frankreich. Seit Dezember 2007 wollen auch Australien und Neuseeland mit der ISA-Technologie die Zahl der Verkehrstoten reduzieren, indem sie Raser einbremsen. Schon die erwähnten Navis fürs Auto verfügen über die Funktion, den Fahrer bei Überschreitung der höchstzulässigen Geschwindigkeit zu warnen. Dazu haben sie in ihrer elektronischen Karte die Geschwindigkeitsbegrenzungen aller Straßen gespeichert. Die ISA-Systeme haben diese Daten auch, nur dass sie bei Nichtbeachtung der Warnung kurzerhand elektronisch den Motor drosseln. Da die Maßnahme durch geringere Emissionen überdies zu einer Entlastung der Umwelt führen soll, ist es durchaus denkbar, dass in einigen Jahren ein ISA-System für alle motorisierten Fahrzeuge verlangt wird.

Wenn die Raser dadurch auch kaum noch zum Rasen kommen, muss der Staat dennoch nicht auf die Einnahmen durch Geschwindigkeitsübertretungen verzichten, im Gegenteil, die Anzahl der entdeckten Fälle würde massiv steigen:

K. ist auf dieser Strecke noch nie gefahren, aber ihre Eintönigkeit strengt ihn an. Auf der transparenten Lärmschutzwand begleitet ihn ein mobiler Werbespot, er läuft K.s Wagen im konstanten Abstand von zehn Metern voraus. K. fragt sich, warum das nicht längst verboten ist, man hört doch immer wieder von den Unfällen. Aber ohne Sponsoring wäre der Straßenbau längst nicht mehr zu finanzieren. K. geht vom Gas, der Spot passt sich an. K. beschleunigt stark – ein unangenehmer Brummton. Sofort bremst K., doch zu spät. Der zweite Ton ist bereits ertönt. Noch während K. flucht, übermittelt sein GPS-Logger per Mobilfunk die Meldung der Übertretung an die Behörde. Unverzüglich und automatisch ergeht eine Zahlungsaufforderung an K.s Postfach. Sollte eine andere Person sein Fahrzeug gelenkt haben, solle er diese angeben. Eine zweite Mail ergeht an die Versicherung, die K. tags darauf einen Minuspunkt einträgt und seine Prämie »anpasst«.

Das GPS, dein Freund und Wächter

Dank vieler Autofahrer, Segler und Wanderer sind Navigationssysteme derzeit ein Renner im Elektrohandel, und auch das im Trend liegende *Geo-Caching*, die Jagd nach »Schätzen«, die an bestimmten, im Internet verratenen Plätzen versteckt sind, hat GPS eine breite Akzeptanz verschafft. Indessen sucht die Industrie nach neuen Märkten. Einer davon ist das Notfall-Management. Für Expeditionen gedacht sind Notsignalgeber wie der Spot Satellite Messenger, ein kleines Gerät, das den Standort und den Notruf von jedem Punkt der Erde aus über eine Satellitentelefonverbindung absetzen kann. In Gebieten mit Mobilfunkempfang werden Geräte für den Massenmarkt auf das Handynetz als günstigere Variante zurückgreifen. Das deutsche Unternehmen Fitage wiederum bietet mit Big Easy Finder ein Ortungssystem für Senioren an und weist auf seiner Webseite darauf hin, dass damit nicht nur das Absetzen eines Notsignals und die Ortung der Person, sondern auch die »Verfolgung von beweglichen Gegenständen oder Personen« möglich sei. Außerdem könne man einen Alarm auslösen, sobald das Gerät einen festgelegten Bereich verlasse, was sich »besonders zur Überwachung zum Beispiel von dementen Personen« eigne, die dafür mit einem »sicher fixierbaren, abschließbaren Körpergurt« versehen werden sollen.

Auch für die Sicherheit der lieben Kleinen werden solche Lösungen erwogen. Ein Pionier war die Firma Applied Digital Solutions, die der Welt bereits den implantierbaren RFID-Chip VeriChip geschenkt hatte (siehe Kapitel 1.3, S. 98ff.). Mit dem Gerät Digital Angel plante sie eine Kombination aus Armband und Gürtelgerät anzubieten, die vor allem auf den von Entführungen geplagten südamerikanischen Raum abzielte. Schon 1999 träumte man davon, das Gerät aus Sicherheitsgründen unter die Haut einzupflanzen. Die Firma war ihrer Zeit voraus, vom nie verkauften Produkt blieb nur der Name, der inzwischen für das Unternehmen steht. Ein anderes US-Unternehmen, Verify, vertrieb bereits 2002 ein GPS-Armband für Kinder, mit dem man diese beispielsweise auf dem Schulweg überwachen konnte. Das Produkt war aber so unausgereift, dass es wieder vom Markt verschwand. Verify vertreibt stattdessen nun ein per GPS ortbares Mini-Handy, erhältlich zum Preis von 370 Dollar. Das Mighty MG1000ET ermöglicht auch *Geo-Fencing*, die Errichtung unsichtbarer Korridore, die nicht verlassen werden dürfen. Konnte man bis vor Kurzem noch behaupten, dass die *Kinder-Tracking-Technologie* noch in den Kinder*schuhen* steckt, wurden wir durch die britische Firma BladeRunner eines Besseren belehrt. BladeRunner verkauft nicht nur stichsichere Schuluniformen, sondern entwickelte 2007 in Kooperation mit Asset Monitoring Solutions (AMS) eine Jacke mit eingebautem GPS.[4] Es ist durchaus vorstellbar, dass die nächste Generation solcher Geräte nicht mit einem simplen Alarm reagiert, wenn das Kind vom Schulweg abweicht, sondern es mit einem für Kinder unangenehmen, für Erwachsene aber unhörbaren hochfrequenten Ton an seine Grenzen erinnert.

Den Trend, Geld im Strafvollzug einzusparen, indem man Straftäter zu Hause einsperrt, haben wir im Kapitel 1.3, S. 101, schon erwähnt. Durch die elektronische Fußfessel fällt die teure Verwahrung im Gefängnis weg. Der Gefängnisdienst Ihrer Majestät versieht seit 1999 Tausende Personen jährlich mit RFID-Chips, die als elektronische Fußfessel fungieren. Auch in Deutschland wird die elektronische Fußfessel bereits angedacht, etwa von der bayerischen Justizministerin Beate Merk: »Sich hier Denkblockaden aufzuerlegen, würde dem Schutz der möglichen Opfer, vor allem der Kinder, auf gar keinen Fall gerecht.« In den USA dagegen setzt man vermehrt auf GPS-Überwachung, auch bei Straftätern, die ihre Strafe schon verbüßt haben. Ermöglicht wird dies durch »Jessica's Law«:

Am 24. Februar 2005 gegen drei Uhr morgens hatte der 47-jährige John Couey die neunjährige Jessica Lunsford aus dem Haus ihrer Eltern in Homosassa, Florida, entführt. Der vorbestrafte Sexualstraftäter hatte sie vergewaltigt, in einen Müllsack gesteckt und in einem Erdloch vergraben, in dem sie erstickte. Später wurde er gefasst und zum Tode verurteilt. Unter dem Eindruck dieses Verbrechens schuf Florida ein neues Gesetz, das als »Jessica's Law« bekannt wurde, 42 andere Bundesstaaten erließen ähnliche Gesetze: Zusätzlich zu den Maßnahmen der Registrierung in öffentlich einsehbaren

Registern, wie sie »Megan's Law« gebracht hatte (Siehe Kapitel 2.1, S. 249), werden nun alle Sexualstraftäter fünf Jahre lang nach ihrer Haftentlassung mit einer GPS-Fessel überwacht, in schweren Fällen sogar bis an ihr Lebensende. Im Mai 2008 waren in Kalifornien bereits 4800 von insgesamt 9000 verurteilten Sexualstraftätern mit elektronischen Fußfesseln ausgestattet. Nach der Bewährungsfrist werden die Fesseln jedoch wieder entfernt, weil weder die Polizei noch der Bundesstaat die Kosten für eine lebenslängliche Überwachung Tausender Personen tragen wollen.

Dieses Problem erledigt sich allerdings mit der Automatisierung der Kontrolle, wie sie in New York bereits realisiert wurde. Tritt dort ein wegen häuslicher Gewalt Verurteilter in die Verbotszone um die Wohnung seines Opfers ein, wird dies automatisch registriert und das Opfer sowie die Polizei werden davon in Kenntnis gesetzt.[5] Dann muss aber immer noch die Polizei aktiv werden. Folgerichtig wäre die nächste Entwicklung: die Implementierung von Sanktionsfunktionen. Die Überwachungskosten würden drastisch gesenkt, wenn der Träger automatisch und unmittelbar für sein Tun diszipliniert würde. Etwa durch Stromstöße wie beim unsichtbaren Hundezaun, durch unangenehme Töne oder durch über die Haut aufgenommene Beruhigungsmittel. Manche würden argumentieren, dass dies nicht nur für den Staat, sondern auch für den Gefangenen die beste Lösung sei, da er wesentlich mehr Freiheit als im Gefängnis habe und ihm nichts passiere, solange er sich an die Regeln halte. Dann könnte am Ende über Zehntausende Menschen ein Computersystem wachen, das Benthams panoptischem Gefängnis in den entscheidenden Punkten sehr nahe kommt.

Die in den letzten Jahren weiterentwickelten GPS-Geräte sind nicht nur in der Lage, in dichten Wäldern, in den Schluchten einer Großstadt und über »Relaisstationen« in Gebäuden und unter Wasser zu funktionieren, wie bei vielen elektronischen Geräten schrumpft auch ihre Baugröße immer weiter. Dem französischen Unternehmen Blue Sky Positioning gelang es mittlerweile, einen A-GPS-Empfänger samt Antenne in eine fingernagelgroße, handelsübliche SIM-Karte zu integrieren. A-GPS bedeutet, dass das Gerät Positionsdaten des GSM-Netzes und von GPS kombiniert, um schneller, genauer und stromsparender zu sein. Durch eine solche SIM-Karte erhält jedes Telefon GPS-Funktionalität und kann entsprechende standortbasierte Dienste verwenden. Durch die Miniaturisierung lassen sich die GPS-Empfänger in eine Vielzahl kleiner Geräte mit unterschiedlichsten Aufgaben integrieren.

In dem Film »Goldfinger« (GB/USA, 1964) benutzt James Bond ein Ortungssystem, das auf einer im Cockpit seines Aston Martin aufleuchtenden Karte die Position des Autos anzeigt, das er verfolgt. Damals reine Zukunftsmusik, steht ein entsprechendes Gerät heute nicht nur den Geheimdiensten und der Polizei zur Verfügung, sondern jedermann, der etwa 60 Euro dafür auszugeben bereit ist. Dafür bekommt man einen *GPS-Logger*, ein Gerät in der Größe einer Streichholzschachtel, das stunden- oder tagelang nichts weiter tut, als die GPS-Position zu bestimmen und zu speichern. Diese Geräte waren ursprünglich für Sportler und Fotografen gedacht. Kommt man damit beispielsweise von einer Wanderung zurück, kann man die Daten auf den Computer übertragen und die zurückgelegte Strecke metergenau in Google Earth darstellen lassen. Außerdem lassen sich unterwegs gemachte Digitalfotos, die stets mit einer Aufnahmezeit gespeichert werden, auf diese Weise nachträglich genau ihren Aufnahmeorten zuordnen, da der GPS-Logger ja gespeichert hat, wo man zu jeder Zeit war.

Mit einem GPS-Logger kann man nicht nur jedes Handy mittels der Gratissoftware TrekBuddy als Stadtplan oder Wanderkarte nutzen, sondern auch James Bond spielen: Wenn man beispielsweise wissen will, was der Partner den ganzen Tag über so macht, versteckt man das sehr leichte und kompakte Gerät in seiner Jacke oder ihrer Handtasche, wo es unbemerkt alle Wege der Zielperson aufzeichnet. Nach der Rückgewinnung schließt man das Gerät an den Computer an und kann auf einer digitalen Karte minuten- und metergenau feststellen, wo sich die Person überall aufgehalten hat. Die heimliche Bestimmung des Aufenthaltsortes einer Person mit technischen Mitteln ist in Deutschland übrigens nicht strafbar.

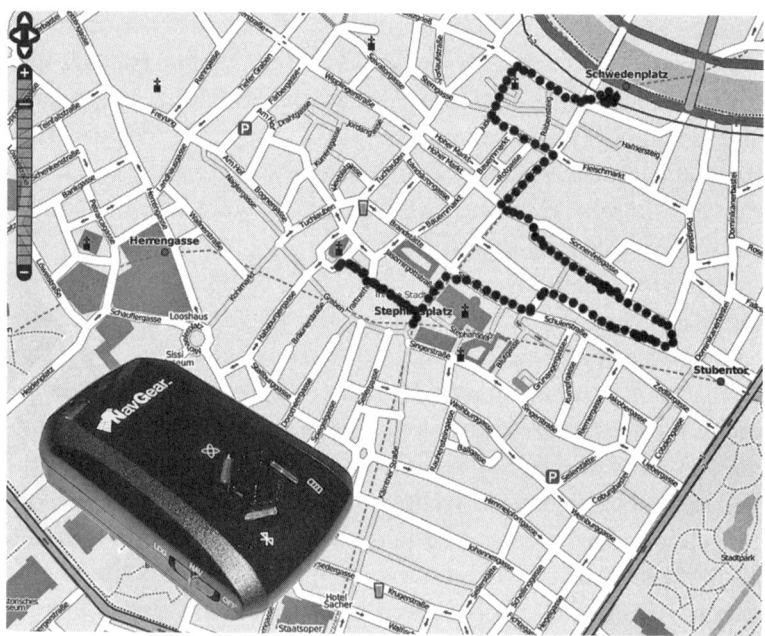

Abb. 6: Verborgen in einer notorisch überfüllten Damenhandtasche, zeichnete ein kleiner GPS-Logger (links) unbemerkt den Weg der Zielperson durch die
Wiener Innenstadt auf. Die Zielperson stimmte im Nachhinein der Veröffentlichung der Daten zu.

Die Möglichkeiten der Überwachung durch GPS sind also vielfältig,
aber wie kann man sich davor schützen? Mit technisch sehr aufwen-
digen Lösungen ist es möglich, das GPS-Signal zu überlagern und
falsche Positionsdaten zu übermitteln *(GPS-Spoofing)*. Wesentlich
einfacher zu bauen sind *GPS-Jammer*, Störsender, die den Empfang
der Daten verhindern. Damit könnte man sich beispielsweise mit
einer GPS-Fessel bewegen, ohne dass es festgestellt werden kann.
Aber auch durch Einwickeln in Alufolie kann man den Empfängern
das Leben schwer machen. Im Zweifelsfall sollte man sorgfältig seine
Kleidung, Taschen und Fahrzeuge auf versteckte GPS-Logger inspi-
zieren.

200

1.8 In einem gescannten Körper wohnt ein gesunder Geist

Vom Venen- bis zum Irisscan
Moderne biometrische Methoden

Jeremy Bentham, der uns als Erfinder des Panopticons und damit Vordenker der flächendeckenden optischen Überwachung schon im Kapitel 1.2, S. 33ff. begegnet ist, machte Ende des 18. Jahrhunderts einen Vorschlag, der ihn auch auf dem Gebiet der Personenidentifizierung als wahren »Vater der Überwachung« erweist: Bentham schlug vor, in England die herkömmlichen Namen, all die unzähligen »Smithes« oder »Jones«, abzuschaffen und jedem Menschen einen neuen, unverwechselbaren zuzuteilen. Dieser sollte samt Geburtsort und -datum auf das Handgelenk der Person tätowiert werden und damit jedermann jederzeit für die Obrigkeit identifizierbar machen. Der Philosoph war überzeugt, dass dadurch die meisten Verbrechen aussterben würden und die ganze Gesellschaft unheimlich tugendhaft werden würde. 60 Jahre nachdem unzählige Menschen in Europa auf eine eintätowierte Nummer reduziert worden sind, wird Benthams Traum – auch in Deutschland – heute wieder geträumt, nur dass die Träumer diesmal nicht Philosophen im Elfenbeinturm sind, sondern politische Verantwortungsträger mit der Macht, ihre Fantasien auch umzusetzen. Und den technischen Möglichkeiten dazu: Denn die moderne Biometrie zusammen mit der digitalen Verarbeitung erlaubt es zum ersten Mal in der Geschichte, alle Menschen automatisiert und praktisch lückenlos anhand ihrer Körper zu identifizieren, selbst wenn sie keinerlei Ausweis bei sich haben.

Inzwischen gibt es über ein Dutzend biometrischer Methoden. Im Wort Biometrie stecken die altgriechischen Wörter für Leben, *bios*, und Maß, *metron*, im ursprünglichen Sinn meint der Begriff laut Duden die »Wissenschaft von der Zählung und (Körper-)Messung an Lebewesen«, ein Fachgebiet der Biologie. Heute bezeichnet er gemeinhin die technisch durchgeführte Personenerkennung anhand körperlicher Merkmale und Verhaltensweisen. Praktische Verwendung finden vor allem: Fingerabdruck, Handfläche, Gesicht, Iris, Gebiss, Stimme, Gangart, Lippenbewegung, Handschrift, Tippverhalten, Körpergeruch und DNA. In den 1960er-Jahren entstanden, von den Geheimdiensten vorangetrieben, die ersten Versuche zur automatischen Sprecher- und Fingerabdruckerkennung. 1993 begann die amerikanische Defense Nuclear Agency mit der Entwicklung des ersten Irisscanners. Im selben Jahrzehnt begannen die USA, England und Japan fast gleichzeitig mit sogenannten AFIS-Systemen (»Automated Fingerprint Identification System«), die heute in fast allen entwickelten Ländern existieren.

Die Vorgehensweise ist im Prinzip immer gleich: Die Eigenschaften werden beim ersten Mal elektronisch erfasst und gespeichert, entweder in Form von Rohdaten (wie beim digitalen Foto) oder als *Template*, einem mittels Algorithmen errechneten Datensatz. Fortan ist – theoretisch – die automatisierte Erkennung möglich: Dabei kann es darum gehen, die Identität einer Person zu bestätigen, also zu prüfen, ob sie diejenige ist, für die sie sich ausgibt, in diesem Fall werden in einem 1:1-Vergleich die aktuell erfassten biometrischen Daten etwa mit jenen auf einem Ausweis verglichen. Will man dagegen klären, um welche Person es sich handelt, werden die aktuellen Messwerte mit allen im System gespeicherten abgeglichen – etwa, wenn die USA oder die EU von Einreisenden Fingerabdrücke nehmen und sie mit jenen auf einer Fahndungsliste vergleichen. Weil sich die körperlichen Merkmale geringfügig ändern können, muss das System einen bestimmten Toleranzwert festlegen. Ist er zu niedrig, erkennt das System viele Berechtigte nicht; ist er zu hoch, lässt das System auch Unbefugte durch. Jede biometrische Methode hat Stärken und Schwächen, und keine verspricht für sich allein absoluten Erfolg (allein schon deshalb, weil es Menschen ohne Hände gibt oder auch der Irisscan bei Blinden ein Problem ist). Deswegen werden sie zunehmend kombiniert eingesetzt. Im Folgenden stellen wir die wichtigsten kurz vor.

Die Abnahme eines Fingerabdrucks ist nach wie vor das am weitesten genutzte biometrische Verfahren. Es ist technisch einfach durchzuführen, in seiner einfachsten Form allerdings auch unsicher. Als die ersten fingerabdruckgesicherten Notebooks, USB-Speichersticks und schließlich auch Handys auf den Markt kamen, brüsteten sich die Hersteller mit hundertprozentiger Benutzersicherheit, der Spott folgte auf dem Fuß. Vielleicht auch inspiriert vom britischen Autor Richard Austin Freeman, der 1907 in seinem Detektivroman »The Red Thumb Mark« (»Der rote Daumenabdruck«) eine Methode zum Kopieren von Fingerabdrücken auf Gelatinefolie beschrieb, fertigte der japanische Forscher Tsutomu Matsumoto Abdrücke aus Gummibärchengelatine an. Drei Viertel der handelsüblichen Geräte ließen sich damit täuschen. Der Chaos Computer Club bietet auf seiner Website eine Anleitung für »Silikonfinger« an. Diese werden mit simplen Zutaten wie Holzleim und Sekundenkleber hergestellt und über den Finger gestülpt.

Es geht auch brutaler. Aus der Science-Fiction ist die Praxis bekannt, den Opfern Finger abzuschneiden, einige solche Fälle gab es auch schon in Wirklichkeit. In Malaysia etwa schnitten Räuber dem Besitzer eines Mercedes den Finger ab, um das Auto starten zu können. In Italien verschafften sich Bankräuber mithilfe eines mit Eis frisch gehaltenen Zeigefingers einer Leiche Zutritt zur Bank. Der Plan, Fingerabdruckscanner im Unterhaus des britischen Parlaments zu installieren, soll 2007 vor allem an der Furcht der britischen Volksvertreter gescheitert sein – Terroristen könnten sich mit abgeschnittenen Gliedmaßen Zugang verschaffen, hatten die Sicherheitsberater zu bedenken gegeben.[1]

Um künstliche von natürlichen Fingern zu unterscheiden, werden den Systemen zunehmend Sensoren eingebaut, die Eigenschaften wie Wärme, Puls und elektrische Leitfähigkeit registrieren. Wird die Fälschung aber in einer dünnen Schicht direkt auf der Haut eines lebendigen Fingers getragen, vielleicht noch zusätzlich angehaucht und mit Gold oder Grafit beschichtet, um die elektrischen Eigenschaften menschlicher Haut zu imitieren, können immer noch viele simple Lebenderkennungssysteme, etwa an Laptops, ausgetrickst werden.

Außer den optischen gibt es noch thermische und akustische Fingerabdrucksensoren. Erstere erfassen das Wärmeabbild des Fingers, das bei jedem anders ist, und erzeugen daraus ein dreidimensionales Bild. Bei Letzteren senden Ultraschallsensoren Schallwellen hin zur Fingeroberfläche, empfangen die reflektierten Wellen und erzeugen durch die unterschiedlichen Laufzeiten der Signale ebenfalls ein dreidimensionales Bild der Fingeroberfläche. Anders als bei den übrigen Methoden wird hier die Leistungsfähigkeit nicht durch Oberflächeneigenschaften wie Schmutz oder Schweiß beeinträchtigt.

Generell schwerer zu fälschen als ein Fingerabdruck ist die Venenstruktur einer Hand. Der Venenscan ist eines der sichersten biometrischen Verfahren und vor allem in Japan, Singapur und Südkorea an Computern oder Geldautomaten beliebt. Die Handflächen werden mit infrarotem Licht bestrahlt, dabei treten die Adern unter der Haut als Muster hervor. Ein weiterer Vorteil ist, dass die Technik berührungsfrei funktioniert – wie freilich mittlerweile auch schon die ersten Fingerabdruckscanner der neuen Generation.

Im Jahr 2002 reiste der US-amerikanische Fotojournalist Steve McCurry in aussichtslos scheinender Mission nach Pakistan. Er wollte jenes zwölfjährige Mädchen finden, das er 1985 in einem Flüchtlingslager fotografiert hatte und das als »Afghan Girl« auf der Titelseite von »National Geographic« weltberühmt geworden war. Am Ende hatte er nicht nur eine Kandidatin, sondern etliche, die sich für die gesuchte Person ausgaben. Schließlich fand McCurry tatsächlich die Richtige. Die letzten Zweifel an ihrer Identität verflogen, als man ihre Irismerkmale mit jenen des Mädchens auf dem Foto verglich. Die Begebenheit illustriert die Leistungsfähigkeit dieser Identifizierungsmethode, die sogar schon in die Welt der Simpsons Eingang gefunden hat (im Film »Die Simpsons«, USA, 2006) – ein untrüglicher Beweis dafür, dass sie im amerikanischen Alltag angekommen ist.

Das Muster des farbigen Rings um die Pupille ist genauso einzigartig wie ein Fingerabdruck. Es ist bei jedem Auge, auch bei eineiigen

Zwillingen, unterschiedlich und bleibt ein Leben lang praktisch gleich (höchstens Krankheiten, Sehschäden oder Augenoperationen können sich auswirken). Die Farbe kann sich ändern, aber die wird beim Scannen nicht beachtet. Abgetastet wird die Regenbogenhaut mit fast unsichtbarem Licht im nahen Infrarotbereich. Bis vor einigen Jahren musste das Auge noch auf wenige Zentimeter an die Kamera gehalten werden, inzwischen operieren Systeme aus über einem Meter Entfernung, und das amerikanische Center for Identification Technology Research arbeitet an einer Identifizierung aus fast fünf Metern Distanz. Bis dato erfordern die Geräte allerdings noch die Kooperation des Betroffenen – er muss in Richtung Kamera schauen. Irisscans sind besonders sicher, schnell, unaufdringlich – und schwer zu überlisten. Im Film »Minority Report« identifizieren flächendeckend installierte Iriserkennungssysteme auf Distanz von mehreren Metern automatisch die Passanten, der Held lässt sich schließlich fremde Augen einpflanzen, um die Scanner zu täuschen. Die in der Realität auf dem Markt befindlichen Geräte geben sich zum Teil noch mit künstlichen Augen zufrieden, mit Kontaktlinsen oder sogar einer gedruckten »Papier-Iris«. Aber auch hier wird die Lebenderkennung stetig weiterentwickelt.

Um Personen aus größerer Entfernung und an stark frequentierten Orten unbemerkt zu identifizieren, bietet sich vor allem die Gesichtserkennung an, auf die wir im Zusammenhang mit den »denkenden Kameras« schon im Kapitel 1.2 hingewiesen haben. Das Gerät nimmt das Gesicht auf, analysiert bestimmte wenig veränderliche Merkmale, wie die oberen Kanten der Augenhöhlen, die Bereiche um die Wangenknochen und die Seitenpartien des Mundes. Lächeln kann die Erkennung erschweren, deswegen ist es auch auf den neuen digitalen Passfotos verboten.

Vor allem wenn es um den Abgleich von Gesichtern mit Bildern aus einer großen Datenbank geht, eignet sich die Technik allerdings immer noch nicht zum breiten Einsatz, aber sie macht rasante Fortschritte. Noch 2002 waren die Testergebnisse lachhaft, schon eine Sonnenbrille, ein Hut oder ein Bart, bestimmte Lichtverhältnisse und der Sehwinkel verwirrten die Geräte. Auch ein 2006 gestarteter

Versuch des deutschen Bundeskriminalamts am Hauptbahnhof Mainz, mit einer Datenbank aus 200 Gesichtern von Freiwilligen, endete eher kläglich. Selbst bei besten Lichtverhältnissen wurden nur 60 Prozent der gesuchten Personen erkannt, bei schlechter Beleuchtung nur 10 bis 20 Prozent. Aber immerhin ergab der jährliche »Face Recognition Vendor Test«, der vom US-amerikanischen National Institute of Standards and Technology gesponsert wird, 2006 auch, dass sich die Leistung innerhalb von vier Jahren um das Zehnfache gesteigert hatte. Die besten Algorithmen konnten teilweise schon die menschliche Gesichtserkennung schlagen.

Besonders vielversprechend ist die 3-D-Gesichtserkennung. Dabei werden mehrere zweidimensionale Aufnahmen gemacht und zu einem dreidimensionalen Modell zusammengesetzt. Damit kann man bei geneigter Kopfhaltung oder schrägem Aufnahmewinkel viel bessere Ergebnisse erzielen als mit den 2-D-Methoden. Das von der EU geförderte Projekt »3D Face« arbeitet daran, und natürlich die US-Regierung, sie hat zwei Unternehmen beauftragt, ein System mit 3-D-Gesichtserkennung unter anderem für die Grenzsicherung zu entwickeln. Mithilfe dieser Technik könnten die gescannten Gesichtsdaten nicht nur mit dem Passfoto, sondern auch mit den Fotos in einer internationalen Datenbank abgeglichen werden.

Ist es schon schwierig genug, Körperteile als Muster zu erfassen, wird es bei Bewegungen noch schwieriger. Um die Gangart zu erfassen, versucht man beispielsweise dem Computer beizubringen, Beinbewegungen als Pendelbewegungen wahrzunehmen, die Hüftneigung wird dabei als Variable definiert. Andere Modelle messen Form und Länge der Beine zusätzlich zur Geschwindigkeit der Gelenkbewegungen. Ausgereift ist diese Technik noch lange nicht, das Gleiche gilt für die Gestik oder die Lippenbewegung. Die Tippbewegung am Computer ist da schon leichter zu erfassen, ein solches Identifizierungssystem als Passwortersatz hat unter anderem die Firma Psylock entwickelt. Auch die Stimmerkennung (im Englischen »Voice Print Recognition« genannt) ist als Zugangscode etwa bei Banken bereits einsatzfähig, sie misst die jedem Menschen eigenen Tonschwankungen.

Die chemischen Identitätsspuren dagegen haben noch kaum aus dem Bereich der Kriminalistik herausgefunden. Die Identifizierung mittels Körpergeruch erledigten früher Polizeihunde, die Stasi legte Verdächtigen bei Verhören Tücher auf den Sessel, die anschließend in Einweckgläsern luftdicht aufbewahrt wurden. Heute geht das mit speziellen Metallstäben, die deutsche Öffentlichkeit kennt diese spätestens, seit in Hamburg damit Geruchsproben von fünf Gegnern des G8-Gipfels genommen wurden. Als Beweismittel vor Gericht sind Geruchsproben nicht gültig – anders als der 1985 vom britischen Genetiker Alec Jeffreys entwickelte »genetische Fingerabdruck«, der unter anderem aus Blut, Speichel, Hautzellen oder Sperma gewonnen wird.

Zahlen per Augenaufschlag
Wie die Biometrie den Alltag erobert

»Sie werden einmal mit einem Augenaufschlag Ihr Hotelzimmer bezahlen«, versprach Visa vor einigen Jahren in Zeitungsanzeigen. Längst wird die Iriserkennung nicht mehr nur in Hochsicherheitsbereichen verwendet, etwa in amerikanischen Gefängnissen, um zu verhindern, dass bei Entlassungen Insassen mit den Ausweispapieren von Mithäftlingen entkommen.[2] Die Iris als Kreditkartenersatz gibt es noch nicht, als Zimmerschlüsselersatz schon, etwa im luxuriösen Nine Zero Hotel in Boston. Dafür muss der Gast sich nur kurz an der Rezeption vor eine Kamera stellen und dann vor seiner Zimmertür in ein weiteres an der Wand fixiertes Aufnahmegerät blicken. Manche Gäste lassen sich ihre Irisdaten auch speichern und ersparen sich so beim nächsten Besuch das Einchecken.
In den USA oder Asien funktioniert vieles nicht mehr ohne die Biometrie, ob man nun Geld abheben oder sein Auto starten, ins Sportzentrum oder in den Nachtclub gehen, mit der U-Bahn fahren oder sein Büro betreten will. Es ist nicht nur praktisch, sondern wirkt auch cool, wenn der eigene Körper zum Schlüssel wird, zum Ausweis oder zur Mitgliedskarte.

Die Schweizer Privatbank Pictet & Cie Banquiers hat sogar alle Bereiche ihres Gebäudes biometrisch gesichert, die 1500 Mitarbeiter brauchen keine Karten oder Codes mehr. Die Parkplätze werden von Videokameras erfasst, die die Autonummern automatisch erkennen und auswerten. Im Eingangsbereich tasten Laser die Gesichter der Mitarbeiter ab und erzeugen dreidimensionale Modelle, die mit den hinterlegten Daten verglichen werden. Der Zutritt zu den Rechenzentren und Tresorräumen schließlich ist mit Iriskameras gesichert. Die Verwaltung von New York City wiederum ist dabei, ein automatisiertes biometrisches Kontrollsystem für 160 000 Mitarbeiter zu installieren.[3] Für Arbeitgeber hat die biometrische Zugangskontrolle einen angenehmen Nebeneffekt: Sie verbessert die Überwachung der eigenen Mitarbeiter und erschwert Tricks, beispielsweise bei der Arbeitszeit.

Mehrere amerikanische Handelsketten, darunter Wal-Mart, prüften schon im Jahr 2006 mit Verweisen auf die größere Sicherheit die Einführung bargeldlosen Zahlens per Fingerabdruck. Beim ersten Mal werden außer dem Fingerabdruck die Daten zu Führerschein, Kredit- und eventuell Kundenkarte aufgenommen, ab dann ist nur noch die biometrische Identifizierung erforderlich. Pilotversuche wurden in kleineren Supermarktketten schon erfolgreich durchgeführt – und das heißt hier vor allem kostensparend: Das Bezahlen an der Kasse verlief bei den Versuchen um bis zu 70 Prozent schneller. Wo eine optische Identifizierung nicht möglich ist, etwa am Telefon, kann sie akustisch erfolgen. Seit 2008 bietet die Deutsche Telekom einen Stimmerkennungsservice namens »VoiceIdent« als Passwortersatz für Telefonbanking oder Teleshopping an.

Der größte Hemmschuh für die Einführung von Biometrie in Geschäften sind derzeit noch die Kunden, viele empfinden solche Methoden als Zumutung und den Fingerabdruck nach wie vor schlechthin als Symbol von Kriminalisierung. Die Konsumenten von morgen werden aber schon dazu erzogen, Irisscans, Gesichtserkennung und Fingerabdruck als Selbstverständlichkeit zu empfinden. Bis vor Kurzem war Disney World der größte Biometrie-Anwender

der USA. Seit 1996 hielt das Unternehmen in seinem Freizeitpark in Florida die Fingerform der Besucher fest – anfangs nur bei Mehrtages- oder Saisonkarten als Foto-Ersatz, später auch auf Tageskarten. Zehn Jahre später wurden in mehreren Parks Fingerabdruckscanner eingeführt. Disney World versichert, dass nicht die kompletten Fingerabdrücke, sondern nur stark vereinfachte Muster gespeichert werden, und auch das höchstens einen Monat lang. Die US-Regierung vertraut jedenfalls der biometrischen Erfahrung des Konzerns. Einer seiner Mitarbeiter half nach den Anschlägen von 9/11 einerseits, für US-Flughäfen einen Plan zum »Schutz der Passagiere und zur Identitätsverifizierung« mittels Biometrie zu entwickeln, und andererseits, nationale Standards für die Biometrie-Industrie auszuarbeiten. Mittlerweile hat das »US Visit«-Programm, das Einreise- und Ausreisesystem zur Überwachung der US-Grenzen, als größter Biometrie-Anwender Disney überholt.

Auch Schulen, vor allem in den USA, Großbritannien und den asiatischen Ländern, sorgen dafür, dass Kinder jetzt schon eine der wichtigsten Gruppen für biometrische Anwendungen sind. Eine Leitlinie der Regierung erlaubte es britischen Schulen 2007, unter anderem Netzhaut, Gesichtsform und Maße der Hände der Kinder zu erfassen, die Eltern müssen nicht gefragt werden. Im selben Jahr wurde bekannt, dass bereits über 3500 Schulen in England Datenbanken mit den Fingerabdrücken ihrer Schüler führten, schätzungsweise bereits eine Million, und zum Teil ohne die Erlaubnis der Eltern einzuholen. Ein Volksschuldirektor etwa verwendete sie als Zugangskontrolle zur Bibliothek. Den Kindern erzählte er, es handle sich um ein Spionagespiel, und da es sich eben um ein Spiel handle, brauchten sie ihren Eltern nichts davon erzählen. Nur 37 von 171 Schulbehörden hatten den Einsatz von biometrischen Erkennungsverfahren verboten.

Die biometrischen Daten werden für Klassenlisten, Essensrechnungen und die Nutzung der Bibliothek verwendet. Eine Volksschule in der Kleinstadt New Egypt (New Jersey) installierte 2003 als erste Schule in den USA ein Iriserkennungssystem an den Eingängen – vorerst nur für Eltern und Angestellte. Doch hundertprozentige

Sicherheit verhindern sowohl die Technik als auch die Anwender; die Tradition des freundlichen Türaufhaltens etwa konnten sich viele in der kurzen Zeit nicht abgewöhnen.

Mittels Biometrie kann man sich aber nicht nur vor unerwünschten Eindringlingen, sondern auch vor sich selbst schützen: So bietet das Casino von Bad Homburg einen speziellen Service für Spielsüchtige. Sie können ihr Gesicht ohne Angabe eines Namens biometrisch speichern lassen. Beim Versuch, das Casino zu betreten, erkennt der Computer automatisch die Daten und sendet das zugehörige Foto auf den Taschencomputer eines Wachhabenden – der die Person hinauskomplimentiert.

Flughäfen und Grenzkontrollen

Wenn man bedenkt, wie wichtig biometrische Daten – und deren Sammlung – in Zukunft sein werden, ist diese Konditionierung ahnungsloser Kinder erschreckend. Auch die unmerkliche Ausbreitung biometrischer Methoden im privaten Sektor schafft Tatsachen, noch bevor in der Gesellschaft eine breite Grundsatzdebatte über mögliche Konsequenzen stattgefunden hat.

Am stärksten zeigt sich die biometrische Revolution aber bei der staatlichen Grenzüberwachung. Schlagartig hat die automatisierte Menschenvermessung mit Beginn des neuen Jahrtausends im Luftverkehr Einzug gehalten, und zwar als direkte Folge der Anschläge vom 11. September. Irisscan, Fingerabdruck und Gesichtserkennung boten sich an, um einerseits die Passagierprüfung zu verbessern, andererseits die dadurch entstehenden Warteschlangen zu verringern; denn mit ihrer Hilfe ließen sich »risikoarme Passagiere« schneller durchschleusen.

Die USA forcierten nach 9/11 die Entwicklung nationaler und internationaler Biometrie-Standards, investierten Milliarden in biometrische Forschungsprojekte und in die Umsetzung lückenloser biometrischer Grenzkontrollen. Die EU förderte großzügig Forschungsprogramme wie das schon erwähnte Projekt »3D Face«, und die European Aviation Safety Agency, eine EU-Einrichtung, forderte biometrische Testeinsätze in ganz Europa. So kam es, dass die Biometrie in Form von Freiwilligen-Programmen die Kontrollen der großen internationalen Flughäfen eroberte – nur um schon bald für immer mehr Menschen verpflichtend zu werden.

Ein weltweiter Vorreiter war der Schiphol Airport in Amsterdam. Er führte im Oktober 2001 ein schon vor 9/11 entwickeltes System ein, das die Iriserkennung mit einer speziellen Smartcard verbindet. Vielflieger haben seitdem die Möglichkeit, ihre Irisdaten registrieren und auf dem Chip der Karte speichern zu lassen – eine viertelstündige Prozedur, mit der sie viel Zeit gewinnen: Denn fortan können sie jedes Mal unkompliziert durch die Passkontrolle gehen, sie müssen nur ein oder zwei Sekunden lang in den Scanner schauen. In Zukunft soll dieser Test sogar von den Passagieren unbemerkt erfolgen, wenn sie eine Schleuse durchqueren.

Ähnliche Systeme wurden seitdem an vielen weiteren Flughäfen vor allem in den USA und Kanada für bestimmte Passagiergruppen entweder erprobt oder schon eingeführt, unter anderem in London (Heathrow und Gatwick), in Frankfurt (München soll folgen), am JFK-Flughafen in New York oder am Dulles Airport in Washington. Weitere Flughäfen werden demnächst folgen.

Der Schnell-Check-in per Fingerabdruck ist jenseits des Atlantiks schon länger üblich, etwa für die Nutzer des US-kanadischen Programms Nexus. Andere Firmen, wie Clear oder SRT, bieten Karten, auf denen sowohl Fingerabdruck als auch Irisscan gespeichert sind – verwendbar je nach Infrastruktur des Flughafens.

Die erste automatische Passkontrolle auf der Basis von Gesichtserkennung wurde 2003 in Australien am Flughafen Sidney für die Inhaber einheimischer und entsprechender ausländischer E-Pässe eingeführt. Das System SmartGate vergleicht dabei die Gesichtsmerkmale der Ein- oder Ausreisenden maschinell mit den Bildern in den vorgelegten Pässen, 2008 wurde das System landesweit eingeführt, für alle Inhaber elektronischer Pässe ab 18 Jahren.

Mittels Freiwilligen-Programmen hat die Biometrie auch Eingang in die Grenzkontrollen gefunden, doch nun wird sie für immer mehr

Bürger weltweit verpflichtend, ganz gleich, ob sie auf dem Luft-, See- oder Landweg kommen. Das »US Visit Program«, eine Folge des viel kritisierten »Patriot Act«, verlangte zunächst seit 2004 von jedem Einreisenden Abdrücke von Mittel- und Zeigefinger. Das Experiment endete in einer Katastrophe, als man herausfand, dass diese durch flaches Auflegen generierten Abdrücke nicht mit jenen in der größten Fingerprint-Datenbank der Welt, der des FBI, abgeglichen werden konnten – das FBI verwendete nämlich das »gerollte« Zehnfingersystem. Für ca. 50 Millionen Dollar mussten alle Geräte ausgetauscht und ein neues System installiert werden. Das ist auch der Grund, warum Einreisende ab Dezember 2008 nicht mehr zwei, sondern zehn Fingerabdrücke abgeben müssen. Durch die geplante Fingerabdrucknahme auch bei der Ausreise wiederum kann festgestellt werden, welche Ausländer sich noch im Land befinden. Die geplanten Mehrkosten in Milliardenhöhe sollen die Fluggesellschaften tragen; billiger wird das Fliegen dadurch sicher nicht. Auch an der Einbeziehung von Irisscan und Gesichtserkennung werde gearbeitet, erklärte im Februar 2008 der Chef des US-Visit-Programms Robert Mocny.

EU-Innenkommissar Franco Frattini wiederum will bis 2015 ein neues System zur Registrierung von Staatsbürgern aus Nicht-EU-Ländern einführen. Im Rahmen des europäischen Visa-Informations-Systems (VIS) müssen dann Reisende aus Drittländern, die für weniger als drei Monate in die Gemeinschaft kommen, bei Beantragung ihres Visums und im Folgenden bei jeder Ein- und Ausreise ihren Fingerabdruck abgeben. Das galt bisher nur für Asylsuchende. Aber auch außerhalb von Europa und Nordamerika erobert die Biometrie die Grenzen. Die Vereinigten Arabischen Emirate scannen seit 2003 die Iris ihrer Besucher, Länder wie Oman und Jordanien arbeiten gerade an einem solchen System. Und Japan tut es den USA gleich und fordert seit Ende 2007 Fingerabdrücke und ein digitales Foto von allen Einreisenden über 15 Jahre.

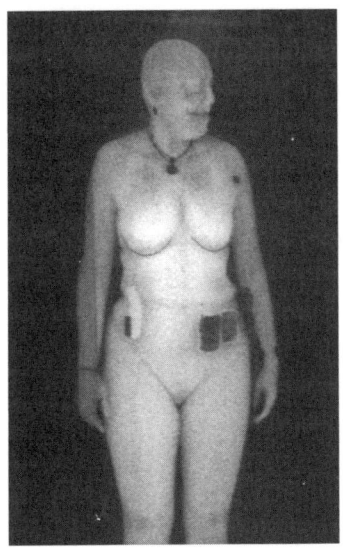

Abb. 7: Neben biometrischen Scans und RFID-Pässen sorgen auf immer mehr Flughäfen auch neue Durchleuchtungsgeräte für Sicherheit (siehe Kapitel 1.2, S. 62ff.). Hier testet Susan Hallowell, Direktorin des Sicherheitslabors der TSA, ein Backscatter-Röntgengerät, das Kleidung und Haare praktisch unsichtbar macht.

Reisepässe, Personalausweise und ID-Cards

Gleich nach den Anschlägen vom 11. September forderte die internationale Luftfahrtorganisation ICAO die weltweite Einführung biometrischer Pässe, parallel dazu drohten die USA der EU, bei Nichteinführung die Visapflicht für europäische Einreisende zu verschärfen. 2004 besiegelten Europas Innenminister – angetrieben vom deutschen Bundesinnenminister Otto Schily – den neuen Pass für alle Europäer. Ihr Beschluss, darin zwei Fingerabdrücke aufzunehmen, ging noch über die Forderungen der ICAO hinaus. Diese hatte nur ein digitales Foto gefordert. Bis Ende 2008 müssen die elektronischen Pässe europaweit eingeführt sein. Damit müssen sämtliche Bürger, die auf einen Pass nicht verzichten können, in den kommenden Jahren Gesichtsmuster und die Abdrücke ihrer Zeigefinger abgeben. In Deutschland und Österreich werden die digitalen Fotos auch bei den Meldebehörden gespeichert, die Fingerabdrücke nur auf dem RFID-Chip des Reisepasses. Hätten sich nicht so viele Länder dem ursprünglichen Plan der EU-Kommission widersetzt, würden schon heute alle diese biometrischen Daten der EU-Bürger in einer europäischen Biometrie-Datenbank zentral gespeichert.

Aber nicht alle Menschen haben einen Pass. Viele Reisende, die sich innerhalb der Grenzen des Schengener Abkommens bewegen, führen nur ihren Personalausweis mit. Was also tun, wenn alle Menschen biometrisch erfasst werden sollen? Eine europaweite Lösung ist bereits in Sicht: Im Rahmen des Haager Programms will die EU neue Standards für Personalausweise festlegen, die auch die Speicherung von Fingerabdrücken vorsehen. Und auch hier hat Schäuble seinem Land eine Vorreiterrolle gesichert. Der deutsche digitale Personalausweis soll Ende 2009 kommen und enthält dieselben biometrischen Angaben wie der Reisepass.

Gerechtfertigt werden alle Pläne für biometrische Identitätsausweise vor dem Bürger mit einem angeblichen Mehr an Sicherheit. Die Realität sieht anders aus, warnen Computerexperten wie der amerikanische Kryptograf und Spezialist für Computersicherheit Bruce Schneier. Erstens nützen biometrische Pässe, wie bereits erwähnt, wenig gegen Terroristen. Dasselbe gilt für biometrische Führerscheine, die in den USA ab 2009 verpflichtend sind – zwei der Attentäter vom 11. September hatten gültige Führerscheine unter falschem Namen; denn die Erstidentifizierung erfolgt ja doch mit einem gewöhnlichen Ausweis, und der kann gefälscht sein. Das biometrische Kontrollsystem entwickelt also dieselbe Eigendynamik wie die Videoüberwachung: Mehr Überwachung macht noch mehr Überwachung nötig. Seinen Sinn, wenn überhaupt, kann es erst erfüllen, wenn alle Lücken geschlossen und die gesamte Weltbevölkerung in einer zentralen Datenbank biometrisch erfasst ist. Aber wollen wir das wirklich?

Abgesehen davon werden auch solche Karten, wie Hacker und Computerexperten betonen, nie absolut fälschungssicher sein. Ebenso illusorisch ist der Glaube, dass sie nicht von Unbefugten ausgelesen werden könnten. Bisher hat sich vielmehr das Gegenteil gezeigt, nicht einmal der Diebstahl ist dazu noch nötig: Den in den Niederlanden eingeführten biometrischen Pass konnten Hacker innerhalb von zwei Stunden knacken, ohne ihn auch nur anzufassen. Das Auslesen und Entschlüsseln von persönlichen Daten, Fingerabdruck und Passbild funktionierte aus einer Distanz von bis zu zehn Metern. Mit diesen erschlichenen Daten können Fälscher dann perfekte Pässe herstellen. Die 2007 in Deutschland eingeführte zweite Generation des biometrischen Passes macht es Identitätsräubern immerhin schwerer: Ausweis und Lesegerät müssen einander dabei gegenseitig authentifizieren. Außerdem wird eine verschlüsselte *Ende-zu-Ende-Verbindung* aufgebaut, über die jegliche Kommunikation zwischen Pass und Lesegerät abgewickelt wird. Um das Klonen der RFID-Chips zu verhindern, wird ein privater, nicht exportierbarer Schlüssel im Pass gebildet. Schließlich beträgt die maximale Auslesedistanz zehn Zentimeter, angeblich lässt sie sich nicht künstlich erhöhen.

Besonders schwer fällt es der US-Regierung, ihrer Bevölkerung das Sicherheitsmärchen glaubhaft zu machen. Um die ursprünglich auf 20 Milliarden US-Dollar geschätzten Kosten für die Einführung der neuen Führerscheine zu senken, sparte das Heimatschutzministerium groteskerweise bei dem Faktor, dessentwegen die Karten angeblich eingeführt werden sollten: der Sicherheit. Sie verzichteten auf eine Verschlüsselung der auf dem Chip gespeicherten Daten, diese können somit von Identitätsräubern mit einfachsten Mitteln unbemerkt gestohlen werden.

Weil der Chip aber viel mehr und sensiblere Daten enthält als ein herkömmlicher Ausweis, birgt das unbefugte Auslesen oder ein Verlust des Ausweises für den Einzelnen ein viel höheres Risiko als früher. »Ein eigenes Sicherheitssystem müsste für Menschen entwickelt werden, die ihre Karte verloren haben, ein System, das seinerseits wieder missbrauchbar wäre«, sagt Bruce Schneier.[4] Besonders problematisch ist, dass ein Passwort neu ausgestellt werden kann, ein Fingerabdruck aber nicht. Der »Identitätsdiebstahl«, dem die Biometrie eigentlich wehren sollte, gewinnt gerade durch sie eine neue Dimension. Seit Kurzem erst suchen Forscher nach Methoden einer diebstahlsicheren Biometrie. Das Grundprinzip dabei ist, dass das biometrische Bild, bevor es gespeichert wird, nach bestimmten Parametern verzerrt wird. Diese Parameter können verändert werden, wenn der Biometrie-Diebstahl bekannt wird. Auch das bietet freilich keinen absoluten, sondern nur einen zusätzlichen Schutz, wie bei der

Verbindung von Passwort und Fingerabdruck. Denn die Parameter können ihrerseits wieder ebenso geknackt werden wie Passwörter oder PIN-Codes.

Wir zahlen also nicht nur bei der Ausstellung, sondern auch durch Steuergelder für ein System, das höchstens weniger statt mehr Sicherheit bringt. Dabei ist aber noch nicht einmal die größte Gefahr für den Datenschutz berücksichtigt: Sie liegt nicht in den Ausweisen selbst, sondern in ihrer unausweichlichen Folge: den zentralen und vernetzten biometrischen Datenbanken.

Biometrische Vorratsdaten
Nationale und internationale Datenbanken

Zu den schlimmsten Albträumen der Datenschützer gehört die biometrische Massenkontrolle: die Speicherung biometrischer Daten in zentralen Datenbanken. Dort könnten sie nach Bedarf verwendet werden, um Menschen nicht nur in Zugangsbereichen, sondern mittels Koppelung von Videoüberwachung und Gesichtserkennung auch auf der Straße jederzeit zu identifizieren. Jede Unbotmäßigkeit, eine verbotene Zigarette oder eine weggeworfene Verpackung, könnten sofort bestraft werden. Es wäre, als ob jeder mit einem großen Namensschild herumspazieren würde. Nur dass den Behörden durch die Vernetzung der Daten, beispielsweise mit den Steuerdaten, nicht nur der Name, sondern in Sekundenschnelle auch noch viele weitere Informationen über jeden Passanten zur Verfügung stehen könnten. Die britische Polizei war unter den Ersten, die diese neue Möglichkeit nutzen wollten. Um mit Gesichtserkennung im öffentlichen Raum Kriminelle aufzuspüren, plante die National Police Improvement Agency, eine eigene nationale Gesichtsdatei aufzubauen. Diese soll einmal digitale Porträtfotos aller jemals festgenommenen Menschen enthalten. Nach einem im März 2008 abgeschlossenen Pilotprojekt unter dem Titel »Facial Images National Database« (FIND) wurde das Projekt jedoch vorläufig aus finanziellen Gründen auf Eis gelegt. Ein weiterer Plan bestand darin, die Streifenpolizisten mit Blackberry-artigen Kleincomputern auszustatten. Mit diesen sollten sie nicht nur jederzeit Fingerabdrücke nehmen und einreichen können, sie sollten damit auch sowohl auf die Bilder von Überwachungskameras als auch auf Bilder und andere biometrische Merkmale in der zentralen Datenbank zugreifen können.[5]

Noch sind die Projekte nicht ausgereift, doch solche Datenbanken könnten in der Folge dazu verwendet werden, Bewegungen von Menschen nachzuvollziehen und Verhaltensprofile zu erstellen, aber auch, um zusätzliche biometrische Merkmale zu sammeln – beispielsweise von Menschen, die schon einmal einen Checkpoint passiert haben. Biometrische Pässe und Personalausweise sind das Fundament, auf dem diese Datenbanken derzeit aufgebaut werden. Wären sie einmal für ganze Bevölkerungen etabliert, würden diese Identitätsausweise weitgehend überflüssig werden, die installierten Erkennungsgeräte würden direkt mit den Datenbanken kommunizieren. Die Speicherkapazitäten sind längst kein Problem mehr. Zwei Computerfestplatten mit einer Kapazität von jeweils einem Terabyte Speicherplatz genügen, um die Gesichtsmuster aller 82 Millionen Einwohner Deutschlands zu speichern. Ein anderes Problem hingegen ist keineswegs gelöst: »Als Computerwissenschaftler wissen wir nicht, wie wir solche Datenbanken schützen sollen, weder vor Hackern noch vor den Tausenden Insidern, die darauf zugreifen dürfen«[6] – mit dieser Einschätzung steht Bruce Schneier nicht alleine da.

An den US-Grenzen ist über das US-Visit-Programm die Sammlung Millionen biometrischer Daten inzwischen schon voll im Gang. 2007 deckte der US-Rechnungshof »gravierende Schwächen im Bereich der Kontrolle der Informationssicherheit« auf. Zu viele Leute hätten Zugriff auf die Datenbank des US-Visit-Programms, die gespeicherten Angaben über die Reisenden könnten »weiterverbreitet, verändert, missbraucht oder zerstört werden«, ohne dass die Urheber irgendwie identifiziert werden könnten.

Als der E-Pass in Deutschland eingeführt wurde, versicherte die Regierung, dass die biometrischen Merkmale, also digitales Foto,

Fingerabdruck und in Zukunft eventuell die Irisdaten, nicht in einer zentralen Datenbank gespeichert würden. Doch zwei Jahre später wurde beschlossen, dass die Polizei künftig online und in einem automatisierten Abrufverfahren auf alle bei den Meldebehörden gespeicherten digitalisierten Passbilder zugreifen können soll, um Verkehrsordnungswidrigkeiten und andere Straftaten zu verfolgen. Außerdem forderten die Innenminister der Länder, auch die Fingerabdrücke für die Polizei abrufbar zu machen. Damit wäre, selbst ohne zentrale Speicherung, allein durch die Vernetzung der deutschlandweiten Personalregister, die zentrale Datei »virtuell« Realität, empörte sich der deutsche Datenschutzbeauftragte Peter Schaar. Das »würde letztlich die automatisierte biometrische Massenkontrolle ermöglichen, vor der Kritiker immer gewarnt haben«.[7]

Zumindest die Speicherung der Fingerabdrücke wurde von Parlament und Datenschützern abgeschmettert. In vielen europäischen und außereuropäischen Ländern wird sie jedoch gerade Wirklichkeit. Die Schweiz etwa führt ab 2009 biometrische Pässe mit denselben Angaben wie auf den EU-Pässen ein. Und speichert alle bei Neuausstellungen abgenommenen biometrischen Daten nicht nur auf dem Chip des Passes, sondern auch in der Datenbank des Bundesamts für Polizei.

Tatsächlich wäre das Projekt Biometrie-Pass eine sinnlose Verschwendung (außer für die Biometrie-Industrie und die Bundesdruckerei), wenn es nur darum ginge, Pässe fälschungssicherer zu machen, die jetzt schon zu den fälschungssichersten der Welt gehören. Der biometrische Pass war von Anfang an als Datenbeschaffungsmittel für eine zentrale biometrische Datenbank gedacht. Die Organisatoren in Brüssel haben das auch nie verhehlt. So heißt es noch im Entwurf der EU-Kommission für die Passverordnung, der von den Regierungen später noch geändert wurde: »Diese Verordnung [...] stellt einen ersten Schritt dar. Ein zweiter Schritt wird längerfristig mit der Einrichtung eines Europäischen Passregisters erfolgen.«

Die größte schon bestehende Fingerabdruck-Sammlung der Welt befindet sich nicht in Europa, sondern in – eigentlich unter – der

Kleinstadt Clarksburg im Norden des US-Staates West Virginia, in einem unterirdischen Areal so groß wie eineinhalb Fußballfelder. Sie gehört dem amerikanischen Heimatschutzministerium und wird vom FBI betrieben. Schon jetzt hat sie über 55 Millionen Fingerabdruck-Datensätze. Diese stammen nicht nur von Straftätern, sondern auch von US-Amerikanern, die für Behörden arbeiten oder Kinder adoptieren möchten.

Künftig sollen aber nicht nur Fingerabdrücke, sondern alle möglichen weiteren biometrischen Merkmale von Ausländern ebenso wie von US-Bürgern gespeichert werden. »Next Generation Identification« (NGI) heißt das Projekt, in welches das FBI eine Milliarde Dollar investieren will. Das Ziel: nicht nur die größte Fingerabdruck-, sondern die größte Biometrie-Datenbank der Welt. Im Jahr 2013 soll das System imstande sein, Menschen anhand einer Datenmischung aus Finger- und Handballenabdrücken, Iris- und Gesichtsmustern, Ohrmuschelformen und genetischen Fingerabdrücken zu identifizieren. Später sollen auch Gang und Stimmmuster dazukommen.

Das Neue an der NGI-Datenbank ist aber nicht nur die Dimension der Daten, sondern auch, von welchen Bevölkerungsgruppen sie stammen und wozu sie verwendet werden. Schon bisher war es bei vielen Arbeitgebern Praxis, von Jobbewerbern Fingerabdrücke zu nehmen, um die Person vom FBI auf eine kriminelle Vergangenheit prüfen zu lassen. Diese Fingerabdrücke wurden aber bisher anschließend zerstört oder zurückgegeben. Das soll nun anders werden. Das FBI plant einen Service namens Rap-Back: Auf Wunsch der Arbeitgeber werden die biometrischen Daten von Jobbewerbern behalten, sodass die Arbeitgeber benachrichtigt werden können, sollte der/die Angestellte irgendeine Straftat begehen.

Wie aber kommt ein Land systematisch an die biometrischen Daten möglichst aller Bürger, auch jener, die nie ins Ausland reisen? Die USA haben den Umweg über den biometrischen Führerschein genommen. Zwar wird die Führerscheinausstellung weiterhin von den einzelnen Bundesstaaten verwaltet. Aber das Heimatschutzministerium hat sich nicht nur vorbehalten, die Art der auf dem

Führerschein gespeicherten Daten zu bestimmen, sondern auch das Recht, anzuordnen, dass alle bundesstaatlichen Datenbanken zu einer einzigen nationalen Superdatenbank verknüpft werden. Damit wird aus dem biometrischen Führerschein de facto eine staatliche biometrische ID-Karte.

England hat die biometrische ID-Karte gleich direkt eingeführt. Parallel zu ihr wird bis 2009 das »National Identity Register« (NRI) geschaffen. 50 Arten an Informationen dürfen darin über jeden Einwohner gespeichert werden, darunter die Abdrücke aller zehn Finger, Gesichts- und Irismuster. Erklärtes Ziel ist, sämtliche Menschen, die in England leben, biometrisch zu erfassen.

Aber England ist nur Vorreiter, weltweit sind solche staatlichen Biometrie-Datenbanken für die eigene Bevölkerung im Aufbau. Spanien etwa hortet die Fingerabdrücke von allen, die Arbeitslosen- oder Krankengeld beziehen. Brasilien wiederum arbeitet an einem biometrischen Wahlsystem, bei dem der Bürger sich per Fingerabdruck ausweist. Schon bei der Wahl 2008 werden in einigen Städten die ersten biometrischen Urnen eingesetzt.

Die britische Regierung plant parallel zu den schon beschriebenen Biometrie-Projekten den Aufbau einer nationalen Kinderdatenbank, in der alle Kinder auch biometrisch erfasst werden sollen. Damit, so die Begründung, könnten die Behörden die Kinder besser vor Missbrauch oder Vernachlässigung schützen.[8]

Also wieder ein Zuwachs an Sicherheit? Ganz abgesehen von künftigen Missbrauchsmöglichkeiten durch den Staat: Keine Datenbank ist vor unbefugtem Zugriff hundertprozentig sicher, und je zentraler die Speicherung, desto größer die Gefahren. Unbefugte hätten schon bisher auf das britische PNC-System (Police National Computer) und auf Datenbestände der DVLA (Driver and Vehicle Licensing Agency) zugreifen können, obwohl diese Systeme besonders gut geschützt gewesen seien, warnte Jerry Fishenden, der National Technology Officer (NTO) bei Microsoft für Großbritannien. Das »National Identity Register« sei mit seiner Fülle an sensiblen Daten ein »Honigtopf« für Identitätsdiebe.

Selbstmörder kosten zu viel
Biometrie zur Verhaltenskontrolle

Ob Gang, Gestik, Gesichtsausdruck oder Stimme – biometrische Methoden können mehr als nur Personen identifizieren; sie werden auch zunehmend als Schlüssel zur automatisierten Verhaltenskontrolle entdeckt. Das US-Heimatschutzministerium unterstützt derzeit die Entwicklung von sogenannten FAST (Future Attribute Screening Technologies) – mobilen Laboratorien, die physiologische oder aus dem Verhalten ablesbare Hinweise wie Herzschlag, Atmung und Augenbewegungen automatisch auf »feindliche Absichten« überprüfen sollen. Die 2008 initiierte EU-Expertenplattform namens »Feel Europe« wiederum sucht nach Roboter- und Computersystemen, die menschliche Emotionen über Gestik und Gesichtsmimik besser erkennen bzw. interpretieren können. Als Ziele werden unter anderem »die Identifizierung von Terroristen in öffentlichen Räumen« durch Auswertung von Videodaten in Echtzeit und Analyse der Gesichtsausdrücke genannt, außerdem »die kontaktlose Aufzeichnung des Pulses mittels Thermografie und des EEG mittels Sensorik für elektrische Felder«.[9]

Zweifellos werden Kriminelle und Terroristen, die sich auf diese Art der Überwachung einstellen, kaum zu ertappen sein. Sehr wohl aber werden die Systeme »Bedrohungen« wie Betteln oder Herumlungern erkennen können.

Eine Hürde für die automatische Verhaltenskontrolle ist derzeit noch, dass die entscheidenden Verhaltensweisen eines Menschen sehr individuell sind. Computerexperten und Verhaltensforscher an der Universität Buffalo arbeiten an Systemen, die immerhin schon durch »Beobachtung« eines 20-minütigen Interviews diese individuellen Charakteristika »lernen« können.

Jedes Ihrer Gene kann gegen Sie verwendet werden

Heute ist die DNA-Analyse von Haaren, Hautschuppen, Schweißab-
drücken, Speichel usw. der Königsweg der Kriminalistik, unschlag-
bar, wenn es darum geht, Verbrecher zu identifizieren. Herkömmliche Fingerabdrücke lassen sich verhindern, der »genetische Fingerabdruck« kaum, doch auch hier legten Kriminelle schon falsche
Spuren. Mit der rasant fortschreitenden Genetik kommt aber auch
ein Problem auf, das den meisten noch nicht bewusst ist, aber ein
weiterer Baustein zur lückenlosen Überwachung sein kann, auch
wenn es vorerst nur Verbrecher betrifft: Das persönliche »Buch des
Lebens«, das jeder in Form seiner DNA mit sich herumschleppt,
hinterlässt Spuren. Wir hinterlassen den Schlüssel nicht nur zu
unserer Identität, sondern auch zu unseren Erbanlagen, wo immer
wir uns aufhalten.
Auch die DNA-Identifizierung wurde, wie so viele andere Techniken zur Überwachung, in England erfunden. Der Genetiker Alec
Jeffreys fand 1984 heraus, dass bestimmte, sich wiederholende
Bereiche der Erbsubstanz für die Individualtypisierung geeignet
sind, und entwickelte daraus die erste DNA-Fingerprint-Methode.
Untersucht werden hierbei kleine, sich wiederholende Abschnitte
im Erbgut, die sogenannten *Minisatelliten*, Wiederholungen einer
bestimmten, bei allen Menschen vorkommenden DNA-Sequenz.
Die Anzahl der Wiederholungen ist bei jedem Menschen einzigartig – und genau diese Anzahl wird beim genetischen Fingerabdruck
untersucht. Fast gleichzeitig, 1983, erfand der US-amerikanische
Biochemiker Kary Mullis die *Polymerase-Kettenreaktion* (PCR),
eine Technik, um Kopien von der DNA anzufertigen. Dabei wird
als Vervielfältigungsmittel ein menschliches Enzym genutzt, die
DNA-Polymerase, sie verdoppelt das Erbgut vor der Zellteilung.
Damit war der Weg zum Erstellen von »genetischen Fingerabdrücken« frei.
Ein Jahrzehnt später nahm im Land von Scotland Yard und Sherlock
Holmes die weltweit erste nationale Gendatenbank für Straftäter
ihren Dienst auf. Da die Kriminalitätsrate dramatisch hoch war,

begrüßten alle Parteien das kriminalistische Avantgarde-Instrument. Zunächst speicherte die Datenbank in den Räumen des Forensic Science Service in Birmingham nur genetische Informationen von verurteilten und inhaftierten Personen – über ein ausgerissenes Kopfhaar oder einen Schleimhautabstrich im Mund. Wurde eine Person freigesprochen, musste der Datensatz in der Regel vernichtet werden.

2001 änderte sich dies: Ein neues Gesetz erlaubte es der Polizei, auch die Profile von Personen zu behalten und unbegrenzt zu speichern, die bestimmter Verbrechen verdächtigt, aber freigesprochen worden waren. 2003 wurde diese Genehmigung auf alle Menschen erweitert, die aus irgendeinem Grund vorübergehend festgenommen werden, egal ob sie sich tatsächlich eines Vergehens schuldig gemacht haben oder nicht. Außerdem speichert die Datenbank nun auch die Profile von Menschen, die freiwillig eine DNA-Probe abgegeben haben, um aus dem Kreis der Verdächtigen entlassen zu werden.

Auch die Genprofile von Zeugen von Straftaten oder von Angehörigen von Opfern geraten in die Datenbank. Wer in die Datenbank aufgenommen wird, ist demnach zum Teil reiner Zufall, es genügt der Umstand, in der Nähe eines Tatortes gewesen zu sein. Ein Willkürsystem, aber einträglich, was die Datenmengen betrifft: Die nationale DNA-Datenbank hatte Anfang 2008 schon über vier Millionen Datensätze, das entspricht über sechs Prozent der Gesamtbevölkerung. Bei schwarzen Männern beträgt der Anteil der DNA-Registrierten sogar 40 Prozent. Eine im Supermarkt gestohlene Schokolade genügt, schon ist ein Kind mit seiner DNA bleibend registriert. 2007 wurde bekannt, dass bereits fast 150 000 britische Kinder unter 16 in der Datenbank registriert sind, viele davon gänzlich unschuldig. Geht es nach Scotland Yard, werden es bald noch sehr viel mehr sein, Sechsjährige, die ihre Mitschüler schlagen oder einen Radiergummi stehlen, beispielsweise. 2007 erwog das Innenministerium bereits DNA-Daten auch von Menschen aufzunehmen, die beim Autofahren zu schnell unterwegs waren, ihren Gurt nicht angeschnallt haben oder dabei ertappt wurden, Abfall auf die Straße zu werfen.

Auch die US-Regierung erklärte im April 2008, künftig DNA-Proben von allen Personen nehmen zu lassen, die von Bundesbehörden verhaftet werden – der Verdacht auf eine strafbare Handlung soll ausreichen. Die eleganteste Lösung, die allen aus dieser Praxis erwachsenden Diskriminierungsdebatten ein Ende bereiten könnte, wäre die in England schon von einigen vorgeschlagene verpflichtende nationale Gendatenbank: Wenn jeder als potenzieller Verbrecher behandelt wird, ist die Gleichheit wiederhergestellt.

In den USA wird auch das *surreptitious sampling*, das »heimliche Sammeln« von DNA immer häufiger, in Fällen, in denen die Polizei zwar jemanden verdächtigt, aber keine DNA-Probe von ihm hat und aufgrund fehlender Indizien auch kein Recht, eine solche zu nehmen. Beamte beschatten also den Betroffenen; eine weggeworfene Zigarette, ein benütztes Glas im Restaurant – und schon hat die Polizei den Schlüssel zu seinen Genen. Manchmal laden die Polizisten den Betroffenen auch einfach auf eine Cola ein, um nachzuhelfen.[10] Etliche Kriminelle wurden auf diese Weise schon gefasst. Datenschützer und Bürgerrechtsorganisationen kritisieren, dass die Polizei damit gegen den vierten Zusatzartikel zur US-Verfassung verstößt und das Recht auf Privatsphäre durch die Hintertür aushebelt. Der »Kollateralschaden« dieser für die Verbrechersuche so erfolgreichen Methode: Sie bedeutet de facto, dass die Polizei sich ohne justizielle Kontrolle jederzeit DNA-Proben beliebiger Bürger bemächtigen darf – eine Praxis, die die letzten Reste informationeller Selbstbestimmung hinwegfegt.

In naher Zukunft wird die Polizei nicht nur, wie schon beschrieben, Gesichtsmuster in Blitzesschnelle mit einer zentralen Datenbank abgleichen können, sondern auch das DNA-Profil. 2007 stellte die Firma NEC das erste tragbare DNA-Analysegerät in Form eines Köfferchens vor. Alle Prozesse – die Erhebung der Zellproben aus Blut oder Speichel, die Extrahierung der DNA, die chemische Bearbeitung der DNA-Fragmente und die Analyse können damit an jedem Ort durchgeführt werden. Das Labor findet auf einem Bio-chip Platz. Braucht man bei herkömmlichen DNA-Analysen mindestens einen ganzen Tag, liegt das Resultat mit dem NEC-Koffer in einer knappen halben Stunde vor.

Um aber über eine DNA-Probe deren Besitzer ausfindig zu machen, braucht es nicht einmal unbedingt eine Entsprechung in der Datenbank. Immer mehr Informationen über den Besitzer lassen sich aus den genetischen Spuren am Tatort ablesen. Die ethnische Herkunft etwa. 2006 wurde bekannt, dass auch das britische Innenministerium Forschern, die versuchen, von den Daten auf ethnischen Hintergrund oder Hautfarbe des Verdächtigen zu schließen, den Zugriff auf genetische Profile aus der Polizei-Datenbank gewährt hatte.[11] Das nächste Ziel ist, auf der Grundlage des Genmaterials Phantombilder zu erstellen – Geheimdienste und Polizeibehörden investieren in Forschungsprojekte, um herauszufinden, wie sich aus der DNA Haar- und Augenfarbe, Statur und grobe Gesichtszüge herauslesen lassen.

Die Zukunft des genetischen Profiling

Überall in der Welt, von Japan bis Kanada, wachsen derzeit in unglaublichem Tempo staatliche oder private Biobanken mit Blut-, Gewebe- oder anderen DNA-Proben. Wie wir im Kapitel 2.2 noch erläutern werden, stellen sie für die medizinische Forschung und die Pharmaindustrie einen kostbaren Datenschatz dar, aus dem auch die staatlichen Stellen Kapital zu schlagen bereit sind. Niemand weiß, wofür diese Daten in der Zukunft einmal verwendet werden könnten, fest steht, dass sie, einmal leichtfertig hergegeben, bis zum Lebensende wohl kaum zurückgeholt werden können. Wie bei allen Daten besteht die Gefahr der Sekundärnutzung. Im Biobank-Pionierland Schweden, wo Blut- oder Gewebeproben jedes einzelnen Bürgers gelagert werden, sollten die Daten der nationalen Biobank nur der Forschung dienen, wurden aber beispielsweise auch verwendet, um die Identität des verwirrten Messerstechers zu prüfen, der 2003 Außenministerin Anna Lindh in einem Stockholmer Einkaufszentrum ermordet hatte.
Größtes Interesse an nicht anonymisierten genetischen Profilen hat neben der Pharma- die Versicherungsindustrie. Mittlerweile geht es

in Großbritannien gar nicht mehr um die Frage, ob die Firmen – etwa beim Abschluss von Lebensversicherungen – von ihren Kunden prognostische Gentests über mögliche zukünftige Krankheiten verlangen dürfen. Es geht nur noch um das Wie. Ein freiwilliges Moratorium der Branche läuft noch bis 2011: In einem Abkommen zwischen ihr und der Regierung ist festgelegt, dass der Zugriff auf genetische Informationen »fair und transparent« erfolgen soll.[12]

Wie »fair« dabei definiert wird, wird sich erst herausstellen müssen. Denn Diskriminierung aufgrund der Gene könnte mit der Verbreitung von DNA-Tests zum Massenphänomen werden. Schon 1996 veröffentlichte das US-Wissenschaftsmagazin »Science« eine Studie, der zufolge 15 Prozent der Befragten mit Erbkrankheiten in der Familie angaben, von Versicherungsfirmen dazu befragt worden zu sein. 13 Prozent gaben an, dass sie deswegen von einem Arbeitgeber entlassen oder bei einer Bewerbung abgewiesen wurden. Schon 1995 gaben in einer US-Umfrage 22 Prozent der Befragten mit einer Erbkrankheit in der Familie an, dass ihnen Firmen eine Gesundheitsversicherung verweigert hatten, auch wenn sie selbst noch gar nicht erkrankt waren.[13] Das Problem verschärft sich mit der zunehmenden, in den USA schon weit fortgeschrittenen Privatisierung des Gesundheitssystems.

Anders als in Großbritannien gibt es in den USA keine freiwillige Selbstverpflichtung der Versicherungsbranche. Viele Menschen verzichten daher darauf, sich beim Arzt oder in der Klinik auf bestimmte Erbkrankheiten testen zu lassen, aus Angst, dass sie künftig keine oder keine bezahlbare Krankenversicherung oder keinen Job bekommen könnten. Wird der Gentest gesellschaftlich zur Pflicht, könnten ganze Bevölkerungsgruppen solcherart zu finanziellen Risikogruppen erklärt und im Stich gelassen werden.

Genetisches *Profiling* eignet sich allerdings nicht nur zur Erkennung von Dispositionen zu Erbkrankheiten. Das US-Militär nutzte die für alle Neueintretenden verpflichtend abzugebenden DNA-Daten für Forschungen über die genetischen Ursachen von Homosexualität – um Bewerber mit dieser Anlage von vornherein aussondern zu können. Forscher können aus der DNA auf Neigung zu Sucht oder

Depression schließen – auch das könnte Bewerber bei vielen Arbeitgebern von vornherein ausschließen.

All die Versuche, aus den Genen die Anlage zur sexuellen Orientierung, zu bestimmten Verhaltensmustern, ja sogar zu gewalttätigem Verhalten herauszulesen, sind immer mit der Gefahr von genetischem Determinismus verbunden: der Vorstellung, dass der Mensch nicht mehr als die Summe seiner Gene sei. Dazu kommt ein Streben nach Risikoeliminierung. Auch wenn jene Krankheit, die ein Mensch statistisch zu 75 Prozent bekommen wird, niemals eintritt, genügt die genetisch errechnete Wahrscheinlichkeit, um ihn in der Gesellschaft ins Abseits zu katapultieren. Er muss im Voraus haften für etwas, das vielleicht nie eintreten wird. Eine gesunde, starke und solidarische Gesellschaft kann mit Risiken leben. Eine Gesellschaft, die von Profitwahn und Perfektionierungswahn in den Kontrollwahn getrieben wird, stigmatisiert »Risikogruppen« und schafft eine »genetische Unterschicht«.

Das ethische Problem reicht aber noch tiefer. Philip K. Dick hat es im Roman »Minority Report« zu Ende gedacht. Im New York der Zukunft werden Menschen festgenommen, die laut den »Pre-Cogs« (Wesen, die die Zukunft voraussehen) einen Mord begehen werden. Dass sich der Mensch, Voraussage hin oder her, bis zum letzten Moment auch noch gegen den Mord entscheiden könnte, ist in diesem System nicht denkbar. Dank der »Pre-Cogs« ist die Stadt nicht nur eine Welt ohne Verbrechen geworden, sondern auch eine ohne Willensfreiheit.

1.9 Gedankenkontrolle

Vom Gottesurteil zum Polygrafen

Wie findet man heraus, ob ein Mensch lügt oder die Wahrheit sagt, wenn es bei einer Tat keine Zeugen gibt? Zu den frühesten Methoden der Wahrheitsfindung gehört das Gottesurteil (*Ordal*). Auch wenn man dabei auf das Wissen eines höheren Wesens vertraute, das der Wahrheit zum Durchbruch verhilft, ist doch bemerkenswert, dass sich einige frühe Wahrheitsproben schon körperliche Symptome zunutze machten, die wir auch heute noch als Anzeichen von Lügen werten. Da ist etwa die Mundtrockenheit als Nebenwirkung von Angst und Stress: Beschuldigte im alten China mussten während der Rede des Anklägers eine Handvoll Reis im Mund behalten, war der Reis am Ende trocken, wurde die Person verurteilt.[1] In England galten Menschen als überführt, die es nicht schafften, ein Stück trockenes Brot und Käse zu schlucken. In Westafrika reichten verdächtige Personen ein Vogelei untereinander weiter, schuld war, wer das Ei hinunterfallen ließ – dessen Hände also zu sehr zitterten.[2]

Das Wissen, dass der heimtückischste Denunziant unserer Gedanken und Gefühle unser eigener Körper ist, ist uralt. Bei den meisten Menschen treten unbewusste Veränderungen auf, wenn sie willentlich ihr Gegenüber täuschen. Typische Merkmale sind Vermeidung von Augenkontakt, Verschränken der Arme, verringerte Bewegung von Armen und Beinen, Rotwerden, Kratzen an der Nase, Erweiterung der Pupillen, Nach-außen-Drehen der Handflächen, Blicke nach rechts oder rechts oben (bei Rechtshändern) sowie Veränderungen der Stimmlage und Sprechweise. Selten sind diese Mutationen aber für das freie Auge so leicht zu deuten wie bei Pinocchio, dessen Holznase mit jeder Lüge zu wachsen beginnt. Im späten 19. Jahrhundert traten deshalb Wissenschaftler mit einer neuen Idee an: Durch objektive Messung verschiedener Parameter des menschlichen Körpers müsste es möglich sein, Rückschlüsse auf die innere Verfassung eines Menschen zu ziehen. Pulsschlag, Muskelbewegung,

Atmung, Schritthemmung oder Schrittbeschleunigung einer Person, meinte man, könnten ihre Gedanken enthüllen.

Zu den ersten Forschern, die eine Maschine zu diesem Zweck entwarfen, zählt der »Vater der modernen Kriminologie«, Cesare Lombroso. Sein Messgerät von 1895 maß Blutdruck und Puls des Befragten. William M. Marston baute 1915 ein Gerät zur Aufzeichnung des Blutdrucks und sprach erstmals von einem »Lügendetektor«. Zwei Jahre zuvor hatte der Experimentalpsychologe Vittorio Benussi an der Universität Graz einen Lügendetektor auf Basis der Analyse der Atmungsphasen konstruiert. 1921 fasste der Medizinstudent John Larson die verschiedenen Messgeräte zu einem Polygrafen zusammen. Das von Leonardo Keeler weiterentwickelte Gerät zeichnete Hautleitfähigkeit, Atemfrequenz, Blutdruck und Puls auf einer Papierrolle auf, diese Kombination kennzeichnete bis vor Kurzem auch die modernsten Geräte. Der geschäftstüchtige Keeler tingelte seit der Patentierung seines Gerätes durch die USA. Es gelang ihm, trotz fehlender wissenschaftlicher Beweise einen unverbrüchlichen Glauben an die Zuverlässigkeit seines Gerätes zu schaffen (wie vielen Herstellern neuer Überwachungstechnologien heute) und die Lügendetektoren erfolgreich an Polizei und Firmen zu verkaufen.

Die neue, »wissenschaftliche« Methode, zur Wahrheit zu gelangen, eroberte vor allem die USA, und bis heute ist der herkömmliche Lügendetektor ein ausgesprochen amerikanisches Phänomen. Alternativen, etwa die Verabreichung von Wahrheitsdrogen wie Scopolamin oder die Befragung unter Hypnose, konnten sich nicht durchsetzen, auch weil die Hersteller von Lügendetektoren mit der bis heute sehr aktiven American Polygraph Association einen starken Dachverband schufen, dessen Hauptaufgabe das Lobbying für den Lügendetektor ist. Die US-Regierung unterstützt die Weiterentwicklung von Wahrheitsfindungsmethoden mit mehreren Millionen Dollar jährlich, eine eigene Pentagon-Abteilung, die Defense Academy for Credibility Assessment, schult Angehörige militärischer Spezialeinheiten und Geheimdienstmitarbeiter unter anderem im Polygrafengebrauch. In den USA ist er in 36 der 51 Bundesstaaten als Beweismittel zugelassen.

Nicht nur CIA und FBI, auch viele private Unternehmen im Sicher-heits- oder Pharmabereich nutzen den Polygrafen, um Jobbewerber genauer unter die Lupe zu nehmen, zum Beispiel um herauszufin-den, ob sie Drogen nehmen, mancherorts müssen die Angestellten die Tests sogar regelmäßig wiederholen, um ihren Job nicht zu ver-lieren. Mehrere Millionen amerikanischer Bürger werden pro Jahr an die Geräte angeschlossen.[3]

Nach polygrafenfreundlichen Studien können mittels Lügendetek-toren 80 bis 95 Prozent der Täter überführt werden. Wissenschaftler bezweifeln das und sprechen ihnen prinzipiell die Fähigkeit ab, einen Lügner eindeutig zu identifizieren. Auch die National Academy of Science, eine der wichtigsten Wissenschaftsinstitutionen Amerikas, warnte 2002 vor deren Einsatz.[4] Das Grundproblem ist, dass der Lügendetektor nichts anderes misst als körperliche Stresssymptome. Die aber können auch bei Unschuldigen durch die bloße Befragung ausgelöst werden. Berühmt wurde der Fall Melvin Foster: 1982 wur-de der Taxifahrer als Verdächtiger in einem Serienmordfall einem Polygrafentest unterzogen – und »fiel durch«. Zwei Jahrzehnte später fand man durch DNA-Analyse den wahren Täter – er hatte seinerzeit beim Verhör zwei Lügentests bestanden.

Voice Stress Analysis: Abschied von der Lüge

In Europa konnte sich der Lügendetektor nicht durchsetzen. Dafür aber einer seiner Nachfolger. Während des Vietnamkriegs erkannte das US-Militär, dass Kriegsgefangene beim Verhör mehr aussagen, wenn sie nicht wissen, dass sie von einem Lügendetektor überwacht werden. Man sah sich daher nach einer »unsichtbaren« Alternative für den klassischen Polygrafen um. Charles McQuiston entwickel-te eine Methode, um aus Stimmmustern auf den Stress des Befrag-ten zu schließen: Es war die Geburt der VSA, der »Voice Stress Ana-lysis«. Heute berechnet hoch entwickelte Software in Echtzeit, also während die Aufnahme läuft, ob der Gesprächspartner vermutlich lügt oder nicht. Die Grundlage dafür lieferte die Entdeckung von

Olov Lippold, dass die Grundfrequenz der menschlichen Stimme auf eine bestimmte Weise moduliert wird, die sich ändert, wenn man unter Stress steht – also möglicherweise lügt.

Die Vorteile liegen auf der Hand: Der technische Aufwand ist gering (Desktop-Computer, Laptop oder PDA und Software), die Bedienung erfordert anders als beim Polygrafen keine Spezialisten und der Überprüfte muss beim Reden weder räumlich noch zeitlich gegenwärtig sein, so ist das System auch für Telefongespräche oder Reden geeignet. Vor allem lassen sich die Tests ohne Wissen des »Opfers« durchführen, das daher auch keine Gegenmaßnahmen ergreifen kann wie beim klassischen Detektor. VSA-Systeme für Computer geben somit jedermann die Möglichkeit, insgeheim die Aussagen seines Gesprächspartners zu durchleuchten.

Der größte VSA-Hersteller trägt den hübschen Namen »National Institute Of Truth Verification« und gibt an, dass schon 1700 Institutionen weltweit mit seinen Programmen und Geräten arbeiten. Eine vom US-Verteidigungsministerium finanzierte Studie stellte den Produkten ein gutes Zeugnis aus: 86 Prozent der Anwender halten die Methode für »sehr« oder »außerordentlich« effizient, die Fehlerquote liege bei 0,4 Prozent (falsche Beschuldigungen), drei Viertel der als potenzielle Lügner identifizierten Testpersonen bestätigten das Ergebnis durch ein nachfolgendes Geständnis.[5]

Wie die Stimmanalyse heute verwendet werden kann, um dem Staat beim Sparen zu helfen, demonstrierte 2007 der Londoner Stadtteil Harrow. Wer im Bezirksrat anrief, um Sozialhilfe oder Steuerermäßigungen zu beantragen, erfuhr, dass bei der folgenden Befragung seine Stimme »zur Qualitätskontrolle und zu Trainingszwecken« aufgezeichnet wird. Man braucht schon eine große Portion Misstrauen, um zu erraten, was hinter dieser Formulierung steckt: ein Stimmanalysesystem, um potenzielle Betrüger zu enttarnen.

»Layered Voice Analysis« (LVA) nennt sich die von den britischen Behörden genutzte Technik, sie wurde vom israelischen Unternehmen Nemesysco entwickelt und patentiert und misst nicht nur Stresssymptome wie die oben beschriebene Voice Stress Analysis, sondern eine ganze Palette von Stimmparametern. Ermittelt das System, dass der Sprecher bei einer bestimmten Antwort aufgeregter, unsicherer oder aufmerksamer als bei den übrigen klingt, leitet das System den Lügenverdacht ans Personal weiter, das den Anrufer unter die Lupe nimmt. Der Erfolg des Pilotprojekts sprengte alle Erwartungen. Über 300 000 Pfund, gab der Bezirksrat 2008 bekannt, habe sich die Behörde dadurch schon erspart. Auch dieser Lügendetektor wirkt freilich zum Teil vorbeugend: Da die Medien über das Projekt berichteten, verdoppelte sich die Zahl derer, die freiwillig angaben, keine Unterstützung mehr zu brauchen.

Gestartet hat den großen Versuchsballon zur Bürgerentlarvung per Stimmanalyse das Ministerium für Arbeit und Renten. Nicht nur Harrow, auch Birmingham, Edinburgh und Durham beteiligten sich. Wenn das Projekt erfolgreich verläuft, sollen die Lügendetektoren im ganzen Land eingeführt werden.[6]

Und was sagt das englische Gesetz dazu? Es hat verschlafen, wie so oft beim Aufkommen neuer Überwachungsmethoden – und macht sich damit nach dem Prinzip »Wer schweigt, scheint zuzustimmen« zu deren Mithelfer. Denn wenn die Gesetzgebung endlich auf die neue Technologie reagiert haben wird, ist diese schon in so viele Lebensbereiche eingedrungen, dass sie sich schwer wieder entfernen lässt. In Deutschland ist der Einsatz verboten, in England hingegen ist nur vorgeschrieben, dass Menschen bei Aufzeichnungen ihrer Stimme informiert werden müssen. Vom viel schwerwiegenderen Tatbestand, dass die Stimme analysiert wird, müssen sie nichts erfahren – das Gesetz regelt ihn nicht, weil es ihn nicht kennt. Anders in den USA: Das Strafgesetzbuch von Kalifornien beispielsweise untersagt – außer für Polizei und Bundesbehörden – die Benutzung jedes Systems, »das Stimmmuster oder andere Anzeichen von Stress in der Stimme einer anderen Person untersucht oder aufzeichnet, um die Wahrheit oder Unwahrheit der von dieser Person getroffenen Bemerkungen zu bestimmen, ohne dass diese Person vor der Prüfung oder Aufzeichnung ihre schriftliche Zustimmung dazu erteilt hat«[7].

Trotz gesetzlicher Einschränkungen ist die Stimmanalyse auf dem Vormarsch. Geheimdienste und Polizei setzen sie bei Verhören, Sicherheitsüberprüfungen, Zugangskontrollen für Hochsicherheitsbereiche oder zur automatischen Analyse von Telefonaten ein. Private Firmen, vor allem in der Versicherungsbranche, nutzen sie seit mehreren Jahren für Risikoabschätzungen und andere Hintergrundüberprüfungen von Kunden und Geschäftspartnern. Die Firma Nemesysco hat auch ein Stimmanalysegerät entwickelt, das so klein ist, dass es in eine getönte Sonnenbrille eingebaut werden kann, Auskunft gibt es durch Blinken – grün für wahr, gelb für vielleicht, rot für Lüge.[8]

Gedacht ist die Brille in erster Linie für Sicherheitsexperten auf Flughäfen. Derzeit vertraut man dort mehr GK-1, ebenfalls ein Nemesysco-Produkt. Es stellt dem Passagier drei bis fünf Fragen, danach leuchtet ein grünes oder rotes Licht auf. Am Flughafen Moskau-Domodedowo, dem größten Russlands, wird jeder Passagier damit akustisch sondiert. Unwilligen dürfen die Angestellten, Ticket hin oder her, den Zutritt verweigern.[9]

Zusätzlich zur Stimme können Firmen und Behörden künftig auch Gesichter automatisch auf Anzeichen von Schwindel »durchleuchten«. Wird ein Mensch mit einer Infrarotkamera gefilmt, kann auf den Aufnahmen die Durchblutung verschiedener Gesichtspartien gemessen werden. Andere Computersysteme machen sich winzige, für das menschliche Auge bewusst nicht wahrnehmbare Bewegungen der Gesichtsmuskeln zunutze.[10]

Gedankenlesen ist kein Hirngespinst

Alle bisher behandelten Methoden, vom herkömmlichen Lügendetektor bis zur Stimm- und Gesichtsmuskelanalyse, sind bei der Entlarvung von Lügen auf von außen wahrnehmbare körperliche Symptome, also auf sehr indirekte Anzeichen angewiesen. Sie haben wenig zu tun mit dem (Alb-)Traum der Science-Fiction, aufs Intimste des Menschen zuzugreifen, seine Gedanken und Gefühle »lesen« zu können. Diese sicherste Zuflucht des Ichs, der innerste Rückzugsraum, der von anderen nicht betreten werden kann, bleibt selbst noch dem Häftling auf Guantánamo, zumal wenn er trotz Folter nicht gesteht.

Schweigen als letzter Akt der Freiheit. Selbst totalitäre Regime haben es nicht geschafft, diese letzte Bastion zu stürmen.

Aber eine andere Kraft hat begonnen, die letzte Festung des Privaten immerhin schon anzukratzen: die Hirnforschung. Hätte Orwell deren heutige Leistungen gekannt, seine Vision einer Gedankenpolizei wäre noch um ein Vielfaches schrecklicher ausgefallen. Neurowissenschaftler können heute durch Beobachtung der Aktivität in verschiedenen Hirnregionen nicht nur ansatzweise altruistisches Verhalten oder Alzheimer vorhersagen. Sie haben auch eine Wahrheitsfindungsmethode entwickelt, die herkömmlichen Lügendetektoren Konkurrenz macht, obwohl sie erst in den Kinderschuhen steckt.

Es begann mit Experimenten wie jenen des Hirnforschers Daniel Langleben. Er gab seinen Studenten verschlossene Briefumschläge mit Spielkarten und 20 Dollar darin, das Geld durften sie behalten, wenn sie verheimlichen konnten, welche Spielkarte sie hatten. Bei jenen Studenten, die absichtlich eine Frage (etwa »Haben Sie Kreuz Zehn auf der Hand?«) falsch beantworteten, wurden bestimmte Gehirnareale mehr durchblutet als bei denen, die die Wahrheit sagten. 2006 präsentierten dann gleich zwei US-Unternehmen Hirnscanner zur Lügenfindung – Cephos und No Lie. Beide Techniken gehen davon aus, dass Schwindeln und das Unterdrücken von Wahrheit das Hirn mehr anstrengt als die Ehrlichkeit. Gemessen wird dieser Unterschied während einer Befragung mit bildgebenden Verfahren wie der Magnetresonanztomografie (MRT), die Aktivitäten im Gehirn darstellen können. Und diese Aktivität lässt sich, anders als etwa der Herzschlag, nicht beeinflussen, die Methode hält also auch Profi-Lügnern stand.

Großes Potenzial scheint der Test auch im Bereich der privaten Beziehungen zu haben. Nach Auskunft der Firma No Lie wollen nicht nur viele Angeklagte oder verurteilte Straftäter sich dem Hirnscan unterziehen. Die Mehrzahl der Anrufer seien Frauen, die ihrem Partner unbedingt beweisen wollen, dass sie ihm nicht untreu waren.[11]

Dabei existieren noch keine repräsentativen Studien, Cephos gab 2007 selbst zu, noch keine 90 Prozent Trefferquote zu erreichen. Hinzu kommt ein Hauptnachteil der Methode, der sie für widerspenstige Verdächtige ohnehin bislang ungeeignet macht: Der Getestete muss stocksteif im Scanner liegen, die kleinste Muskelbewegung kann den Test verderben.

Wäre es nicht praktisch, die Wahrheit aus dem Hirn zu extrahieren, auch wenn der Betreffende nicht stillhält – ja sogar wenn er sich weigert, auf Fragen zu antworten? Für diese Fälle will der amerikanische Neurowissenschaftler Lawrence Farwell eine Lösung haben, die er *Brain Fingerprinting* (»Hirn-Fingerabdruck«) nennt. Dabei werden die Testpersonen nicht einem Hirnscan, sondern einem Hirnstromleser, einem EEG unterzogen. Sie bekommen ein Stirnband mit Sensoren verpasst, zeigt man ihnen Fotos, zum Beispiel von Opfer oder Tatort, sendet das Hirn spezifische Wellen, die typisch für das Wiedererkennen von Bildern sind. Es sind also die im Kopf gespeicherten Informationen, die durch die unwillkürliche Hirnreaktion den Betreffenden verraten, ohne dass er etwas dagegen tun kann. Die Zeitung »Time« ging schon so weit, den Erfinder unter die potenziellen »Picassos oder Einsteins des 21. Jahrhunderts« einzureihen. Aber auch hier ist eine auch nur annähernde Zuverlässigkeit keineswegs bewiesen, ein Hauptproblem: Durch echte Erinnerungen hervorgerufene Hirnsignale können nicht von solchen unterschieden werden, die durch erfundene, also etwa Alibis, produziert sind. Trotzdem ist die Methode in US-Gerichten schon zur Entlastung von Angeklagten zugelassen.[12]

Aber die Forschung ist ohnehin schon weitergaloppiert. Da die Neurologie inzwischen bestimmte Hirnregionen für die Verarbeitung von Gesichtern, Landschaften, Bewegung oder Sprache gefunden hat (wenn auch bei den meisten Aufgaben viele Bereiche gleichzeitig im Spiel sind), liest sie am Hirnscan nicht nur ab, ob jemand gerade ein Bild wiedererkennt, sondern kann auch schon zwischen verschiedenen primitiven Bildern unterscheiden – roten oder blauen etwa, einem Haus oder Fußball. Dasselbe gilt für akustische Eindrücke, etwa verschiedene Ausschnitte aus einem Westernfilm. *Neuroprothesen*, bei denen Computerprogramme Bewegungswünsche erkennen und ausführen lassen, gibt es seit Längerem. Hirnstromleser identifizieren Gefühle wie Angst oder Depression, und die Computer- und Spieleindustrie hat sich schon darangemacht, diese Möglichkeiten zu kombinieren. So hat die Firma Emotiv einen »Hirnfühler« entwickelt. Die Haube, die aussieht wie ein breiter Kopfhörer mit Tentakeln, kann zwölf unterschiedliche Handlungen erkennen. Sie reagiert nicht nur, wenn man auf dem Bildschirm einen Gegenstand bewegen will und diese Handlung mit den Händen simuliert, sondern auch auf Stimmungen und Mimik wie Stirnrunzeln oder Augenrollen.

Sogar die Unannehmlichkeit, zum »Hirnlesen« mindestens Elektroden am Kopf befestigen zu müssen, könnte bald überwunden sein. Im Jahr 2002 verriet die NASA, dass sie gemeinsam mit einem privaten Unternehmen an einem Programm mit »nichtinvasiven« neuroelektrischen Sensoren arbeite. Diese sollen speziell auf Flughäfen Gehirnwellen und Herzschlag aus einigen Metern Entfernung aufzeichnen können, um etwa herauszufinden, ob der Passagier nervös ist. Und da der Weg vom Kontrollieren zum Manipulieren niemals weit ist, lassen sich natürlich auch umgekehrt Inhalte ins Hirn schmuggeln. Bei Wahrnehmungen und Gefühlen ist man schon so weit – sogar ohne Implantate. So hat die Firma Sony ein Gerät patentiert, das Ultraschallimpulse an bestimmte Hirnregionen sendet und dadurch bewegte Bilder, Geräusche oder Geschmäcker erzeugen soll.

Wissenschaftler sind im Kampf um Aufmerksamkeit und Forschungsgelder heute fast schon so geschickte Selbstvermarkter wie kommerzielle Unternehmen. Wenn einer von ihnen behauptet, dass er im Hirn schon wie in einem Buch lesen kann, vergleicht er sich bestenfalls mit einem Dreijährigen, dem man beigebracht hat, darin die Buchstabenfolge seines Namens optisch wiederzuerkennen – nur dass das Denken und Fühlen nicht aus 26, sondern einer unvorstellbar großen Menge an »Buchstaben« besteht. Trotzdem, das stammelnde Entziffern einzelner Buchstaben genügt schon, um unser Leben gehörig zu verändern. »Wir nähern uns dem Gedankenlesen mehr an, als man glauben würde«, sagte schon 2002 der Physiker und Sprecher der American Physical Society, Robert Park. »Das macht mich besorgt. Das ist die äußerste Grenze des Eingriffs in die Privatsphäre. Weiter geht es nicht.«[13]

2

Die Überwachungsmacher

2.1 Der Präventionsstaat

Die unersättliche Lust auf Daten

Der deutsche Blogger Kai Raven hat auf seiner empfehlenswerten Website (siehe Anhang) einen »Gefahrenindikator«, der anzeigen soll, wo unsere Gesellschaft steht. Ganz unten, die unbedenklichste Stufe, ist der Rechtsstaat, dann folgen der Sicherheitsstaat und schließlich der Überwachungsstaat, der seine Bürger auf möglichst vielfältige Weise kontrolliert. Ravens Indikator jedoch zeigt bereits auf die nächsthöhere Kategorie, den Präventionsstaat. Dieser ist die logische Weiterentwicklung des Überwachungsstaates, er versucht unliebsame Entwicklungen schon im Keim zu ersticken und durch Überwachung und Kontrollmaßnahmen von vornherein unerwünschtes Verhalten zu verhindern. Verstärken sich diese Tendenzen, entsteht ein Polizeistaat oder schließlich ein totalitärer Staat. Wir wollen die These, dass wir bereits in einem Präventionsstaat leben, anhand einiger Indikatoren prüfen; zuerst indem wir den unersättlichen Hunger der Bürokratie nach Daten betrachten.

Der französische Staatstheoretiker Jean Bodin schlug 1576 in seinen »Sechs Büchern über die Republik« Volkszählungen als Mittel vor, um die Parasiten loszuwerden, die als Bettler und gefährliche Müßiggänger das Gemeinwesen belasteten. Alle Untertanen sollten mit Namen, Stand und Wohnort erfasst werden, um »die Wölfe von den Schafen zu trennen«.[1] In der Habsburgermonarchie hatten die ersten Volkszählungen, die im 16. Jahrhundert durchgeführt wurden, einen ähnlichen Grund. Sie begannen als Mittel der Ausgrenzung und betrafen zunächst nur die Juden und Protestanten. Auch die Einführung der Hausnummern in der Monarchie begann im 17. Jahrhundert als Kontroll- und Vertreibungswerkzeug, jüdische Häuser in Böhmen waren die ersten, die damit versehen wurden.[2]

Jahrhunderte später kostete die Perfektion von Statistikern und Bürokraten unzähligen Juden das Leben. Vor 1938 hatte es keine durchgängige Meldepflicht gegeben, und wo es sie gab, wurde sie leicht umgangen. Das NS-Regime führte zwei Volkszählungen durch; mit modernsten Hollerith-Lochkarten- und Sortiermaschinen aus dem Hause IBM wurde die Bevölkerung nach verschiedensten Merkmalen erfasst – unter anderem nach der Abstammung. Nur diese Lochkartentechnik ermöglichte es, so viele Juden in so kurzer Zeit zu identifizieren, zu enteignen, zu vertreiben und schließlich zu vernichten. Am offensichtlichsten war dieser Zusammenhang in den von den Nazis eroberten Niederlanden. Dort war die Verfolgung nur deswegen so erfolgreich, weil sämtliche niederländischen Bevölkerungsregister bereits vollständig mit Hollerith-Anlagen automatisiert waren.

Nicht zuletzt vor diesem Hintergrund führte die für 1983 geplante Volkszählung in Deutschland zu einer großen Protestbewegung. Die Ausführlichkeit der Fragen lasse Rückschlüsse auf die Identität der Befragten zu und verstoße somit gegen das Grundgesetz, befand das Bundesverfassungsgericht, die Volkszählung musste verschoben und modifiziert werden. Das sogenannte »Volkszählungsurteil« ist bis heute bedeutsam. Zum ersten Mal wurde darin das Grundrecht auf informationelle Selbstbestimmung formuliert, nämlich das Recht des Einzelnen, selbst über die Preisgabe und Verwendung seiner personenbezogenen Daten zu bestimmen. Außerdem verboten die Richter die Verwendung eines einheitlichen Personenkennzeichens für jeden Bürger.

Letzteres ist heute umso wichtiger, als die Datenmassen, die über jeden Einzelnen verfügbar sind, in den letzten 25 Jahren ins Unermessliche gestiegen sind. Allerorten werden kleine Mosaiksteinchen unserer Identität gespeichert – die unglaublich viel über uns verraten, wenn sie zusammengeführt werden. Und überall geht der Trend hin zu immer größerer Vernetzung.

Im Folgenden ein paar Beispiele: Ein nationales »Bildungsregister« wollten die deutschen Kultusminister einführen. Name, Alter und Wohnort, alle Schulnoten sowie weitere Angaben etwa zu sonderpädagogischer Förderung oder Migrationshintergrund sollten zentral gespeichert werden, um daraus statistische Erkenntnisse zu gewinnen. Der Plan scheiterte an der Kritik von Datenschützern, doch in Bayern soll das Bildungsregister dennoch eingeführt werden. Das deutsche Bildungsregister hätte immerhin mit anonymisierten Daten gearbeitet (die freilich für Hacker unschwer zu knacken gewesen wären), England ist einen Schritt weiter: Im Februar 2008 wurden Pläne der britischen Regierung bekannt, jedem Einwohner ab seinem 14. Lebensjahr eine sogenannte *Unique Learner Number* (ULN) zuzuweisen. Sie soll bis zum Renteneintritt gültig sein. Unter ihr sollen alle Qualifikationen und Zeugnisse, die eine Person erwirbt, aber auch Informationen wie etwa der Ausschluss von einer Bildungseinrichtung, in einer Datenbank gespeichert werden und so einen »fälschungssicheren Lebenslauf« ermöglichen, potenziellen Arbeitgebern soll der Besitzer des Lebenslaufs dann Zugriff auf einen Teil der Daten geben können – oder müssen.

Im Rahmen der in Deutschland geplanten elektronischen Gesundheitskarte und des in Österreich geplanten Elektronischen Lebenslangen Gesundheitsakts (ELGA) entsteht von jedem Patienten oder Versicherten ein potenziell auf Lebenszeit angelegtes elektronisches Dossier, es führt alle gesundheitsbezogenen Informationen einer Person zusammen, etwa Arztbriefe, Diagnosen, Behandlungen, vererbte Erkrankungen und verordnete Medikamente.

2003 wurde beschlossen, dass jeder Deutsche eine lebenslang gültige Steuernummer bekommen soll. Die persönliche Identifikationsnummer ersetzt die bisherige Steuernummer und wird zusätzlich persönliche Daten wie Geschlecht, Namen, aktuelle Adresse und Geburtsdatum, Daten zum Ehepartner, zu minderjährigen Kindern und zur Religionszugehörigkeit zentral speichern. Die bislang dezentral bei den verschiedenen Meldestellen geführten Datenbestände werden dabei erstmals zentral zusammengeführt. Neben den Finanzämtern speisen auch die Meldebehörden und Sozialleistungsträger ihre Angaben ein. Für den deutschen Bundesdatenschutzbeauftragten Peter Schaar entsteht damit »ein bisher nicht gewolltes bundeseinheitliches, zentrales Melderegister«, das, wie bei Daten üblich, bald auch dazu verlocken werde, es für andere Zwecke zu verwenden. Die Schweiz hat da weniger Bedenken. Sie plant genau das, was in Deutschland verfassungswidrig ist, nämlich die Einführung einer »Bürgernummer«, die in allen Bereichen staatlicher Verwaltung gelten soll.

In der nationalen DNA-Datenbank Großbritanniens waren Anfang 2008 über vier Millionen Datensätze gespeichert, das entspricht über sechs Prozent der Gesamtbevölkerung. Britische Polizisten und Kriminalisten fordern seit Jahren, die Abgabe einer DNA-Probe verpflichtend für alle Einwohner – beziehungsweise Neugeborenen – zu machen. Hinzu kommt das Ziel, sämtliche Einwohner in einem nationalen Identitätsregister zu erfassen. 50 Arten von Informationen dürfen darin von jedem gespeichert werden, darunter die Abdrücke aller zehn Finger, Gesichts- und Irismuster. Das Vehikel dafür ist die nationale ID-Karte, die 2010 für alle verpflichtend sein wird, die einen neuen – von der EU verordneten – biometrischen Reisepass beantragen.

Mit der Einführung dieses neuen Passes müssen alle Europäer ein digitalisiertes Gesichtsbild und Fingerabdrücke abgeben. Letztere werden in Deutschland und Österreich nur im Pass selbst gespeichert, die Fotos auch bei den Meldebehörden. In Deutschland soll die Polizei künftig auch online und automatisiert auf die digitalen Fotos zugreifen dürfen, um Verkehrsordnungswidrigkeiten und andere Straftaten zu verfolgen. Der ursprüngliche Gesetzesentwurf der EU-Kommission hatte wie bereits erwähnt die Einrichtung eines Europäischen Passregisters vorgesehen, in dem alle biometrischen Daten zentral gespeichert werden sollten, doch dieses Ansinnen wurde von vielen Ländern abgelehnt. Die Schweiz dagegen führt ab 2009 biometrische Pässe mit denselben Angaben wie auf den EU-Pässen ein, doch sie speichert alle biometrischen Daten nicht nur auf dem

Chip des Passes, sondern auch in der Datenbank des Bundesamts für Polizei. Damit könnte sie, wenn einmal die Videoüberwachung mit integrierter Gesichtserkennung ausgereift ist, Passanten auf der Straße identifizieren.

Der EU-Innenkommissar Franco Frattini möchte, dass spätestens ab 2011 im Rahmen eines »Anti-Terror-Pakets« von jedem aus- oder einreisenden Flugpassagier 19 persönliche Daten gespeichert werden – und zwar 13 Jahre lang. Außerdem gibt die EU die Daten europäischer Flugreisender an die USA weiter, dort werden sie 15 Jahre lang gespeichert werden.

Daten aus zweiter Hand

Aber nur ein Teil der Daten, auf die Behörden zugreifen, wird von ihnen selbst gesammelt. Auch die Unmengen an persönlichen Informationen, die mittlerweile in der Wirtschaft in Umlauf sind, wollen sich die Behörden immer weniger entgehen lassen. Dadurch wird eine prinzipielle Gefahr der Datensammlerei offensichtlich, die Sekundärnutzung: Daten, die eigentlich aus einem ganz anderen Grund gesammelt wurden, dienen nun einem neuen Zweck, in diesem Falle der Behörde. Einige Beispiele hierfür:

Verkehrskontrolle: In Deutschland wurde 2005 ein von der Firma TollCollect betriebenes automatisches System zur Einhebung der Lkw-Maut eingeführt. Die Speditionsunternehmen lassen sich Gebührenerfassungsgeräte in die Fahrzeuge einbauen, die Mauthöhe wird per Satellitennavigation ermittelt und zwecks Abrechnung per Mobilfunk an den Zentralrechner des Betreibers übermittelt. Nun will die CDU die Benutzung der Mautdaten auch zu Fahndungszwecken erlauben. Dieses Vorhaben ist umso brisanter, als es auch Überlegungen gibt, das Mautsystem auf Pkws auszudehnen.

In Österreich überwachen rund 2000 Kameras die der Autobahnbetreibergesellschaft ASFINAG unterstellten Verkehrsflächen, zur Verkehrskontrolle, bei der Lkw-Mautkontrolle und im Bereich des

Streckenradars Section Control. Anfang 2008 wurde bekannt, dass eine Arbeitsgruppe des Verkehrsministeriums gebildet wurde, um den Einsatz dieser Kameras für die Fahndung zu prüfen.

2007 sickerte an die Öffentlichkeit durch, dass alle Fahrzeuge auf der Autobahn Salzburg–München fotografisch erfasst, deren Kfz-Kennzeichen gescannt, mittels Texterkennungssoftware gelesen und mit Fahndungslisten verglichen werden. Das auf versteckten Videokameras beruhende System war bereits während der Fußball-Weltmeisterschaft 2006 in Betrieb. Ertappt werden konnten dabei angeblich zwar säumige Versicherungszahler und Kennzeichendiebe, aber keine Schwerverbrecher – mit deren Verfolgung die Politik die neue Überwachungsmaßnahme begründet hatte.

Auch in Hessen, Schleswig-Holstein, Brandenburg und Sachsen erlaubt die Gesetzeslage den Einsatz von Kameras zur Verkehrsüberwachung. Bei zwei Dritteln der Fahndungserfolge ging es um mangelnden Haftpflichtschutz. Einen Rückschlag erhielten die Gesetzgeber durch ein Urteil des Bundesverfassungsgerichts im März 2008: Die automatisierte Kennzeichenerfassung per Videokamera dürfe nicht anlasslos oder flächendeckend erfolgen. »Nichttreffer« müssten sofort spurenlos gelöscht werden.

In der Londoner Innenstadt werden nicht nur die Bewegungen der Autofahrer über die Kennzeichenscans der CCTV-Kameras erfasst, sondern auch alle Fahrten jener Kunden der Londoner Verkehrsbetriebe, die statt Einzelfahrscheinen die beliebte Oyster Card, eine aufladbare RFID-Karte benutzen. Im Jahr ihrer Einführung 2004 nutzte Scotland Yard das System siebenmal zur Aufklärung von Verbrechen, 2005 waren es schon 229 Mal.

Videoüberwachung: Die staatliche Videoüberwachung wird ebenfalls nicht nur durch die Installation neuer Kameras, sondern auch durch den Zugriff auf private Infrastrukturen vorangetrieben. In Österreich soll eine Novelle des Datenschutzgesetzes der Polizei den Zugriff auf alle gespeicherten Daten erlauben, die durch private Überwachungskameras gewonnen werden, also nicht nur solche an Autobahnen, sondern auch beispielsweise von Geschäften. Das

Gesetz sorgt auch dafür, dass deren Zahl wächst, denn die Möglichkeiten für Privatpersonen oder Firmen, Überwachungskameras zu installieren, sind großzügig geregelt. So dürfen sogar verfeindete Nachbarn das Grundstück des Gegners für Zwecke des Besitzstörungsverfahrens rund um die Uhr überwachen. All diese Aufnahmen können von den Sicherheitsbehörden jederzeit angefordert werden, wenn diese den Verdacht einer strafbaren Handlung äußern. Richterliche Kontrolle ist keine vorgesehen. In Deutschland plant Baden-Württemberg Ähnliches – der Innenminister erklärte im Frühjahr 2008, er werde für die Polizei einen »Atlas« aller Videokameras erstellen lassen und dann Kooperationsvereinbarungen mit den Betreibern erwirken.

Handyortung: Durch das bereits in Kapitel 1.1, S. 20, beschriebene neue Sicherheitspolizeigesetz darf in Österreich jeder Polizist von Telekommunikationsunternehmen und Internetprovidern Anschrift, Standort und Verbindungsdaten eines Verdächtigen verlangen, wenn er der Ansicht ist, dass in einer bestimmten Angelegenheit »Gefahr in Verzug« sei. Die Geschichte, wie dieses Gesetz ohne große öffentliche Debatte beschlossen werden konnte, soll an dieser Stelle erzählt werden, als Lehrstück für die Art, wie Behörden heute in Datenschutzbelangen handeln:
Im Dezember 2007 existierte ein Entwurf für die Gesetzesnovelle, der einzig die Auskunftspflicht der Mobilfunkbetreiber enthielt. Dabei galt die Sorge der Politiker vor allem den Alpinisten, genauer den armen Skitourengehern, die sich verirrt haben und gleichzeitig nicht mehr in der Lage sind, zu telefonieren. Zumindest wurde dieser Fall vom Minister höchstpersönlich als Beispiel dafür angeführt, warum es wichtig ist, dass die Polizei ohne richterliche Kontrolle Handyortungen vornehmen darf.
Unmittelbar vor Ablauf der Frist wurde von Abgeordneten der zwei Koalitionsparteien ÖVP und SPÖ ein Änderungsantrag eingebracht: Auch Internetprovider sollten unentgeltlich und kostenlos die Daten ihrer Kunden, die hinter den temporären IP-Adressen stecken, herausgeben müssen. Diese Änderung erreichte die Parlamentarier erst

am Morgen der Abstimmung, die als letzter Punkt der Tagesordnung am letzten Tag vor der Weihnachtspause des Parlaments anberaumt war. Dadurch hatte die Änderung die Kontrollinstanzen des Innenausschusses und des Datenschutzrates nicht passiert. Als die Abgeordneten am 6. 12. 2007 am Ende eines Sitzungsmarathons gegen 23 Uhr 50 das Gesetz mehrheitlich beschlossen, hatten die meisten von ihnen wahrscheinlich keine Zeit gehabt, die Änderungen zu lesen, zu diskutieren und zu überdenken.

Konsumentendaten: Behörden nutzen die Datenbestände von Kreditkartenfirmen, Supermarktketten und anderen privaten Unternehmen zur Strafverfolgung und zur Beobachtung Verdächtiger.
Ein Beispiel: Der Feuerwehrmann Philip Scott Lyon aus der Stadt Tukwila, Washington, dachte sich vermutlich nicht viel dabei, als er bei der Supermarktkette Safeway eine Kundenkarte beantragte. Das änderte sich, als er im Jahr 2004 verhaftet wurde. Der Vorwurf: versuchte Brandstiftung am eigenen Haus. Die Polizei hatte von Safeway erfahren, dass Lyon kurz vor der Brandstiftung dieselbe Art von Zündmittel gekauft hatte, wie sie der Täter verwendet hatte. Lyon wurde erst nach Monaten freigesprochen, als sich der wirkliche Täter freiwillig stellte. Ein ähnliches Beispiel aus der Schweiz: Die Bürgerrechtsorganisation FoeBuD e. V. berichtet von einem Fall, in dem 139 Inhaber einer Supermarkt-Karte von der Polizei aufgesucht wurden. Sie hatten alle eine bestimmte Art von Werkzeug gekauft, mit dem ein Einbruch verübt worden war.[3]
Und die Drug Enforcement Administration, die für die Bekämpfung von Drogenkriminalität zuständige US-Strafverfolgungsbehörde, forderte in der Vergangenheit Supermarktdaten an, um die Kunden herauszufiltern, die eine verdächtige Anzahl an Plastiksäckchen kauften.[4]

Vorratsdatenspeicherung

Die Kontrolle des Aufenthaltsorts, der Bewegung und des Kaufverhaltens – was fehlt noch? Ach ja, die Kontrolle der Kommunikation. Das wichtigste neue Instrument dazu ist die EU-Richtlinie zur Vorratsdatenspeicherung.

In Europa zeigt kein anderes Gesetz der letzten Jahre so deutlich die Tendenz zur präventiven Überwachung der gesamten Bevölkerung. Eine Speicherung der gesamten Telekommunikationsdaten aller EU-Bürger, ohne Anlass, bloß weil man sie künftig einmal zur Verbrechens- oder Terroristenbekämpfung brauchen könnte – das wäre noch Ende der 1990er-Jahre in Deutschland ein undenkbarer Verstoß gegen die Bürgerrechte gewesen. Die Anbieter mussten die Verkehrsdaten nach Beendigung der Verbindung unverzüglich löschen, außer jenen, die sie zur Abrechnung benötigen. Es gab zwar einen Vorstoß mit der Begründung, man könne so die Kinderpornografie besser bekämpfen, er wurde aber 2002 von der Bundesregierung abgewehrt. Erst die Bombenattentate in Madrid und London brachten den Umschwung. Im März 2006 wurde die »Richtlinie zur Vorratsdatenspeicherung« (im Englischen als »Data Retention Directive« bekannt) ratifiziert. Demnach müssen in ganz Europa die elektronischen Kommunikationsdaten aller Bürger mindestens sechs Monate gespeichert werden, damit Behörden bei Bedarf darauf zugreifen können. Es handelt sich dabei um die sogenannten Verkehrsdaten, früher Verbindungsdaten genannt, im Prinzip sämtliche greifbare Daten zu den Kommunikationspartnern sowie der Art und Dauer der Kommunikation. Inhalte wie der Text von E-Mails oder das am Telefon Besprochene werden dagegen nicht aufgezeichnet. Über die so entstehenden Datenbanken können die Kontakte von Millionen Menschen überwacht und analysiert werden, Programme, die daraus soziale Beziehungen ableiten, gibt es zuhauf.

Bis zum 15. September 2007 mussten alle Länder Umsetzungsgesetze erlassen haben, nur die Umsetzung für die heikelsten Bereiche Internetzugang, Internettelefonie und E-Mail konnte auf Antrag bis 2009 hinausgeschoben werden. 16 der 25 Mitgliedsstaaten gaben einen Antrag auf Fristverlängerung ab, darunter Deutschland und Österreich. In Deutschland wurden Regelungen zur Umsetzung der Vorratsdatenspeicherung-Richtlinie schließlich in das »Gesetz zur Neuregelung der Telekommunikationsüberwachung und anderer verdeckter Ermittlungsmaßnahmen sowie zur Umsetzung der Richtlinie 2006/24/EG« eingebaut. Dieses Gesetz wurde im November 2007 verabschiedet und trat am 1. Januar 2008 in Kraft. Und wie überall lässt sich auch hier beobachten: Wo Daten zu irgendeinem Zweck gespeichert werden sollen, folgen die Forderungen, diesen Zweck auszuweiten, auf dem Fuß. In diesem Fall kamen die Begehrlichkeiten von der Musik- und der Filmindustrie, sie wollte, dass die Vorratsdatenspeicherung Raubkopierer aufspüren hilft. Und so wurde im deutschen Gesetz auch noch die Einschränkung der EU-Richtlinie sehr frei interpretiert, dass die Daten nur zur Verfolgung schwerer Straftaten verwendet werden dürften. Der Zugriff, beschloss der Bundestag, sollte auch zur Verfolgung »mittels Telekommunikation begangener Straftaten« zulässig sein. Darunter fallen auch sämtliche in Internettauschbörsen begangene Urheberrechtsverletzungen. Zudem erklärte der für Justiz, Freiheit und Sicherheit zuständige Vizepräsident der Europäischen Kommission Franco Frattini schon 2006, dass die gespeicherten Kommunikationsdaten mit anderen Staaten, wie zum Beispiel den USA, »im Rahmen bestehender Rechtshilfeabkommen in Strafverfahren ausgetauscht werden« können.

Im März 2008 schränkte das Bundesverfassungsgericht das Gesetz zur Vorratsdatenspeicherung immerhin stark ein. Zwar wurde die Speicherung der Daten, bis zu einer endgültigen Entscheidung der Verfassungshüter dazu, vorläufig zugelassen. Doch die Richter erließen strenge Auflagen für die Verwendung der Daten, mit der Begründung: Ein solcher Datenabruf ermögliche es, »weitreichende Erkenntnisse über das Kommunikationsverhalten und die sozialen Kontakte des Betroffenen zu erlangen«. Sicherheitsbehörden dürfen demnach ausschließlich zur Verfolgung schwerer Straftaten auf die Informationen zugreifen. Außerdem muss der Verdacht durch bestimmte Tatsachen begründet und die Erforschung des Sachverhalts auf andere Weise wesentlich erschwert oder aussichtslos sein. Dieses Urteil des Verfassungsgerichts ist nicht zuletzt ein Beispiel für erfolgreichen zivilen Widerstand – viele Bürger hatten sich nämlich mit einer Klage an die Karlsruher Richter gewandt.

Irland erhob schon 2006 eine Nichtigkeitsanklage gegen die EU-Richtlinie. Und im Frühjahr 2008 riefen 43 Bürgerrechtsorganisationen und Berufsverbände aus elf EU-Mitgliedsstaaten den Europäischen Gerichtshof auf, die EU-Richtlinie zur Vorratsdatenspeicherung für unvereinbar mit den Grundrechten erklären zu lassen. Sie sehen die Vorratsdatenspeicherung als Verstoß gegen das Grundrecht auf Achtung des Privatlebens und der Korrespondenz sowie das Grundrecht auf unbefangene Meinungsäußerung.

Die Vorratsspeicherung ist ein sehr deutliches Beispiel für das neue Präventionsdenken. Sie verstößt gegen das Grundrecht auf informationelle Selbstbestimmung. Und sie trägt, wie so viele Gesetze der letzten Jahre, dazu bei, die Unschuldsvermutung auszuhebeln – jeder ist in dieser sicherheitspolitischen Logik von vornherein ein Verdächtiger. Im Folgenden einige der wichtigsten Kritikpunkte: Erstens hat die EU nur eine Mindestliste von 32 Delikten erstellt (etwa sexueller Missbrauch an Kindern, Vergehen gegen den Umweltschutz, Rassismus, Fahrzeugdelikte), die zum Zugriff auf Verkehrsdaten berechtigen – jedes Land kann diese Liste beliebig erweitern. Selbst wenn die Verwendung der Daten wie in Deutschland vorerst nur bei konkretem Verdacht auf schwere Straftaten erlaubt wird, wird sich vielleicht schon nach dem nächsten Terroranschlag die Meinung durchsetzen, dass möglichst grenzenlose präventive Überwachung aller Menschen für die Sicherheit unverzichtbar ist. Zweitens ist in der Richtlinie keinerlei Kontrolle der Überwacher vorgesehen; die Polizei kann »ins Blaue hinein« Daten-Fischzüge veranstalten und nach potenziellen Delikten fahnden, ohne konkreten Tatverdacht. Die Bürger müssen ständig befürchten, dass ihre Kommunikationsdaten irgendwann zu einer falschen Verdächtigung führen oder missbraucht werden könnten. Der Kommunikation einer ganzen Gesellschaft wird damit die Unbefangenheit geraubt. Drittens sieht die Richtlinie keinen Anspruch der Bürger auf Entschädigung bei Missbrauch der Verkehrsdaten vor, keinen Schutz vor Vervielfältigung und Verbreitung gespeicherter Daten. Viertens schließlich steht das Ausmaß der Verletzung der Persönlichkeitsrechte der Bürger in keinem Verhältnis zum möglichen Nutzen. Man müsse für den Fall speichern, dass irgendwelche dieser Daten einmal erforderlich sein könnten, so das Argument. Dieser Logik folgend müsste alles, was nur irgendwie geht, so viel und so lange wie möglich gespeichert werden – wer weiß schon, was der Polizei einmal nützlich werden könnte?

Damit kann man gut »einfache Bürger« kontrollieren, die sich nicht ständig die Mühe machen, aufwendig ihr Tun und Treiben zu verbergen. Ein effizientes Werkzeug gegen Kriminalität und Terrorismus ist die Vorratsdatenspeicherung nicht. Im März 2008 wurde ein umfangreiches Gutachten des Max-Planck-Instituts dazu veröffentlicht, das vom deutschen Bundesjustizministerium lange sogar vor dem Bundestag geheim gehalten wurde. Demnach hätte die Verfolgung von Straftaten im Untersuchungszeitraum durch die Vorratsdatenspeicherung von Verbindungsdaten zu gerade einmal 0,002 Prozent verbessert werden können. Auch eine Studie des deutschen Bundeskriminalamtes kam zu dem Ergebnis, dass die Aufzeichnung der Nutzerspuren die Aufklärungsquote »von derzeit 55 Prozent im besten Fall auf 55,006 Prozent« erhöhen werde.

Neue Wege in der Strafverfolgung

Ein weiteres Merkmal des Präventions- oder Polizeistaates ist eine »härtere Gangart« in der Strafverfolgung. Dazu zählen einerseits die zunehmende Vernetzung zwischen Polizei und Geheimdiensten, andererseits die Errichtung internationaler Strukturen zur Fahndung wie Europol oder SIS. Das Schengener Informationssystem SIS speichert europaweit nach Artikel 46 des Schengener Abkommens alle Informationen »von Interesse, um künftige Verbrechen zu verhindern und Straftaten gegen oder Bedrohungen der öffentlichen Sicherheit und Ordnung zu verhindern«. Bemerkenswert an dieser

Formulierung ist, dass sie es gestattet, *präventiv* alle Personen zu überwachen, die *künftig* Straftaten begehen oder gegen die öffentliche Ordnung verstoßen könnten. Verstoßen nicht auch Fußballfans, Friedensaktivisten und Globalisierungsgegner mitunter gegen die Ordnung?

Der Neuseeländerin Stephanie Mills wurde 1998 bei ihrer Ankunft in Amsterdam die Einreise in die Niederlande verweigert. Weshalb? Das SIS hatte sie als unerwünschte Ausländerin entlarvt – und das obwohl ihr Vergehen drei Jahre zurücklag und am anderen Ende der Welt passiert war. Damals hatte sie als engagiertes Mitglied von Greenpeace an Bord der Rainbow Warrior II im Moruroa-Atoll gegen die französischen Kernwaffentests protestiert. Sie hätte wissen müssen, dass Frankreich solche Proteste nicht mag; zehn Jahre zuvor hatten Agenten des französischen Auslandsgeheimdienstes DGSE das Vorgängerschiff Rainbow Warrior gesprengt. Jedenfalls hatte Frankreich Mills in die SIS-Datenbank aufgenommen und die sonst völlig unbescholtene Mills durfte den Flughafen Schiphol nicht verlassen.

Neben den bereits erwähnten Rennern Datensammeln, Abhören, Rasterfahndung kommen auch zwei weitere altbewährte Polizeistaatmethoden zunehmend in Mode: das öffentliche Anprangern und die Förderung des Denunzianten- und Spitzeltums.

Ein Beispiel dafür ist ein US-amerikanisches Gesetz, das allgemein »Megan's Law« genannt wird, nach Megan Kanka. Weder deren Eltern noch die Nachbarn ahnten, dass in dem Haus über die Straße drei verurteilte Sexualstraftäter wohnten, bis einer von ihnen am 29. Juli 1994 die siebenjährige Megan ins Haus lockte, vergewaltigte und ermordete. 400 000 Bürger unterschrieben daraufhin eine Petition, in der sie forderten, dass die Behörden Anrainer über den Zuzug von Sexualstraftätern in Kenntnis setzen sollten. Täter, die mit hoher Wahrscheinlichkeit rückfällig werden, dürfen seitdem von der Polizei öffentlich gemacht werden, durch Poster, Flyer, Zeitungsanzeigen, Fernsehdurchsagen oder übers Internet. Die Bundesstaaten haben *sex offender registries* eingerichtet, die auch über Webportale erreichbar sind. Eine davon ist die Seite FamilyWatchdog.us, wo wir probehalber eine Karte von Kansas City aufrufen: 902 Täter sind erfasst, die meisten von ihnen werden mit Wohn- und Arbeitsadresse angezeigt. Wir klicken ein rotes Kästchen an. Es erscheint das Bild eines rund 50-jährigen weißen Mannes, Brillenträger, grau melierter Bart. Neben seinem vollen Namen und der Adresse finden sich eine Zweitadresse, sein Geburtsdatum, seine Größe, sein Gewicht, seine Haar- und Augenfarbe sowie die Information, dass er am 10. Februar 2002 ein Mädchen unsittlich berührt hat. Hätte er einen Decknamen oder besondere Kennzeichen, wären auch diese vermerkt. Umgekehrt lässt die Seite auch die Suche nach Namen zu, etwa wenn man ein neues Vereinsmitglied oder einen Babysitter durchleuchten möchte.

Ein Eintrag in einer solchen Datenbank kostete 2007 einen verurteilten Vergewaltiger in Kalifornien das Leben. Ein Mann, der seinen Namen und Wohnort im Internet gefunden hatte, ermordete ihn – mit der Begründung: Er wohne in der Nähe und habe sein Kind schützen wollen, prophylaktisch gewissermaßen. Dabei hatte es sich gar nicht um einen Kinderschänder gehandelt.

Dass solche Maßnahmen der Resozialisierung von Straftätern dienlich sind, darf bezweifelt werden. Sicher aber erhöhen sie die Wachsamkeit und wahrscheinlich auch die Furcht der Eltern. Dass die Täter oft aus dem unmittelbaren Umfeld des Kindes kommen, zeigen die Karten nicht.

Immer beliebter werden auch gerade in den Vereinigten Staaten geografische Informationssysteme, die alle möglichen Behördeninformationen für die Bürger zugänglich machen. Ein Beispiel von vielen: CrimeReports. Es stellt Informationen über die Umgebung des Häuserblocks bereit, für den der Internetbenutzer sich interessiert. Neben Baustellen, ausgestellten Baubewilligungen und Fundsachen kann man sich auch eine Karte der Restaurants anzeigen lassen, die von der Gesundheitsbehörde beanstandet wurden. Wir machen die Probe aufs Exempel, geben auf der entsprechenden Seite von Chicago eine Adresse in Englewood ein und einen Tag der letzten Woche. Sofort öffnet sich eine zoombare Straßenkarte mit dem für die USA so typischen Schachbrett regelmäßig angelegter Straßenzüge. Etwa 40 rote Punkte zeigen die an diesem Tag gemeldeten Verbrechen an:

Einbruch, Prostitution, Vandalismus …, ein weiterer roter Punkt verrät detailliert, aus welchen Gründen das nahe gelegene Etablissement »Mohammed Foods« die Überprüfung durch die Lebensmittelbehörde vom 23. September 2007 nicht bestanden hat. Der Inhaber – sein Name wird auf der Website angeführt – behob die Mängel, bestand die neuerliche Kontrolle am 3. Dezember 2007 und ahnt nicht, dass er es dank der fragwürdigen Datenschutzpraxis seines Landes bis in ein Buch im fernen Europa geschafft hat.

Es ist schon erstaunlich, dass man auf diese Weise amtliche Daten visuell aufbereitet allen zugänglich macht, da sie vermutlich nicht nur auf die Wohnungspreise in den nun sichtbaren »schlechten« Vierteln Auswirkungen haben, sondern auch als Informationsquelle dienen können, wo man beispielsweise am besten Drogen kaufen oder unbemerkt einbrechen kann. Andererseits könnte man mutmaßen, dass sich beim durchschnittlichen Chicagoer Bürger durch die detaillierte Darstellung von rund 20 000 Verbrechen »während der letzten 30 Tage« eine gewisse Unruhe und ein Gefühl der Bedrohung einstellen; sodass er nach einem Besuch auf CrimeReports seiner Stadt richtig dankbar ist für die bereits erwähnte millionenschwere Investition in eine erweiterte Videoüberwachung.

Straftäter, die in Anderson County, Tennessee, inhaftiert waren, dienten gar 24 Stunden am Tag der Abschreckung – ihr Leben im Gefängnis wurde jahrelang per Webcam live in die ganze Welt übertragen, bis die Website 2006 aus Sicherheitsgründen deaktiviert wurde.

Neben der öffentlichen Zurschaustellung blüht im Internet das Spitzel- und Denunziantentum – angeregt zum Beispiel durch die Wirtschaft. Der Macintosh-Großhändler Gravis etwa hatte eine Idee, wie man auf effiziente, kostengünstige Weise Ladendiebe ausfindig machen und abschrecken könnte: Er stellte heimlich erstellte Aufnahmen von Kunden seiner Shops ins Internet und lobte einen iPod als Preis aus für denjenigen, der unter den Bildern Diebe identifizieren könnte. Die Möglichkeit, Internetnutzer gratis als Detektive einzusetzen, machen sich auch Behörden immer öfter zunutze. So ermöglicht das Landeskriminalamt Niedersachsen jedem, anonym

im Internet vermeintliche Wirtschafts- und andere Kriminelle anzuzeigen; der größte Erfolg, zeigte eine Untersuchung, bestand in einer
Verurteilung wegen Verbreitung pornografischer Schriften und Ver-
stoßes gegen das Urhebergesetz. Von 185 Verfahren aufgrund solcher
Hinweise, die vom LKA an die Staatsanwaltschaften abgegeben worden waren, wurden mehr als 90 Prozent eingestellt, nur zwei Verfahren führten am Ende zu Strafbefehlen. Da die Meldungen anonym
erfolgten, konnte auch niemand wegen falscher Verdächtigung
belangt werden.

Die Nachbarschaftsbespitzelung über den Fernseh-Überwachungs-
kanal in London haben wir bereits kennengelernt, aus den USA gibt
es ein weiteres Beispiel, wie man Menschen, die zu Hause hinter dem
Bildschirm sitzen, zu Spitzeln machen will.

Die Grenze zwischen den USA und Mexiko gilt als eine der durch-
lässigsten der Welt mit geschätzten 500 000 illegalen Grenzübertrit-
ten im Jahr. Seit 2007 versucht die US-Regierung vergeblich, mittels
eines *virtuellen Grenzzaunes* aus Kameras, Radar und Sensoren die
Grenze dicht zu machen, doch die Technik ist noch unzuverlässig.
Rick Perry, als Nachfolger von George W. Bush Gouverneur von
Texas, hatte dagegen 2006 eine andere originelle Idee, wie sich die
Personalkosten für den Grenzschutz zu Mexiko drastisch senken lie-
ßen: Mit seinem Virtual Border Watch Program. Er ließ in Koopera-
tion mit privaten Landbesitzern Hunderte Webcams entlang der
Grenze aufstellen, die rund um die Uhr Aufnahmen (nachts von
Infrarotkameras) in das Internet einspielten. Seine Idee war, dass
nicht nur Anrainer, sondern auch andere Internetbenützer auf diese
Weise nach Lust und Laune Grenzpatrouille spielen und entdeckte
Flüchtlinge anzeigen könnten. Während des einmonatigen Test-
betriebs brachte es die Website TexasBorderWatch immerhin auf
200 000 registrierte Benutzer, die insgesamt 13 000 E-Mails an die
Behörden schickten.[5]

Auch das Verhalten der Exekutivorgane könnte als ein Indikator für
die langsame Entwicklung zum Polizeistaat hin gesehen werden: In
dem kleinen Örtchen Veitshöchheim im Kreis Würzburg wurden
zwei Jugendliche beim Verlassen einer Tankstelle erkennungs-

dienstlich behandelt, nachdem sie sich Gummibärchen und Cola gekauft hatten. Die beiden, 16 und 17 Jahre alt, mussten sich ausweisen und ihre Handynummern bekannt geben. Danach wurden sie von den Beamten fotografiert, weil sie sich in einem Umfeld aufgehalten hätten, in dem es schon Straftaten gegeben habe, wie die Polizei es später begründete. Tatsächlich gab es keinen Tatverdacht, der eine erkennungsdienstliche Behandlung gerechtfertigt hätte. Insgesamt wurden von der lokalen Polizei etwa 30 Jugendliche fotografiert, um sie aus der Anonymität zu reißen und die Aufklärung künftiger Straftaten zu erleichtern.

In den USA, die, wie wir im nächsten Kapitel gleich sehen werden, Nägel mit Köpfen machen, was Überwachung angeht, gilt auch für junge Straftäter »null Toleranz«, wie die folgenden Fälle illustrieren: In St. Petersburg, Florida, riefen zwei Kindergärtnerinnen die Polizei, weil eine Fünfjährige Zettel von einem Anschlagbrett gerissen und eine Mitarbeiterin geboxt hatte. Den drei Beamten gelang es, das Mädchen, das mittlerweile ruhig dasaß, zu überwältigen, mit Handschellen zu fixieren und zu verhaften.

In Rock Hill, South-Carolina, wurde ein Zwölfjähriger in Handschellen von der Polizei abgeführt, nachdem diese von seiner Mutter gerufen worden war. Sie hatte ihren Sohn, wohl aus pädagogischen Gründen, wegen Diebstahls angezeigt, nachdem er es gewagt hatte, ein Weihnachtsgeschenk vor der Bescherung auszupacken.

Noch glimpflich davon kam ein Texaner in Waco, den zumindest nicht ein Sondereinsatzkommando holte, als er in »unpassendes Verhalten verwickelt« war, das »als sexuelle Handlung und/oder sexuelle Belästigung interpretiert« wurde. Er wurde allerdings vom Kindergarten suspendiert, wo er eine Hilfslehrerin umarmt und dabei mit dem Kopf ihren Busen berührt hatte. Sein Sohn würde nicht verstehen, wofür er bestraft werde, gab der Vater des Vierjährigen gegenüber den Medien an.

Das »Land der Freiheit« als Vorbild?

Die Vereinigten Staaten von Amerika: Die Behörden dürfen in die Wohnung eines Bürgers eindringen und sie durchsuchen, ohne dass der Betroffene jemals etwas davon erfahren muss. Sie dürfen auf seine E-Mails und Telefongespräche zugreifen. Die Polizei darf in jeder Buchhandlung oder Bücherei nachforschen, welche Bücher er wann gekauft oder ausgeliehen hat – betroffenen Buchhändlern und Bibliothekaren ist bei Strafe verboten, einer Menschenseele davon zu erzählen. Die Beamten können auf Kommunikationsdaten, Kontoinformationen, medizinische Daten und Kreditkartenabrechnungen zugreifen, sie bringen in Erfahrung, was die Person eingekauft hat, wohin sie gereist ist und wo und wann sie einen Wagen geliehen hat. Als »verdächtig« ausgemachte Ausländer dürfen auf unbegrenzte Zeit deportiert, inhaftiert und gefoltert werden, trotz der Möglichkeit, dass die betreffende Person gänzlich unschuldig ist. Sie dürfen nach kurzem Prozess hingerichtet werden, ohne dass die Öffentlichkeit etwas über die Anklage oder Beweise erfährt.

Das ist nicht ein den Fantasien eines Science-Fiction-Autors entsprungenes Amerika, sondern das Amerika nach den Terroranschlägen vom 11. September 2001. Jährlich gibt die in London ansässige Menschenrechtsorganisation Privacy International eine Rangliste der Staaten bezüglich ihres Schutzes der Privatsphäre heraus. 2007 bescheinigt es den USA den schlechtesten Schutz der Privatsphäre von allen demokratischen Ländern, sowohl was die Gesetze als auch deren Ausführung betrifft. Im Folgenden ein kurzer Rückblick, wie es dazu gekommen war:

Nur sechs Wochen nach den Anschlägen setzte die Bush-Regierung jenes Anti-Terror-Paket durch, das unter dem Namen »PATRIOT Act« (Abkürzung für »The Uniting and Strengthening America by Providing Appropriate Tools Required to Intercept and Obstruct Terrorism Act of 2001«) bekannt wurde. Das Gesetz wurde innerhalb von nur sechs Wochen nach den Anschlägen durch die beiden Häuser der Legislative gepeitscht und stellt für viele Kritiker den schwersten Angriff auf die bürgerlichen Grundrechte in der

Geschichte der Vereinigten Staaten dar. Es umfasst Maßnahmen zur Grenzsicherheit, Überwachungsmethoden im Inland, Strafgesetze gegen Terrorismus und Terrorverdächtige sowie Finanzverordnungen. 2006 wurde der Patriot Act in etwas entschärfter Form verlängert. (So dürfen etwa Behörden nur noch nach richterlichem Beschluss die Lesegewohnheiten der Bürger überwachen, Unternehmen können sich juristisch wehren, wenn sie zur Preisgabe von Daten gezwungen werden, und die Überwachten haben mehr Rechte als zuvor.)

»Enhanced Surveillance Procedures« heißt das zweite Kapitel des Patriot Act – verbesserte Überwachungsverfahren. Etliche bis dahin von der US-Verfassung geschützte Rechte wurden damit aufgeweicht oder ganz beseitigt. Nunmehr dürfen die Behörden auch ohne richterliche Verfügung Telefongespräche, E-Mail- und Internetverkehr überwachen. Sie müssen dafür nur beim Justizministerium eine Erklärung abgeben, dass eine solche Überwachung »wahrscheinlich« Informationen zu laufenden Ermittlungen liefern wird. Das gilt nicht nur bei Terrorismusverdacht, sondern auch für andere Straftaten im gesamten Bundesgebiet – bislang erlaubten das nur einzelne Bundesstaaten. Wie weit die flächendeckende Überwachung und Speicherung der Kommunikation schon gediehen ist, wurde der Öffentlichkeit unter anderem im Jahr 2006 bewusst, als die Medien aufdeckten, wie die Geheimdienste über LI-Schnittstellen bereits seit Jahren den Großteil der US-Telekom-Betreiber angezapft hatten (siehe Kapitel 1.5, S. 177).

Zur Überwachung der Kommunikation gesellt sich der Zugriff auf private Daten aller Art. Bei der Suche nach terroristischen Aktivitäten dürfen die Behörden Bankdaten, Daten von Krankenhäusern, Telefon- und Stromgesellschaften, Kreditanstalten, Versicherungen, Schulen, Universitäten, Mietwagenfirmen und sogar Buchhandlungen und Bibliotheken anfordern und überprüfen. Es genügt ein vager Verdacht, es bedarf auch dafür keiner richterlichen Verfügung. Ein Jahr nach dem Patriot Act trat ein zweites umfangreiches Anti-Terror-Paket in Kraft, der »Homeland Security Act«. Er erlaubt unter anderem den Austausch von sensiblen privaten Daten zwischen lokalen, bundesstaatlichen und nationalen Behörden, aber auch mit privaten Unternehmen, Auskunfteien und kommerziellen Datenbanken. In der Folge begann das Heimatschutzministerium DHS im ganzen Land sogenannte Information Fusion Center aufzubauen, in denen umfangreiche Dossiers über Bürger angelegt werden. Die gesammelten Daten kommen etwa von Kindergärten, Schulen, Universitäten, medizinischen und sozialen Einrichtungen, der Spieleindustrie, Telekommunikationsanbietern, Hotels, der Post, Banken oder Verkehrsbetrieben.

Die zwei wohl furchterregendsten Überwachungsprogramme, die im Anschluss an 9/11 entstanden, waren das »Total Information Awareness Program« (TIA, »Programm für totale Informationskenntnis«) des Pentagon und das »Terrorism Information and Prevention System« (TIPS) des Justizministeriums. Das TIA sollte ein neues Data-Mining-System schaffen, das private Kommunikationen und kommerzielle Transaktionen nach »terrorverdächtigen« Mustern durchsuchen kann. Für dieses System wollte das Pentagon alle nur irgendwie zugänglichen Informationsquellen auf der ganzen Welt erschließen, öffentliche wie private. Auch die Bevölkerung im Inland sollte damit ins Visier genommen werden.

Das Programm wurde vom US-Kongress gestoppt, aber unter anderem Namen (TANGRAM) weitergeführt. Ebenso eingestellt wurde TIPS, aber auch hier gibt es Indizien dafür, dass das Programm im Geheimen fortgeführt wurde. Das Ziel von TIPS war der Aufbau eines landesweiten Spitzelsystems, das vor allem aus Personen an Schaltstellen des öffentlichen Lebens oder Schnittstellen zwischen öffentlichem Raum und Privatsphäre bestand: also Busfahrer, Postboten, Schaffner, Angestellte bei Strom-, Gas- oder Wasserversorgern, Telefonisten, Lastwagenfahrer, Kapitäne, Hafenarbeiter und so weiter. Sie sollten verdächtige Beobachtungen an eine gebührenfreie Nummer melden. Das Justizministerium wollte im August 2002 in zehn Städten ein Pilotprojekt starten – mit einer Million Informanten. Selbst wenn es sich dabei um die bevölkerungsreichsten Städte gehandelt hätte, wären dann gut vier Prozent aller Einwohner Schnüffler gewesen.

Weitere große Datenbankprojekte sind unter anderem das vom FBI geplante »Next Generation Identification System« (NGI) mit biometrischen Merkmalen von Bürgern und Einreisenden (siehe Kapitel 1.8, S. 219) sowie die im Frühjahr 2008 gestartete Datenbank N-DEx (»National Data Exchange«). Sie soll erstmals sämtliche vorhandenen polizeilichen Daten an einem Ort verfügbar machen. Die Daten sollen dann von allen staatlichen und kommunalen Polizeibehörden, aber auch vom FBI oder dem National Counterterrorism Center abgerufen und analysiert werden können – was eine weitere Verwischung der Grenzen von Strafverfolgungsbehörden und Geheimdiensten bedeutet. Außerdem werden Datenbanken wie das privatwirtschaftlich betriebene Coplink-System weiter ausgebaut. Damit können anhand von Merkmalen oder Beschreibungen Personen identifiziert oder Verbindungen zwischen Orten, Personen und Ereignissen gefunden werden. Eine Erweiterung namens Predictor soll, wenn sie fertig ist, auch Vorhersagen darüber machen, wie sich bestimmte Personen verhalten könnten.[6]

Auch die Hürden für den Einsatz des Militärs im eigenen Land wurden erleichtert. Zwei kleine Zusatzklauseln in einem 591-seitigen Verteidigungsetatgesetz, dem »Defense Authorization Act«, erleichterten es 2007 dem Präsidenten, das Kriegsrecht auszurufen, und erlaubten ihm, ohne den Kongress vorher zu informieren, den Einsatz des Militärs als Reaktion auf Naturkatastrophen, Pandemien, Terroranschläge, aber auch jegliche »andere Umstände«. Diese Rechte wurden als Reaktion auf das gescheiterte Katastrophenmanagement nach dem Hurrikan Katrina geschaffen, doch viele Kritiker halten die neuen Bestimmungen für äußerst gefährlich. »Der Hauptgrund dafür, dass wir nicht wollen, dass das Militär auf unseren Straßen patrouilliert, ist, dass die Grundrechte der Verfassungszusätze unter Kriegsrecht null und nichtig sind. ... Daher gäbe es, wenn wir dem Kriegsrecht unterlägen, keine Regeln, keinen Schutz, keine richterliche Aufsicht und keine Wahlen«[7], schrieb John W. Whitehead, Anwalt und Gründer einer der wichtigsten amerikanischen Bürgerrechtsorganisationen, des Rutherford Institute.

Schließlich wurde eine Kategorie von Personen mit eigenem Rechts- oder besser Rechtlosigkeitsstatus geschaffen: die »feindlichen Kämpfer«. Jene Terrorverdächtigen, die auf den amerikanischen Stützpunkt Guantánamo auf Kuba gebracht wurden, waren mehr oder weniger vogelfrei. Sie konnten auf unbestimmte Zeit festgehalten werden, ohne formelle Anklage, ohne das Recht auf einen Anwalt. Im Februar 2006 befand der Oberste Gerichtshof der Vereinigten Staaten, dass die Genfer Konvention für diese Art von Gefangenen sehr wohl gelte, und im Juni 2008, dass auf die 270 verbliebenen Gefangenen auch der Schutz der US-Verfassung anzuwenden sei.

Dass im »Land der Freiheit« heute ein anderer Wind weht, merkt man als Besucher bereits bei der Einreise: Die USA verlangen über jeden Flugpassagier vor dessen Einreise in die USA Informationen, bis hin zu seinen Speisewünschen im Flugzeug und anderen persönlichen Details. Von jedem Einreisenden werden Fingerabdrücke und ein Lichtbild aufgenommen, und wenn der Beamte es für richtig hält, hat man ihm vollen Zugang zu seinem Laptop zu gewähren.

Vom Rechts- zum Präventionsstaat

»Überall in den Ländern der westlichen Welt, in Washington, London, Paris und Berlin, werden vergiftete Paragrafen und Gesetzesartikel produziert, werden rechtsstaatliche Grundsätze geopfert, wird die Privatsphäre der Bürger missachtet. Die Terroristen sind zwar nicht, wie nach dem 11. September 2001 befürchtet, in Atomkraftwerke und Wasserversorgungsanlagen eingedrungen, nicht dort haben sie Unheil angerichtet. Sie haben es auf andere, subtil-gefährlichere Weise getan ... sie verändern die Sicherheitsarchitektur grundlegend, sie verkürzen die Freiheitsrechte, sie entwerten das klassische Strafrecht. Die Angst vor dem Terrorismus hat die westlichen Staaten zu Reaktionen getrieben, vor denen man Angst haben muss.« So schreibt der deutsche Journalist Heribert Prantl in seinem Buch »Der Terrorist als Gesetzgeber«. Dabei gab es in den letzten 15 Jahren (seit dem letzten Opfer durch die RAF im Jahr 1993) auf deutschem Staatsgebiet insgesamt 0 (in Worten: null) Todesfälle durch Terroristen. Trotzdem haben die Terroristen es geschafft, die ganze Bevölkerung zu potenziell Verdächtigen zu machen und ein grundlegendes Merkmal des Rechtsstaats, die Unschuldsvermutung, zu untergraben. Denn der Terror hat eine neue Dimension des Verbrechens geschaffen, der – so meinen die Verteidiger der neuen Überwachungsmethoden, wie der deutsche Bundesinnenminister Wolfgang Schäuble – mit herkömmlichen rechtsstaatlichen Mitteln nicht mehr beizukommen sei. Bei so großen Verbrechen müsse man alles tun, um sie im Vorfeld zu verhindern, und das ginge nun einmal nur mit einer umfassenden Überwachung der ganzen Bevölkerung, bei der jeder heimlich abgehört werden kann und möglichst viele verfügbare private Daten gespeichert und kontrolliert werden können.

Das ist die Logik des *Präventionsstaats*. Geht es im Rechtsstaat noch größtenteils um die nachträgliche Verfolgung und Ahndung von Straftaten, setzt der Präventionsstaat Überwachungsmethoden mehr und mehr ein, um Verbrechen von vornherein zu verhindern. Das geht nur auf Kosten der Privatsphäre der Bürger.

So schrecklich die Terroranschläge von 9/11, die Anschläge in Madrid und London waren – man muss sich fragen, ob eine (wie wir bereits mehrmals gesehen haben, sehr zweifelhafte) Erhöhung der Sicherheit es wert ist, mühsam erworbene bürgerliche Freiheiten und Grundrechte so leichthin über Bord zu werfen, wie es derzeit der Fall ist.

Der Terror scheint daher nicht der wahre Grund, sondern teilweise ein Vorwand und dann ein Katalysator für die Entwicklung hin zum Präventionsstaat gewesen zu sein. In Deutschland etwa kam diese Logik spätestens im »Gesetz zur Bekämpfung des illegalen Rauschgifthandels und anderer Erscheinungsformen der Organisierten Kriminalität« von 1992 zum Vorschein – es brachte neue präventive Überwachungsmethoden wie den Lauschangriff, die Raster- oder Schleierfahndung (verdachtsunabhängige Kontrollen etwa auf Autobahnen) und die Überwachung des nicht leitungsgebundenen internationalen Fernmeldeverkehrs.

Der Hauptgrund, warum die Überwachung der Bürger immer mehr überhandnimmt und sich immer mehr von einer Überwachung der Gegenwart in eine Überwachung der Zukunft verwandelt, ist nicht der Terror, sondern die rasante technische Entwicklung: Sie macht die umfassende Überwachung aller Bürger immer leichter. Und wo technische Möglichkeiten vorhanden sind, ist die Verlockung groß, diese auch zu nutzen. Zumal diese Überwachung, außer dass sie Terroristen das Leben vielleicht etwas schwerer macht, noch viele weitere Vorteile verspricht. Ökonomische zum Beispiel: Steuerbetrüger können leichter ausfindig gemacht werden, G8-Gipfel können ungestört vonstatten gehen (indem man potenzielle Ruhestörer nicht über die Grenze lässt oder in Vorbeugeverwahrung nimmt), die Straßenreinigung wird billiger (wenn Videoüberwachung mögliche Verschmutzer abschreckt). Oder soziale: Je mehr der Staat über seine Bürger Bescheid weiß, desto effizienter, kostengünstiger und gerechter kann er ihre »Betreuung« gewährleisten, und desto besser kann er »schwarze Schafe« aussondern.

Auf der anderen Seite ist die massive Ausweitung der Überwachung auch ein Ausdruck der Hilflosigkeit (gegenüber sozialen Problemen wie etwa Jugendkriminalität): Kameras aufstellen ist eben einfacher als sich zu fragen, was in einer Gesellschaft grundsätzlich schiefläuft. Doch all diese Überwachungstechnologien dienen ausschließlich der Symptombehandlung, und damit auch der Verdrängung der eigentlichen Probleme.

Hinter dem Boom der Überwachung steckt auch ein Gutteil technischer Machbarkeitswahn und Risikobesessenheit. In der zweiten Hälfte des 19. Jahrhunderts, als ein mechanistisches Weltbild blühte, glaubten viele, der Mensch werde bald vollständig enträtselt sein. Der Belgier Adolphe Quételet war überzeugt, dass man das Verhalten eines Menschen wie das der Gestirne mathematisch voraussagen könne: etwa die Wahrscheinlichkeit eines Menschen, je nach Jahreszeit, Klima, Geschlecht und Alter ein Verbrechen oder Selbstmord zu begehen. Der »Begründer der modernen Kriminologie« Cesare Lombroso glaubte, den »geborenen Verbrecher« an seinen Gesichtszügen erkennen zu können. Diese Versuche, den Menschen zu berechnen, erleben heute eine Renaissance. Wenn alle Bereiche des Lebens zunehmend der Profit- und Perfektionierungslogik unterworfen werden, dann wird der Mensch zum störenden Element: zum Risikofall, den man vorbeugend kontrollieren muss.

Von der Wirtschaft beeinflusst, betrachtet der Staat seine Bürger immer mehr als Gegenstand des Risikomanagements und wendet auf sie dieselben Techniken an wie Privatunternehmen etwa auf Transportgüter oder Forscher auf Naturkatastrophen. Voraussetzung dieses Risikomanagements ist, dass die »Risikomanager« über ihren Gegenstand möglichst genau Bescheid wissen, vielleicht auch dessen Verhalten voraussagen können – mithilfe von *Data-Mining*, mithilfe von »intelligenten« Kameras, mithilfe von »für alle Fälle« gesammelten DNA- oder Telekommunikationsdaten, mithilfe der Zusammenfassung von Daten zu Persönlichkeitsprofilen, kurz, einer möglichst umfassenden präventiven Überwachung der Handlungen und Transaktionen der breiten Öffentlichkeit, vor allem aber jener Menschen, die sie als »Risikogruppen« ausgemacht haben. In England etwa werden schon kleine Kinder, die dem Sozialamt aufgefallen sind, auf einer Skala von eins bis fünf als potenzielle Straftäter eingeschätzt – mithilfe von Formularen, die durch »Nachbarschaftskoordinatoren« ausgefüllt werden. Diese Präventivlogik kann gesellschaftlich Vorteile bringen, sie geht aber zugleich massiv zulasten von Freiheit und Privatsphäre des Einzelnen. Werden persönliche Daten aller Bürger präventiv gespeichert und sein Verhalten anlasslos überwacht, impliziert dies, dass jeder Mensch grundsätzlich als verdächtig gesehen wird. Es entsteht »ein Volk der Verdächtigen«, wie es der ehemalige deutsche Bundesinnenminister Gerhart Baum einmal formulierte.

2.2 Das Geschäft mit der Überwachung

Geschäfte mit dem Sicherheitswahn

In Kapitel 2.1 haben wir Regierungen, Behörden und Kommunen als Triebfeder hinter dem ungehemmten Ausbau der Kontrollsysteme ausgemacht, während in Beispielen des 1. Hauptkapitels Privatpersonen als die Protagonisten der Überwachung aufgetreten sind. Deren Motive sind äußerst vielfältig und oft im zwischenmenschlichen Bereich angesiedelt. Davon hebt sich deutlich eine dritte Gruppe von Überwachungsmachern ab, deren Motiv ebenso unspektakulär wie wirkungsvoll ist: Geld.

In diesem Kapitel werfen wir nun einen kurzen Blick auf drei unterschiedliche Bereiche, die davon betroffen sind. Erstens: Unmittelbar vom Sicherheitswahn profitiert die Branche der Sicherheitstechnik, also all jene Firmen, die die »Hardware« zum Überwachen oder personelle Service-Dienste anbieten. Zweitens: Das um sich greifende Phänomen der Überwachung durch den Arbeitgeber, der sich davon effizientere Arbeit und geringere Ausfälle, etwa durch diebische Mitarbeiter, erwartet. Drittens: Der große Komplex der Konsumentendaten, die für firmeninterne Zwecke gesammelt oder verkauft werden, um der zielgerichteten Werbung zu dienen.

Sicherheitstechnik ist ein Milliardengeschäft und heute eine der vielversprechendsten, am schnellsten wachsenden Wirtschaftsbranchen. Dazu zählen unter anderem Unternehmen im Bereich Mikroelektronik, RFID-Entwicklung, Kamera- und Videotechnik, Biometrie, Kommunikationstechnik, Robotik und Softwareentwicklung sowie Betriebsgesellschaften und Wachdienste. Stellvertretend für all diese wollen wir die Situation am Biometrie-Markt näher beleuchten.

Dass die biometrischen Pässe in Deutschland schneller als in jedem anderen europäischen Land verwirklicht wurden, ist kein Zufall. Deutsche Anbieter gehören weltweit, vor allem in der Gesichtserkennung, zu den Vorreitern, und sie brauchen Märkte. Für die Pri-

Abb. 8: Mit dem Lego-»Überwachungs- und Abhörtruck« können schon die Kleinen lernen, dass Überwachungstechnologie ein Teil unseres Lebens ist.

vatwirtschaft oder den Privatkunden sind die meisten Systeme noch zu teuer, deswegen ist der Staat derzeit der Hauptkunde. Die Industrie ist daher stark daran interessiert, politische Entscheidungen zugunsten eines verstärkten Einsatzes von Biometrie zu beeinflussen. Der Staat wiederum will die heimische Industrie fördern und ihr eine internationale Vorreiterrolle sichern. Derzeit stellen knapp 100 deutsche Unternehmen biometrische Produkte her oder befassen sich mit der Systemintegration. Die meisten dieser Unternehmen sitzen in Bayern und Baden-Württemberg, gefolgt von Hessen sowie Nordrhein-Westfalen und Berlin. Viele von ihnen beklagten sich seit Jahren, ihre großartige neue Technik nur im Ausland einsetzen zu können. Die Firma Dermalog in Hamburg beispielsweise, die 2006 angab, 99 Prozent ihrer Umsätze im Regierungsbereich zu erwirtschaften, betreut die brasilianische Biometrie-Datenbank – täglich kommen Tausende neue Einträge hinzu, weil es, wie bereits berichtet, einen Personalausweis in Brasilien nur noch gegen Fingerabdruck gibt. Da kommt der deutsche

Biometrie-Pass gerade recht. Einer Studie des IT-Branchenverbands zufolge soll dank ihm der Umsatz am deutschen Biometrie-Markt von rund 120 Millionen Euro im Jahr 2006 auf voraussichtlich rund 300 Millionen Euro im Jahr 2010 steigen. In den USA machen die Umsatzzahlen mittlerweile über eine Milliarde US-Dollar aus, und der Anteil des Branchenumsatzes am Bruttoinlandsprodukt ist fast drei Mal so hoch wie in Europa. Der weltweite Umsatz der Biometrie-Branche wird sich nach Schätzungen der International Biometric Group von 1,8 Milliarden Euro im Jahr 2006 auf 4,8 Milliarden Euro im Jahr 2010 steigern. Otto Schily, der sich als Bundesinnenminister für die biometrischen Ausweise stark gemacht hat, wird wissen, warum er nach dem Ende seiner Tätigkeit als Innenminister Aufsichtsrat bei zwei Biometrie-Unternehmen wurde.

Ähnliche Wachstumsprognosen wie in der Biometrie können für andere Überwachungstechnikbranchen gemacht werden. Der Ausbau der Überwachung eröffnet aber auch neue Geschäftsfelder durch die unerwünschten Folgen, die er für Einzelne oder Kollektive hat. Zunächst schaffen die »Sicherheitstechniken« in der Praxis so viele neue Risiken, dass sie ihrerseits neuer Technologien bedürfen, um diese Unsicherheiten einzudämmen. Zumal dann, wenn sie auf Druck von Regierungen und Wirtschaft eingeführt werden, noch bevor man Überlegungen über etwaige Kollateral- oder Folgeschäden angestellt hat. Die neuen amerikanischen Führerscheine mit RFID-Chip etwa, die leicht von Unbefugten ausgelesen werden können, werden zur Entwicklung einer neuen Industrie führen müssen, deren Erzeugnisse diese Gefahren abwehren, sagt der amerikanische Computersicherheitsexperte Bruce Schneier.[1] Denn jedes Sicherheitssystem ist auch missbrauchbar, muss durch weitere Sicherheitssysteme abgesichert werden, die ihrerseits Risiken bergen, und so fort.

Neben den Herstellern und Verkäufern der »Hardware« profitieren auch jene, die die Geräte installieren, warten, auswerten – oder ihre Dienste im Bereich der Gegenspionage anbieten. Mit jeder neuen Überwachungstechnologie entsteht das Bedürfnis von Kollektiven oder Einzelnen, sich mit einer Abwehrtechnologie davor zu schützen. So verdienen viele »Spyshops« doppelt – sie verkaufen nicht nur Minikameras und Wanzen, sondern auch Detektoren, um diese aufzuspüren. Auch die Hersteller von Spionagesoftware verkaufen parallel Tools, die vor ihrem eigenen Produkt schützen.

Und schließlich führt Überwachung, wie im Kapitel 1.2 schon bemerkt, zu immer mehr Überwachung, denn indem sich bestimmte Formen von Kriminalität auf die noch nicht überwachten Bereiche konzentrieren, werden diese dadurch erst recht unsicher und lösen ein Bedürfnis nach lückenloser Überwachung aus. Wenn man weiß, dass all die Tausenden von Kameras in England sich zumindest für die Strafverfolgung als mehr oder weniger sinnlos erwiesen haben, kann man nur staunen über die Spendierfreudigkeit der Behörden. Denn noch viel teurer als der Verkauf und die Installation der Kameras sind die monatlichen Wartungskosten und die Verträge für die Standleitungen. Allein für ein Glasfaserkabel, das die Daten an die Überwachungszentrale überträgt, müssen pro Kamera monatlich mehrere Tausend Euro gezahlt werden.

Money for nothing?
Kundenkarten und andere Datenfallen

Unternehmen, die ihre Überwachungstechnologien an die Politik verkaufen können, schreiben seit 9/11 großartige Gewinne. Doch das ist nichts im Vergleich zu jenen Firmen, die auf Sammlung, Auswertung und/oder Weiterverkauf von persönlichen Daten spezialisiert sind. Sie schaffen es, Stroh zu Gold zu spinnen, indem sie die digitalen Datenspuren, die wir unvermeidlicherweise oder auch aus Unachtsamkeit tagtäglich hinterlassen, einsammeln und verwerten. Ein großer Teil dieser Spuren entsteht durch ein harmlos scheinendes Accessoire der Einkaufswelt, das uns selbstverständlich geworden ist und in Supermärkten schon bei einer Vielzahl der Einkäufe, real oder virtuell, zum Einsatz kommt: die Kundenkarte, auch Bonus- oder Treuekarte genannt. Mit ihr hat der Einkauf seine Unschuld verloren: Er ist nicht mehr anonym.

Dass man aus Kunden Stammkunden machen kann, indem man sie für treues Einkaufen mit Rabatten belohnt, machte sich schon Ende des 19. Jahrhunderts die US-amerikanische Firma Sperry & Hutchinson (S&H) zunutze. Sie startete mit den sogenannten »Green Stamps« das erste groß angelegte Bonuspunkte-Programm. Die Vertragspartner der Firma, etwa Einzelhändler und in den späteren Jahren Tankstellen, schenkten ihren Kunden für jeden Einkauf Marken; die Kunden sammelten sie in den dafür vorgesehenen Heften und konnten sie später gegen Küchen- oder Haushaltsgeräte aus dem Versandkatalog von S&H eintauschen. Ähnliche Systeme waren weltweit im Einsatz, bis der Handel durch die elektronische Datenverarbeitung revolutioniert wurde. Damals entdeckten die Unternehmen die Möglichkeit, für ihre Rabatte außer der Kundenbindung noch etwas anderes von ihren Kunden zu erhalten: deren persönliche Daten und genaueste Informationen über ihr Nutzungs- beziehungsweise Konsumverhalten. Es begann mit den Bonusmeilen-Karten der Fluglinien, bald folgten Hotelketten, in den 1990er-Jahren schließlich Supermärkte und andere Handelsketten.

Wenn Sie im Geschäft den Antrag auf eine Kundenkarte ausfüllen, erhält der Konzern meist Name, Geschlecht, Alter (Geburtsdatum) und Adresse, wenn Sie besonders kooperativ sind, vielleicht auch Telefonnummer, E-Mail-Adresse und Interessensgebiete. Jedes Mal, wenn Sie fortan Ihre Kundenkarte in einer Filiale vorweisen oder mit Ihrer registrierten Geld- oder Kreditkarte zahlen, wird gespeichert, wann, wo und was Sie gekauft haben.

Die Attraktivität der Kundenkarte besteht darin, dass sie den Konsumenten das Gefühl vermittelt, billiger einkaufen zu können, praktisch ohne eine Gegenleistung dafür erbringen zu müssen. Der Schönheitsfehler an dieser Vorstellung ist nur, dass in Wirklichkeit eher das Gegenteil der Fall ist. Das »billiger einkaufen« trifft in der

Regel nicht oder kaum zu, und das »praktisch ohne eine Gegenleistung« erst recht nicht.

Dass die Ersparnisse durch Kundenkarten in der Regel marginal oder inexistent sind, haben in der Vergangenheit viele Studien gezeigt. Das liegt zunächst daran, dass die Firmen zwar bestimmte Preise für Kundenkartenbesitzer senken, dafür aber andere erhöhen. Eine US-Studie aus dem Jahr 2000 untersuchte die Preisänderungen nach Einführung einer Kundenkarte bei der größten amerikanischen Lebensmittel-Supermarktkette Kroger. Das Ergebnis: 56 Prozent der Preise waren gleich geblieben, bei den restlichen Waren übertraf die Zahl der Preiserhöhungen die der Preissenkungen bei Weitem. Der Gesamtpreis für alle Produkte hatte sich um 1,5 Prozent erhöht.[2] Die Kundenkarte bringt also oft höchstens den allertreuesten und kaufkräftigsten Konsumenten ein wenig Ersparnis – für all jene aber, die sich weigern, eine zu benutzen, wird das Einkaufen signifikant teurer.

Die »Freiwilligkeit« der Kundenkarten sollte man also unter Anführungszeichen setzen. De facto werden die Käufer vor die Wahl gestellt, mehr zu zahlen als früher oder eine Karte zu nehmen, mit der sie nicht oder kaum weniger zahlen als zuvor; nur dass sie, im Unterschied zu früher, etwas im profansten Sinn des Wortes sehr Kostbares hergeben: ihre persönlichen Daten. Diese können automatisiert ausgewertet und analysiert werden, um Kundenprofile zu erstellen – das heißt Informationen über Einkaufsvorlieben und, daraus folgend, Neigungen und Interessen –, um Marketing- und Verkaufsstrategien zu optimieren und personalisierte E-Mails zu verschicken. Und sie können weiterverkauft werden.

Kundenkarten bergen weitere Gefahren. Eine davon ist die Preisdiskriminierung – ein zentrales und auch offen eingestandenes Ziel der Kundenklassifizierung. Seit Forscher errechnet haben, dass 75 Prozent des Profits von den reichsten 30 Prozent der Kunden kommen, ringen Firmen um die wohlhabenden Konsumenten. Karten helfen den Supermärkten, diese Käufer zu identifizieren und ihre Produkt- und Preispolitik auf sie auszurichten. Gegenstände, die die Spitzenkäufer bevorzugen, häufen sich dann beispielsweise in den Regalen,

Billigprodukte werden verdrängt. Ein US-Geschäft etwa reduzierte drastisch den Regalplatz für Süßigkeiten (obwohl sie sich gut verkauften), weil die Kundendaten zeigten, dass sie hauptsächlich von nicht einträglichen Kunden gekauft wurden. Kundendaten werden auch verwendet, um Preise festzusetzen: Ausgerichtet werden sie an kapitalkräftigen Käufern. So wird in einem Geschäft beispielsweise ein Produkt von 1,50 auf 2,30 Euro angehoben, wenn die Kundendaten zeigen, dass der kaufkräftige Kunde es auch um diesen Preis noch kaufen wird. Im Gegenzug sollen die weniger Kaufkräftigen abgeschreckt werden. »In das untere Drittel der Konsumenten sollte wenig oder gar nichts investiert werden, manchen Kunden müsste man möglicherweise sogar die Kundenkarte entziehen«, formuliert es Michael Lowenstein, Managing-Leiter der Consulting-Firma Customer Retention Associates.[3]

Bei Kundenkarten-Programmen lassen sich mehrere Stufen unterscheiden: Die erste ist eine Preisorientierung an den »oberen« zwei Dritteln unter den Kunden – das heißt, die Preise werden so festgesetzt, dass sie für die kaufkräftigeren Kunden gerade noch akzeptabel sind. Als Nächstes beginnen die Händler, manche ihrer Belohnungen den kaufkräftigeren Kunden vorzubehalten. Anschließend teilen sie ihre Kunden je nachdem, wie viel sie pro Woche im Geschäft ausgeben, in Kategorien ein. Der vierte und letzte Schritt schließlich besteht darin, jedem Kunden seinen individuellen (für ihn schwer nachzuvollziehenden und daher auch schwer vergleichbaren) Mix aus Preisen, Dienstleistungen und Privilegien vorzusetzen. Der Internetanbieter Amazon beispielsweise wurde dabei ertappt, verschiedenen Kunden dieselbe Ware zu unterschiedlichen Preisen zu verkaufen. Nach Protesten musste er den »Test«, wie er es nannte, wieder aufgeben.[4]

Kundenspezifische Preis- und Marketingpolitik schadet vielleicht nicht denjenigen, die den Wünschen der Firmen entsprechen. Die Leidtragenden sind jene wenig Kaufkräftigen, für die Rabatte besonders wichtig sind und die daher als Erste zu Kundenkarten greifen. Sie müssen damit rechnen, dass die Verkäufer aus dem Computer ablesen, dass sie es mit einem »wertlosen« Kunden zu tun haben, der in letzter Zeit hauptsächlich Sonderangebote gekauft hat. Unternehmen streben nun einmal nach Gewinn-, nicht nach Moralmaximierung. Schlimmer ist, dass wir ihnen dabei noch helfen: Indem wir unsere Anonymität aufgeben, ebnen wir einer Klassengesellschaft der Konsumenten den Weg, in der nur mehr jener Kunde König ist, der über ein fürstliches Konto verfügt.

War früher zur Identifikation das Mitführen und Vorweisen der Kundenkarte unbedingt nötig, weil deren Nummer gescannt oder abgetippt werden musste, ergeben sich durch die technologische Entwicklung heute neue Möglichkeiten. Hinter der Förderung des bargeldlosen Zahlens stand nicht in erster Linie der Wunsch des Handels, den Kunden Wartezeiten zu ersparen. Vielmehr wird das umständliche, riskante und kostenaufwendige Hantieren mit Bargeld zurückgedrängt und eines Tages vielleicht ganz verschwinden. Außerdem ist jeder Zahlungsvorgang mit Geld- oder Kreditkarte, bei dem der Betrag von einem Konto abgebucht wird – beziehungsweise, in einem nächsten Schritt, das »Vorweisen« von Fingerabdruck und Iris –, ein Akt der Identifikation, der das Vorweisen einer Kundenkarte überflüssig macht. Der nächste Evolutionsschritt ist, wie im Kapitel 1.3, S. 85ff., geschildert, der Einsatz von RFID im Einzelhandel. Durch die Funkchips in der Kundenkarte kann der Laden nicht nur berührungslos erkennen, welcher Kunde anwesend ist und was er kauft, sondern auch, welchen Weg er durch das Geschäft nimmt und vor welchen Regalen er länger verweilt. Technisch wären sogar Profile von Kunden möglich, die keine Kundenkarte besitzen, durch Auslesen von nicht deaktivierten Funkchips im Handy, in den Schuhen oder in der Kleidung, deren weltweite einmalige Produktnummer das System erkennt und als »Kundennamen« abspeichert.

Datenspuren, die wir nicht spüren

Kundenkarten machen aber auch jetzt schon nur *einen*, wenn auch gewichtigen Teil der kommerziellen Datenbeschaffungsstrategien aus. Weltweit spannt sich ein immer dichteres Kundendaten-Verkehrsnetz über die Konsumgesellschaft. Ob Sie an einer Verlosung teilnehmen, mit Ihrer Kreditkarte bezahlen, ob Sie ein Zeitungsabonnement haben oder eine Internetbestellung aufgeben, alles wird registriert, gesammelt, kombiniert, ausgewertet, weiterverkauft. Auf Schritt und Tritt hinterlassen wir, ohne es zu »spüren«, eine Unzahl an Informationen, über unser Einkommen, unsere Kauf- und Lebensgewohnheiten, unseren Geschmack, Lebensstil, Familienstand usw. Wenn wir als Konsumenten agieren, und das tun die meisten von uns jeden Tag, ziehen wir wie ein leckender Tankwagen auf der Straße eine Spur, die, wie wir im Kapitel 1.4, S. 137ff., gesehen haben, bei der Produktsuche in Google beginnt und mit der Bezahlung noch nicht endet. Unzählige Details werden gespeichert, die wir selbst eine Woche später vergessen haben – nicht aber der Computer; Informationen, über die wir keine Kontrolle mehr haben, die wir nicht mehr ausradieren können. Dabei werden Datenaustausch und Datenanalyse immer perfekter. Schon jetzt müssen Sie damit rechnen, dass jede kleinste Information, die Sie bei einer Transaktion aus der Hand geben – Alter, Name, Adresse, Telefonnummer etc. –, in Umlauf kommt, in irgendeiner großen Datenbank mit weiteren Informationen über Sie verbunden wird und diese mit weiteren etc. Früher oder später drohen alle Spuren, die wir in der Welt des Konsums hinterlassen, zu detaillierten Profilen zusammengeführt zu werden.

Die Unternehmen ihrerseits sind einfallsreich, wenn es darum geht, an persönliche Daten zu kommen. Beliebt sind etwa Garantiescheine, die ein Kunde ausfüllen soll, wenn er ein Elektrogerät kauft. Diese Informationen sind für eine Garantie keineswegs erforderlich, aber nützlich für die Firma. Ebenso wie häufig ausgesprochene Einladungen, sich als Nutzer eines Gerätes oder eines Computerprogramms freiwillig zu registrieren; für meist nur theoretische Gegenleistungen verschenkt man seine Daten und erspart es dem Unternehmen, Kundenstatistiken in Auftrag zu geben.

Auf dem Datenbasar

Brauchen Sie eine Adressliste von 36 000 frischgebackenen oder künftigen Eltern, von 13 000 Zuckerkranken oder von 9000 Kunden, die in den letzten vier Monaten in bestimmten Internetshops Sportartikel eingekauft haben? Kein Problem, und wenn Sie noch ein wenig drauflegen, bekommen Sie bei bestimmten Firmen zusätzlich Auskunft über Telefonnummer, E-Mail-Adressen, Alter, Herkunft, Familienstand, Einkommen, Wert der Eigentumswohnung, Zahl der benutzten Kreditkarten, Zahlungsfähigkeit, Konsumgewohnheiten und »Lifestyle«.

Das Sammeln und Auswerten von Kundendaten ist ein einträgliches, aber auch teures Geschäft. Um den Gewinn zu erhöhen, greifen immer mehr Firmen daher zu einer weiteren Einkommensquelle: dem Datenhandel. In den USA wird er hemmungslos betrieben, es gibt kaum gesetzliche Einschränkungen dagegen. In Deutschland dürfen Firmen nur mit den Grunddaten ihrer Kunden – also Name und Adresse – schalten und walten, wie sie wollen. Jede weitergehende Auswertung bedarf der ausdrücklichen Einwilligung. Viele Firmen gehen jedoch vom Grundsatz »Wer schweigt, scheint zuzustimmen« aus. Übersieht der Verbraucher den klein gedruckten Passus auf dem Antrag, in dem steht, dass er der erweiterten Nutzung seiner Daten zustimmt, sind seine Daten »Freiwild«. Verbreitet sind auch irreführende Formulierungen: So schrieb eine große deutsche Handelskette, Daten würden grundsätzlich nicht an »unberechtigte Dritte« weitergegeben. Sie verschwieg dabei, dass alle diejenigen, die Adressen kaufen, als »berechtigte Dritte« gelten. Selbst wenn der Kunde sich aber nicht täuschen lässt – die Datenschutz-Erklärungen der Firmen verdienen wenig Vertrauen. Ein amerikanischer Datenhandelsprüfer gab an, dass sich ein Fünftel der 300 von ihm geprüften Firmen nicht an die eigenen Datenschutzrichtlinien hielten. Bei den in Deutschland angebotenen Kundenkarten gebe es flächendeckende Verstöße gegen den Datenschutz, stellte auch das Unabhängige Landeszentrum für Datenschutz (ULD) Schleswig-Holstein im Jahr 2003 fest. Bei vielen Anbietern fehlt jede Angabe darüber, was mit den Informationen passiert.

Zum Beispiel, dass sie in immer größeren Datennetzwerken und internationalen kommerziellen Datenbanken landen. Eigene Unternehmen leben von der Datenauswertung und vom Datenhandel, die größten von ihnen verfügen über viele Millionen Datensätze. Der Preis variiert je nach Menge und dem »Wert« des Konsumenten. Listen mit wohlhabenden Personen sind teurer.

Wo immer wir persönliche Informationen aus der Hand geben, die uns als Einzelinformation wertlos erscheinen mögen, müssen wir vor allem diese Vernetzung bedenken. Denn die detektivischen Fähigkeiten der Computerprogramme werden immer raffinierter. *Data-Mining* lautet der Fachausdruck für mathematische und statistische Verfahren, mit denen man im ausgedehnten Gebirgsstock der Datenbanken nach nicht offen zutage liegenden Informationsadern schürft. Die Schürfprogramme suchen in Datenbeständen nach Mustern und gewinnen so aus der Kombination vorhandener Informationen neue Zusammenhänge. Dadurch lassen sich Rückschlüsse auf das künftige Verhalten von Kunden ziehen. Der Internethändler Amazon etwa weiß so genau, welche Produkte er Ihnen auf der Startseite vorstellen will: »Empfehlungen basierend auf Ihren besuchten Seiten« oder »Kunden, die dasselbe suchten wie Sie, haben gekauft …«

Je größer der Datenbestand ist, desto aussagekräftiger und wertvoller werden die Auswertungen. In England haben zum Beispiel mehr als die Hälfte der britischen Haushalte eine Nectar-Kundenkarte, mit der sie täglich detaillierte Informationen über ihr Tank- und sonstiges Einkaufsverhalten preisgeben, denn zu den Vertragspartnern gehören unter anderem British Petrol, American Express und die Supermarktkette Sainsbury's. Über 200 britische Versandhäuser teilen ihre Daten miteinander, sie haben über die Firma Claritas gemeinsam Zugriff auf Informationen über Einkommen, Lebensstil und Daten zur aktuellen Lebenssituation von Dutzenden Millionen Verbrauchern.[5] Jede Person ist darin mit ihrem RFM-Wert verzeichnet: Das ist quasi eine Note, die aus den drei Informationen »Recency, Frequency and Monetary Value« berechnet wird: Erstens, wie lang der letzte Einkauf zurückliegt, zweitens, wie häufig die Person eingekauft hat, drittens, wie viel sie gezahlt hat.

Die Firma AccuData America in Florida vermittelt beispielsweise Informationen darüber, wie viel Geld Personen für ihre Eigentumswohnung gezahlt haben; sie ist darauf spezialisiert, Kundendaten von Geschäften mit Daten aus anderen Datenbanken anzureichern. Das Foxfood Resort Casino in Las Vegas greift gerne auf solche externen Daten zurück, um herauszufinden, wie viel ein Kunde verdient, ob er verheiratet ist und so fort.[6]

Auch Versicherungsfirmen könnten am Blick in die Einkaufstasche ihrer potenziellen Kunden interessiert sein. Lebt Herr K. vor allem von Wurst, Schokoriegeln, Chips und Alkohol, riskiert er in Zukunft möglicherweise einen besonders aufmerksamen Gesundheitscheck oder höhere Beiträge, wenn er eine private Krankenversicherung abschließen will.

Big Brother in der Werbeagentur

Die Wirtschaft möchte den gläsernen Konsumenten, um die Werbung ganz auf die jeweilige Zielperson abstimmen beziehungsweise für ein bestimmtes Produkt aus unzähligen Menschen genau die richtigen herausfiltern zu können. Mit Internet und Handy, welche die detaillierte geografische und sonstige Zuordnung der Nutzer erlauben, ist sie diesem Ziel viel näher gerückt. Die klassische Fernsehwerbung, die nur sehr grob Zielgruppen ansprechen konnte, verliert an Bedeutung, auch weil durch die digitalen Videorekorder immer mehr Menschen dazu neigen, Werbeclips zu überspringen. Dafür verlagert sich die Werbung immer mehr ins Internet – und in den nächsten Jahren werden die Handys allen Prognosen zufolge durch die Kombination ihrer Ortungsfähigkeit und die darauf aufbauenden standortbezogenen Dienste ein immens wichtiger Werbeträger werden (siehe Kapitel 1.1, S. 19ff.).

In den letzten Jahren sind die ersten Schritte im Bereich der Handy-Werbung erfolgt, McDonald's oder Coca-Cola gehörten zu den Pionieren, obwohl von personalisierten Botschaften noch keine Rede sein konnte. Die Innovationen bestanden etwa in großen Werbetafeln wie jenen am New Yorker Times Square, die per *Bluejacking* (siehe Kapitel 1.1, S. 22ff.), WLAN oder RFID Werbebotschaften an die Handys der Vorübergehenden senden, oder in Ideen wie jener der Pharmafirma Johnson & Johnson: Sie plante im Jahr 2006, Patienten im Wartezimmer ihres Augenarztes mit einem Plakat dazu zu bringen, eine SMS mit dem Text »MYEYE« zu versenden. Eine Viertelstunde später sollte der Patient, der in der Zwischenzeit im Behandlungszimmer sitzen sollte, eine SMS erhalten, die ihn daran erinnerte, den Arzt nach Produkten von Johnson & Johnson zu fragen. Das mobile Werbenetz Quattro Wireless hat eine Software namens Get-Mobile entwickelt, mit der Werber beispielsweise Handykunden aus einer bestimmten Stadt oder Nutzer bestimmter Nokia-Handys gezielt beschicken können; die Schnittstelle erlaubt es den Firmen außerdem herauszufinden, ob Anzeigen erfolgreich waren und wie bestimmte Personengruppen reagiert haben. Da es nicht so einfach ist, von Netzbetreibern die Daten über ihre Kundschaft zu bekommen, kauft Quattro Wireless Informationen von Firmen, die Inhalte fürs Handy, etwa herunterladbare Spiele, verkaufen. Hinzu kommen Informationen, die der Handynutzer selbst in *mobilen sozialen Netzwerken* (soziale Netzwerke, die per Handy genutzt werden) preisgibt. In vielen Fällen reicht das, um den Ort und Grunddaten des Nutzers zu bestimmen.

Privatsphäre wird, wie schon mehrfach in diesem Buch betont, zunehmend – oder auch wieder – zu einer Frage des Geldes. Wenn britische Studenten an gut 30 Universitäten der Firma Blyk Fragen zu ihrem Alter, Einkommen, Freizeitvorlieben und Ähnlichem beantworten, bekommen sie eine Blyk-SIM-Karte für ihr Handy gratis. Wenn sie dann jeden Tag bis zu sechs Werbenachrichten lesen und zum Teil beantworten, lädt Blyk jeden Monat das Handyguthaben auf. Die Daten verwendet Blyk für seine Kunden, zu denen unter anderem der Filmvertrieb Buena Vista, Coca-Cola und der Kosmetikkonzern L'Oreal gehören. Die Werbung, die sie an die Studenten verschickt, kann zum Beispiel eine Bild-SMS mit Fotos von Stars wie

Eva Longoria, Scarlett Johansson und Penélope Cruz sein, mit der Frage, welchen Star die Person am meisten möge. Je nach Antwort kommt eine neue SMS, die den Lieblingslippenstift (laut L'Oreal-Werbung) der Favoritin vorstellt. Die US-Firma Pudding Media ist in punkto Überwachung schon weiter. Sie testet ein Modell, bei dem kostenlose Telefonate vergeben werden, wenn der Kunde dafür erlaubt, dass seine Gespräche mit einer Software analysiert werden, um relevante Anzeigen einzublenden. Die fertige Software ist für Mobilfunkfirmen gedacht, die kontextbezogene Werbung verkaufen wollen.

Das Handy bringt die Wirtschaft dem Traum von der totalen Überwachung des Konsumenten immer näher. Kein Wunder, dass Agenturen, die Werbung für Mobiltelefone entwickeln sollen, diese Schreckensvorstellung sogar schon spielerisch in ihre Werbungen einbauen. Die australische Agentur Marketforce etwa installierte an ausgewählten Bushaltestellen in der Stadt Perth Bluetooth-Sender, die an alle erreichbaren mobilen Geräte zwei Nachrichten schickten. »Ich sehe dich. Du stehst an der Haltestelle XY«, lautete die erste Bluetooth-Nachricht, die zweite folgte 30 Sekunden später – und wies auf den nächsten Sendetermin für die australische Version der TV-Show »Big Brother« hin.

Kostbare Gesundheitsdaten

Als die ärztliche Schweigepflicht sich in Europa etablierte, wusste man, was es zu schützen galt: Medizinische und genetische Daten gehören zu den sensibelsten, die ein Mensch von sich preisgeben kann, und zugleich zu den begehrtesten. Denn weniges ist dem Menschen wichtiger als Gesundheit, kaum etwas wichtiger als die Erhaltung seines eigenen Lebens. Das macht das Geschäft mit der Krankheit und der Angst vor ihr so lukrativ. Natürlich benötigt die Forschung Patientendaten, um Medikamente und Therapien zu entwickeln; doch in den letzten Jahren macht sich auch hier ein beunruhigender Trend zur unkontrollierten Ausbreitung und dem Verlust der Anonymität dieser Daten breit, die ärztliche Schweigepflicht ist drauf und dran, zu einem anachronistischen Überbleibsel alter Zeiten zu werden. Gerade in den Vereinigten Staaten sind dieser Entwicklung durch den mangelnden Datenschutz Tür und Tor geöffnet. Bekannt wurde zum Beispiel, dass die Firmen Giant Foods und CVS Pharmacies ganze Datenbanken mit den Namen von Kunden veräußerten, die rezeptpflichtige Medikamente gekauft hatten – die natürlich Rückschlüsse auf die Krankheiten dieser Personen ermöglichten.[7]

Das größte »Datenleck« ist auch hier wieder das Internet, das mehr und mehr als Fernapotheke genutzt wird. Warum nicht die brachliegenden Datenschätze nutzen, dachten sich US-amerikanische Pharmaunternehmen wie etwa die Firma Pharmatrak. Ihr wurde im Jahr 2002 der Prozess gemacht – sie hatte im Auftrag mehrerer Internet-Pharmaseiten mittels *Cookies* und *Web Bugs* (siehe 1.4, S. 139 und S. 180) medizinische Profile von Kunden erstellt, die sich im Internet nach Arzneimitteln umsahen.

Dass sich auch Google diese Profitquelle nicht entgehen lassen will, verwundert nicht. Auf Google Health kann jeder, wie in Kapitel 1.4, S. 162, bereits beschrieben, persönliche Gesundheitsdaten, Krankengeschichten, Befunde, Medikamentierung usw. eingeben. Im Bedarfsfall kann ein behandelnder Arzt oder das Krankenhaus die Daten abrufen. Ist Google damit erfolgreich, könnte es mit diesem »kostenlosen« Service an die medizinischen Daten von potenziell Millionen oder gar Milliarden Menschen weltweit kommen.

Andere Konzerne haben schon vor Google die Chancen von Online-Patientenakten entdeckt. Microsoft startete 2007 den vergleichbaren Service HealthVault, und Anfang Dezember 2006 hatten die US-Konzerne Wal-Mart, Intel, BP America, Applied Materials, AT&T und Pitney Bowles eine Gesundheitsdatenbank namens Dossia gegründet.

Auch sie ermöglicht es ihren Mitgliedern, eine lebenslange elektronische Patientenakte zu führen und diese über ein Web-Interface zu administrieren. Dossia gibt an, die Unternehmen und Versicherer hätten keinen direkten Zugriff auf die Patientendaten – außer mit ausdrücklicher Erlaubnis des Patienten.

Im März 2008 warnte die deutsche Bundesärztekammer davor, Patientendaten zur Handelsware zu machen; dass der Trend längst in Europa Einzug gehalten hat und nicht nur die im Internet hinterlassenen Spuren betrifft, dafür sorgen die Einsparungszwänge bei den staatlichen Gesundheitsbehörden, die dazu geführt haben, dass die Verarbeitung von Patientendaten an private Firmen ausgelagert wird. In Deutschland wurde Unternehmen mit dem Verwaltungs-Vereinfachungsgesetz erstmals erlaubt, Gesundheitsdaten zu verarbeiten. Diese Möglichkeit nutzte auch das sogenannte Disease-Management-Programm, das die beste Behandlung von chronisch Kranken herausfinden sollte. Die GHP Document-Service in Bamberg erhielt den Auftrag, die Daten der teilnehmenden Patienten auszuwerten. Die Daten mussten zwar in Deutschland bleiben, um in den Genuss der deutschen Gesetze zu kommen, doch das kümmerte die Firma nicht, sie schickte 2004 und 2005 auf elektronischem Weg unverschlüsselt mindestens 20 000 Patientendateien in das Billiglohnland Vietnam: gescannte Meldebögen mit Namen von Ärzten, ihren Patienten, ihren Krankheiten, plus die Versicherungsnummern.[8]

Auch die Gewinnung von DNA-Daten für die Forschung ist ein Milliardengeschäft. Mit dem Versprechen, dass alle diese Forschungen einmal dem Einzelnen zugute kommen werden, horten private Unternehmen die Erbinformationen von möglichst vielen Menschen. Ein riesiger Forschungszweig, die Pharmakogenetik, befasst sich mit der Entwicklung von eigens auf die Erbanlagen des Einzelnen abgestimmten personalisierten Therapien und Medikamenten. Auch hier zeigt sich die Verzahnung von Staat und Privat. Der Staat ist als Datenlieferant prädestiniert, er kann Teile oder gar die gesamte Bevölkerung genetisch erfassen helfen. Wie Großbritannien, das gerade dabei ist, parallel zu seiner polizeilichen Gendatenbank eine zweite zu Forschungszwecken zu etablieren, zu der vorerst eine halbe Million Menschen freiwillig Blut- und Urinproben abgeben sollen. Die Regierungen wiederum brauchen den privaten Sektor, um jene Daten, die sie von den Bürgern haben, kommerziell zu verwerten. So kommt es, dass die Gendatenbanken immer mehr in Form von öffentlich-privaten Partnerschaften verwaltet werden. Auch Island, Singapur und Schweden besitzen umfangreiche Biobanken, Schweden verfügt bereits über eine Blut- oder Gewebeprobe und damit die DNA von jedem Bürger.[9]

Sind die staatlich verwalteten Biobanken zumindest noch – theoretisch – parlamentarischer Kontrolle unterworfen, operieren die rein kommerziellen zum Teil außerhalb jeder nationalen Gesetzgebung – manche verschlüsseln nicht einmal die Daten. In nicht einmal einem Jahrzehnt sind private Biobanken entstanden, die Hunderttausende Gewebeproben enthalten und sie gegen Entgelt der Pharmaindustrie und der Forschung zur Verfügung stellen. Sie haben gegenüber staatlichen den Vorteil, dass sie leichter und schneller Investoren finden. Das ist auch der Grund, warum viele medizinische Forschungszentren ihre DNA-Sammlungen privaten Firmen, in den USA etwa Genomics Collaborative oder Ardais, überantworten. Und seit einigen Jahren gibt es eine neue Form der Datenbeschaffung: den »persönlichen Genom-Service«. Die Kunden schicken ihre DNA mittels einer Speichelprobe per Post und erhalten daraufhin von der Firma Informationen über ihre Erbanlagen, vor allem ihr Risiko, an bestimmten Krankheiten zu erkranken. Der bekannteste dieser Dienste wurde 2007 ins Leben gerufen und nennt sich in Anlehnung an die 23 Chromosomen des menschlichen Erbguts »23andme«. Ist Ihnen wohl bei dem Gedanken, dass Google, dem schon jetzt weltweit mehr persönliche Daten der Weltbevölkerung zufließen als jedem anderen Konzern auf dem Planeten, über die genetischen Anlagen von Abermillionen Menschen Bescheid weiß? Tatsächlich wäre es ein Wunder, wenn der Google-Konzern, der bereits mit Google Health medizinische Daten hortet, sich von einer der vielversprechendsten Datenquellen fernhalten sollte. Tut er auch nicht: 23andme ist von Google mitfinanziert, eine der Gründerinnen ist Anne Wojcicki, die Ehefrau von Google-Gründer Sergey Brin. Seit 2008 bietet 23andme seinen Dienst für 999 US-Dollar (750 Euro) auch in Europa an. Das »zweite Ziel« ist den Gründern zufolge die wissenschaftliche Verwertung des gesammelten Genmaterials. Was bekommt der Kunde dafür, dass seine Daten für die Forschung benutzt werden? Nichts, außer der angeblichen Gewissheit, dass er seinen Kindern und Kindeskindern einen großen Dienst erweist – und der sicheren Gewissheit, intimste biologische Informationen über sich aus der Hand zu geben, ohne zu wissen, wofür sie in den nächsten Jahren und Jahrzehnten verwendet werden.

Hier soll nicht der Nutzen der Genforschung infrage gestellt werden, auch nicht die Notwendigkeit großer Datenmassen, um sie voranzutreiben. Aber über der Euphorie, die sich angesichts der neuen Präventions- und Heilungsmöglichkeiten breitmacht, werden die Nebenwirkungen übersehen. Die Unternehmen verpflichten sich zwar zur Anonymisierung der Daten, ob sie das tatsächlich tun, ist kaum nachzuprüfen. Sind die Daten aber einmal vorhanden, wächst der Druck, sie auch für andere Zwecke zu verwenden, etwa zur Risikoberechnung in der Versicherungsbranche oder bei Arbeitgebern. Damit droht die Gefahr genetischer Diskriminierung. Künftig könnte es einem Menschen schaden, wenn er zu einer bestimmten schweren Krankheit mehr als der Durchschnitt neigt, auch wenn er diese Krankheit nie bekommen wird; oder wenn ihm ein Gentest die Neigung zu asozialem Verhalten bescheinigt – auch wenn diese Neigung sich bei ihm nie realisieren wird.

Gefährliche Datenschatten – Scoring und Rating

Kennen Sie Dostojewskis Erzählung »Der Doppelgänger«? Der schüchterne Kanzleibeamte Goljadkin steht eines Nachts einem Herrn gegenüber, der aussieht wie er – und der ihn fortan nicht mehr in Ruhe lässt. Der Fremde verfolgt ihn überall hin und versucht, seine Stelle einzunehmen. Zu allem Überdruss ist der arme Goljadkin auch noch für alle Handlungen, die sein unheimlicher Doppelgänger begeht, verantwortlich.

Etwas Ähnliches passiert mit uns, wenn die Wirtschaft immer größere Dossiers und Profile von uns anlegt. Neben uns entsteht eine zweite Identität, die sich unserer Kontrolle entzieht und ein Eigenleben entwickelt. Wir haben keinen Einfluss darauf, weil wir gar nicht wissen, in welchen Schubladen wir stecken. Was wir sind, entscheidet der Computer aufgrund von Daten, die uns nicht zugänglich sind. Trotzdem werden wir, wie Dostojewskis kleiner Beamter, für unseren »Daten-Doppelgänger« zur Verantwortung gezogen – wenn wir einen Kredit, eine Versicherung, einen Handy- oder Mietvertrag wollen.

Die Rede ist vom *Scoring und Rating*, dem Klassifizieren und Bewerten von Kundendaten nach bestimmten Kriterien. (Oft einfach kurz als *Scoring* bezeichnet.) Scoring-Verfahren werden beispielsweise genutzt, um Kunden in einer Datenbank nach Bonität, Kauf- oder Kündigungswahrscheinlichkeit zu ordnen. In einem mathematischen Verfahren werden dabei bis zu 300 verschiedene Merkmale über einen Kunden mit ähnlichen Fällen aus der Vergangenheit verglichen. Daraus errechnet der Computer einen statistischen Wert, den *Score*. Der wichtigste deutsche Datenlieferant für Scoring-interessierte Firmen ist die Schufa, die Schutzgemeinschaft für allgemeine Kreditsicherung. Sie besitzt Informationen von über 64 Millionen in Deutschland lebenden Menschen, das sind praktisch alle Bürger über 18 Jahre. Zu diesen Informationen gehören unter anderem Name, Geburtsdatum, aktuelle und frühere Meldeadressen (Häufigkeit der Umzüge), Anzahl und Art von Girokonten und Kreditkarten, Telekommunikations-, Leasing- und Kreditverträge.

Die ersten Anwender des Scorings waren die Banken, die verständlicherweise wissen wollen, wer ihres Kredites würdig ist. Inzwischen hat es sich aber auf praktisch alle großen Branchen ausgebreitet. Wenn Sie beispielsweise im Callcenter Ihres Handy-Netzanbieters anrufen und dabei Ihre Rufnummer mitschicken, lässt der Computer Sie automatisch länger oder kürzer warten, je nachdem, in welche Kundenklasse er Sie einstuft. Rufen Sie von einer Festnetznummer aus bei einem fremden Unternehmen an, müssen Sie damit rechnen, dass Sie aufgrund der Informationen, die Ihre Festnetz-Telefonnummer über Ihr Wohn- beziehungsweise Arbeitsviertel gibt, kürzer oder länger in der Warteschleife bleiben. Wenn Sie eine

Ware per Internet bestellen, läuft das Scoring-Verfahren in der Regel bereits, während Ihre Adressdaten erhoben werden. Je nach Ergebnis bekommen Sie nur Lieferung per Nachnahme oder auch Zahlung gegen Rechnung angeboten.

Der deutsche Bundesbeauftragte für Datenschutz, Peter Schaar, untersuchte 2007 das Geschäftsgebaren von 26 Telekommunikationsanbietern. Sämtliche Unternehmen, fand Schaar heraus, holten über alle Antragsteller Informationen bei externen Auskunfteien ein.[10] Immobilieneigentümer »scoren« Sie, bevor sie entscheiden, ob sie Sie als Mieter annehmen. Sogar manche Zahnärzte informieren sich vor besonders teuren Zahnbehandlungen. Während Sie sich mit einer Bankangestellten oder einem Versicherungsagenten über einen neuen Kredit oder eine private Krankenversicherung unterhalten, errechnet der Computer im Hintergrund Ihren Scoring-Wert – ist er niedrig, müssen Sie mehr Zinsen oder eine höhere Prämie zahlen, selbst wenn Sie in Ihrem ganzen Leben immer alles rechtzeitig abgezahlt haben.

Verdächtig macht sich auch, wer mehrere Kreditkarten besitzt oder Handyverträge abgeschlossen hat. Häufige Umzüge können Ihren Scoring-Wert ebenso schädigen wie die Gegend, in der Sie gerade wohnen – Wohnumfeldanalyse spielt beim Scoring eine große Rolle, die Firma Creditreform zum Beispiel weiß genau, in welchen Wohnvierteln die Kreditausfallsquote hoch ist. Noch genauere Angaben über deutsche Bürger kann man bei der Schober Information Group und ihrer Tochter infas Geodaten erhalten, sie verspricht »detaillierte Angaben über Soziodemografie, Gesundheit, Konsumverhalten und Freizeit, Pkw-Bestand sowie zu Wohnumfeld- und Lagekriterien«. Knapp 20 Millionen Gebäude, erklärt die Firma, habe sie dafür »persönlich vor Ort bewertet«. Dieses geografische Scoring hat in den USA der 1960er-Jahre ihren Ursprung, man spricht vom *Redlining*, weil dabei Straßenzüge durch rote Umrandung auf der Karte als kritische Zonen markiert wurden: Deren Bewohner, früher meist Schwarze oder ethnische Minderheiten, konnten bestimmte Dienstleistungen nicht in Anspruch nehmen oder nur gegen übermäßig hohe Bezahlung. Eine 2007 veröffentlichte Studie der New York University zeigte, dass diese Art der Diskriminierung leider noch lange nicht der Vergangenheit angehört. Demnach mussten Bewohner von »farbigen« Vierteln mehr für Kredite zahlen als Bewohner von »weißen«, selbst wenn das Durchschnittseinkommen vergleichbar war.[11]

Waren Sie einmal bei der Deutschen Telekom, dem Otto-Versand oder Bertelsmann mit einer Zahlung säumig, müssen Sie davon ausgehen, dass diese Information weiterverkauft wurde. Denn alle drei Konzerne vermarkten die von ihren eigenen Inkassofirmen gesammelten Daten weiter, über eigene Scoring-Anbieter und Auskunfteien. Die Bertelsmann-Tochter Infoscore übernimmt auch noch das Inkasso für viele weitere Unternehmen, wie die Deutsche Bahn und städtische Verkehrsbetriebe. Wer also beim Schwarzfahren ertappt wird oder Mahnungen ignoriert, den könnte dieser einmalige Fall später teuer zu stehen kommen – wenn er bei einem Handyanbieter oder einer Bank als Kunde abgelehnt oder nur zu teuren Konditionen bedient wird. Dabei verbietet das Gesetz Negativentscheidungen, die auf die »ausschließlich automatisierte Verarbeitung personenbezogener Daten gestützt werden«.

Hinter den Kulissen der Warenwelt etabliert sich somit eine neue Klassengesellschaft, die »Risikogruppen« und »schlechte« Konsumenten stigmatisiert, und das aufgrund von Informationen, die den Betroffenen weitgehend unbekannt bleiben. Der Ausweitung dieser Diskriminierung sind theoretisch keine Grenzen gesetzt. Warum etwa sollten sich die Datenbankbetreiber künftig die Chance entgehen lassen, Daten auch an Arbeitgeber zu vermarkten? Dann könnte es Ihnen passieren, dass Sie bei einer Bewerbung abgelehnt werden, weil Sie kürzlich einen Schwangerschaftstest oder regelmäßig größere Mengen von Alkohol gekauft haben.

Wer Pech hat, den trifft es auch trotz bester finanzieller Verhältnisse. Bei den deutschen Verbraucherschutzorganisationen, berichtete das Magazin »Spiegel«, gehen immer mehr Beschwerden gut situierter Bürger ein, denen zu ihrem Erstaunen ein einfacher Telefonanschluss oder ein Kredit verweigert wird oder die von Versandhändlern nicht oder nur nach Vorauszahlung beliefert werden.

Der Kunde hat dabei kaum eine Möglichkeit, seinen Wert zu korrigieren, weil er ja keine Ahnung hat, wie dieser zustande gekommen ist, und die Firmen sich auf das Geschäftsgeheimnis berufen. Diese für Überwachungsstrukturen typische Asymmetrie des Wissens – der »wirtschaftliche Komplex« »weiß Bescheid« über jeden Konsumenten, vollzieht seine Entscheidungen aber hinter den undurchsichtigen Mauern ferner Konzernzentralen – schafft ein für den Einzelnen gefährliches Macht-Ungleichgewicht. Selbst wenn man sich rund um die Uhr damit beschäftigen würde, könnte man nicht nachvollziehen, welchen Weg die Daten nehmen, sobald sie einmal »ausgestreut« sind, welche Unternehmen sich ihrer bemächtigen und wozu diese sie verwenden. Wenn ein Einbruch in die Privatsphäre oder ein Identitätsdiebstahl entdeckt wird, ist es in der Regel zu spät, um die Schuldigen auszumachen, den meisten fehlt auch die Zeit und Energie, um der Sache nachzugehen.

Hinzu kommt, wie bei allen Datenbanken, die Gefahr, dass Informationen in die Hände von Kriminellen geraten (siehe 3.1, S. 291ff.). Wie wenig sich manche Firmen die Käufer von Kundendaten ansehen, zeigte schon im Jahr 1996 der Fernsehreporter Kyra Phillips. Er kaufte vom größten US-amerikanischen Datenhandelsunternehmen Metromail die persönlichen Daten von 5000 Kindern. Metromail gab die Daten anstandslos heraus – obwohl der Journalist seinen Kauf unter dem Namen eines berüchtigten, gerade vor Gericht stehenden Kindermörders getätigt hatte.[12] Dieselbe Firma kam noch durch einen weiteren Skandal in die Schlagzeilen. Sie hatte Gefängnisinsassen eingesetzt, um Umfrageergebnisse in den Computer zu übertragen. In der Folge belästigte einer der Häftlinge, der wegen Raubes und Vergewaltigung verurteilt worden war, eine Frau mit E-Mails. Dabei konnte er auf 25 Seiten persönlicher Informationen zurückgreifen – etwa ihr Einkommen, welche Magazine sie gern las oder wann sie Medikamente gegen Hämorrhoiden genommen hatte.[13] In den USA haben Unternehmen wie Seisint oder ChoicePoint Datensätze von fast allen Bürgern, die neben Namen, Adressen, Sozialversicherungsnummern und Führerscheindaten Informationen darüber enthalten, ob eine Person bei Gerichten aktenkundig, vorbestraft oder zahlungssäumig ist.

Neben dem Datendiebstahl (siehe Kapitel 3.1) und dem Weiterverkauf von Daten führt auch die Konzentration im Unternehmensbereich dazu, dass Daten verschiedenster Art in einer Hand zusammengeführt werden, ein Umstand, der vielen zuletzt 2007 bewusst wurde, als der milliardenschwere Werberiese DoubleClick von Google aufgekauft wurde.

Ratschläge zum Unbequemsein

Die Möglichkeiten, als einzelner Konsument zu kontrollieren, was mit den eigenen Daten geschieht, sind sehr beschränkt. Wenn man ein möglichst »niedriges Datenprofil« wahren möchte, sollte man niemals leichtfertig eine Kundenkarte beantragen und überall dort darauf verzichten, wo man ohnehin keinen wirklichen Vorteil davon hätte, entweder weil man nicht regelmäßig in dem betreffenden Geschäft einkauft oder weil die versprochenen Vorteile die Preisgabe persönlicher Informationen nicht wert sind. Wer doch Kundenkarten benutzen möchte, ist gut beraten, genau auf Klauseln zur Datenweitergabe zu achten und die Datenschutzrichtlinien auf der betreffenden Homepage genauestens durchzulesen. Es steht einem frei, einzelne Passagen des Vertrages zu streichen, bevor man unterschreibt. Es liegt dann am Vertragspartner, ob er den Vertrag trotzdem akzeptiert.

Sie können auch jederzeit ein Vertragsverhältnis mit einem Rabattkartenanbieter wieder lösen und jede Einwilligung widerrufen, dann muss die Firma alle Kundendaten, die nicht mehr benötigt werden, löschen. Nach dem Datenschutzrecht hat jeder Betroffene in Deutschland, Österreich und der Schweiz ein Auskunftsrecht beim jeweiligen Datenverarbeiter. Wer Zweifel hat, dass die Daten wirklich gelöscht wurden, kann sich mit einer Beschwerde an die zuständige

Datenschutzaufsichtsbehörde wenden. Deren Mitarbeiter gehen dann der Beschwerde nach.

Sicherer ist es, wenn Sie den Antrag auf Ihre Kundenkarte mit fiktiven Angaben füllen und stets nur bar zahlen. Ist Letzteres nicht möglich, verwenden Sie zwei verschiedene Kundenkarten, das macht Ihre Einkäufe weniger nachvollziehbar.

Die Möglichkeiten, durch anonymes Surfen weniger Informationen über sich preiszugeben, wurden bereits im entsprechenden Kapitel (1.4., S. 137ff.) dargestellt.

Vor nicht adressierter Werbung schützt Sie ein entsprechender Aufkleber auf dem Postfach, persönlich adressierte Werbung dagegen können Sie wenn nicht unterbinden, so doch stark einschränken, indem Sie sich in sogenannte *Robinsonlisten* eintragen lassen: Das sind Schutzlisten mit Kontaktdaten von Personen, die keine unaufgeforderte Werbung erhalten wollen. Sie werden von Branchenverbänden der Direktmarketing-Unternehmen sowie des Verbraucherschutzes geführt.

Im Übrigen gilt: Denken Sie immer zweimal nach, bevor Sie eine Information von sich preisgeben. Fragen Sie nach, ob die Firma überhaupt gesetzlich befugt ist, die Informationen, die sie von Ihnen haben möchte, zu verlangen. Viel mehr können Sie als Einzelperson kaum tun, auch Beschwerden im Schadensfall helfen wenig. Engagieren Sie sich daher für starke Institutionen, die aktiv den Datenschutz in Unternehmen überwachen, und für die Schaffung von Möglichkeiten für Konsumenten, kollektiv gegen »schwarze Schafe« unter den Firmen zu agieren.

Der Große Bruder in der Chefetage

»Angestellte arbeiten besser, wenn sie konstant überwacht werden«, heißt es auf der Website von Refog, eines Herstellers von Keylogger-Programmen (siehe Kapitel 1.4, S. 127ff.). Die dort angebotene Software zeichnet nicht nur alle Tastatureingaben der Mitarbeiter auf, sondern speichert auch regelmäßig Bildschirmfotos ab. Alle besuchten Webseiten werden protokolliert, und wenn gewisse Codewörter oder Namen eingegeben werden, wird der Überwacher sofort informiert und kann mitlesen.

Das aus den USA kommende Produkt SpectorSoft, eines der beliebtesten Computerüberwachungsprogramme für Arbeitgeber, hat sich nach Angabe der Produzenten bis April 2008 bereits rund 100 000 Mal verkauft. Mittlerweile seien neun von zehn Käufern Unternehmen, Klein- und Mittelbetriebe genauso wie Konzerne. Wie lässt sich diese hohe Zahl erklären, wo doch in Deutschland der Einsatz solcher Programme ohne Zustimmung des Betriebsrates und ohne Wissen der Betroffenen verboten ist? Ganz einfach, die meisten Unternehmen verstoßen gegen das Gesetz; und profitieren davon, dass solche Überwachungsmethoden, im Gegensatz zu versteckten Kameras, kaum entdeckt werden können. Jeder dritte Bürocomputer soll mittlerweile überwacht werden, wie eine Untersuchung der Unternehmensberatung Mummert Consulting zeigte.

Überwachung durch den Arbeitgeber gab es seit der Zeit der Sklavenhaltung, aber Technologien wie Computersoftware, biometrische Identifizierungssysteme und Ähnliches haben dafür gesorgt, dass eine lückenlose Dauerüberwachung so einfach und billig geworden ist wie nie zuvor: durch Irisscanner und RFID-Chips in der Dienstmarke statt der alten, betrugsanfälligeren Stechuhren und Zeitkonten, durch GPS-Peilsender auf dem Firmenwagen, durch Computerüberwachungsprogramme, durch Telefonüberwachungssysteme wie IntelliFind, die mithilfe automatischer Worterkennung verdächtige Gespräche registrieren. Dazu kommen die immer günstigeren, immer kleineren und immer leichter zu installierenden Minikameras und Mikrofone. Gleichzeitig ist die Praxis, Detektive als heimliche Spitzel gegen die eigenen Mitarbeiter einzusetzen, in größeren Unternehmen mittlerweile schon mehr die Norm als die Ausnahme. Von den schon seit Längerem überwachungsintensiven Callcentern und anderen IT-gesteuerten Sektoren hat die systematische Mitarbeiterüberwachung auf alle Branchen übergegriffen. Der Bundesverband der Detektive gab im Frühjahr 2008 an, dass

60 bis 70 Prozent der Aufträge aus der Wirtschaft stammen und diese am häufigsten in der Überwachung der eigenen Mitarbeiter bestehen würden. Kein Wunder, dass Detekteien bei dem großen Interesse auch selbst offensiv um Arbeitgeber buhlen. Die deutsche Firma Pembjo etwa bietet Spitzel an, die »offiziell« als einfache Ladendetektive an einer Videoanlage in der Filiale sitzen, verdeckt aber »wichtige Erkenntnisse nach einem vorgegebenen Fragenkatalog« liefern würden. Mithilfe der verdeckten Videoübermittlung, so die Pembjo-Homepage, »erhält der Auftraggeber ein umfassendes Bild vom Verhalten seiner Mitarbeiter« sowie einen »detaillierten schriftlichen Observationsbericht und einen Zusammenschnitt aller festgestellten Szenen«. Auch mit dem Wunsch von Firmenchefs, Privatwägen ihrer Mitarbeiter mit einem GPS-Peilsender zu versehen, um herauszufinden, wie sie beispielsweise ihre Abende verbringen, werden Detekteien regelmäßig konfrontiert.

Die Lidlisierung der Überwachung

Im Frühjahr 2008 schockierten die vom Magazin »stern« veröffentlichten sogenannten Lidl-Protokolle die Öffentlichkeit: Der deutsche Discounter hatte in mehreren Filialen monatelang Detektive eingesetzt, die tagtäglich durch eigene Beobachtungen und mithilfe von Kameras und Mikrofonen intimste Details aus dem Privatleben des Personals aufgezeichnet hatten. Berichtet wurde etwa über vertrauliche Gespräche mit Kollegen oder Freunden und Verwandten am Telefon, über Zeitpunkt, Häufigkeit und Dauer von Toilettenbesuchen, darüber, wer mit wem möglicherweise ein Verhältnis habe, dass Frau N. an beiden Unterarmen tätowiert sei; dass Frau T. mit ihrem Freund telefoniert habe und ihm versprochen habe, pünktlich Feierabend zu machen; dass Frau J. ein längeres Privatgespräch geführt habe und über einen Einzelverbindungsnachweis zu prüfen sei, wen sie angerufen habe; oder dass Frau M. einer Freundin am Telefon gesagt habe, dass sie heute Abend nur dann gemeinsam kochen könnten, wenn ihr Gehalt bereits gutgeschrieben sei, weil sie sonst kein Geld zum Einkaufen habe. Liebeskummer, Scheidungen, arbeitslose oder alkoholsüchtige Verwandte, medizinische Probleme – nichts war zu intim, um protokolliert zu werden.

Doch die Lidl-Praxis ist nur die Spitze des Eisbergs. Kurz nach deren Bekanntwerden meldete der »stern«, dass ihm bereits Protokolle aus 150 Einzelhandelsfilialen vorlägen, aus den Jahren 2003 bis 2007. Nicht nur andere Discounter wie der zum Rewe-Konzern gehörende Penny-Markt, wie Plus, Netto und Norma wenden Stasi-Methoden an, auch »bessere« Supermarktketten wie Rewe, Edeka, Tegut, Hagebau, Famila oder die Drogeriemarktkette Schlecker. Das ARD-Magazin »Report Mainz« zeigte Aufnahmen aus einer Umkleidekabine von Europas größtem Fleischverarbeiter Tönnies. Kameras und Mikrofone werden in Rauchmeldern, Topfpflanzen, Lampen oder Reservekartons versteckt, die Spitzel fungieren offiziell als Ladendetektive oder sonstige Mitarbeiter. Deutsche Arbeitsrechtsanwälte erzählen, dass ein großer Teil ihrer Klientel aus Personen bestehe, die aufgrund heimlicher Überwachung, also in der Regel illegal gekündigt wurden. Auch in Österreich überwachen der Gewerkschaft der Privatangestellten zufolge immer mehr große Firmen ihre Mitarbeiter elektronisch – allerdings setzen hier zunehmend die wachsam gewordenen Betriebsräte Vereinbarungen zwischen Arbeitgeber und Arbeitnehmer durch.

Andere Länder kennen das Problem schon länger. Eine ganz ähnliche Bombe wie der Lidl-Skandal platzte bereits im Januar 2006 in Frankreich. Eine Fernsehsendung und ein Zeitungsartikel enthüllten, dass in etlichen Geschäften der größten Supermarktkette des Landes, Carrefour, seit Jahren mit schmutzigsten Methoden das Personal ausspioniert wurde. Zwei offiziell als Ladendetektive eingestellte Exmitarbeiter erzählten, wie sie durch vertrauliche Gespräche, Bespitzelung, versteckte Kameras (bis in die Toiletten hinein) und Mikrofone das Personal überwachen mussten. Die Informationen wurden nicht nur verwendet, um schlecht arbeitende oder gegen Regeln verstoßende Mitarbeiter zu entlassen, sondern auch, um zu teure oder aus einem anderen Grund unliebsame Personen unter Druck zu setzen und zur Kündigung zu bewegen.[14]

Dabei sind Länder wie Deutschland, Österreich und Frankreich noch insofern Inseln der Seligen, als die heimliche Bespitzelung verboten ist (außer bei dringendem Verdacht auf eine Straftat). Anders etwa in Großbritannien oder den Vereinigten Staaten, wo der Schutz der Privatsphäre am Arbeitsplatz so gut wie inexistent ist. Dort ist es schon seit Langem gang und gäbe, Angestellte selbst in Toiletten und Umkleideräumen zu beobachten und zu belauschen.

Nur in zwei der 50 US-amerikanischen Bundesstaaten, nämlich Connecticut und Delaware, müssen Arbeitgeber ihre Mitarbeiter informieren, bevor sie Überwachungen vornehmen. In einer 2008 vom E-Mail-Dienstleister Proofpoint durchgeführten Umfrage gaben 44 Prozent der Unternehmen mit mindestens 20 000 Beschäftigten an, die E-Mails ihrer Angestellten zu kontrollieren, anderen Studien zufolge werden bei großen Firmen sogar drei Viertel aller Computerarbeitsplätze überwacht.

Das amerikanische National Workrights Institute, das sich für den Schutz der Privatsphäre am Arbeitsplatz einsetzt, gab 2008 an, dass mehr als 90 Prozent aller US-Unternehmen in irgendeiner Form ihre Mitarbeiter überwachen würden und Videoüberwachung routinemäßig in allen Branchen eingesetzt – und in großem Stil verwendet werde, um Mitarbeiter loszuwerden. Eine Dame etwa wunderte sich sehr, als ihr Chef ihr zur Schwangerschaft gratulierte, nachdem sie mehrmals Internetseiten mit entsprechenden Inhalten aufgerufen hatte; eine Angestellte in einer Filiale des Luxuskaufhauses Neiman Marcus im kalifornischen Newport Beach entdeckte eine versteckte Kamera im Umkleideraum der Mitarbeiterinnen – an den Monitoren saßen männliche Kollegen. Firmen wie die Spedition Consolidated Freightways richten die Kameras sogar auf die Urinale aus.

England steht, wie nicht anders zu erwarten, den amerikanischen Verhältnissen in nichts nach. Rund 85 Prozent der dortigen Unternehmen überwachen und protokollieren die Onlineaktivitäten ihrer Beschäftigten, zeigte eine im März 2008 veröffentlichte Untersuchung der Prüfungs- und Beratungsgesellschaft Pricewaterhouse-Coopers.

Die größte Gefahr besteht aber gar nicht in der heimlichen Bespitzelung, sondern in der Tendenz, die Totalüberwachung zum akzeptierten Normalzustand am Arbeitsplatz zu machen. Zu den Vorreitern gehört etwa die Videoüberwachungsfirma CityWatcher aus Cincinnati, die ihre Mitarbeiter aufforderte, sich einen VeriChip implantieren zu lassen, um den Missbrauch der bis dahin verwendeten RFID-Plastikkarten auszuschließen.

Eine fatale Maschinerie befördert diese wachsende Kultur der Paranoia im Arbeitsleben: Da ist der ständige Konkurrenzdruck zu noch mehr Rationalisierung, noch mehr Effizienz; da ist der Trend, langjährige, gut bezahlte Langzeitangestellte durch alle paar Monate wechselnde billige Leiharbeiter und prekäre Jobs zu ersetzen, der die Bindung zwischen Arbeitgeber und Arbeitnehmer auflöst; und der Umstand, dass auf sozialen Netzwerken im Internet wie Facebook, MySpace und Bebo immer mehr Vertraulichkeiten, auch über den eigenen Arbeitsplatz, ausgeplaudert werden. Nach einer Untersuchung des Gallup-Instituts für Unternehmensberatung empfinden nur noch zwölf Prozent der Beschäftigten in Deutschland irgendeine Form von emotionaler Bindung zu ihrem Arbeitsplatz. Das ist das Symptom einer massiven gesellschaftlichen Störung, die allerdings durch flächendeckende Überwachung und präventives Misstrauen nicht gelöst, sondern nur immer mehr verschlimmert wird. Wieder zeigt sich: Die Technologien der Überwachung sind keine Lösung, sondern Teil des Problems.

3
Gesellschaft am Scheideweg

3.1 Gefahren

Datenlecks und Datenklau

Die Gefahren, welche die Überwachung und speziell *Dataveillance,* die automatisierte Kontrolle durch Datenspuren, mit sich bringen, sind in den einzelnen Kapiteln bereits immer wieder erwähnt worden. Dennoch wollen wir an dieser Stelle noch einmal einen kurzen Überblick über die Problematik geben. Wir beginnen mit dem Problem des Datenverlustes.

Nach einer EU-Studie aus dem Jahr 2008 machen sich zwei Drittel der Bürger der Union Sorgen um ihre Daten[1], und spätestens nach der Lektüre dieses Kapitels werden Sie vielleicht auch zu dieser Gruppe zählen. Denn obwohl es kaum eine datensammelnde Einrichtung gibt, die nicht versichert, die Daten seien bei ihr gut aufgehoben, kann man fast täglich von neuen Fällen von Datenverlust lesen.

Wie uns die Geschichte der digitalen Raubkopie zeigt, sind digitale Daten hochgradig volatil. Welche Maßnahmen die Industrie auch immer gesetzt hat, um Disketten, VHS-Kassetten, CDs oder DVDs vor unerlaubtem Vervielfältigen zu schützen, *Cracker* fanden bisher immer noch eine Methode, den Kopierschutz zu überwinden. Wurden in den 1980er-Jahren noch *Floppy-Disks* mit primitiven Computerspielen auf dem Schulhof getauscht, sind es heute ungleich größere Datenmengen aller Art, die über das Internet in kürzester Zeit verbreitet werden. Filmstudios und Softwarefirmen haben inzwischen begriffen, dass es unmöglich ist, Kopien zu verhindern, und konzentrieren sich daher inzwischen auf die abschreckende Wirkung der Verfolgung von Internettauschbörsen-Benutzern. (Aus diesem Grund möchten sie auch Zugriff auf die im Rahmen der Vorratsdatenspeicherung erfassten Internetverbindungsdaten.)

Technisch gesehen unterscheiden sich ein Hollywood-Blockbuster, die Werke Shakespeares oder die Auflistung Ihrer letzten 30 Einkäufe im Supermarkt nur durch die Abfolge der Nullen und Einsen, durch die sie Bit für Bit gespeichert werden. Es ist daher auch problemlos möglich, riesige Datenbanken mit einem Klick zu kopieren oder zu verteilen. Und, wie wir bereits im Kapitel 1.4. festgestellt haben: Einmal im Netz freigesetzt, lassen sich Daten nie wieder einfangen. Die Frage ist nur, wie man an sie herankommt.

Häufig entstehen *Datenlecks* durch Unwissenheit, mangelnde Sicherheitsvorkehrungen oder Schlamperei. Von *Datenklau* spricht man dagegen, wenn Daten bewusst ausgespäht und entwendet werden. Meist werden sie nicht im herkömmlichen Sinn gestohlen, sondern bloß kopiert. Die Diebe operieren entweder von außen (Phishing, Hacking) oder sitzen bereits *im* System – gegen korrupte Mitarbeiter hilft die beste technische Absicherung nichts.

Die Website Attrition.org führt seit dem Jahr 2000 ein internationales Archiv von Datenverlustfällen. Je mehr Daten verarbeitet werden, desto leichter können Daten verloren gehen. Da die Datenträgerkapazitäten mittlerweile enorm sind – auf einer Terabyte-Festplatte lassen sich Texte im Umfang von 480 000 Bibeln speichern –, wundert es nicht, dass in vielen Einzelfällen jeweils Millionen Bürger betroffen sind, wie etwa im Fall des Hackerangriffs auf das US-Zahlungsabwicklungsunternehmen CardSystems Solutions, bei dem 40 Millionen Kreditkartendaten der Firmen VISA und MasterCard erbeutet wurden. Attrition.org bezifferte die 2007 bekannt gewordenen Fälle von Datenverlust mit 162 Millionen Datensätzen weltweit. Hier einige typische Fälle aus den letzten Monaten:

Januar 2007: Eigentlich vertrauliche Einsatzprotokolle des Polizeipräsidiums Südhessen werden im Internet entdeckt. Ein Beamter habe einen falschen Knopf gedrückt, heißt es vonseiten der Polizei. In den Protokollen kann man nachlesen, wer im Februar 2006 alkoholisiert mit dem Auto gefahren ist oder wer Drogen genommen hat.

März 2007: Die für Konzerne wie American Home Assurance Co. oder Toyota arbeitende Dai Nippon Printing Co. in Japan erkennt, dass ein Mitarbeiter über einen Zeitraum von fünf Jahren insgesamt 8,6 Millionen Datensätze privater Kunden gestohlen hat.

Frühjahr 2007: Ein Cyberdiebstahl von bislang unbekannter Tragweite wird bekannt: Hacker hatten über ein mit dem veralteten WEP-Standard gesichertes WLAN-Netz einer Filiale der Kleidergeschäftkette TJX Cos. in Minnesota Zugriff auf den Zentralrechner des Konzerns erlangt und über einen Zeitraum von 18 Monaten insgesamt 45,7 Millionen Kundendaten kopiert. Dazu gehörten Kontoinformationen, Namen, Adressen, Kreditkartendaten sowie teilweise auch Personalausweis-, Militär- und Führerscheinnummern von Kunden aus den USA, Puerto Rico und Kanada, die zum Teil seit Jahren in keinem der Geschäfte mehr gewesen waren, deren Daten aber noch gespeichert waren. Die gestohlenen Kreditkartendaten wurden für Einkäufe in den USA, aber auch Ländern wie Schweden und Hongkong missbraucht. Experten schätzten den durch diesen Datenklau-GAU entstandenen Schaden auf 1,7 Milliarden Dollar, die Schadenersatzforderungen der Kunden nicht mitgerechnet.[2]

April 2007: Die Gesundheitsbehörde von Georgia, USA, bemerkt, dass eine CD mit Gesundheitsdaten von 2,9 Millionen Bürgern auf dem Postweg verloren gegangen ist. Ein Sprecher der Behörde will den Journalisten gegenüber nicht sagen, ob die Daten verschlüsselt waren oder nicht.[3]

Juli 2007: Das Büro des britischen Datenschutzbeauftragten spricht in seinem Bericht von 24 000 Anfragen und Beschwerden bezüglich Verletzung des Datenschutzes im privaten Bereich in den Jahren 2006 und 2007. Beispielsweise hatte ein Dutzend Banken persönliche Kundendaten in ungesicherten Müllsäcken entsorgt, oder Angestellte eines Callcenters eines Telefonanbieters konnten ungehindert auf Kundendaten zugreifen, wozu sie nicht befugt waren.[4]

Zur selben Zeit verliert die japanische Resona Bank Daten mit Namen, Kontonummern und -transaktionen von 980 000 Kunden und schlägt damit knapp die Bank of Tokyo-Mitsubishi, die einige Monate zuvor Daten von 960 000 Kunden eingebüßt hat.[5]

August 2007: In den USA hat ein Angestellter der Fidelity National Information Services Daten von 8,5 Millionen Bankkunden an einen Datenbroker verkauft. Dieser verkaufte sie umgehend an Direct-Marketing-Agenturen weiter.[6]

Ebenfalls im August gibt die norwegische Telefonfirma Tele2, die in der Vergangenheit mehrmals Warnungen erhalten hat, ihre Website besser abzusichern, bekannt, dass Hacker Zugriff auf die Daten von 60 000 Kunden erlangt hatten.

Im selben Monat entdeckt der Sicherheitsdienstleister Symantec einen Trojaner, der programmiert wurde, um die US-Internetjobbörse Monster.com anzugreifen. Dies war auch gelungen, denn auf einem ukrainischen Server werden 1,6 Millionen Datensätze samt Lebensläufen von Arbeitssuchenden gefunden, die sich bei Monster und einer Jobbörse der US-Regierung beworben haben.[7]

Herbst 2007: Die japanische Regierung gibt zu, Pensionsdaten von mindestens 8,5 Millionen Bürgern verloren zu haben, und löst damit in der Bevölkerung einen Sturm der Entrüstung aus.

Dezember 2007: Es wird bekannt, dass das US-Unternehmen Pearson Driving Assessments in Iowa, das die Daten der britischen Führerscheinbehörde verwaltet, bereits im Mai die Daten von drei Millionen Führerscheinbesitzern mit Namen, Postadressen, E-Mail-Adressen und Telefonnummern verloren hat.

Oktober 2007: Die britische Steuerbehörde verliert auf dem internen Postweg die Daten von 25 Millionen Kindergeldempfängern, als die Datenträger, zwei CDs, spurlos verschwinden. Enthalten sind Informationen über Anschrift, Geburtsdaten und Bankverbindungen der betroffenen Personen. Der Vorsitzende der Steuerbehörde, der bereits im Monat davor 15 000 Datensätze verloren hat, tritt daraufhin zurück.

Ebenfalls im Oktober warnt der Hamburger Ticketverkäufer Kartenhaus seine Kunden, nachdem man entdeckt hat, dass Hacker einen Server mit Kreditkartennummern und Rechnungsanschriften von insgesamt 66 000 Kunden gekapert haben.

Ende 2007 gelangen Daten über Hunderte deutsche und internationale Kunden der Liechtensteiner LGT Bank und anderer Banken in die Hände des deutschen BND. Sie stammen wahrscheinlich von einem ehemaligen Mitarbeiter der Bank und decken auf, dass Milliardenbeträge an der Steuer vorbei in liechtensteinische Stiftungen gewandert sind. Die »Liechtensteiner Steueraffäre« führte zur größten Steuerfahndung in der Geschichte der Bundesrepublik.

Der US-Lebensmittelkette Hannaford Bros. wurden mittels Schadsoftware zwischen Dezember 2007 und März 2008 rund vier Millionen Kreditkarten-Datensätze gestohlen.

März 2008: Ein Generaldirektor der Holding Focus Media gibt zu, die Daten von 200 Millionen chinesischen Mobilfunknutzern für die Versendung von SMS-Werbung benutzt zu haben.

Das Bundesinnenministerium gesteht ein, dass zwischen 2005 und 2008 rund 500 Notebooks und Desktop-Computer aus deutschen Behörden verschwunden sind.

Frühjahr 2008: Es wird bekannt, dass ein Mitarbeiter einer spanischen Privatklinik in Bilbao einen Dienstrechner benutzt hat, um über die Onlinetauschbörse eMule Musik und Filme herunterzuladen. Dabei wurden unbemerkt die Krankenakten von 11 000 Patienten ins Internet hochgeladen.

April 2008: Keine Datenpanne, sondern Absicht ist es, dass die Einkommenssteuererklärungen von 38 Millionen Italienern samt Geburtsdaten und Wohnadressen im Internet veröffentlicht werden. Das italienische Finanzministerium will auf diese Weise für »mehr Transparenz« sorgen. Als die Maßnahme aufgrund empörter Proteste gestoppt wird, sind die Daten längst kopiert, seitdem kursieren sie im Netz.

Mai 2008: Sicherheitsspezialisten des Unternehmens Finjan entdecken einen sogenannten *Command-and-Control-Server* im Internet, auf dem Internetgauner über 1,4 Gigabyte gestohlener Daten abgelegt haben. Darunter Patientendaten, Daten von Bankkunden und Outlook-Konten mitsamt der E-Mail-Kommunikation ganzer Firmen.

Im selben Monat stellt ein Verwaltungsangestellter der Otto-von-Guericke-Universität in Magdeburg durch einen Fehler die Daten von 44 000 Studenten ins Internet.

Ebenfalls im Mai protestiert ein Hacker in Chile gegen den unzureichenden Datenschutz bei chilenischen Behörden: Er veröffentlicht Namen, Anschrift, Telefonnummer, Daten über den sozialen Hintergrund und den Bildungsverlauf von sechs Millionen Chilenen auf den Seiten FayerWayer und ElAntro, von wo sie jedermann herunterladen kann.

Diese Aufstellung ist keineswegs vollständig, sollte aber dennoch demonstrieren, dass jedermann jederzeit mit dem Verlust seiner Daten rechnen muss.

Identitätsdiebstahl

Da es heute sehr einfach geworden ist, an fremde personenbezogene Daten zu kommen, entwickelt sich deren missbräuchliche Verwendung in Form von Identitätsbetrug zu einer der häufigsten Kriminalitätsformen in den Industriestaaten. Im mildesten Fall, beim sogenannten *Nicknapping,* gibt sich der Angreifer auf Webportalen, in Diskussionsgruppen oder E-Mails als fremde Person aus, meist aber wird Identitätsdiebstahl zu finanziellen Zwecken betrieben.

Die Anzahl der Fälle stieg in den letzten Jahren kontinuierlich an. Besonders groß ist der Schaden in den USA, im Jahr 2005 waren es nahezu 57 Milliarden Dollar. Das britische Home Office schätzte den Schaden in Großbritannien 2006 auf umgerechnet 2,6 Milliarden Euro.

Etwa drei Viertel der Fälle betreffen geklaute Kreditkarten(nummern) oder Schecks. Reiner Internetbetrug, wie das in Kapitel 1.4, S. 116f., besprochene Phishing, macht nur einen kleinen Teil der Fälle aus. Wie bereits erwähnt, sind die Fälle von Phishing im deutschen Sprachraum derzeit noch überschaubar, steigen aber langsam an.

Auch wenn der Betrüger nur einen Namen und eine E-Mail-Adresse kennt, kann er mit Google oft viele Informationen über das Opfer gewinnen, die sich in der Folge missbrauchen lassen. Dazu ist nicht einmal ein Computer nötig. Kevin Mitnick wurde als der Hacker bekannt, der 100 Mal in die Systeme des Pentagons und der NSA eingedrungen war. Mitnicks Spezialität war das *Social Engineering,* die

Kunst der Überredung. Das schwächste Glied in der Kette jedes Sicherheitssystems ist der Mensch. Beim »sozialen Hacken« agiert der Angreifer wie ein Hochstapler, gibt sich als technischer Mitarbeiter aus und lässt Namen fallen, die er von einem vorherigen Anruf oder aus dem Internet kennt. Allein durch selbstbewusstes Auftreten und geschickte Gesprächsführung bringt er die Gesprächspartner am Telefon dann dazu, Informationen wie etwa Passwörter preiszugeben.[8] Wenn in naher Zukunft leistungsfähige Programme zur Stimmenimitation auf den offenen Markt kommen, könnte eine neue Form des Social Engineering drohen, da dann die Stimme die Identität einer Person nicht länger garantiert.

Nur ein Teil der Cyberkriminellen nutzt die Daten selbst; viele gewinnen so viele Daten, dass ihnen die Abschöpfung zeitmäßig gar nicht möglich ist, sodass sie die Daten weiterverkaufen. Besonders in den USA und Deutschland gibt es dafür spezielle Websites, *Underground-Economy-Server.* Diese bieten vollständige Identitäten samt Kreditkarten- und Kontodaten, PINs usw. an. Kontodaten kosten etwa fünf bis zehn Prozent des enthaltenen Guthabens, ein Konto der Amsouth Bank mit 16 040 Dollar ist etwa für 700 Euro zu kaufen. Sollte dort inzwischen nichts mehr zu holen sein, garantiert der Händler ein alternatives Konto als Ersatz. Günstig sind *Dump Tracks,* mit denen man gefälschte Karten für Geldautomaten herstellen kann, ein Vorteilspack mit zehn Kontodaten aus der EU ist für 750 Euro zu haben.[9]

Neben den finanziellen Schäden können beim Identitätsdiebstahl in weiterer Folge unangenehme Konsequenzen drohen, wenn man in Datenbanken der Wirtschaft oder Behörden als unzuverlässig, verdächtig usw. registriert wurde, ohne dass man davon weiß und die Möglichkeit hat, sich von den »schwarzen Listen« entfernen zu lassen. Außerdem kam es beispielsweise bei eBay vor, dass wütende, mit der falschen Identität geprellte Käufer, die keine Ware erhalten hatten, den unschuldigen rechtmäßigen Träger der Identität beschimpften oder bedrohten.

Welche Gegenmaßnahmen kann man ergreifen? Erstens möglichst wenige Informationen über sich im Netz preisgeben, zweitens Konto- und Kreditkartendaten besonders schützen: Papierbelege nicht achtlos in den Hausmüll werfen, Daten nur über sichere Webverbindungen übertragen (Seiten, die statt mit »http:« mit »https:« beginnen). Drittens, wenn praktikabel, Einzugsüberweisungen beim eigenen Konto verbieten. Viertens: Nicht auf Social Engineering oder Phishing hereinfallen.

Falsche Daten und Verwechslungen

In Terry Gilliams Film »Brazil« (GB, 1984) lässt eine tote Fliege, die in einen Drucker fällt, aus einem »Mr. Tuttle« einen »Mr. Buttle« werden. Dadurch wird der falsche Mann von einem Sondereinsatzkommando entführt und auf Geheiß des totalitären Staates liquidiert. Das historische Vorbild dafür war jene Motte, die am 9. September 1947 einen der frühen US-Computer zum Absturz brachte. Noch heute bezeichnen Informatiker Programmfehler als *Bugs* (engl. Wanze, Käfer). Viel wahrscheinlicher als Ursache für Verwechslungen sind jedoch menschlich bedingte Fehler bei der Eingabe, Pflege und Auswertung von Daten.

Die Wahrscheinlichkeit eines Irrtums oder einer Verwechslung steigt mit der Anzahl der verwalteten Daten, heute aber verwalten Regierungen und private Stellen Datenbanken mit Abermillionen Datensätzen. So leben in Deutschland heute mehr als 700 Personen namens Gerhard Schröder. Jan Oliver Krüger beschrieb in der Wochenzeitung »Die Zeit«, welche Probleme ihm durch einen Doppelgänger entstanden, der nicht nur denselben Namen trägt, sondern auch dasselbe Geburtsdatum hat, dadurch werden die beiden für die meisten Computersysteme ununterscheidbar. Ein weiteres Problem ist die Transkription fremdsprachiger Namen in die jeweilige Verwaltungssprache. Diese erfolgt oft sehr willkürlich, sodass Migranten häufig mehrere verschiedene Schreibweisen in ihren Dokumenten haben. Es ist daher nicht verwunderlich, dass es häufig zu Irrtümern und Verwechslungen kommt. Der US-Heimatschutzminister Michael Chertoff gab im März 2008 zu, dass eine einzige

Fluglinie täglich bis zu 9000 falsche »positive Identifizierungen« von Passagieren mit den Namen auf den Terrorlisten meldete. Die folgenden Beispiele zeigen, dass die Auswirkungen von Verwechslungen in Staaten, die nach 9/11 in einem Klima des Misstrauens und der Angst immer drastischere Maßnahmen setzen, zu mehr als nur ein paar Unannehmlichkeiten führen können:

Maher Arar, ein aus Syrien stammender kanadischer Softwareentwickler, wurde bei der Ankunft am New Yorker Flughafen JFK im September 2002 verhaftet. Obwohl das FBI keinerlei Beweise für Arars angeblichen terroristischen Hintergrund vorweisen konnte, wurde er nach Syrien deportiert, wo er fast ein Jahr lang im Far-Filastin-Gefängnis des syrischen Militärgeheimdienstes festgehalten und angeblich gefoltert wurde. Nach seiner Entlassung, die er dem Einsatz seiner Frau verdankte, erhielt er 10,5 Millionen Dollar als Schadenersatz sowie die Entschuldigung der kanadischen Regierung: Arars Verhaftung stellte sich als ein bedauerlicher Irrtum heraus; die Royal Canadian Mounted Police hatte dem FBI falsche Informationen geliefert.

Nach den Zuganschlägen von Madrid 2004 verglich das FBI einen erhaltenen Fingerabdruck vom Tatort mit den 47 Millionen Einträgen ihrer IAFIS-Datenbank. Es gab 20 Treffer mit sehr hoher Übereinstimmung, die vom Geheimdienst durchleuchtet wurden. Eine Person darunter war ein Anwalt, der in der Vergangenheit einem radikalen Muslim Rechtsbeistand angeboten hatte, das FBI hatte seinen Mann gefunden: Obwohl die spanischen Behörden meinten, die Terroristen wären eher im marokkanischen Raum zu suchen, wurde Brandon Mayfield aus Oregon beschattet, abgehört, festgenommen und verhört. Mayfield kam erst wieder frei, als die Spanier nach zwei Wochen meldeten, dass der Fingerabdruck einem Algerier gehörte.

Am Morgen des 22. Juli 2005, einen Tag nach den missglückten Bombenanschlägen auf den Londoner Verkehr, trat ein südländisch aussehender junger Mann aus seiner Wohnanlage in der dortigen Scotia Road auf die Straße. Die zivilen Fahnder, die das Haus aufgrund eines Hinweises observierten, stellten eine Ähnlichkeit mit einem auf CCTV-Aufnahmen zu sehenden Verdächtigen fest. Sie verfolgten ihn bis zur U-Bahn-Station Stockwell, wo ihm bewaffnete Beamte in den

U-Bahn-Wagen folgten. Kurze Zeit später lag der mutmaßliche Terrorist auf dem Boden, sieben Hohlspitzgeschosse in seinem Kopf hatten sein Leben beendet. *Shoot to kill,* die Taktik der Briten im Kampf gegen Bombenterroristen. Danach stellt sich allerdings heraus, dass der Mann Jean Charles de Menezes, ein 27-jähriger Brasilianer war, der seinen Lebensunterhalt in London als Elektriker verdient hatte. Er hatte sich nichts zuschulden kommen lassen und weder Waffen noch Sprengstoff bei sich. Es gab übrigens keine Aufnahmen des Vorfalls, die CCTV-Kamera im Abteil hatte angeblich nicht funktioniert.

»2084«

Das letzte Jahrhundert war gekennzeichnet von überraschenden historischen Wenden, es wäre daher vermessen anzunehmen, wir könnten die Zukunft Europas auch nur annähernd zuverlässig voraussagen. Katastrophen wie ein (Wirtschafts-)Krieg, ein schwerer Terroranschlag oder auch eine Pandemie könnten zu einem »Kriegsrecht« für Daten und der Einführung von Maßnahmen führen, die uns innerhalb der heutigen demokratischen Ordnung undenkbar erscheinen – aber zum Teil heute schon ergriffen werden.

Beispielsweise konnte Singapur während der SARS-Epidemie 2003 dank eines ausgeklügelten Überwachungssystems mit Kameras und elektronischen Fußfesseln die Erkrankten und alle, die mit ihnen Kontakt hatten, aufspüren, unter Quarantäne stellen und die Seuche so eindämmen.

Wir wollen daher an dieser Stelle noch einmal an die von vielen Schriftstellern in ihren Dystopien beschworene Gefahr einer totalen Herrschaft erinnern, die sich der modernen Überwachungsmethoden bedienen kann.

Wie ein Überwachungsstaat im Jahr 2084 aussehen könnte, ist auch bei bester Kenntnis der Entwicklungen und ihrer Extrapolation nicht vorherzusagen, durch die praktische Umsetzung bereits angedachter Konzepte wie des Quantencomputers, der Fusionskraftwerke oder der Raumfahrt könnte unsere Welt bis dahin mindestens ebenso umgewälzt werden wie zwischen 1908 und 1984. Klar ist aber, dass schon durch die heutigen Mittel die totale Kontrolle möglich wird. Durch diese könnte eine völlig neue Form von Totalitarismus heraufdämmern, wie ihn die Welt noch nie gesehen hat. Während Orwell die Zukunft in »1984« als einen »Stiefel, der unablässig in ein Gesicht tritt«[10], vorstellte, könnte in der Welt von »2084« ein sanftes, stilles, geschmeidiges Regime herrschen. Der Überwachungsdruck und die soziale Kontrolle könnten dazu führen, dass konformes Verhalten zur höchsten Norm und jeder Abweichende diskriminiert wird. In einer Welt des allgemeinen Verdachtes disziplinieren und zensieren sich die Bürger selbst, durch eine »Schere im Kopf«. Besuchen wir ein letztes Mal unseren Freund Johannes K.:

K. weiß, welche Webseiten man besser nicht aufsucht. Selbstverständlich herrscht Meinungsfreiheit, aber wer bestimmte Seiten ansurft, bestimmte Bücher entlehnt oder sich an bestimmten Orten blicken lässt, der fällt auf. Es gibt Namen und Begriffe, die man besser nicht ausspricht, es sei denn, man hat Lust auf ausführliche Gespräche mit einem Neurotherapeuten oder einen Urlaub in einer Klinik, wo sie einem helfen, die zersetzende Wirkung bestimmter Gedanken wieder zu begreifen. Die Union hat alle vor dem Chaos gerettet, das jenseits der Grenzländer herrscht, und sie kann nicht zulassen, dass Extremisten diese Sicherheit gefährden.

Idealisten mögen einwenden, dass der Mensch niemals bereit sein wird, seine Freiheit zugunsten der Fremdbestimmung aufzugeben, doch die Wirklichkeit sieht anders aus. Wie schon Fjodor M. Dostojewski in seiner berühmten »Legende vom Großinquisitor« darstellte, tendiert die Mehrheit der Menschen im Zweifelsfall dazu, das bequeme Leben in der Sicherheit eines autokratischen Systems der Last der persönlichen Entscheidung in Freiheit vorzuziehen. Wer aber die Sicherheit über die Freiheit stellt, landet letztlich in den Fängen eines »Leviathans«, eines allmächtigen Staates im Sinne des englischen Philosophen Thomas Hobbes, der sich alle Mittel herausnimmt, um das Schlechte von seinen Bürgern abzuwehren – und sie auf diese Weise doch völlig versklavt.

3.2 Plädoyer für den Datenschutz

Der Wert des Privaten

Die kalifornische Firma Petco, die Zubehör für Haustiere anbietet, hatte 2008 im Sortiment auch ein sogenanntes »Super Pet Igloo«: »Das coolste Versteck für Ihr kleines Haustier. Es gibt Ihrem Tier ein Gefühl von Privatheit (engl.: *a sense of privacy*), während Sie alles, was es tut, durch das durchsichtige Material beobachten können.« So bizarr sich diese Werbung anhört – auch Tiere kennen eine Art Privatsphäre, Herdentiere zum Beispiel haben Zeiten, in denen sie sich allein oder in Grüppchen zurückziehen.

Das Bedürfnis nach einem privaten Rückzugsraum ist auch eine menschliche Konstante, obgleich im Westen lange Zeit die irrige Meinung vorherrschte, einfache Kulturen würden überhaupt nicht zwischen Öffentlichem und Privatem unterscheiden. Die Utku beispielsweise, ein Inuit-Stamm in der kanadischen Arktis, leben aus klimatischen und ökonomischen Gründen monatelang auf kleinstem Raum in einem Iglu zusammen; sich von den anderen entfernen (zu müssen) wird als Strafe empfunden. Sie haben offensichtlich gelernt, mit diesem Leben ohne jegliche Privatsphäre fertig zu werden. In der Forschung sind die Utku dafür bekannt, dass ihre Erwachsenen keinerlei Anzeichen von Zorn zeigen, sodass manche Verhaltensforscher meinen, sie könnten diesen nicht einmal empfinden.[1]

Solche Fälle stellen aber die Ausnahme dar. An einer Vielfalt von sogenannten »primitiven« Kulturen zeigt sich vielmehr, dass Menschen sich sogar unter schwierigsten Bedingungen private Zonen erkämpfen, selbst wenn es keine getrennten Räume, geschweige denn Türen und Schlüssel gibt. Die Not machte auch hier erfinderisch. Die Yaguas etwa, ein Urwaldindianerstamm im nordöstlichen Peru, haben »Phantomwände«. Will jemand in dem einzigen Raum, der der Familie zur Verfügung steht, für sich sein, wendet er oder sie sich auf eine bestimmte Weise zur Hauswand –

und »existiert« somit für die anderen nicht mehr, darf auch in dringenden Fällen nicht angesprochen, ja nicht einmal angesehen werden.

Diese und viele andere Beispiele zeigen, dass praktisch überall, wo es Menschen gibt, ein elementares Bedürfnis nach Abgrenzung besteht, dass Markierungen gezogen werden zwischen dem öffentlichen und dem privaten Leben. Sie zeigen aber auch, dass diese Grenzen sehr unterschiedlich gezogen werden. *Die* Privatsphäre gibt es nicht, sie hat sich ständig verändert und tut es heute noch, und sie bedeutet in Indien nicht dasselbe wie in Amerika.[2]

Erst die Aufwertung des Individuums und die Entwicklung der bürgerlichen Familie im 18. Jahrhundert, die Sprengung der engen Korsette von Dorfgemeinschaft und Religion, schließlich im 19. Jahrhundert die Anonymisierung der Lebensräume und die Entwicklung des modernen Staates schufen die Voraussetzungen für das, was wir heute Privatsphäre nennen. Sie war ein Luxus, den sich lange Zeit nur die Oberschicht leisten konnte. Und sie verdankt ihre Entfaltung nicht zuletzt politischer Ohnmacht. Im österreichischen Polizeistaat unter Fürst Metternich etwa zog sich das Bürgertum in seine eigenen vier Wände zurück, das Ergebnis war eine Blütezeit des privaten Lebens – das Biedermeier.

Dass der Schutz der Privatsphäre schließlich auch gesetzlich festgeschrieben wurde, verdankt sich nicht zuletzt einer neuen Bedrohung des Privaten: dem aufkommenden Zeitungswesen. Gerüchte und intime Enthüllungen hatte es immer schon gegeben, aber nun konnten sie sich in Windeseile im ganzen Land ausbreiten. 1890 leiteten die Amerikaner Louis D. Brandeis und Samuel Warreis in ihrer Schrift »The Right to Privacy« aus dem Schutz der Person und des Eigentums ein Recht ab, »in Ruhe gelassen zu werden«. Gäbe es ein Geburtsjahr der modernen westlichen Privatsphäre, dann müsste es das Jahr 1890 sein und dieser Text, bis heute der berühmteste, der je über dieses Thema geschrieben wurde, die Geburtsurkunde. Die zwei Anwälte sahen das Private als eines der wichtigsten Güter eines freien Volkes. Und sie formulierten schon damals, was in Deutschland heute als Recht auf informationelle Selbstbestimmung bekannt ist: das Recht jedes Einzelnen, »zu bestimmen, in welchem Ausmaß seine Gedanken, Empfindungen und Gefühle anderen Menschen mitgeteilt werden«.[3]

Warum gibt es so wenig Gegenwehr?

Diese Überlegungen sollten zeigen, dass jeder Mensch ein Anrecht darauf hat, »allein gelassen zu werden«, und darauf, zu entscheiden, was er von seinem Privatleben preisgeben will. Die Frage von Überwachungsbefürwortern »Haben Sie vielleicht etwas zu verbergen?« ist daher illegitim. Sie unterstellt ja bereits, dass irgendjemand (der Arbeitgeber, der Staat, der Lebenspartner) das Recht hätte, alles über einen zu wissen. Und wer dieses Recht nicht anerkenne, mache sich verdächtig. Doch jeder Mensch hat das Recht auf Privatsphäre und muss dies in keinster Weise begründen. Auch wer nichts Unrechtes getan hat, hat »etwas zu verbergen«: Er lässt sein Tagebuch nicht offen herumliegen, er zeigt seine Familienfotos nicht jedem Fremden und er verriegelt die Tür, wenn er auf die Toilette geht.

Nun kann man freilich einwenden, dass heute vielleicht gerade Letzteres noch zutrifft, nicht jedoch die ersten beiden Beispiele: Die Suchmaschine Technorati kannte im Mai 2008 112 Millionen Blogs weltweit, und während Sie diesen Satz gelesen haben, sind es schon wieder ein Dutzend mehr, denn täglich kommen unglaubliche 175 000 neue dazu. Junge Menschen schreiben in solchen Blogs intime Tagebucheinträge ins Netz und veröffentlichen in sozialen Netzwerken sehr private Bilder und Filme. YouTube ist voll von Videoclips, in denen Jugendliche mehr oder weniger erfolgreich um die Gunst der Internetgemeinde buhlen.

Begonnen hatte der Trend zur Selbstdarstellung mit den Talkshows im privaten Fernsehen der 1990er-Jahre. Es folgte *Reality TV*. Während uns die Erstausstrahlung von Formaten wie »Big Brother« noch ein Kopfschütteln über den Niedergang der Fernsehunterhaltung entlockte, ist die Generation der heute 20-jährigen bereits damit aufgewachsen – und mit der Botschaft solcher Sendungen: Auch du kannst zum Star werden, wenn du nur unterhaltsam bist! Forscher wie Peter Weibel und Tom Holert sehen Sendungen wie »Big Brother« daher als ein Werkzeug, das die Menschen auf die Gesellschaft der Zukunft vorbereitet, eine Gesellschaft, in der nicht mehr innere Normen und Vorstellungen von Moral unser Handeln bestimmen, sondern ein durch die Medien transportierter Konsens über durchschnittliches und extremes Verhalten.[4] Die Beobachteten erscheinen nicht als entblößte Opfer, sondern als Stars, denen rund um die Uhr die Aufmerksamkeit geschenkt wird, nach der unsere narzisstische Zeit so giert. Aufgrund ihres Verhaltens werden sie bewertet, bestraft und belohnt; dass dazu Überwachung nötig ist, wird nicht mehr in Zweifel gezogen.

Warum unterwerfen sich Menschen aber freiwillig dieser Maschinerie? Der slowenische Gegenwartsphilosoph Slavoj Žižek sieht in der Zurschaustellung der eigenen Person in Sendungen wie »Big Brother« den Ausdruck der Urfantasie des ewig auf uns ruhenden Blickes, der der Stärkung des Selbstwertgefühls dient. Dadurch entstehe eine »tragikomische Umkehrung der Orwellschen Beschreibung einer panoptischen Gesellschaft, in der wir potentiell dauernd unter Beobachtung stehen und wo es keinen Platz gibt, an dem wir uns vor dem Blick dieser Macht verstecken können. Heute geht eher die Angst um davor, nicht die ganze Zeit von dieser Macht beobachtet zu werden, so dass die Leute den Blick der Kamera als Beweis ihrer Existenz brauchen.«[5]

Chic und »cool« ist es auch, das Notebook mit seinem Fingerabdruck zu starten oder in der Diskothek per implantiertem RFID-Chip zu bezahlen. Die Affinität der Jugend zur Technik erleichtert so die Einführung neuer Systeme.

Überwachung beginnt im Kleinen; oder bei den Kleinen. Kinder, die wie in Großbritannien biometrische Scans für den Zugang zur Schule, die Überwachung der Schulräume durch Kameras, GPS-Zäune und die Abgabe von DNA-Proben bei kleinsten Delikten gewohnt sind, werden später kaum noch daran zweifeln, dass diese Maßnahmen notwendig sind.

Schließlich kommt noch dazu, dass selbst in Deutschland und Österreich, die in Bezug auf totalitäre Überwachung durchaus ihre Lektionen bekommen haben, Schüler, die bestenfalls noch im Geschichtsunterricht davon hören, mit Begriffen wie »Blockwart« oder »Stasi« emotional ebenso verbunden sind wie mit den »Punischen Kriegen« oder »Ludwig XIV.«.

Das Gesagte trifft vor allem auf die Jüngeren zu, aber auch bei den älteren Bevölkerungsgruppen war der Widerstand gegenüber der Kontrolle bisher gering. Ein Grund dafür ist Informationsmangel. Die Technologien sind schwer zu verstehen, ihre Vorteile werden gepriesen, ihre Nachteile verschwiegen, sind teilweise nicht einmal grob abzuschätzen. Niemand aber gibt sich gerne eine Blöße, indem er über etwas redet, wovon er nichts versteht, zumal der Staat ja immer wieder versichert, wie gut und richtig die neuen Maßnahmen seien.

Eng damit verknüpft ist das Mitläufertum. Solange die Mehrzahl der Medien weiter unkritisch den Mythos »Mehr Überwachung ist mehr Sicherheit« von der Politik und der Industrie übernimmt und verbreitet, hat man es als Kritiker schwer, gilt man als Außenseiter oder paranoider Spinner.

Wieder andere vertreten die Ansicht, die Entwicklung sei ohnehin nicht mehr aufzuhalten. So bezeichnete der deutsche Zukunftsforscher Bernd Flessner in einem Interview mit der Wochenzeitung »Die Zeit« im Januar 2008 Datenschützer als »hoffnungslos antiquiert« und zeichnete ein düsteres Bild der Zukunft: »Einen Big Brother wird es auf keinen Fall geben, aber dafür sehr viele davon: Big Brothers are watching you, müsste es korrekt heißen. Und zu den Überwachern wird auch der Nachbar zählen. [...] Die Freiheit der Privatheit und Anonymität verschwindet. Aus dem freien Bürger wird ein permanent observierter und der darf sich dann eigentlich nicht mehr Bürger nennen.«[6] Ist angesichts dieser Stimmung Resignation angesagt? Scott McNealy, der Chef der Computerfirma Sun Microsystems, gab dazu folgenden lapidaren Kommentar ab: »Sie haben sowieso bereits null Privatsphäre. Finden Sie sich damit ab.«[7]

Widerstand!

Wir aber glauben, dass eine solche fatalistische Sicht der Dinge falsch und gefährlich ist. Um mit einem weiteren Zitat darauf zu antworten, diesmal von Aldous Huxley: »Vielleicht sind die Mächte, die heute die Freiheit bedrohen, zu stark, als dass ihnen sehr lange Widerstand geleistet werden könnte. Es ist dennoch unsre Pflicht, alles, was in unsern Kräften steht, dagegen zu tun.« [8]

Dass es heute unmöglich geworden ist, keine Spuren zu hinterlassen, ist unbestreitbar. Selbst wer es, wie in der Science-Fiction-Fernsehserie »Max Headroom« (USA/GB/JP, 1987), schaffen würde, durch Löschung in den zentralen Registern zur »Nichtexistenz« zu werden, könnte doch der Überwachung durch Kameras, Kontobewegungen oder Telekom-Lauschattacken nicht entrinnen. Nur 20 Jahre trennen uns von den 1980er-Jahren, und doch werden wir wohl nie wieder so viel Privatsphäre haben wie damals.

Wollten wir dorthin zurück, müssten wir zu *Neo-Ludditen* werden, fanatischen Maschinen- und Computerstürmern. Das können und wollen wir nicht. Vielmehr sollte es unser Ziel sein, durch globale Bemühungen um technische und juristische Schranken das Ende der »Wildwest-Ära« in der Geschichte der Überwachung einzuleiten und diese auf eine Grundlage zu stellen, die ihre sinnvolle Nutzung in bestimmten Bereichen ermöglicht, ohne die persönliche Freiheit permanent zu bedrohen.

Doch wie können wir konkret gegen eine Entwicklung Widerstand leisten, die erstens global ist, zweitens in Staat und Wirtschaft die denkbar mächtigsten Verbündeten hat und drittens bereits eine erschreckende Eigendynamik entwickelt hat?

In den »Asterix«-Geschichten ist es ein einzelnes gallisches Dorf, das der römischen Besatzung immer standhält, ein bunter Haufen von Rebellen, die bisweilen ein wenig seltsam wirken, aber stets wacker um ihre Freiheit kämpfen. Ein ähnlich bunter Haufen stritt während der letzten Jahre gegen das Überwachungsimperium:

Dazu zählen einmal die *Hacker*. »Echte« Hacker sind nicht mit *Crackern*, die kopiergeschützte Medien knacken und verbreiten, sowie mit *Skript-Kiddies,* die ohne tiefer gehende Kenntnisse Sicherheitslücken ausnützen, zu verwechseln. Viele Hacker handeln nicht aus kriminellem Antrieb, sondern aus »sportlichem Ehrgeiz«, und folgen einer Hackerethik, Daten weder zu stehlen noch zu verändern. Sie verstehen sich als die Robin Hoods des Überwachungsstaates, die die Asymmetrie zwischen Überwachern und dem »Volk« zu vermindern suchen, indem sie Schlupflöcher aufspüren und die Informationsfreiheit gewährleisten. »Der Pirat des Wissens ist ein guter Pirat«, meint der französische Philosoph Michel Serres.[9] In diesem Sinn zeigten Hacker des berühmten Chaos Computer Clubs auf, wie man RFID-Chips mit einem umgebauten Fotoapparat deaktivieren kann oder wie leicht es ist, Fingerabdruckscanner mit kopierten Abdrücken zu täuschen. Aufsehen erregte der Verein im März 2008 auch mit der Veröffentlichung eines entsprechenden Fingerabdrucks des deutschen Innenministers Wolfgang Schäuble. Er stammte von einem Glas, das Schäuble verwendet hatte.

Eine zweite, den Trend zur Überwachung immer schon sensibel registrierende Fraktion sind *Künstler,* die oft durch die Umkehrung der Perspektive eine Aussage machen wollen. Die britische Gruppe MediaShed etwa überwacht schwer zugängliche oder verbotene Regierungsareale durch Kameras, die sie auf Drachen, Spy-Kites, montiert. Manu Luksch wiederum musste zwei Dinge erfahren, als sie von Österreich nach London übersiedelte: dass sie einerseits permanent von CCTV-Kameras überwacht wurde, andererseits aber an immer mehr Orten der Stadt Filmverbote erlassen wurden. Daraufhin beschloss sie, einen Film ohne eigene Kamera zu drehen. Ihr dystopischer Liebesfilm »Faceless« (GB, 2007) besteht ausschließlich aus Szenen von Londoner Überwachungskameras, die Luksch unter Berufung auf EU-Datenschutzrecht einfordern konnte, weil sie selbst gefilmt worden war.

Auch die dritte Gruppe der Privatsphären-Partisanen setzte bisweilen auf Aktionismus, auch wenn die Information und die sachliche Arbeit meist im Vordergrund standen: einsame *Datenschutz-Desperados* sowie nationale und internationale *Bürgerrechtsorganisationen,* deren bekannteste wir im Anhang des Buches auflisten. Die

Aktionen »Blogger helfen Schäuble« und »Informiert Wolfgang!« etwa wollen dem Minister das Überwachen einfacher machen und rufen auf, Kopien sämtlicher privater und beruflicher E-Mails an ihn zu schicken bzw. den Minister vorab über ihre Aktivitäten zu informieren: »Die nächsten Stunden werde ich mich der Gartenarbeit widmen. Obwohl ich währenddessen mit explosiven Stoffen (Benzin-Öl-Gemisch für den Rasenmäher) und diversen Schnitt- und Stichwerkzeugen hantieren werde, kann ich Ihnen versichern, dass dieses einzig der Landschaftsgestaltung dient.«[10]

Andere Aktionen rechnen weniger auf die Medienwirkung, sondern sind sehr zielgerichtet. Den Kampf der US-Verbraucherorganisation CASPIAN gegen RFID haben wir in Kapitel 1.3, S. 90, geschildert. Die mächtige American Civil Liberties Union (ACLU) verhinderte erfolgreich den drohenden Wildwuchs von Überwachungskameras in US-Parks. Ebenfalls in den USA, in Minnesota, erwirkte die 4500-Seelen-Gemeinde North Oaks im Frühjahr 2008, dass Google sämtliche Street-View-Aufnahmen (siehe Kapitel 1.2, S. 79f.) der im Privatbesitz befindlichen Straßen wieder entfernen musste. Nur ein paar Beispiele für viele kleine Erfolge.

In der Öffentlichkeit wurde der kunterbunte Widerstand der ersten Stunde jedoch kaum wahrgenommen. Auch investigative Artikel wie jene des Onlinemagazins »Telepolis« waren ein Minderheitenprogramm. In den letzten Jahren aber mehren sich die Zeichen, dass die Thematik langsam die Massen erreicht. Einen wichtigen Beitrag dazu lieferten sicher die Big Brother Awards, Negativpreise, mit denen Personen, Institutionen und Unternehmen bedacht werden, die im vergangenen Jahr der Privatsphäre besonders zugesetzt haben. Immer öfter greifen Journalisten der Massenmedien die Überwachungsproblematik auf, die Öffentlichkeit ist hellhörig geworden, Kundgebungen verzeichnen immer mehr Teilnehmer.

Im September 2007 demonstrierten in Berlin rund 15 000 Menschen auf der Protestveranstaltung »Freiheit statt Angst – Stoppt den Überwachungswahn!« gegen Vorratsdatenspeicherung, Onlinedurchsuchungen und die einheitliche Steueridentifikationsnummer. Ein Aktionstag zur selben Thematik brachte Ende Mai 2008 Tausende

Bürger in 34 deutschen Städten auf die Straßen: Der Chaos Computer Club zeigte in Berlin eine selbst gebaute Überwachungsdrohne für unter 1000 Euro, und in Nürnberg stellten Aktivisten ein ganzes Wohnzimmer in die Fußgängerzone, als Zeichen für den Verlust der Privatsphäre, der gleichsam alle Wände verschwinden lässt.

Der logisch nächste Schritt ist die Bündelung der Kräfte, denn was wir heute brauchen, ist eine regelrechte Bürgerrechtsbewegung für Datenschutz, welche machtvoll auf die Politik einwirken kann.

Dass ein solcher Prozess entgegen allen Vorzeichen möglich ist, zeigt eine historische Parallele: In den 1950er-Jahren musste die US-Regierung auf Walt Disney zurückgreifen, der mit seinem Lehrfilm »Unser Freund, das Atom« (USA, 1957) die skeptische Bevölkerung von den Vorteilen der neuen Kraftwerke überzeugen sollte. In den 60er-Jahren waren AKWs dann weitgehend akzeptiert. Staat und Industrie förderten massiv ihren Ausbau, warnende Stimmen wurden kaum gehört, die Bevölkerung war sich der Gefahren nicht bewusst. Dies änderte sich in den 70ern; eine neue Bewegung formierte sich, klärte die Bevölkerung auf und führte einen Meinungswechsel herbei. Die Anti-Atomkraft-Bewegung mobilisierte Hunderttausende und verhinderte in Deutschland und Österreich den Bau oder die Inbetriebnahme von Atomanlagen. Die Katastrophe von Tschernobyl bewies 1986 auf traurige Weise, dass die Bedenken keineswegs aus der Luft gegriffen waren. Was uns die Anti-AKW-Bewegung lehren kann, ist, dass die Anliegen von Bürgern auch gegen den massiven Widerstand der Politik durchgesetzt werden können.

Was man als Einzelner
für den Schutz der Privatsphäre tun kann

Wie man sich vor den diversen Arten der Überwachung schützen kann, haben wir bereits in den entsprechenden Kapiteln beschrieben, wir geben daher im Folgenden nur noch einen Überblick mit kleinen Ergänzungen.

Methoden zum Schutz der Privatsphäre (*Privacy Enhancement Tech-*

nologies, PETs) sind nicht gratis, sie kosten entweder Geld, Zeit oder Bequemlichkeit. Je wirkungsvoller PETs sind, desto unpraktischer und umständlicher wird es, und ein Spitzenmanager wird auch andere Anforderungen an Sicherheit stellen als ein Rentner. Daher muss man in jedem Fall abwägen, wie groß das Risiko ist, und wir nennen nur eine Reihe allgemeingültiger Verhaltensmaßnahmen:

- Geben Sie stets nur das Notwendigste von sich preis!
- Verwenden Sie bei Bedarf Wegwerf-E-Mail-Adressen, wie sie bei Jetable.org, temporaryinbox.com oder Discardmail.com angeboten werden.
- Scheuen Sie sich nicht, Ihren »Künstlernamen« zu verwenden, wo dies nicht verboten ist.
- Besprechen Sie Vertrauliches nicht über gewöhnliche Telefonverbindungen. Lassen Sie Ihr Handy nicht unbeaufsichtigt herumliegen. Deaktivieren Sie Bluetooth. Unterbrechen Sie im Extremfall die Stromversorgung zum Akku, um nicht abgehört werden zu können. Wenn Sie gezielte Überwachung fürchten: Wechseln Sie in unregelmäßigen Abständen zwischen verschiedenen SIM-Karten und Handys.
- Sichern Sie Ihren Computer mit Schutzprogrammen gegen alle Arten von Angriffen ab und halten Sie Ausschau nach Hardware-Keyloggern.
- Achten Sie auf die Sicherheit Ihres WLANs.
- Surfen Sie mit Anonymisierungsdiensten, verschlüsseln Sie Ihre Festplatten, E-Mails und Ihre VoIP-Telefonate.
- Kaufen Sie Ihre Waren persönlich (nicht über den Versand) und bezahlen Sie, wann immer möglich, bar.
- Verzichten Sie auf Kundenkarten.
- Verlangen Sie bei diversen Datenbanken die Bekanntgabe der über Sie gespeicherten Daten.
- Tragen Sie sich in Robinsonlisten gegen unerwünschte Werbung ein.
- Wenn Sie besonders gefährdet sind: Kaufen Sie ein Gerät zum Aufspüren von Wanzen oder Funkkameras. Misstrauen Sie Hotelzimmern.

Diese Maßnahmen des *Selbstdatenschutzes* dienen einzig Ihrer persönlichen Sicherheit. Die zunehmende Überwachung stoppen sie nicht, weswegen verantwortungsbewusste Bürger eine Reihe weiterer Maßnahmen setzen sollten:

- Informieren Sie sich über aktuelle Entwicklungen und unterstützen Sie Datenschutzorganisationen (siehe Anhang).
- Boykottieren Sie in gelenkten Aktionen Firmen, die exzessiv Daten sammeln, RFID forcieren etc.
- Drücken Sie Ihr Unbehagen über Kameraüberwachung in Geschäften aus und lassen Sie durchblicken, dass Sie in Zukunft lieber anderswo einkaufen.
- Sagen Sie in Leserbriefen und Internet-Diskussionsbeiträgen Ihre Meinung.
- Kommunizieren Sie gegenüber Ihren politischen Vertretern, dass Ihnen Datenschutz ein wichtiges Anliegen ist.

Abb. 9: Mit der Methode von Backes et al. (siehe S. 36) kann man aus der Ferne und um die Ecke ausspähen, was jemand am Bildschirm betrachtet.

Kernpunkte einer zukünftigen Datenschutzpolitik

Abschließend wollen wir einige Überlegungen anstellen, welche Forderungen eine »Bürgerrechtsbewegung für die Bewahrung der Privatsphäre« stellen sollte. Anders als im Fall der Kernkraft ist ein Ausstieg aus der Informations- und damit Überwachungsgesellschaft undenkbar. Die Frage ist daher nicht, *ob*, sondern *wie* überwacht wird. Eine zweite Frage, die uns bei allen Überlegungen leiten muss, wurde bereits vor beinahe 2000 Jahren von dem römischen Dichter Juvenal gestellt: *Sed quis custodiet ipsos custodes?* – Wer aber bewacht die Wächter? In der Vergangenheit haben überstaatliche Organisationen wie die UNO, die OECD und der Europäische Rat entsprechende Empfehlungen ausgesprochen und die Gesetzgeber auf nationaler Ebene mehr oder weniger probate Gesetze und Richtlinien formuliert. Diese werden jedoch oft nicht eingehalten und bedürfen einer Aktualisierung, Verschärfung und internationalen Harmonisierung.

Eine im Hinblick auf den Schutz der Privatsphäre gestaltete Gesetzgebung könnte sich an folgendem kleinen »Datenschutz-Manifest« orientieren:

1. Der Staat hat die Privatsphäre seiner Bürger durch eine angemessene Gesetzgebung zu garantieren, die den aktuellen Entwicklungen laufend angepasst wird.

2. Internationale Vereinbarungen und Abkommen sind zu treffen, um den Datenschutz im Internet zu garantieren.

3. Der Schutz der eigenen Daten ist als einklagbares Recht zu verankern (im EU-Vertrag von Lissabon bereits vorgesehen).

4. *Zweckbindung:* Personenbezogene Daten dürfen nur zweckgebunden, nicht präventiv gesammelt werden.

5. Die Sekundärnutzung von Daten (die zu einem ganz anderen Zweck gesammelt wurden) ist unzulässig.

6. Gewonnene Daten sind umgehend zu anonymisieren oder pseudonymisieren, wenn eine Identifikation nicht unbedingt nötig ist.

7. *Erforderlichkeit und Datensparsamkeit:* Die erhobenen Daten sind auf das absolute Mindestmaß zu beschränken. Wo beispielsweise wie bei

Zugangskontrollen nur eine Autorisierung nötig ist, sollte nicht, wie heute oft üblich, eine Identifizierung erfolgen.

8. Wo Daten allein zur Abwicklung von Prozessen erhoben werden, sind diese nach erfolgreicher Abwicklung wieder zu löschen. Dazu erhalten sie ein Ablaufdatum. Löschen muss Standard sein, Speichern die Ausnahme.

9. Verschlüsselung und redundante Sicherheitsvorkehrungen sind vorgeschrieben, um den Datendiebstahl zu minimieren.

10. Alle behördlichen Datenbanken sind so zu gestalten, dass jeder Zugriff zusammen mit der Identität des Abfragers protokolliert wird. Diese Logdateien werden stichprobenartig von Kontrollorganen daraufhin überprüft, ob ein Abfrager seine Kompetenzen überschritten hat.

11. Unternehmen dürfen personenbezogene Daten nur dann speichern, wenn die ausdrückliche Erlaubnis des Kunden dazu vorliegt, die in regelmäßigen Abständen erneuert werden muss.

12. Die Erstellung persönlicher Kundenprofile aufgrund der Auswertung von Surfverhalten, SMS, E-Mails und Telekommunikationsdaten ist verboten.

13. Für die interne Verarbeitung von Daten müssen spezifische Richtlinien in Bezug auf Zugriffsrechte, Aufbewahrungsdauer und Verwendung geschaffen werden (etwa mittels der bereits bestehenden Beschreibungssprache EPAL).

14. Handel und Tausch von personenbezogenen Daten sind zu verbieten.

15. Der Datenbankbetreiber hat dafür zu sorgen, dass die Daten vollständig, korrekt und aktuell sind.

16. Die Betreiber von Datenbanken müssen auf eigene Kosten Anfragestellern Auskunft darüber erteilen, welche Daten über sie gespeichert sind.

17. Betroffene Personen haben das Recht, die sofortige Berichtigung inkorrekter Daten zu fordern.

18. Die Betreiber von Datenbanken haften persönlich für die Einhaltung der Regeln.

19. Datenerfassungs- und -verarbeitungslösungen, die datenschutzfreundlich sind, sollen ein Gütesiegel erhalten (in Schleswig-Holstein bereits entwickelt, EU-Pilot: EuroPriSe).

20. RFID darf im Einzelhandel nur dann verwendet werden, wenn der Händler dem Kunden eine unkomplizierte und dauerhafte Deaktivierung der Funkchips anbietet.

21. Herstellung, Verkauf, Einfuhr, Besitz und Inbetriebnahme von Geräten oder Software zum geheimen Ausspähen anderer (Minikameras, Wanzen, Keylogger, Minidrohnen, Lügendetektorsoftware) sind zu beschränken oder zu verbieten.

22. Ein Zahlungsmittel für anonyme Zahlungsvorgänge (Bargeld, spezielles elektronisches Geld) muss als Alternative zu elektronischen Transaktionen bestehen bleiben.

23. Behörden und Unternehmen, die personenbezogene Daten verarbeiten, sind einer unabhängigen Kontrolle in Form unangemeldeter Besuche von Datenschutzkontrolleuren unterworfen.

24. Die Bevölkerung ist über Gefahren von Datenverlust oder -missbrauch zu informieren. Diese Aufklärung hat bereits in der Schule zu beginnen.

25. Programme für anonymes Surfen im Internet, starke Kryptografie und Steganografie müssen allen offenstehen. (Kriminelle halten sich ohnehin an kein Verbot.)

26. Die Erstellung biometrischer Datenbanken der gesamten Bevölkerung zum Zweck der Rasterfahndung ist unzulässig.

27. Die Auswertung privater Videoaufnahmen, von Telekommunikations- oder Standortdaten etc. ist den Strafverfolgungsbehörden nur bei begründetem Verdacht auf schwere Delikte erlaubt.

28. Abhörmaßnahmen im privaten Bereich und Bundestrojaner-Angriffe dürfen nur auf richterliche Anordnung nach tatsächlich erfolgter Begutachtung des Falles durchgeführt werden, und nur, wenn konkrete Verdachtsmomente auf bestimmte, schwere Delikte vorliegen. Dies wird von einem unabhängigen Gremium kontrolliert.

29. Beweise, die durch den Einsatz illegaler Überwachungsmethoden (z. B. nicht genehmigte private Überwachungskameras) gewonnen werden, sind vor Gericht nicht anzuerkennen.

30. Bei der internationalen Zusammenarbeit zur Verbrechensbekämpfung darf es nicht zur Weitergabe ganzer Datenbanken kommen.

31. Die Zusammenarbeit von Nachrichtendiensten und Polizei ist genau zu reglementieren.

32. Der Staat trifft Vorsorge, die Kommunikation seiner Bürger vor der Überwachung durch fremde Geheimdienste zu schützen.

33. Die Videoüberwachung öffentlicher Räume ist auf wenige Orte zu beschränken, wo ihr Einsatz nachweislich sinnvoll ist. Statt vermehrter

Kameraüberwachung sollen andere Maßnahmen der Kriminalitätsprävention wie verstärkte Polizeistreifen, bessere Beleuchtung etc. getroffen werden.

34. Die Videoüberwachung semiöffentlicher Räume (Einkaufszentrum, öffentliche Verkehrsmittel) ist streng zu reglementieren und zu kontrollieren.

35. Jegliche allgemeine Überwachung im öffentlichen und semiöffentlichen Raum muss deutlich gekennzeichnet werden.

36. Aufzeichnungen von Videoüberwachungssystemen solcher Räume sind innerhalb einer kurzen Frist zu löschen.

37. Die private Bespitzelung von Mitbürgern durch versteckte Kameras, Computerspionage, Handyabhörprogramme, GPS-Ortungsgeräte etc. wird mit empfindlichen Strafen geahndet.

38. Der Überwachung durch den Arbeitgeber sind enge gesetzliche Grenzen zu ziehen. Unternehmen werden unangemeldet diesbezüglich kontrolliert.

39. Der Verkauf von Überwachungstechnologie ins Ausland ist mit Rücksicht auf die Menschenrechtssituation in diesen Ländern zu begrenzen.

40. Die Rechte, die personellen und finanziellen Mittel der Datenschutzbehörden sollten deutlich ausgeweitet werden, damit sie die erweiterten Kontrollaufgaben wahrnehmen können.

Wir hegen nicht die Hoffnung, dass sich alle Forderungen dieser Aufstellung in den nächsten Jahren Punkt für Punkt politisch umsetzen lassen. Insbesondere gegen die Forderungen nach massiver Beschränkung und Kontrolle des privaten Datensammelns werden sich die multinationalen Konzerne, die in der Vergangenheit schon in Fragen der Steuern oder Umweltauflagen gegenüber den Staaten ihre Muskeln zeigten, zu wehren wissen. Die staatlichen Bürokratien mit ihrem natürlichen Appetit auf Informationen wiederum werden nur durch massiven öffentlichen Druck dazu bewegt werden können, von bereits etablierten Methoden der Überwachung wieder abzugehen. Die Liste versteht sich daher als Denkanstoß und Orientierungshilfe für die kommende Debatte um den Schutz der Privatsphäre.

Froschperspektive mit Zukunft

Am Ende unseres Buches angekommen, müssen wir kritisch zurückblickend feststellen, dass wir manches gerne genauer dargestellt und deutlicher gemacht hätten. Zwar führte uns der Weg in weitem Bogen von den Spionagesatelliten im Erdorbit bis zum *intelligenten Staub*, von kryptografischen Methoden der Antike bis zu den ersten Gedankenlesemaschinen, von den düsteren Utopien der Science-Fiction bis zur harschen Realität der Gegenwart. Aufgrund des »knappen« Umfangs des Buches konnte dies allerdings nicht mehr als eine Tour d'Horizon sein, auf der vieles nur angedeutet wurde oder ganz entfallen musste. Sie erfahren daher nicht mehr, wie man über die Stromnetzschwankungen eines Haushalts das Leben der Bewohner auskundschaften kann, wie Computerprogramme aus Tippgeräuschen die eingegebenen Texte rekonstruieren oder wie mit Set-Top-Boxen die Fernsehgewohnheiten der Zuschauer überwacht werden, aber wir hoffen Ihnen dennoch einen breitgefächerten Überblick vermittelt zu haben, auf welche Weise wir alle ausgespäht und abgespeichert werden.

Das ganze Ausmaß der bereits existenten Überwachung und die eminente Gefahr ihrer Entwicklung zur totalen Kontrolle zu begreifen, ist ein vielleicht beunruhigender, aber notwendiger Prozess, denn »Niemand ist hoffnungsloser versklavt als der, der fälschlich glaubt, frei zu sein«[1]. Aus dem Wissen aber erwächst die Verantwortung.

Um zu illustrieren, wie wir ohne wirksame Gegenwehr in die immer perfektere Überwachung hineinschlittern konnten, wird gerne die bekannte »Froschparabel« zitiert:

Ein Frosch wird in einen Topf mit heißem Wasser geworfen. Sofort springt das arme Tier heraus. Bei einem zweiten Versuch aber steckt man ihn stattdessen in einen Topf mit kühlem Wasser, das man perfiderweise ganz langsam bis zum Siedepunkt erwärmt. Der Frosch ist nicht in der Lage, die kontinuierliche Temperaturzunahme zu bemerken, denkt nicht an Flucht und stirbt schließlich den Hitzetod.

Die Geschichte ist gut, hat aber einen Schönheitsfehler: Sie stimmt nicht. Professor Doug Melton von der Abteilung für Biologie der Harvard University meint: »Wenn man einen Frosch in kochendes Wasser wirft, wird er nicht herausspringen. Er wird sterben. Wenn man ihn aber in kaltes Wasser gibt, wird er heraushüpfen, bevor es heiß wird. – Die machen einem nicht die Freude, still zu sitzen.«[2]

Wenn nun aber schon ein kleiner Frosch klug genug ist, rechtzeitig auszusteigen, sollte uns das dann nicht auch gelingen?

Anhang

Danksagung

»Originalität ist die Kunst, sich Bonmots zu merken und zu vergessen, von wem sie stammen«, sagte der große amerikanische Schauspieler und Komiker Danny Kaye einmal. Wir hoffen, dass uns *diese* Originalität erspart blieb und alle wichtigen Erkenntnisse und Zitate trotz der im Zuge der Endredaktion des Buches nötigen massiven Kürzung der Endnoten noch hinreichend ausgewiesen sind.

Viele Hinweise wären uns entgangen ohne die unermüdliche Arbeit einer Reihe von auf Datenschutz spezialisierten Journalisten und Bloggern, die wir unter den nachfolgenden Internetlinks erwähnen.

Unser Dank gilt außerdem einer ganzen Reihe von Freunden, Verwandten und Bekannten, die uns in Diskussionen teils wertvolle Hinweise gaben, teils durch ihre Unwissenheit und Unbesorgtheit bestärkten, dieses Buch zu schreiben. Besonderen Dank für wichtige Anregungen, die Durchsicht des Manuskripts und Verbesserungsvorschläge schulden wir Markus Lenikus, Elisabeth Immerl, Helmut Englisch, Rainer Spannagl und Walther Stuller. Wir danken auch allen jenen, die uns bei der für uns anstrengenden Fertigstellung des Buches in vielerlei Hinsicht unterstützten und nicht böse waren, dass wir einige Monate lang kaum Zeit für sie fanden.

Schließlich möchten wir unserem Verlag danken, der uns trotz der produktionsbedingten Zeitvorgaben größtmöglichen Spielraum ließ, bis zuletzt Aktualisierungen anzubringen.

Organisationen und Internetlinks

Es folgt eine kurze Aufstellung von Nachrichtendiensten, Blogs und Organisationen, die sich in der einen oder anderen Form dem Schutz der Privatsphäre widmen, ohne jeden Anspruch auf Vollständigkeit.

www.datenschutzzentrum.de
   Das Unabhängige Landeszentrum für Datenschutz Schleswig-Holstein, eine überaus produktive Behörde mit 38 Mitarbeitern, untersteht Thilo Weichert und bietet auf seiner empfehlenswerten Website eine Fülle praktischer und bürgernaher Informationen an, u. a. zum Thema Computersicherung.

www.foebud.org
   Der Verein zur Förderung des öffentlichen bewegten und unbewegten Datenverkehrs setzt sich seit 1987 für Informationsfreiheit und Datenschutz ein. Er richtet den deutschen Big Brother Award aus und warnte in letzter Zeit besonders vor der RFID-Technologie.

www.bigbrotherawards.de – .at – .ch
   Die Websites der Big Brother Awards im deutschsprachigen Raum.

www.ccc.de
   Der Chaos Computer Club e.V. (CCC) ist eine 1981 gegründete Hackervereinigung, die für ein »Menschenrecht auf Kommunikation« und »Informationsfreiheit« eintritt. Er gibt die Zeitschrift »Datenschleuder« heraus und veranstaltet jährlich das Chaos Communication Camp, eine internationale Hacker-Konferenz.

www.heise.de/tp
   Die Nachrichtenseite des Verlags Heinz Heise gehört zu den bekanntesten deutschen Internetnachrichtenseiten. Besonders empfehlenswert ist das Onlinemagazin Telepolis, in dem ausgewiesene Experten wie Florian Rötzer, Christiane Schulzki-Haddouti, Bettina »Twister« Winsemann, Erich Möchel und Duncan Campbell Überwachungstechnologien kritisch beleuchten.

futurezone.orf.at
   Die sehr engagierte Redaktion des IT-Nachrichtenportals des Österreichischen Rundfunks ORF schafft es beinahe täglich, datenschutzrelevante Meldungen auf die meistbesuchte Nachrichtenwebsite Österreichs zu bringen.

blog.kairaven.de
Kai Raven bietet mit seinem Blog zum Thema Überwachung eine der weltweit besten Seiten mit Nachrichten über neue Überwachungstechnologien.

www2.argedaten.at
ARGE Daten, die Österreichische Gesellschaft für Datenschutz unter der Leitung von Hans Zeger, beschäftigt sich seit 1983 intensiv mit Fragen des Informationsrechts, des Datenschutzes, der Telekommunikation und des Einsatzes neuer Techniken.

www.quintessenz.at
Österreichischer Verein »zur Wiederherstellung der Bürgerrechte im Informationszeitalter«. Richtet die BBA-Verleihung in Österreich aus.

www.freiheitsredner.de
Die Freiheitsredner sind Bürger und Bürgerinnen, die ehrenamtlich an Schulen, Universitäten, in Vereinen etc. Vorträge zum Thema Privatsphäre, Sicherheit, Überwachung halten.

www.sicherheitskultur.at
Informationsreiche Seite des IT-Sicherheitsexperten Philipp Schaumann mit einem guten »Glossar der Informationssicherheit«.

www.surveillance-studies.org
Blog des Journalisten Dietmar Kammerer als »Kommunikations-Plattform für Aktionen, Forschungsprojekte, Kommentare, Veranstaltungen und Diskussionen zu allen Aspekten von Überwachung und Kontrolle«.

www.mitternachtshacking.de
Blog von Christian Gresser mit interessanten Kommentaren zum Datenschutz.

www.vibe.at
Der Verein für Internet-Benutzer Österreichs (VIBE) setzt sich für Freiheit im Internet »ohne Schikanen« ein.

www.datenschutzverein.de
Die Deutsche Vereinigung für Datenschutz e. V. (DVD) ist ein gemeinnütziger Verein, der sich seit 1977 für Datenschutzbelange einsetzt. Er gibt die Datenschutzzeitschrift »DANA« heraus.

www.edri.org
European Digital Rights (EDRi) ist der Dachverband von 28 europäischen Bürgerrechtsorganisationen, die sich dem Schutz der Privatsphäre verschrieben haben.

www.unwatched.org
Bringt die Nachrichten von »EDRi-gram« in deutscher Übersetzung.

www.vorratsdatenspeicherung.de
Aktionsseite gegen die Vorratsdatenspeicherung in Deutschland.

privatsphaere.org
Ein Schweizer Blog zu Datenschutz, Überwachung und Privatsphäre.

panopti.com.onreact.com/swf/index.htm
Eine interaktive Website von Johannes Widmer, die sehr anschaulich die Bereiche aufzeigt, in denen wir heute schon überwacht werden. Gut geeignet als Einstieg in die Materie.

www.aclu.org
Die American Civil Liberties Union (ACLU) ist eine US-Organisation mit rund 500 000 Mitgliedern, die sich allgemein für Bürgerrechte einsetzt, seit dem US Patriot Act auch zunehmend für den Schutz der Privatsphäre.

www.privacyinternational.org
Privacy International (PI) ist eine traditionsreiche Bürgerrechtsbewegung zum Datenschutz mit Büros in London und Washington, D. C. PI reiht jährlich alle Länder nach ihren Datenschutzbemühungen im International Privacy Ranking auf. 1998 verlieh PI erstmals den Big Brother Award in Großbritannien, der in der Folge in vielen Ländern ausgeschrieben wurde.

epic.org – privacy.org
Das Electronic Privacy Information Center (EPIC) ist ein privates Forschungszentrum für öffentliche Interessen, das zwei der weltweit größten Websites zum Schutz der Privatsphäre betreibt und den Newsletter »EPIC Alert« herausgibt.

www.eff.org
Die Electronic Frontier Foundation (EFF) ist eine nichtstaatliche Organisation aus Kalifornien, die sich dem Schutz der Bürgerrechte im Internetzeitalter verschrieben hat.

www.statewatch.org
Die in London ansässige Bürgerrechtsbewegung informiert über die Entwicklung der bürgerlichen Freiheiten in Großbritannien und in der EU.

totale-ueberwachung.de
Ein weiterer Blog zum Thema.

www.nocards.org
  Die US-Konsumentenvereinigung CASPIAN ist spezialisiert auf Kundenkarten und RFID-Technik.

www.edps.europa.eu
  Homepage des Europäischen Datenschutzbeauftragten Peter Hustinx.

Anmerkungen

Um den ursprünglich unüberschaubaren Anmerkungs-Apparat zu entlasten, entschieden wir uns, auf Verweise und Links zu verzichten, wenn die entsprechende Information oder Nachricht oder auch ein wörtliches Zitat mit der Eingabe der erwähnten Namen oder Schlüsselwörter in eine Suchmaschine ohnehin leicht gefunden werden kann. Auch bei Artikeln in Onlinemedien geben wir anstatt oft ellenlanger Links, die ohnehin niemand abtippen möchte, lieber Autor, Titel und Datum des Beitrages an.
Das Abrufdatum für alle Internetadressen ist, so nicht anders angegeben, der 10. 6. 2008.

Kapitel 1.1

[1] »China to pass 500 million cellular connections in Q3 2007«, auf: www.ovum.com, 23. 8. 2007, und »China's mobile network: a big brother surveillance tool?«, AFP, 26. 1. 2008
[2] Jonathan Kent, »Malaysians get tough on mobiles«, auf: BBC News, 15. 8. 2005

Kapitel 1.2

[1] Die Formulierung »Wie ich verstehe …« erscheint uns unwahrscheinlich, wurde von uns aber genau so von der Dokumentation »Hitler Speaks« transkribiert; Neil Midgley, »New technology catches Hitler off guard«, Telegraph.co.uk, 23. 11. 2006
[2] Mary P. Mack, »Jeremy Bentham« (London 1962), S. 367
[3] Ebd.
[4] Michel Foucault, »Überwachen und Strafen« (Frankfurt am Main 1976), S. 268
[5] Ebd., S. 259
[6] http://www.wired.com/gadgets/miscellaneous/news/2007/05/binoculars

[7] Michael Backes, Markus Dürmuth, Dominique Unruh,»Compromising Reflections or How to Read LCD Monitors Around the Corner«, in: Proceedings of the IEEE Symposium on Security and Privacy (Oakland, CA, Mai 2008)

[8] Christiane Schulzki-Haddouti,»Vom Ende der Anonymität« (Hannover 2001), S. 5

[9] Stephen Graham,»Cities, War, and Terrorism: Towards an Urban Geopolitics« (Malden 2004), S. 281–284

[10] Clive Norris, Gary Armstrong,»The Maximum Surveillance Society: The Rise of Closed Circuit Television« (Oxford 1999), S. 42

[11] Chen-Yu Lin,»Öffentliche Videoüberwachung in den USA, Großbritannien und Deutschland – Ein Drei-Länder-Vergleich« (Dissertation, Göttingen 2005), S. 170

[12] http://www.cctvusergroup.com/downloads/file/ico_cctvfinal_2301%202008%20Final%20code.pdf

[13] Elizabeth France,»Information Commissioner CCTV Code of Practice« (2000), S. 35

[14] Lin, S. 180, s. Anm. 11

[15] Norris, Armstrong (1999), S. 54, s. Anm. 10

[16] Reiner Paul,»Schnüffler im Datenschatten«, Der Spiegel, 26.6.2000, S. 141

[17] Norris, Armstrong (1999), s. Anm. 10, S. 42, sowie »CCTV cameras get upgrade at police request«, telegraph.co.uk, 23.3.2007

[18] http://www.cctvusergroup.com

[19] »Tens of thousands of CCTV cameras, yet 80% of crime unsolved«, auf: thislondon.co.uk, 23.6.2008

[20] http://www.polizeiaktiv.at/aktiv/ueberwachung.html

[21] Matthias Becker,»Heute Abend im Fernsehen: Alles«, Heise.de, 15.4.2006, außerdem: Steven Swinford,»Asbo TV helps residents watch out«, Times online, 8.1.2006

[22] Duncan Campbell, Rob Evans,»Surveillance on drivers may be increased«, The Guardian online, 7.3.2006

[23] Heather Cameron,»The Next Generation. Visuelle Überwachung im Zeitalter von Datenbanken und Funk-Etiketten«, in: Leon Hempel (Hrsg.),»Bild – Raum – Kontrolle« (Frankfurt am Main 2005), S. 106–121

[24] Cara Buckley,»New York Plans Surveillance Veil for Downtown«, New York Times online, 9.7.2007

[25] Lin, S. 36, s. Anm. 11

[26] Florian Glatzner,»Die staatliche Videoüberwachung des öffentlichen Raumes als Instrument der Kriminalitätsbekämpfung. Spielräume und Grenzen« (Magisterarbeit, Münster 2006), S. 7f.

27 Ebd., S. 11; Lin, S. 16, s. Anm. 11
28 »Kameras gegen Verbrechen«, in: Öffentliche Sicherheit, Magazin des Innenministeriums, 11–12/2004
29 Aldo Legnaro, »Panoptismus. Visionen der Übersichtlichkeit«, in: Ästhetik & Kommunikation 31, H. III, 2000, S. 73–78; Norris, Armstrong, S. 115, s. Anm. 10
30 S. Wimmer, M. Maier-Albang, »Kaltschnäuzig, uneinsichtig«, sueddeutsche.de, 27. 12. 2007
31 »Opinion on Video Surveillance in public places by public authorities and the protection of human rights« (März 2007)
32 Glatzner, S. 43, s. Anm. 26
33 Brandon C. Welsh, David P. Farrington, »Crime prevention effects of closed circuit television« (Home Office Research Study 252, 2002)
34 M. Gill, A. Spriggs, »Assessing the impact of CCTV« (London, Home Office Research, Development and Statistics Directorate, 43, 2005), S. 60–61
35 Benjamin Goold, »Unter dem Auge der Kamera. Closed Circuit Television und Polizeiarbeit«, in: Hempel, S. 231f., s. Anm. 23
36 Frank Helten, »Reaktive Aufmerksamkeit. Videoüberwachung in Berliner Shopping Malls«, in: Hempel, S. 156–173 und 176
37 »CCTV boom ›failing to cut crime‹«, BBC News, 6. 5. 2008
38 Norris, Armstrong, S. 90, s. Anm. 10
39 Bruno Fay, Xavier Muntz, »Big Brother City«, TV-Film, ARTE F, Frankreich 2006
40 »Logitech Reaches Webcam Milestone«, Business Wire, 2. 3. 2005
41 Ben Webster, »Body scan machines to be used on Tube passengers«, Times, 8. 7. 2005; Dan Weikel, Rong-Gong Lin II, »LAX will use body imaging scanning«, Los Angeles Times, 18. 4. 2008
42 »Contact lenses with circuits, lights a possible platform for superhuman vision«, University of Washington News, 17. 1. 2008
43 Chuck Ulie, »Seiko Unveils Mini Flying Machine«, InformationWeek, 13. 1. 2004
44 Mark Monmonier, »Spying with Maps. Surveillance technologies and the future of privacy« (Chicago 2002), S. 10
45 Joby Warrick, »Domestic Use of Spy Satellites To Widen«, Washington Post, 16. 8. 2007; Stephen Lendman, »Big Brother really is watching. It's not science fiction«, Freedom's Phoenix, 18. 1. 2008
46 »Google accused of airbrushing Katrina history«, AP, 30. 3. 2007
47 Strabo, »Geographie« 2, 5, 10
48 »NASA ames partners with M2MI for small satellite development«, NASA News Release, 24. 4. 2008

Kapitel 1.3

[1] Булат Галеев, Советский Фауст. Лев Термен – пионер электронного искусства, im Anhang der Zeitschrift »Kazan«, 1995
[2] Henry Davis, »Eavesdropping using microwaves – addendum«, audiodesignline.com, 11. 12. 2005
[3] Rick Duris, »Just how big is RFID?«, Frontline Solutions, 12/2003
[4] Zit. n. David Brock, in: Andreas Krisch, »Die Veröffentlichung des Privaten« (Österreichische Akademie der Wissenschaften, Reihe ITA manu:script, Wien, 1/2005)
[5] »RFID: Wal Mart ist zurück und einige andere auch«, eBusiness Blog, 22. 1. 2008
[6] »RFID Site Security Gaffe Uncovered by Consumer Group«, spychips.com, 7. 7. 2003
[7] http://eprint.iacr.org/2008/058
[8] »Dog starts car after eating chip«, BBC News, 26. 9. 2006
[9] http://www.cs.vu.nl/~ast/ov-chip-card/
[10] John Schwartz, »Researchers See Privacy Pitfalls in No-Swipe Credit Cards«, New York Times, 23. 10. 2006
[11] »Pacemakers and Implantable Cardiac Defibrillators: Software Radio Attacks and Zero-Power Defenses«, proceedings of the 2008 IEEE Symposium on Security and Privacy
[12] Ö1-Radiokolleg RFID, vier Sendungen vom 28.–31. 1. 2008
[13] Michael Kanellos, »RFID chips used to track dead after Katrina«, CNET News.com, 16. 9. 2005
[14] http://www.embedded-computing.com/news/db/?6914
[15] Yasmin Kötter, »England: Implantate mit RFID-Chips statt Gefängnis«, Netzwelt.de, 14. 1. 2008
[16] Katherine Albrecht, »Microchip-Induced Tumors in Laboratory Rodents and Dogs. A Review of the Literature 1990–2006«, 11/2007
[17] http://cq.cx/verichip.pl
[18] http://www.qinetiq.com/home/newsroom/news_releases_homepage/2006/2nd_quarter/lastmile_1jun06.html
[19] Katherine Albrecht, Liz McIntyre, »SpyChips. How Major Corporations and Government Plan to Track Your Every Move with RFID«, strike-the-root.com (Abdruck aus dem Buch »SpyChips« derselben Autorinnen, Nashville 2006)
[20] Peter Harrop, Raghu Das, Glyn Holland, »RFID for Airports and Airlines 2008–2018« (IDTechEx 2008)
[21] http://www.spychips.com/press-releases/dhs-rfid.html
[22] http://robotics.eecs.berkeley.edu/~pister/SmartDust/in2010

Kapitel 1.4

1 Ioana Patringenaru, »Behind the Ubiquitous Microchip«, UCSD News, 25. 9. 2006
2 James E. Tomayko, »Computers in Spaceflight. The NASA Experience« (Wichita State University 1988)
3 G. A. Miller, »The magical number seven, plus or minus two: Some limits on our capacity for processing Information«, in: Psychological Review, 63, 1956, S. 81–97
4 Carl Haub, »How Many People Have Ever Lived on Earth?«, Population Today, 2/1995, und http://www.jamesshuggins.com/h/tek1/how_big.htm
5 Nic Fleming, »Computers could store entire life by 2026«, Daily Telegraph, 13. 12. 2006, und Alan Dix, »The ultimate interface and the sums of life?«, Interfaces, 50, Frühjahr 2002, S. 16
6 Olaf Kehrer, »Deutschland, Deine Daten. Studie zum Datenschutz bei gebrauchten Festplatten« (Berlin: O&O Software GmbH, September 2007)
7 Tom Jagatic et al., »Social Phishing« (Bloomington 12. 12. 2005)
8 »The Influence of ULTRA in the Second World War«, Rede von Sir Harry Hinsley, 19. 10. 1993, Babbage Lecture Theatre
9 Michael Smith, »Station X. The Codebreakers of Bletchley Park« (London 1998)
10 http://frode.home.cern.ch/frode/crypto/bgac/M4_messages.html, Jack Copeland: »Enigma« S. 256. Abrufdatum: 26. März 2008. PDF. In der Ausstellung »Secret War« im Imperial War Museum, London, 2003 wurde Churchill mit folgendem Ausspruch zitiert: »It was thanks to Ultra that we won the war.«
11 Simon Singh, »Geheime Botschaften. Die Kunst der Verschlüsselung von der Antike bis in die Zeiten des Internets« (München 2006)
12 Herodot, »Historien«, Buch 5, 27
13 Janusz Piekalkiewicz, »Weltgeschichte der Spionage« (Frechen 2002), S. 518
14 http://ask.binghamton.edu/digitalpictures.cfm
15 http://w2.eff.org/Privacy/printers/docucolor/index.php#program
16 Written question by Satu Hassi (Verts/ALE) to the Commission, 20. 11. 2007
17 Zit. nach Pär Ström, »Die Überwachungsmafia. Das gute Geschäft mit unseren Daten« (München 2003), S. 1
18 Peter Philipp, »Gerichte können die PC-Ausspähung nicht verhindern«, Deutsche Welle, 28. 2. 2008

[19] Barry M. Leiner et al., »A Brief History of the Internet, Part I«, auf isoc.org, 5/6 1997

[20] Jennifer Williams, »Top school in storm over sex video on net«, Stockport Express, 17. 1. 2008

[21] Sara Hashash, Roger Waite, »Smeared on the internet? Then call in the cleaners«, The Sunday Times, 17. 2. 2008

[22] http://www.msnbc.msn.com/id/18702604/

[23] http://money.cnn.com/magazines/fortune/fortune_archive/2006/09/04/8384727/index.htm

[24] http://www.pewinternet.org/pdfs/PIP_SNS_Data_Memo_Jan_2007.pdf

[25] http://mashable.com/2007/07/24/myspace-sex-offenders/ und »CT Attorney General Announces Nationwide Agreement With Facebook To Make Site Safer For Underage Users«, Connecticut Attorney General's Office Press Release, 8. 5. 2008

[26] Amir Mizroch, »Soldier jailed for uploading picture onto Facebook«, The Jerusalem Post, 24. 4. 2008, und Chris Vallance, »US seeks terrorists in web worlds«, BBC News, 3. 3. 2008

[27] »Call for mobile phones to be classed as potentially offensive weapons«, nasuwt.org.uk, 26. 6. 2007

[28] »Xavier Darcos condamne avec fermeté l'ouverture de sites du type ›Note2b‹«, education.gouv.fr, 13. 2. 2008

[29] »Top 100 most powerful brands 2008«, millwardbrown.com, und Gerald Reischl, »Die Google-Falle. Die unkontrollierte Weltmacht im Internet« (Wien 2008), S. 17

[30] http://www.google.com/intl/en/corporate/index.html

[31] David Vise et al., »Die Google-Story« (Hamburg 2006)

[32] Ebd., S. 9

[33] Reischl, S. 150, s. Anm. 29

[34] Saul Hansell, »Google's Chief Is Googled, to the Company's Displeasure«, New York Times, 8. 8. 2005

[35] Peter Fleischer, »The European Commission's data protection findings«, googlepublicpolicy.blogspot.com, 7. 4. 2008

[36] Reischl, S. 43, s. Anm. 29

[37] Georg Panovsky, »›Mesothelioma‹ – Das teuerste Wort im Web«, pressetext austria, 9. 4. 2004

[38] Reischl, S. 64, s. Anm. 29

[39] Harald Schumann, »Bye bye, Babel«, Tagesspiegel, 3. 12. 2006

Kapitel 1.5

1 B. H. Slane, »Report by the Privacy Commissioner to the Minister of Justice on the Postal Services« (6/1997), fas.org
2 Kenneth Neil Cukier, »Frenchechelon«, Communications Week International, 24. 3. 1999
3 Ström, S. 60, s. Anm. Kap. 1.4., 17
4 http://www.usc.edu/ext-relations/news_service/real/real_video.html
5 Christiane Schulzki-Haddouti, »Die Bayern-Belgien-Connection. Der BND als einer der Ausgangspunkte des Skandals um Lernout & Hauspie«, in: c't 2/2001, S. 47
6 Egmont R. Koch, »Freund hört mit. US-Spionage in Deutschland«, TV-Doku, ZDF, 2003
7 Ebd.
8 »Bericht über die Existenz eines globalen Abhörsystems für private und wirtschaftliche Kommunikation (Abhörsystem ECHELON)«, 12. 7. 2001
9 Sandro Gaycken, Constanze Kurz (Hrsg.), »1984.exe« (Bielefeld 2007), S. 54
10 Die klare Darstellung der Vorgänge um ETSI verdanken wir dem österreichischen Journalisten und Datenschutzexperten Erich Möchel.
11 Mark Mazzetti, Tim Weiner, »Files on Illegal Spying Show C.I.A. Skeletons From Cold War«, The New York Times, 27. 6. 2007
12 Ellen Nakashima, »FBI Data Transfers Via Telecoms Questioned«, Washington Post, 8. 4. 2008
13 http://www.spectrum.ieee.org/print/5280
14 http://www.tronland.net/
15 Interview mit ABC News, 2006; online unter http://youtube.com/watch?v=yqwG151T6q4
16 Susanne Härpfer, »Angriff auf das Briefgeheimnis«, ZEIT online, 22. 1. 2008, s. auch »Protest gegen Weitergabe von Postdaten«, 29. 1. 2008
17 Bo Elkjaer, Kenan Seeberg, »Ex-agent to danish ministers: You are being monitored«, Ekstra Bladet, 26. 11. 1999

Kapitel 1.6

1 »Digital Money«, The Economist, 15. 2. 2007
2 Junko Yoshida, »Euro Bank Notes to Embed RFID Chips by 2005«, EETimes, 19. 12. 2001
3 »Terrorists and hawala banking – Cheap and trusted«, The Economist, 24. 11. 2001

Kapitel 1.7

1 http://www.fas.org/nuke/guide/usa/c3i/index.html
2 http://www.inilex.com/tracking.asp, 28. 5. 2008
3 »GPS system used to fine driver for speeding«, USAtoday.com, 3. 7. 2001
4 John Crace, »Walk on the wired side: jacket that lets parents keep track of children«, The Guardian, 23. 10. 2007
5 Rocco Parascandola, »New device protects city domestic violence victims«, Newsday.com, 24. 4. 2008

Kapitel 1.8

1 Jonathan Kent, »Malaysia car thieves steal finger«, BBC News, 31. 3. 2005; Jason Lewis, »No high-tech scanners for Commons over fears terrorists could chop off MP's finger to get in«, Daily Mail, 20. 10. 2007
2 http://aimglobal.org
3 Jennifer Grogan, »Gazing into the Future, one iris at a time«, http://jscms.jrn.columbia.edu/cns/2005-03-01/grogan-eyescanner/; »Fingerprint Scanners Help Companies Track Workers«, AP, 27. 3. 2008
4 »USA: Heimatschutzministerium veröffentlicht Finanzrichtlinien für ›Real ID‹«, datenschutz.de, 14. 1. 2008
5 Richard Thurston, »Police tech agency rewinds on smartphone CCTV«, The Register, 20. 3. 2008
6 http://www.schneier.com/essay-034.html
7 Peter Schaar, »Das Ende der Privatsphäre. Der Weg in die Überwachungsgesellschaft« (Gütersloh 2007), S. 134
8 »National child database at heart of Children Act reforms, says Clarke«, PublicTechnology.net, 5. 3. 2004
9 http://cordis.europa.eu/search/index.cfm?fuseaction=news.document& N_RCN=28590
10 Amy Harmon, »Lawyers Fight DNA Samples Gained on Sly«, New York Times, 3. 4. 2008
11 Antony Barnett, »Police DNA database ›is spiralling out of control‹«, The Guardian, 16. 7. 2006
12 »Concordat and Moratorium on Genetics and Insurance«, März 2005
13 http://www.dnadirect.com/patients/resources/discrimination/ GH_Genetic_DiscSmination.jsp

Kapitel 1.9

[1] Steven R. Smith, »Law, Behavior, and Mental Health: Policy and Practice« (New York 1984), S. 274
[2] Y.I. Kholodny, »Polygraph Use in Crime Prevention and Investigation«, siehe http://www.polarg.ru/history_e.html
[3] Steven L. Nock, »The Costs of Privacy. Surveillance and Reputation in America« (New York 1993), S. 90
[4] Bericht »The Polygraph and Lie Detection« (2003)
[5] http://www.nitv1.com/DODSurvey.htm
[6] »Lie detectors slash council's benefits bill«, The Times, 18. 2. 2008
[7] California Penal Code Section 637. 3a
[8] R. Colin Johnson, »Lie-detector glasses offer peek at future of security«, EETimes, 16. 1. 2004
[9] http://www.domodedovo.ru/en/main/news/press_rel/?ID=1308
[10] Pratap Chatterjee, »Meet the New Interrogators: Lockheed Martin«, CorpWatch.org, 4. 11. 2005
[11] Dina Temple-Raston, »Neuroscientist Uses Brain Scan to See Lies Form«, npr.org, 30. 10. 2007
[12] Becky McCall, »Brain fingerprints under scrutiny«, BBC News, 17. 2. 2004
[13] Frank J. Murray, »NASA plans to read terrorists minds at airports«, Washington Times, 17. 8. 2002

Kapitel 2.1

[1] Armand Mattelart, »La globalisation de la surveillance« (Paris 2007), S. 144
[2] Anton Tantner, »Ordnung der Häuser, Beschreibung der Seelen« (Wiener Schriften zur Geschichte der Neuzeit, Band 4, Wien 2007)
[3] http://archiv.foebud.org/pc/docs/pc_sz050607_geschaefteMitDem-GlaesernenKunden.html
[4] »Loyalty cards: Getting to know you«, CBC News, 24. 10. 2004
[5] http://www.freerepublic.com/focus/f-news/1751852/posts
[6] Robert O'Harrow Jr., Ellen Nakashima, »National Dragnet Is a Click Away«, Washington Post, 6. 3. 2008
[7] http://www.freace.de/artikel/200703/200307a.html

Kapitel 2.2

[1] http://www.schneier.com/essay-034.html
[2] www.nocards.org/overview/index.shtml
[3] http://searchcrm.techtarget.com/news/article/0,289142,sid11_gci772692,00.html
[4] http://www.nocards.org/overview/index.shtml#16
[5] Kirstie Ball, David Murakami Wood (Hrsg.), »Ein Bericht zur Überwachungsgesellschaft«, September 2006 (im Auftrag des britischen Datenschutzbeauftragten)
[6] Ström, S. 79, s. Anm. Kap. 1.4., S. 27
[7] Ebd., S. 73f.
[8] Kim Otto, Volker Happe, »Deutsche Patientendaten in Vietnam: Ein illegaler Transfer und die Folgen«, WDR online, 17. 3. 2005
[9] Kieron O'Hara, Nigel Shadbolt, »The Spy in the Coffee Machine« (Oxford 2008), S. 104
[10] Marcel Rosenbach, »Die neue Klassengesellschaft«, Der Spiegel, 17/2008
[11] »Subprime in Black and White«, New York Times, 17. 10. 2007
[12] »Largest database marketing firm sends phone numbers, addresses of 5,000 families with kids to TV reporter using name of child killer«, Business Wire, 13. 5. 1996
[13] http://epic.org/privacy/profiling/
[14] http://pagesperso-orange.fr/pcf.evry/reportagecc.htm

Kapitel 3.1

[1] »Data Protection in the European Union – Citizen's Perceptions«, Februar 2008
[2] Ryan Singel, »Data Breach Will Cost TJX $1. 7B, Security Firm Estimates«, Wired.com, 30. 3. 2007
[3] http://www.computerworld.com/action/article.do?command=viewArticleBasic&articleId=9016140
[4] Information Commissioner's Office, Annual Report 2006/2007, Juli 2007
[5] http://fergdawg.blogspot.com/2007/07/japan-resona-bank-lost-980000-customer.html
[6] Ellen Messmer, »Fidelity National Information Services: Ex-worker stole 2.3 million customer records«, Networkworld.com, 7. 3. 2007
[7] »Monster attack steals user data«, BBC News, 21. 8. 2007
[8] Kevin Mitnick, William Simon, »Die Kunst der Täuschung. Risikofaktor Mensch« (Frechen-Königsdorf, 2003)

9 François Paget, »You have to pay for quality«, avertlabs.com, 7. 5. 2008
10 George Orwell, »1984«, Teil 3, Kap. 3

Kapitel 3.2

1 R. C. Solomon, »Emotions and Anthropology: The Logic of the Emotional World View«, in: Inquiry 21 (1978) S. 181–199, zitiert nach Sabine A. Döring, Verena Mayer, »Die Moralität der Gefühle« (Deutsche Zeitschrift für Philosophie, Sonderband 4, Berlin o. J.)
2 Philippe Ariès (Hrsg.), »Geschichte des privaten Lebens«, Bd. 1 (Augsburg 1999), S. 9
3 Zit. nach Rosen, S. 5
4 Peter Weibel, »Pleasure and Panoptic Principle«, in: Thomas Y. Levin et al., »Ctrl [Space]. Rhetorics of Surveillance from Bentham to Big Brother«, (Cambridge 2002), S. 207–223; Tom Holert, »The politics of ›outside‹«, in: Levin et al. 2002, S. 563–577
5 Slavoj Žižek : »Deutschland: Die Kamera liebt dich. Unser Leben als Seifenoper«, Süddeutsche Zeitung, 28. 3. 2000, zit. n. Jiré Emine Gözen, »Menschen als medienkreierte Produkte«, Referat vom 17. Mai 2000
6 »Datenschutz ist antiquiert«, ZEIT, 8. 1. 2008
7 Polly Sprenger, »Sun on Privacy: ›Get Over It‹«, Wired.com, 26. 1. 1999
8 Aldous Huxley, »Dreißig Jahre danach, oder Wiedersehen mit der wackeren Neuen Welt« (München 1960), S. 152
9 Frank Hartmann, Bernhard Rieder, »Der Pirat des Wissens ist ein guter Pirat«, Telepolis, 1. 3. 2001
10 http://www.mattwagner.de/2007/05/rechtzeitig-zum-g8-gipfel-blogger.htm, http://informiert-wolfgang.de/; Fiete Stegers, »Literatur-Spenden für den Minister«, tagesschau.de, 3. 7. 2007

Froschperspektive mit Zukunft

1 Goethe zugeschrieben
2 »Next Time, What Say We Boil a Consultant«, FastCompany.com, Oktober 1995

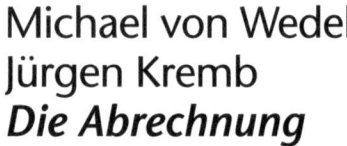

Michael von Wedel
Jürgen Kremb
Die Abrechnung

Als BKA-Ermittler jagte Michael von Wedel Drogenhändler und Terroristen, sein Leben war ein Abenteuerroman. Doch dann geriet er in die Fänge seiner eigenen Organisation, es kam zum Bruch mit seiner Behörde, die an ihm ein Exempel statuierte. Jetzt packt er aus. Dem »Spiegel«-Korrespondenten Jürgen Kremb berichtet er, dass das BKA in Pakistan selbst zum Drogenschmuggler wurde, um seine Erfolgsstatistik aufzubessern, er erzählt, wie Wiesbaden seinen V-Mann in Kolumbien ans Messer lieferte, und von gefährlichen Fehlschlägen bei der Fahndung gegen das Terrornetzwerk Al-Qaida. Schonungsloser hat bislang niemand mit der obersten deutschen Strafverfolgungsbehörde abgerechnet.

320 Seiten, ISBN 978-3-7766-2571-4
Herbig

Lesetipp

BUCHVERLAGE
LANGENMÜLLER HERBIG NYMPHENBURGER
WWW.HERBIG.NET